Jonathan Magonet

Einführung ins Judentum

Aus dem Englischen von Esther Kontarsky

Jüdische Verlagsanstalt Berlin

Die Originalausgabe erschien 1998 unter dem Titel „The Explorer's Guide to Judaism" im Verlag Hodder and Stoughton Ltd, A Division of Hodder Headline PLC, 338 Euston Road, GB - London NW1 3BH.

Deutsche Erstausgabe

Redaktion: Annette Böckler, Hanna Schott, Ulrike von Essen
Umschlaggestaltung: Hartmut Namislow unter Verwendung eines Fotos der Menora vom Titusbogen in Rom (81 v. d. Z.)
Gesamtherstellung: Breklumer Druckerei Manfred Siegel KG
Printed in Germany
ISBN 3-934658-43-1

Inhalt

Vorwort zur deutschen Ausgabe

Dieses Buch entstand ursprünglich für eine Reihe über die Weltreligionen, die in Großbritannien erschienen ist. Leider ging die Reihe nie über die Bände zu „Judentum" und „Christentum" hinaus, vielleicht wegen der Schwierigkeit, Autoren zu finden, die die speziellen Anforderungen erfüllten: die Religion als „Insider" zu beschreiben, aber in einer Weise, die es auch dem Leser mit geringem bis gar keinem Religionshintergrund erlaubt, sich den Fragen zu stellen, mit denen sich diese Religion heute konfrontiert sieht. Da das Judentum eine Religion und gleichzeitig der Glaube eines bestimmten Volkes ist, war es eine Herausforderung, die rechte Balance zwischen Persönlichem und Informativem, Spirituellem und Soziologischem zu finden. Andere werden darüber zu entscheiden haben, ob mir das gelungen ist.

Ein Buch wie dieses muss unweigerlich eine Art Apologie oder Verteidigung des Judentums sein, selbst wenn dies unbeabsichtigt oder unbewusst geschieht. Denn allzu oft in unserer Geschichte haben wir Juden im Exil gelebt, als eine Minderheit inmitten anderer Kulturen und Zivilisationen. Dabei übernahmen wir viele Ideen und Erfahrungen und gaben im Gegenzug viel an die Gesellschaft unseres Gastlandes zurück und wandelten dabei vieles von dem, was wir erworben hatten, in unsere ganz eigenen Formen um. Allzu oft war uns jene Außenwelt feindlich, ja lebensbedrohlich gesinnt, und wir wurden gezwungen, unser Dasein zu rechtfertigen, hielten dabei aber, so lange wir konnten, unsere Stellung, die Koffer gepackt. Dies führt zu einer gewissen Zurückhaltung, wenn wir zu Außenstehenden über unsere innere Welt sprechen sollen. Und noch immer ist das jüdische Leben überschattet von der Erinnerung an den Völkermord am jüdischen Volk im Herzen der europäischen Zivilisation Mitte des letzten Jahrhunderts. Keine einfache Hinterlassenschaft: sie muss zwangsläufig auf das abfärben, was hier beschrieben werden wird.

Ich komme jedoch zu diesem Buch über meine Erfahrung im interreligiösen Dialog, besonders in Deutschland. Über 30 Jahre lang habe ich eine jährliche Jüdisch-Christliche Bibelwoche und eine Jüdisch-Christlich-Muslimische Studententagung im Hedwig-Dransfeld-Haus in Bendorf geleitet. In diesem Rahmen habe ich mich meinen eigenen Gefühlen stellen müssen, als ein Jude, der Deutschen und Deutschland nach der Shoa, dem „Holocaust“, begegnet. Aber ich gehöre auch zu einem stetig wachsenden Kreis von Menschen, die durch den interreligiösen Dialog die Öffnung zu spirituellen Möglichkeiten in unserer eigenen religiösen Tradition erlebt haben. Über diese persönliche Erfahrung hinaus herrscht Einigkeit darüber, dass ein dringendes Bedürfnis nach neuen spirituellen Partnerschaften unter jenen religiösen Minderheiten besteht, die miteinander in Europa leben. Ich habe daraus den Wert erkannt, den ein jüdisches Zeugnis und ein jüdischer Zugang zur Hebräischen Bibel, unserem gemeinsamen Text, heute für das Christentum haben. Aber auch, dass es gefährlich werden kann, wenn Juden von außen mit rosaroter Brille oder als „heilige Kühe“ betrachtet werden, die man aufgrund der Schuld in unserer jüngsten Vergangenheit nicht kritisieren oder wie normale Menschen behandeln darf. So herrscht eine Art „Philosemitismus“, der auf seine Weise genauso bedrohlich ist wie „Antisemitismus“, denn er fördert ein Phantasiebild des Juden, das nicht der Realität entspricht. Die unvermeidliche Enttäuschung kann sehr bitter sein.

Aus dem interreligiösen Dialog habe ich gelernt, wie wichtig es für uns alle ist, selbstkritisch zu sein, besonders wenn wir einander jenseits religiöser Grenzen begegnen. Wie jede andere Gemeinschaft haben wir Juden unsere guten und unsere schlechten Seiten. Indem wir sie preisgeben, können wir einiges von dem Geheimnisvollen aus dem Weg räumen, das uns umgibt, und eine gesündere Begegnung zulassen. Es kann paradoxerweise aber auch ein Staunen über das Überleben dieses „gottberauschten“ Volkes auslösen, wegen und trotz unserer allzumenschlichen Eigenschaften.

Dieses Buch versucht, über das Judentum aus der Tradition heraus zu sprechen, jedoch mit einem Maß an Distanz, das unserer Situation in der Moderne entspricht, in der Kenntnis anderer spiritueller Traditionen und der zutiefst säkularen Prägung unserer Gesellschaft. Ich habe immer die Einsicht bewundert, die Rabbiner Dr. Leo Baeck an Rabbi Lionel Blue weitergab, der sie seinerseits mir vermittelte: dass das Judentum unser Haus sein sollte, nicht unser Gefängnis. In diesem Geiste habe ich dieses Buch verfasst, als ein Mensch, der sowohl innerhalb als auch außerhalb der Mauern des Judentums zu leben sucht, und aus ihm einen Ort schaffen möchte, der Gäste willkommen heißt, und als ein Mensch, der versucht, von Zeit zu Zeit Ausflüge an andere Orte zu unternehmen.

Beim Schreiben wurden mir wieder all die Wissenslücken deutlich, die ich niemals ordentlich werde stopfen können. Glücklicherweise war diesem Buch ein fester Rahmen vorgegeben, obwohl ich noch immer befürchte, später auf ein paar wesentliche Themen zu stoßen, die ich entweder vergessen oder für die ich keinen Platz mehr gefunden habe. Es ist eine *Einführung* ins Judentum, und es gibt andere Bücher, die die Leser zu Spezialgebieten und Autoritäten führen können.

Mein Dank geht an Dr. Joanna Weinberg, Dozentin in rabbinischer Literatur am Leo Baeck College, für die Durchsicht des Manuskripts – unter der strikten Auflage, die „Patzer" zu finden, sich aber jeden Kommentars über die geäußerten Meinungen zu enthalten. Sie tat dies mit bewundernswertem Takt und mit Zurückhaltung. (Vom Kompilator einer mehrbändigen Serie über das Judentum wurde einmal gesagt, dass alle seine Fakten richtig seien, seine Meinungen jedoch sämtlich falsch. Dieser ehrenwerten Tradition würde ich gern folgen.) Cesar Hamann, stellvertretender Bibliothekar am Leo Baeck College, überprüfte freundlicherweise die Zeittafel und fügte ein paar wesentliche Daten hinzu. Die verbleibenden Fehler liegen gänzlich in meiner eigenen Verantwortung. Judith Longman war eine barmherzige Lektorin, und dabei schwebte der freundliche Geist von Marcus Baybrook, Verfasser des Bandes über das Christentum, irgendwo im Hintergrund. Sie erlaubten mir, dorthin zu gehen, wohin mein Geist mich führte, und vertrauten den Ergebnissen. Für die Übersetzung ins Deutsche bin ich besonders Esther Kontarsky dankbar.

Ich habe das Buch den Lehrern, Mitarbeitern, Studenten und Absolventen des Leo Baeck College gewidmet. Das College ist in seiner bescheidenen Weise bestrebt, Nachfolger des großen Berliner Liberalen Jüdischen Seminars der Vorkriegszeit zu sein, der Hochschule für die Wissenschaft des Judentums, die 1942 von den Nationalsozialisten geschlossen wurde. Es ist mein Privileg gewesen, als Student, Bibeldozent und Leiter Teil dieses Colleges zu sein und über die Qualität der Studenten und Lehrer zu staunen, die es trotz seiner geringen finanziellen Mittel anzuziehen vermochte, über seine Vorstellungskraft und manchmal seinen Mut bei der Erforschung der Dimensionen eines neu entstehenden jüdischen Lebens in Europa. Ich hoffe, dass dieses Judentum, das auf den folgenden Seiten beschrieben wird, für meine Kollegen in meinem Bemühen erkennbar ist. Ein Judentum, das dem Auftrag und der Verantwortung würdig ist, die wir übernommen haben.

London, im Februar 2004 / Schwat 5764

Jonathan Magonet

Einleitung

Als ich mit der Arbeit am vorliegenden Buch begann, wusste ich wohl, wo sie beginnen, wenn auch nicht, wo sie mich hinführen würde. Dies ruft mir eine jüdische Geschichte ins Gedächtnis, die wiederum eine zweite evoziert. Womit bereits eins über das Judentum gesagt wäre: Juden erzählen gern Geschichten.

Es war in Madras. Ich war in letzter Minute zu einer Konferenz über Philosophie und Religion eingeladen worden. Wenn ich es recht bedenke, kam die Einladung von Marcus Braybrook. Er war es auch, der mich bewog, dieses Buch zu schreiben. Womit eins zum anderen kommt. Ich sollte an einem Nachmittag sprechen, und ein höflicher junger Inder kam auf mich zu und äußerte sein großes Interesse an meinem Paper über das Judentum. Ich war beeindruckt von der Anerkennung, die man meiner Religion entgegenbrachte angesichts so vieler anderer, die hier vertreten waren. Ganz offensichtlich würdigte er die besondere Qualität des jüdischen Glaubens, der ihn auf irgendeine Weise angesprochen hatte – selbst an diesem Ort fern einer jüdischen Welt, die ich kannte. „Ja," fügte er hinzu, „ich interessiere mich sehr für Minderheitsreligionen." In seinen Worten lag keinerlei Ironie oder Herablassung. Er betrachtete das Judentum einfach aus seiner ganz eigenen Warte. Und verglichen mit den hundert Millionen Anhängern anderer Glaubensrichtungen sind die paar Millionen Juden auf diesem Planeten wenn nicht gerade unbedeutend, so doch ganz deutlich eine Minderheit. (Auf der gleichen Konferenz wies jemand auf die Tatsache hin, dass aus indischer Sicht Großbritannien eine kleine Insel neben der europäischen Halbinsel ist, die wiederum zur afroasiatischen Landmasse gehört.)

Für einen solchen jungen Mann möchte ich gern schreiben. Für jemanden, für den das Judentum eine Kuriosität ist, etwas, von dem man gehört und worüber man flüchtig nachgedacht hat. So kann ich vielleicht eine „Kennerschaft" durchbrechen, wie sie so oft die Darstellungen des Judentums begleitet. Wenn ich keinerlei Vorwissen von meiner Zuhörerschaft erwarten kann, kann ich auch nichts voraussetzen – und das kann nur zum Guten sein. Wobei zu dem, was ich bis jetzt angemerkt habe, gleich etwas hinzugefügt werden muss: Vieles in der jüdischen Tradition hat seinen Ursprung in der Hebräischen Bibel (dem „Alten Testament" des Christentums), so dass es unmöglich ist, das Judentum zu erklären, ohne ständig auf die Hebräische Bibel zurückzugreifen. Aber auch Bibelkenntnis ist nicht länger etwas, das man voraussetzen kann. Daher werde ich nötigenfalls die jeweiligen Verweise geben, gehe allerdings davon aus, dass der Leser diesen Teil des Hintergrundes selbst ergänzen kann.

Was mich wieder zu meiner Geschichte bringt. Ein alter Jude wird auf seinem Weg zur Synagoge von einem Polizisten aufgehalten. „Wohin des Wegs?", fragt der Polizist. – „Ich weiß nicht", antwortet der alte Jude. Also verhaftet ihn der Polizist als Herumtreiber, und der Jude verbringt die Nacht in der Zelle. Am nächsten Morgen werden der Jude und der Polizist vor den Kadi gerufen, der den Polizisten fragt, warum er den Alten denn verhaftet habe. „Nun," sagt der Polizist, „ich fragte ihn, wohin er gehe, und er sagte, er wisse es nicht." – „Haben Sie irgendetwas zu Ihrer Verteidigung zu sagen?", fragt der Richter. – „Gern, Euer Ehren", entgegnet der Alte. „Sehen Sie, ich bin ein gläubiger Mann und kann nie wissen, welches Schicksal mir Gott vorbehält. Als mich dieser Herr fragte, wohin ich ginge, konnte ich ihm deshalb nur wahrheitsgemäß sagen, dass ich es nicht wisse. Und, sehen Sie, ich lag damit gar so nicht falsch. Ich dachte, ich ginge zur Synagoge und landete im Gefängnis!"
In diesem Sinne können auch wir uns auf den Weg zur Synagoge, dem jüdischen Gebetsort, machen – und sehen, wo wir ankommen.

Dies bringt mich unweigerlich zu einer zweiten Geschichte, die die erste erklärt. (Man geht davon aus, dass kein Jude einen Witz in Gegenwart eines zweiten erzählen kann. Erstens hat er oder sie ihn schon einmal gehört, und zweitens kennt der andere sicher eine lustigere Version und hätte den Witz ohnehin viel besser erzählt. Dieser Vorgang kann sich auch in einem einzigen jüdischen Kopf abspielen, wie Sie am obigen Absatz sehen können. Daher die Geschichte.) Jacob ben Wolf Kranz, der Maggid von Dubno, ein Wanderprediger im Polen des 18. Jahrhunderts, war für seine Fertigkeit bekannt, immer wieder die passende Geschichte für seine jeweilige Predigt zu finden. Gefragt, wie er denn auf so stimmige Gleichnisse komme, erklärte er dies – natürlich – mit einem Gleichnis: „Wenn Ihr Pfeile auf eine

Zielscheibe schießt, gibt es dafür zwei Möglichkeiten. Entweder findet Ihr eine Mauer, malt eine Zielscheibe darauf, nehmt Abstand und schießt. Oder umgekehrt: Ihr findet eine Mauer, nehmt Abstand, schießt – und malt danach die Zielscheibe."

Hat nun meine Geschichte von dem alten Mann, der nicht wusste, wohin er geht, die Art und Weise beeinflusst, wie ich mein Buch begonnen habe, oder hat die Art und Weise, in der ich es beginnen lassen wollte, zu dieser Geschichte geführt? Sind denn diese beiden Positionen überhaupt voneinander zu trennen, wo sie doch ein- und demselben Hirn entsprangen? Auch dies ist keine irrelevante Diskussion. Juden betrachten Dinge oftmals von mehr als nur einer Seite – vielleicht ein Ergebnis ihrer Erfahrung als Minderheit in verschiedenen Kulturen wie auch des strengen intellektuellen Trainings durch das Talmudstudium (siehe Kapitel 6). Es kann zu hoher denkerischer Finesse führen – oder auch zur Lähmung, wenn Handeln gefragt ist. Wie es ein anderer jüdischer Spruch ausdrücken würde: „Es gibt immer zwei Möglichkeiten."

In der Hebräischen Bibel sagt Gott, zu den geschlagenen, exilierten, demoralisierten Israeliten in Babylon und spricht dabei durch einen anonymen Propheten: „Ihr seid meine Zeugen, spricht der HERR, und ich bin Gott." (Jes 43,12). Worauf ein gewagter, aber nicht außergewöhnlicher rabbinischer Kommentar sagt: „Wenn ihr meine Zeugen seid, so bin ich Gott, und wenn ihr nicht meine Zeugen seid, dann bin ich sozusagen nicht Gott!" (Midrasch Psalmen 123,2)
Welche Arroganz! Oder welch ein Gefühl der Verantwortung, Gottes Zeuge in der Welt zu sein, ob die übrige Welt es nun hören mag oder nicht. Dies ist das Selbstverständnis des jüdischen Volkes und eine Quelle unserer außergewöhnlichen Überlebensfähigkeit als winzige Minderheit, die sich immer wieder je nach den Umständen grundlegend verändern und neue Rollen übernehmen musste und die trotz schrecklicher Wirren und Augenblicke eine beeindruckende Kreativität und große Erfolge vorzuweisen hat. Wenn das ultimative Mysterium des jüdischen Überlebens nicht erklärt werden kann (oder nicht geklärt werden kann), so können wir doch wenigstens einigen Charakteristika des jüdischen Volkes und seiner Religion nachspüren – den Etappen seiner Reise durch die Jahrhunderte.

Das Bild des Juden

Hat nicht ein Jude Augen? Hat nicht ein Jude Hände, Gliedmaßen, Werkzeuge, Sinne, Neigungen, Leidenschaften? Mit derselben Speise genährt, mit denselben Waffen verletzt, denselben Krankheiten unterworfen, mit denselben Mitteln geheilt, gewärmt und gekältet von eben dem Winter und Sommer als ein Christ? Wenn ihr uns stecht, bluten wir nicht? Wenn ihr uns kitzelt, lachen wir nicht? Wenn ihr uns vergiftet, sterben wir nicht? Und wenn ihr uns beleidigt, sollen wir uns nicht rächen?

Shakespeare legte diese eindringliche Abfolge von Fragen Shylock in seinem „Kaufmann von Venedig“ in den Mund und genießt dabei das Paradox des verachteten Geldverleihers, der seine Menschlichkeit in Gegenwart der korrupten Vertreter der scheinbar höheren Menschlichkeit des Christentums behauptet.

Ich weiß nicht, was hinter diesem Spiel Shakespeares steckt. In dramatischer Hinsicht ist es sicher in höchstem Maße befriedigend; dem aufgeschlossenen Publikum entgeht dabei nicht die Ironie. Doch liegt der Tragödie auch eine politische Realität zugrunde? Es würde mich nicht überraschen. Denn was ist das Schicksal des jüdischen Volkes anderes gewesen, als wieder und wieder „instrumentalisiert“ und in irgendeinem schlechten Spiel verhökert zu werden?

Es beginnt mit dem Versuch der Autoren der Evangelien, ein größeres Publikum zu erreichen als nur das eigene Volk. Während die Jünger nach Markus 14 in einem entscheidenden Augenblick schlafen und dann Jesus verleugnen, ist es der römische Zenturion, der in Markus 15,39 sagt: „Wahrlich, dies war der Sohn Gottes!“ Manchmal geschieht ein solcher Missbrauch von Juden unbewusst und aus eigentlich ernsthaften Beweggründen.

Neunzig Kilometer südlich von Berlin liegt die Lutherstadt Wittenberg. Martin Luther kam 1508 an die Universität, um dort zu lehren, und entfachte im Oktober 1517 mit seinen 95 Thesen gegen den Missbrauch von Ablassbriefen die Reformation. Im Zentrum der Stadt steht die protestantische St. Marien-Kirche, in der Luther predigte. Diese Kirche mit dem berühmten Altar von Lucas Cranach befindet sich in der Jüdenstraße 35. In seinem späteren Leben veröffentlichte Luther bösartige antisemitische Pamphlete. In seiner Schrift „Von den Juden und ihren Lügen“ rief er um 1543 dazu auf, ihre Synagogen niederzubrennen und jede Spur ihrer Existenz zu vernichten, ihre Häuser zu zerstören, all ihre Gebetbücher und Talmude fortzunehmen und die Rabbiner am Unterricht zu hindern. Es ist nicht ganz überraschend, darum aber nicht minder unschön, hoch oben an der Außenwand der Kirche die Figur einer Sau zu finden, an deren Zitzen Kinder trinken. Dies ist eine Darstellung der berüchtigten „Judensau". Christlichen Legenden des Mittelalters zufolge, die in Frankreich und Deutschland verbreitet waren, würden Juden von einer Sau gesäugt, obwohl oder vielleicht weil das jüdische Gesetz das Schwein als rituell unrein und also verboten betrachtete. Solche Figuren tauchten als Skulpturen in und außerhalb von Kirchen und Rathäusern auf. Über diesem feinen Stück stehen die Worte *rabini*, wahrscheinlich „Rabbi", und *schem hameforasch*. Letzteres ist eine Umschrift des hebräischen Wortes für den Gottesnamen, der im Hebräischen aus vier Buchstaben besteht (dem Tetragramm), der heiligsten Bezeichnung für Gott, die die jüdische Tradition laut auszusprechen verboten hat. Hierin liegt eine groteske Ironie, denn es ist genauso eine Blasphemie gegen den Gott der Christen wie den der Juden, den göttlichen Namen in dieser Weise zu behandeln. Auf seine Art symbolisiert diese seltsame Nebeneinanderstellung die ambivalente Haltung des Christentums gegenüber dem Judentum, das die Tradition, aus der es hervorging, ererbte und gleichzeitig zu verleugnen suchte.

Derselbe Ort birgt noch eine weitere Dimension der Ironie – durch eine kleine Gedenktafel, die ein paar Meter von der Kirche entfernt in den Boden eingelassen ist. Sie erinnert an die Juden Wittenbergs, die in der Zeit der Nationalsozialisten verschleppt und ermordet wurden. Dies war nicht unüblich an verschiedenen Orten des ehemaligen Westdeutschlands, in denen jüdische Gemeinden zerstört wurden. Wittenberg aber gehört zur ehemaligen DDR, wo alle derartigen Denkmäler ausdrücklich verboten waren. Wie also war es möglich, die Tafel hier anzubringen? Grund und Boden um die Kirche herum waren Eigentum der Kirche, dadurch konnte in ihrem „Hoheitsgebiet" ein derartiger Akt der Buße und Versöhnung geschehen. Wenn auch spät, so haben doch die Kirche oder zumindest ein paar Menschen, die ihr angehörten, für ihre früheren jüdischen Nachbarn symbolisch Position bezogen, gegen die Autorität eines repressiven Staates. Inwieweit jedoch war dieser Akt durch politische Motive im

Kampf gegen die kommunistische Ideologie und das Regime motiviert? Wenn dies auch nur zu einem Teil zutrifft, wurden „die Juden" dennoch „instrumentalisiert", wie es auch bei Luther der Fall gewesen ist. Antisemitismus und sein sonderbares Alter Ego, der Philosemitismus, behalten ihr zwiespältiges Wesen.

Manchmal war die Behandlung der Juden einfach die zynische Manipulation eines unterworfenen Volkes. Ein gutes Beispiel hierfür ist, dass man im Mittelalter die Juden in den Geldverleih drängte. Am Vorabend des Ersten Kreuzzugs (1096-99), als Kreuzzügler auf ihrem Weg ins Heilige Land die jüdischen Gemeinden im Rheinland zerstörten (Wozu warten, bis man in Palästina ankommt, um die Ungläubigen zu töten, wenn man sie bereits vor der eigenen Haustür finden kann?), durften die Juden nicht als Kaufleute arbeiten. Sie waren von den Gilden ausgeschlossen, die Handel und Handwerk bestimmten. Die Kirche fühlte sich durch das biblische Verbot des Wuchers gebunden, mit Ausnahme jener Fälle, in denen sie das Gesetz zu ihrem eigenen Vorteil nutzen konnte. Dies überließ den Juden als einzige Einkommensquelle das riskante Geschäft verzinster Geldleihe an Einzelpersonen. Riskant war es, weil bei vielen Verleiharten keine Rückgabegarantie bestand und die Juden, wenn sie ihr Geld einzutreiben versuchten, sich physisch bedroht sahen, gefangen zwischen wirtschaftlicher Not und religiösem Missbrauch. So wurde das Stereotyp des geldgierigen Juden erfunden, das, forciert durch die nationalsozialistische Propaganda, bis in unsere Zeit hineinwirkte, in antijüdischen Aktivitäten der Sowjetunion weiterlebte und seine Fortsetzung im politischen Antizionismus fand. Um zu begreifen, wie dauerhaft dieses Bild ist, muss man nur einen Blick in die vierte Auflage des „Concise Oxford Dictionary" von 1950 werfen:

Jude, *Subst., Person hebräischer Rasse; (transf., ugs.) maßloser Wucherer, jemand, der harte Forderungen stellt; reich wie ein –; ... v.t. (ugs.). betrügen, hereinlegen.*

Kein Wunder, dass über Jahre hinweg eine Kampagne geführt werden musste, um diese Definition zu ändern. All das zeigt, dass das Bild vom Juden sehr belastet ist, oft negative Züge trägt und jegliche Darstellung des jüdischen Volks verzerrt.

Aber noch ein anderer Faktor macht das Bild des Juden aus. Als ich nach Illustrationen für eine Reihe von Gebetbüchern suchte, die ich für die Reformsynagogen Großbritanniens mit herausgab, bin ich ihm begegnet. Die Bebilderung sollte den Betern dabei helfen, die Gebete zu ihren zu machen und sich in dieser besonderen spirituellen Welt zu Hause zu fühlen. Als wir aber nach Illustrationen suchten, erhielten wir, wo immer wir nach Materialien fragten, Bilder alter, bärtiger Männer, die für gewöhnlich chassidischen Gemeinden angehörten und entweder feierlich beteten oder fröhlich tanzten. Was nicht heißen soll, dass es nicht eine große Zahl alter, bärtiger jüdischer Männer gibt, die beten und tanzen. Nur repräsentieren sie eben einen sehr kleinen Prozentsatz innerhalb der jüdischen Welt. Jüdische Frauen beten auch. Und es gibt tatsächlich Millionen Juden, die liberalen, reformerischen und konservativen Gemeinden angehören und einfach aussehen wie du und ich, die nicht irgendwie charakteristisch ausschauen oder auftreten und ebenfalls beten. Das heißt, das „Image" des Juden ist gänzlich reduziert auf ein paar Stereotype, die unser eigenes Selbstverständnis übrigens im selben Maße beeinflussen wie die Wahrnehmung durch Außenstehende. Alte Männer mit Bart sind *authentische* Juden – andere sind es nicht!

Deshalb ist es heute ein enormer Schock für viele Leute, wenn sie auf das Phänomen weiblicher Rabbiner stoßen, denn die gehen in der Regel nicht in Schwarz und haben ganz sicher auch keine Bärte. Ihr Kampf um die Wahrnehmung und Anerkennung der eigenen Autorität ist auch ein Kampf gegen derartige „folkloristische Bilder", die bestimmen, wie ein „authentischer" Jude auszusehen habe. Natürlich entstand neben dem *religiösen Juden* in den 50er und 60er Jahren ein neues Bild, das Bild des *israelischen Pioniers*, eines sehr viel jugendlicheren, oft blonden Mannes auf dem Traktor, der mit dem Trockenlegen von Sümpfen beschäftigt ist oder bedeutungsvoll in die Ferne blickt, oder einer Frau mit rabenschwarzem Haar in Shorts, die mit ihren Freundinnen, die genauso athletisch gebaut sind wie sie, nach einem harten Tag im Kibbuz einen Kreistanz macht. Ein sehr positives Bild, zumindest bis zum Sechs-Tage-Krieg. Inzwischen wird es wieder einmal durch ein negatives Bild israelischer Soldaten in voller Kampfausrüstung ersetzt, die sich Steine werfenden palästinensischen Kindern entgegenstellen. Die Wirklichkeit ist immer komplexer. Aber das Bild bestimmt die Einstellung.

Wenn wir uns von konkreten Abbildungen wegbewegen, tritt ein anderes Bild in der Wahrnehmung des Juden zutage. Hier treffen wir auf den „bedeutenden Mann“. Freud und Einstein sind an erster Stelle zu nennen, und obwohl seine Eltern zum Christentum übertraten, darf Karl Marx das Dreigestirn vervollständigen. Es ist dies der Jude als ein Kritiker von Konventionen, als Bildner der Moderne in Wissenschaft, Kunst und Geisteswissenschaften ebenso wie im Handel. Und zu Recht, denn die Leistungen von Juden in diesen Bereichen während der letzten zwei Jahrhunderte sind wirklich außergewöhnlich. Es ist, als ob Energie und Intelligenz, die innerhalb der Ghettomauern angestaut werden mussten, in Schöpferkraft explodiert wären, als den Juden nach der Emanzipation erlaubt wurde, vollwertige Bürger ihrer Nation zu werden. Darin liegt jedoch eine weitere Ironie, denn die meisten Juden, die es „zu etwas brachten“, taten dies auf Kosten ihrer jüdischen Identität, die sie entweder vollkommen leugneten oder zu etwas ganz Unwichtigem machten. Sicherlich waren einige von ihnen praktizierende Juden in dem Sinne, dass sie sich im Rahmen des vorgegebenen jüdisch-religiösen Lebens bewegten. Darin unterschieden sie sich nicht von der Mehrheit der Juden, die gleichfalls ihren Weg in diese neue Welt fanden. Das einzige Problem ist, dass sie ein weiteres Stereotyp schufen: der Jude als *Kosmopolit*, als *Intellektueller*, genial, aber kontrovers – der *Außenseiter*. Womit die breite Mehrheit der Juden außer Acht gelassen wird, die ein stinknormales Leben führt und nicht besser oder schlechter ist als ihre Nachbarn aus der Mittelklasse, deren Werte sie teilt. Kurzum: Juden können bei der Frage, was sie eigentlich sind, ebenso ratlos sein wie alle anderen Menschen.

Eine derartige Beschreibung wäre unvollständig ohne die Erwähnung eines weiteren Bildes, das die westliche Vorstellung noch immer verfolgt: der Jude als *Opfer des Holocaust* oder *der Shoa (hebr. Vernichtung, Zerstörung),* um den Begriff zu verwenden, den man in jüdischen Kreisen bevorzugt. Die Bilder von den Vernichtungslagern, die Geschichte von Selektion, Gefangennahme und Ermordung eines Drittels des jüdischen Volkes im 20. Jahrhundert sind Dinge, die jeden beschäftigen, der das jüdische Volk heute zu verstehen sucht. Über fünfzig Jahre nach Kriegsende beginnen wir damit, die tief liegenden Ursachen für den Holocaust mehr und mehr zu ergründen und besonders die gesellschaftlichen Voraussetzungen, die zuließen, dass so etwas geschehen konnte: neben der Vernichtung der Juden auch die der Psychisch Kranken, Zigeuner, Homosexuellen und wirklich eines jeden, der nicht in die enge Definition dessen passte, was in den Augen der Nationalsozialisten als „lebenswertes Leben“ galt. Gedenkstätten und Holocaust-Museen gehen diesen Fragen nach und entzünden weitere Kontroversen. Die Frage nach den grundlegenden Schwächen und potenziellen Quellen der Ausgrenzung in der westlichen Zivilisation begleiten uns noch immer und dürfen nicht ignoriert werden.

All diese Bilder haben Auswirkungen auf die jüdische Welt, und jeder von uns findet sich wohl oder übel untrennbar an diese Erfahrungen der Vergangenheit gebunden. Dem werde ich im letzten Kapitel noch ein wenig intensiver nachgehen. Hier aber möchte ich nur auf die schreckliche Ironie verweisen, dass Juden scheinbar für immer und ewig an die Bilder der Nationalsozialisten gebunden sein werden – Mörder und ihre Opfer hoffnungslos ineinander verkeilt. Jahrzehntelang brauchte man in seinen Detektiv- oder Spionageroman nur einen jüdischen Überlebenden oder ex-nationalsozialistischen Verbrecher einbauen, und schon waren schauernde Erregung und ein vorhersehbarer Konflikt wegen vermisster Güter oder blutige Rache garantiert. Neben den ernsthaften Versuchen einer historischen Bewertung und den qualvoll geschriebenen Memoiren von Überlebenden findet man oft eine obszöne und doch wiederkehrende Paarung von Jude und Nationalsozialist. Manchmal wird das Spiel auch verändert, indem man ihre Rollen vertauscht. So im Falle des modernen Israels und der Palästinenser. Die groteske und tragische Vergangenheit beherrscht selbst eine veränderte Gegenwart.

In einer weiteren Entwicklung hat die Sprache des Holocaust oder Völkermords Eingang in das Vokabular der Medien gefunden, um manchmal berechtigterweise, oft jedoch fälschlicherweise auf andere Konfliktsituationen angewendet zu werden, sogar im Zusammenhang mit dem Tierschutz. Dies wiederum führt zu der heiklen Frage, ob der Völkermord an den Juden durch die Nationalsozialisten und ihre Kollaborateure als einzigartiges Ereignis in der Geschichte gelten soll oder nicht, so als gäbe es eine Hierarchie des Leidens, in der Punkte zu vergeben sind. Wenn die Shoa eine jüdische Tragödie ist, an die erinnert werden und mit der gerungen werden muss, so ist der Holocaust (griech. Brandopfer) eine schreckliche Frage an die Gesamtheit unserer menschlichen Zivilisation.

Es tut mir Leid, bereits zu einem derart frühen Zeitpunkt diese schwierigen und verstörenden Themen eingeführt zu haben, aber sie sind und bleiben im jüdischen Leben allgegenwärtig. Allzu oft nimmt man an, dass die jüdische Identität mit der Erfahrung, Opfer zu sein, beginnt und endet. Auch wir instrumentalisieren die Shoa für das, was wir als jüdische Bedürfnisse ansehen – Spendenaktionen, Unterstützung für den Staat Israel, Bildung einer jüdischen Identität –, wenn nur weniges an der Tradition ansprechend erscheint. Es wird Generationen dauern, bis wir uns von den direkten Folgen der Shoa, den Langzeitfolgen an Körper und Seele, werden freimachen können und zu sehen beginnen, was Judesein aus unseren inneren Ressourcen heraus bedeutet. Es muss vorerst genügen, wenn ich sage, dass Fragen nach dem Bild der Juden in der Außenwelt und die Ergründung der jüdischen Identität innerhalb der jüdischen Welt zentrale Fragen von heute sind.

Eins – wer weiß es?

Als ich über dieses Buch nachdachte, suchte ich nach einer Grundstruktur, und sei es auch nur als Entscheidungshilfe dafür, was und an welcher Stelle ich es hineinnehmen sollte. Dabei erinnerte ich mich an das Lied „Eins – wer weiß es?“, das in einem jüdischen Haus gegen Ende der Pessachfeier gesungen wird. Wie andere Lieder in dieser Festliturgie besteht es aus Zeilen, die wiederholt werden. Dies gestattet jedermann, mitzusingen und sogar darin zu wetteifern, wie schnell man das Lied singen kann, das immer länger wird. Von dem Moment an, da man den dreizehnten Vers des Liedes erreicht (jeder Vers erscheint als Überschrift eines Kapitels in diesem Buch), wird es zu einem entmutigenden Exerzitium, das exzellente Atemtechnik, Beherrschung der hebräischen Aussprache und großen persönlichen Einsatz verlangt. Es ist auch eine wunderbare Gelegenheit, am Schluss des Abends noch einmal ordentlich anzugeben. Die Auflistung behandelt viele Schlüsselelemente des Judentums, die praktischerweise in den Zahlen auftauchen. Ich erinnere mich, in einer liberalen Fassung der

Haggada, die mittlerweile nicht mehr gebräuchlich ist, eine Version kennen gelernt zu haben, in der die neun Monate bis zur Geburt durch neun Lichter der Chanukkia ersetzt werden (mit einer Anmerkung, die erklärte, das neunte Licht stehe stellvertretend für den Schamasch, das zusätzliche Licht, mit dem die anderen angezündet werden). Ich bin nicht ganz sicher, ob aus Abneigung gegenüber körperlichen Dingen oder aus dem Wunsch, dem Lied eine religiös korrektere Note zu geben.

Leider deckt die Liste nicht wirklich alle Themen ab, die in einem solchen Buch angesprochen werden sollten, und manche der Versinhalte überschneiden sich auch. Daher habe ich mir ein paar Freiheiten erlaubt und weitere Themen aufgenommen, die ich den jeweiligen Überschriften zugeordnet habe. Wenn dadurch das Buch etwas weniger systematisch geworden sein sollte als ursprünglich vorgesehen, kann ich mich immer noch hinter der unsystematischen Realität des jüdischen Lebens von heute verstecken. In jedem Fall behauptet dieses Buch nicht von sich, vollständig zu sein. Die Literaturhinweise am Ende des Buches weist einen Weg zu einer systematischeren Lektüre ausgewählter Themen. Vielmehr erscheint es sogar passend, dass dieses Lied, das zum Familienleben des jüdischen Volkes gehört und dazu dient, zu belehren wie zu unterhalten, den Rahmen eines Buches gibt, das in die Welt des jüdischen Volkes einzutreten sucht, anstatt sie von außen zu betrachten. Dass das Lied mit Gott beginnt und endet oder wegen der Art und Weise, wie es gesungen wird, mit Gott endet und beginnt, hat dabei seinen besonderen Sinn.

Eins – wer weiß es?

Eins *– wer weiß es? Eins, ich sag' es: der Himmel und die Erde machen Gottes Einheit kund.*
Zwei *– wer weiß es? Zwei, ich sag' es: Zwei Tafeln bezeugen den Bund (Ex 31,18), der Himmel und die Erde machen Gottes Einheit kund.*
Drei *– wer weiß es? Drei, ich sag' es: Drei ist die Zahl uns'rer Väter, zwei Tafeln bezeugen den Bund, der Himmel und die Erde machen Gottes Einheit kund.*
Vier *– wer weiß es? Vier, ich sag' es: Vier ist die Zahl uns'rer Mütter, drei ist die Zahl uns'rer Väter, zwei Tafeln bezeugen den Bund, der Himmel und die Erde machen Gottes Einheit kund.*

***Fünf** – wer weiß es? Fünf, ich sag' es: Fünf sind die Bücher der Tora, vier ist die Zahl uns're Mütter, drei ist die Zahl uns'rer Väter, zwei Tafeln bezeugen den Bund, der Himmel und die Erde machen Gottes Einheit kund.*

***Sechs** – wer weiß es? Sechs, ich sag' es: Sechs Ordnungen hat die Mischna, fünf sind die Bücher der Tora, vier ist die Zahl uns'rer Mütter, drei ist die Zahl uns'rer Väter, zwei Tafeln bezeugen den Bund, der Himmel und die Erde machen Gottes Einheit kund.*

***Sieben** – wer weiß es? Sieben, ich sag' es: Sieben Tage, am Ende der Schabbat, sechs Ordnungen hat die Mischna, fünf sind die Bücher der Tora, vier ist die Zahl uns'rer Mütter, drei ist die Zahl uns'rer Väter, zwei Tafeln bezeugen den Bund, der Himmel und die Erde machen Gottes Einheit kund.*

***Acht** – wer weiß es? Acht, ich sag' es: Acht Tage bis zur Beschneidung, sieben Tage, am Ende der Schabbat, sechs Ordnungen hat die Mischna, fünf sind die Bücher der Tora, vier ist die Zahl uns'rer Mütter, drei ist die Zahl uns'rer Väter, zwei Tafeln bezeugen den Bund, der Himmel und die Erde machen Gottes Einheit kund.*

***Neun** – wer weiß es? Neun, ich sag' es: Neun Monate bis zur Geburt, acht Tage bis zur Beschneidung, sieben Tage, am Ende der Schabbat, sechs Ordnungen hat die Mischna, fünf sind die Bücher der Tora, vier ist die Zahl uns'rer Mütter, drei ist die Zahl uns'rer Väter, zwei Tafeln bezeugen den Bund, der Himmel und die Erde machen Gottes Einheit kund.*

***Zehn** – wer weiß es? Zehn, ich sag' es: Zehn Worte ließ Gott Israel hören (Ex 20), neun Monate bis zur Geburt, acht Tage bis zur Beschneidung, sieben Tage, am Ende der Schabbat, sechs Ordnungen hat die Mischna, fünf sind die Bücher der Tora, vier ist die Zahl uns'rer Mütter, drei ist die Zahl uns'rer Väter, zwei Tafeln bezeugen den Bund, der Himmel und die Erde machen Gottes Einheit kund.*

***Elf** – wer weiß es? Elf, ich sag' es: Elf Sterne sah Josef im Traum (Gen 37,9), zehn Worte ließ Gott Israel hören, neun Monate bis zur Geburt, acht Tage bis zur Beschneidung, sieben Tage, am Ende der Schabbat, sechs Ordnungen hat die Mischna, fünf sind die Bücher der Tora, vier ist die Zahl uns'rer Mütter, drei ist die Zahl uns'rer Väter, zwei Tafeln bezeugen den Bund, der Himmel und die Erde machen Gottes Einheit kund.*

***Zwölf** – wer weiß es? Zwölf, ich sag' es: Zwölf Stämme gibt's in Israel, elf Sterne sah Josef im Traum, zehn Worte ließ Gott Israel hören, neun Monate bis zur Geburt, acht Tage bis zur Beschneidung, sieben Tage, am En-*

de der Schabbat, sechs Ordnungen hat die Mischna, fünf sind die Bücher der Tora, vier ist die Zahl uns'rer Mütter, drei ist die Zahl uns'rer Väter, zwei Tafeln bezeugen den Bund, der Himmel und die Erde machen Gottes Einheit kund.

Dreizehn – *wer weiß es? Dreizehn, ich sag' es: Dreizehn Eigenschaften hat Gott (Ex 34,6f), zwölf Stämme gibt's in Israel, elf Sterne sah Josef im Traum, zehn Worte ließ Gott Israel hören, neun Monate bis zur Geburt, acht Tage bis zur Beschneidung, sieben Tage, am Ende der Schabbat, sechs Ordnungen hat die Mischna, fünf sind die Bücher der Tora, vier ist die Zahl uns'rer Mütter, drei ist die Zahl uns'rer Väter, zwei Tafeln bezeugen den Bund, der Himmel und die Erde machen Gottes Einheit kund.*

1

Einer ist unser Gott im Himmel und auf Erden

Gott und das jüdische Volk

Wenn sonst nichts über das Judentum als religiöses System gesagt werden kann, eins ist gewiss und fundamental: der Glaube an den einen Gott. Nehmen wir nur das zentrale Bekenntnis des jüdischen Glaubens als Beispiel, das „Schma", das mehrere Male am Tage im jüdischen Gebet und traditionell am Totenbett gesprochen wird: *„Schma Israel, Adonai Elohejnu, Adonai Echad."* – „Höre Israel, der Ewige unser Gott, der Ewige ist Einer." (Dtn 6,4) Um dieses Bekenntnis zu verstärken, wird es einmal in den täglichen Gebeten durch einen Lobspruch eingeleitet, der mit unserer Aufgabe als Juden schließt, „Gottes Name zu einen", was wahrscheinlich bedeutet, die Einheit Gottes anzuerkennen und die Kenntnis von dieser Einheit in die Welt hineinzutragen.

Die Ursprünge dieser Gottesvorstellung sind unsicher. Die Hebräische Bibel nimmt diese Annahme als gegeben, zumindest scheint es so. Die gewaltige Eröffnung der Genesis zeigt diesen einen Gott, wie er nur ein Wort spricht, und dieses Wort wird in greifbare Wirklichkeit umgewandelt. „'Es werde Licht.' So wurde Licht" (Gen 1,3) trifft den Gedanken, nicht aber die außergewöhnliche Kürze und Kraft des Hebräischen, das diesen in zwei Worte bannt, die nur mit einem einzigen hinzugefügten Konsonanten wiederholt werden: „Jehi Or, Wajehi Or." Es bedarf nicht mehr als eines einfachen Atemausstoßes. Dem Einen Gott bereitet dies keine Mühe.

Nichtsdestoweniger kann man sich auch hier natürlich fragen, an wen Gott sich eigentlich wendet, wenn er ausruft: „Lasst uns Menschen machen (...)" (Gen 1,26). Ist dies das majestätische Wir? Oder wendet sich Gott an eine Art halbgöttliche Wesen, die zum königlichen Hof gehören, Wesen, die recht offen in Jesaja 6 und 1 Könige 22,19 ff auftauchen? Sind es die Überbleibsel mythologischer Gestalten, die vor Israels Gottesvorstellung existierten – Götter und Mächte der altorientalischen Mythen? Gibt es anderswo in der Bibel Spuren der Götter Ägyptens, jenes anderen großartigen Zentrums der Kultur? Die Zehn Plagen, die „die Ägypter schlugen", könnten auch auf Gottes Strafe an Ägypten „und seinen Göttern" (Num 33,4) zielen. Immerhin wird der Nil als erster von Mose angegriffen, und seine Fluten verwandeln sich in Blut. Auch die anderen Plagen könnten ebenfalls direkt oder indirekt auf ägyptische Gottheiten abzielen.

Was sollen wir mit den verschiedenen Namen anfangen, unter denen Gott in diesen alten Geschichten bekannt ist? Betrachten wir den besonderen Namen für Gott, den Israel niemals aussprechen darf, noch detaillierter. Aus vier hebräischen Buchstaben gebildet, *Jud He Waw He*, ist er bekannt als „Tetragramm": JHWH.

Vielleicht ist hier bereits ein Wort über den Umgang mit diesem Namen vonnöten. Es scheint, dass in früheren Zeiten der Name mit seinen richtigen Vokalen ausgesprochen wurde. Erst nach der Zerstörung des Ersten Tempels wurde ein Ersatzwort, „Adonai", mit der Bedeutung „Herr" benutzt. Nur der Hohepriester sprach am Versöhnungstag, wenn er das Allerheiligste im Tempel betrat, den Namen in seiner korrekten Weise aus (Mischna Joma 6,2).

Der hebräische Bibeltext besteht nur aus Konsonanten – also könnte jedes Wort theoretisch in vielen Varianten ausgesprochen werden und in der Folge auch unterschiedliche Bedeutungen tragen. Tatsächlich machten jüdische Kommentatoren in ihren Auslegungen zum Text über Jahrhunderte vollen Gebrauch von dieser Flexibilität. Dennoch wurde ein System von Vokalzeichen eingeführt, das sich auf das traditionelle Textverständnis gründete, um das Lesen zu erleichtern. In einigen Fällen wollten die Rabbinen ein anderes Wort für das einsetzen, was im hebräischen Text steht –, an manchen Stellen zogen sie eine euphemistische Lesart einem besonders harten Wort vor oder änderten dort ein Wort, wo sie sahen, dass es durch die Überlieferung gegen seinen Sinn verstanden worden war. In solchen Fällen setzten sie unter die Konsonanten die Vokale des substituierten Wortes, und der

Leser, der das System kannte, las es entsprechend. Eines der geläufigsten Beispiele dafür ist der vierlettrige Gottesname. Unter den Buchstaben *Jud He Waw He* fügten sie die Vokale des Wortes *Adonai.* Im Mittelalter jedoch glaubten die Christen, die die Hebräische Bibel studierten und die diese Praxis nicht kannten, dass die Vokale einfach die korrekte Aussprache zeigten, und so entstand der seltsame Name „Jehova".

Im Lauf der Zeit wurden die Juden zunehmend sensibel für den möglichen Missbrauch des göttlichen Namens und setzen *Haschem*, „der Name", an die Stelle von *Adonai*, wenn sie ihn in einem anderen, nicht-liturgischen Kontext gebrauchten. Eine Tradition entstand, die auf Deuteronomium 12 basiert: Danach sollte der Name Gottes nicht zerstört werden, so er einmal niedergeschrieben war, und deshalb ließ man große Umsicht walten, um Texte zu bewahren, in denen der Name auftauchte. Alte Gebetbücher oder Dokumente, die den Gottesnamen enthielten, wurden in einem besonderen Teil der Synagoge, der *Genisa* (Aufbewahrung, Archiv), aufbewahrt oder in der Erde vergraben. Wenn man überhaupt den Namen Gottes aus einem bestimmten Grund schrieb, wurde nur einer der Buchstaben verwendet, beispielsweise der Buchstabe He, mit einem nachfolgenden Apostroph, um anzudeuten, welches Wort man meinte. Diese Vorsichtsmaßnahme beim Gebrauch des geschriebenen Namen Gottes erfasste sogar die Umgangssprache, und fromme Juden schreiben „G-tt", obwohl die meisten religiösen Autoritäten keine Notwendigkeit dafür sehen.

Doch woher kommt der Name? Wenn man die ersten zwei Buchstaben des göttlichen Namens nimmt, *Ja*, so könnten sie einer Art Ruf entsprungen sein. Der gebräuchliche Text, der zum Verständnis des Namens herangezogen wird, ist aber zumeist die berühmte Geschichte vom „brennenden Dornbusch" in Exodus 3, wo Mose erstmals Gott begegnet. Als Mose Gott nach dem göttlichen Namen fragt, weicht Gott aus –, den Namen eines anderen zu kennen, impliziert in der biblischen Welt ein bestimmtes Maß an Kontrolle über die Person. Gottes Antwort: „Ich bin, der Ich bin" (Ex 3,14) bedeutet demnach: „Das betrifft nur mich!" Der hebräische Satz *Eheje ascher Eheje* basiert auf der „imperfekten" Form des Verbs *haja*, das „sein" bedeutet. Da *eheje* „ich bin“, „ich werde sein“, „ich soll sein“, „ich könnte sein“ bedeuten kann, ist leicht zu ermessen, welche Schwierigkeiten sich bei der Auslegung dieses Satzes ergeben können. Sicher ist jedoch, dass der Name *J H W H*, wenigstens in dieser Volksetymologie, mit dem Verb „sein“ verwandt ist.

Alle, die in moderner Zeit versuchen, den Namen zu übersetzen und vom Ersatznamen „Herr“ wegzukommen, haben das Thema „sein“ auf verschiedene Weisen erforscht. Moses Mendelssohn (1729-86) führte den Begriff „der Ewige“ in seiner deutschen Übersetzung der Bibel ein (1780-83) und begründete dies mit seinem philosophischen Verständnis von Gott als absolut vollkommenes Wesen. In ihrer deutschen Übersetzung der Hebräischen Bibel, die in den 1930er Jahren zu erscheinen begann, bevorzugten Martin Buber und Franz Rosenzweig ein „existentielleres“ Verständnis des Seins: „der Gegenwärtige”. Statt eines Namens schrieben sie „ER“ oder „DU“ je nach Kontext. In jüngerer Zeit, im Zuge einer feministischen Infragestellung der Sprache, ist auch der Gebrauch „Herr“ hinterfragt worden. Der Terminus ist maskulinen Ursprungs und entspricht einem traditionellen Verständnis, wonach Macht und Autorität zwar von einem Gott verkörpert werden, der jenseits der Geschlechter steht, selbst aber männlich ist. Vor diesem Hintergrund erscheint der Sprachgebrauch von Buber und Rosenzweig unangemessen. Ich selbst – obwohl auch dies aus vielen Gründen unbefriedigend ist – verwende bei der Übersetzung des vierlettrigen Namens „der Ewige“.

Was ist jedoch mit den vielen anderen biblischen Bezeichnungen: *El, El Schaddai, El Eljon, El Brit, El Ro'i, El Olam, Adonai, JHWH Zewa'ot, Kedosch Israel, Pachad Jizchak, Awir Ja'akow* und dem Oberbegriff *Elohim*? Sehr wahrscheinlich bezeichneten viele von ihnen regionale Gottheiten, die von Israel in die eigene Gottesvorstellung integriert wurden. Die Geschichte von Abrahams Segen durch Melchisedek, dem König von Salem (Jerusalem) und Priester El Eljons, zeigt, wie so ein Prozess abgelaufen sein kann (Gen 14,18-22).

Noch ein Wort zum Begriff *Elohim*. Dies scheint ein allgemeiner Begriff für „Gott“ oder „Götter“ zu sein (und auch „Mächte“ und möglicherweise „Richter“). Wenngleich das Wort eine Pluralendung hat

(*-im*), steht es doch in Verbindung mit einem Verb immer in der Einzahl, wenn es in der Bedeutung von „Gott des Universums" gebraucht wird, den Israel unter dem besonderen Namen *JHWH* kennt. Er wird auf verschiedene Arten in der Schrift gebraucht, oft in Verbindung mit *JHWH*, um verschiedene Aspekte des Göttlichen in einem bestimmten Kontext anzudeuten. Diese Unterscheidung von *Elohim* und *JHWH* war auch eines der zentralen Merkmale bei der Entwicklung der „Quellentheorie" über die Ursprünge der Hebräischen Bibel. Sie nimmt an, dass die beiden Namen Gottes verschiedene Traditionen unterschiedlicher Gruppierungen innerhalb der israelitischen Gesellschaft widerspiegeln. Durch eine ganze Reihe von Redaktoren sind sie unter besonderen sozialen oder politischen Bedingungen miteinander kombiniert worden. Gegenwärtige literarische Untersuchungen der Bibel haben bedeutende Fragen zur Legitimität einer solchen Unterscheidung aufgeworfen, aber in akademischen Kreisen scheint die Hypothese immer noch die Bibelstudien zu dominieren. Wir werden später sehen, wie die Rabbinen zwischen den beiden Namen unterschieden.

Angesichts dieser Vielzahl von Namen und der Schwierigkeit, seine Ursprünge oder Bedeutungen zu verstehen, ist es kein Wunder, wenn die Meinungen darüber auseinandergehen, wie Israel zu seiner Überzeugung gelangte, dass es nur einen Gott im gesamten Universum gibt.

Du sollst heute wissen und es in Dein Herz aufnehmen, dass der Ewige Gott in den Himmeln droben und auf Erden herrscht – es gibt keinen anderen. (Dtn 4,39)[1]

Entwickelte sich der Gedanke über einen Zeitraum? Wurde er von Mose aufgrund seiner ägyptischen Erziehung und Ausbildung eingeführt, oder erlernte dieser ihn von seinem Schwiegervater Jitro, dem Priester von Midian? Entstand er aus einer Art Monolatrie: Israels Gott, der einzige Gott für Israel, der nach und nach als der einzige Gott in der Welt angesehen wurde? Oder war es, wie manche anregen, eine revolutionäre Idee, die über Nacht geboren wurde und durch ihre schiere Einfachheit und allumfassende Kraft jeden Widerstand beiseite fegte?

Sicherlich nimmt die Hebräische Bibel in der Form, in der sie uns überliefert wurde, diesen Monotheismus als gegeben hin und scheint nicht weiter verlegen zu sein, selbst jene Texte und Erzählungen beizubehalten, die auf die rivalisierenden Götter und Idole verweisen, die unablässig versuchen, Israel in die Irre zu führen. Wenn wir die biblische Erzählung von der Entstehung Israels als Volk gelten lassen – Sklaven in Ägypten, Wanderer in der Wüste über eine Generation, Siedler in einem neuen Land, Flüchtlinge im Exil –, so müssen sie Gott in vielfacher Gestalt erfahren haben: die vielen göttlichen Wesen Ägyptens, der unsichtbare, mitwandernde Gott der Wüste, die Fruchtbarkeitsgötter und -göttinnen, denen an jedem erhöhten Ort und unter jedem belaubten Baum im Land, das sie betraten, gehuldigt wurde, die allmächtigen erobernden Götter Babylons und deren subtile Theologien. Ihr Gott musste all diese Eigenschaften umfassen und durchdringen, um in den unterschiedlichen Lebenswelten vorgefunden werden und alle Funktionen ausüben zu können.

Die Kämpfe, die dies bedeuten musste, werden in den biblischen Erzählungen und prophetischen Klagen offen und eindeutig beschrieben. Es ist tatsächlich erstaunlich, dass der Monotheismus sich angesichts der Popularität anderer Götter letztlich durchsetzte. Der edelste aller Könige und sicher ein großer Theologe, König Salomo, scheint angesichts der Verlockung durch eine Art Symbiose mit den Göttern der regionalen Völker in Konflikt geraten zu sein. Nach dem Fall Jerusalems muss der Prophet Jeremia, den man gegen seinen Willen nach Ägypten gezerrt hat, dem Hohn jener standhalten, die klagen, dass es zur Zerstörung des Tempels und zu ihrem Exil genau deswegen gekommen sei, weil sie ihren „authentischen" wahrhaften Gott verlassen hätten – nicht *JHWH*, sondern die „Königin des Himmels" (Jer 44,17)! Wenn sich Gott durch die Fähigkeit legitimiert, für uns Sorge zu tragen, war die Klage der Menschen durchaus berechtigt – eine Klage, die sich in unterschiedlicher Form die ganze jüdische Geschichte hindurch wiederholen sollte.

Doch die Verfasser und Redaktoren der Bibel waren der Annahme, dass Israel nur einen Gott hatte, der Gott des gesamten Universums war, selbst wenn die Menschen von Zeit zu Zeit Göttern nachliefen, die keine waren. Nicht immer ist eindeutig, wie die biblischen Autoren die Götter der anderen Völker wahrnahmen – als legitime und „reale“ Götter dieser Nation, als bloße Illusionen oder als verzerrten Versuch, dem einen wahren Gott zu dienen. (Das Buch Jona beschreibt allerdings zweifelsfrei, wie die Seeleute, die Jona begegnen, und auch ihre Erzfeinde, die Niniviten, beide die Existenz nur eines einzigen höchsten Gottes anerkennen. Die Seeleute können ihn als *JHWH* identifizieren, was den Niniviten nicht gelingt.)

Der Glauben an den Einen Gott wurde von den verschiedensten Seiten in Frage gestellt. Dieser Glaube war eindeutig ein Thema für die Exilanten in Babylon, wenn wir nach den häufigen Beteuerungen durch den anonymen Verfasser der letzten Teile des Buchs Jesaja urteilen sollten. Immer wieder bekräftigt Gott, dass Er der Erste und der Letzte sei, der einzige Gott aus vergangener Zeit, dessen Treue in der Zukunft offenbar werde. Es existiert sogar ein Hinweis auf eine Art Dualismus, den der Prophet zu bekämpfen hat, wenn Gott verkündet:

So dass sie vom Aufgang der Sonne und vom Westen wissen, dass es keinen neben mir gibt. Ich bin der Ewige, und da ist kein anderer. Der Licht bildet und Dunkelheit erschafft, Frieden bildet und Böses schafft. Ich, der Ewige, tue all dies. (Jes 45,6-7)

Aber diese „Einheit Gottes“ weckt noch andere Spekulationen. Wie kann Gott „da draußen“ im Universum und zur gleichen Zeit mit dem Menschen in dessen kleinem individuellen Leben beschäftigt sein? Jeremia lässt Gott die rhetorische Frage stellen: „Bin ich ein Gott, der nah ist, oder ein Gott, der weit entfernt ist?“ (Jer 23,23) Der Bezugspunkt hier muss „Himmel“ heißen (dem Gott nahe ist); er entgegnet dem Vorwurf, er sitze im Himmel, bleibe so seinem Reich nahe und schere sich nicht um die weit entfernte Welt da unten auf der Erde.

Jesaja stellte sich dem Paradox des Einen Gottes, der zugleich vollkommen „anders“ und entfernt und doch in der Welt gegenwärtig ist, mit einer Formulierung, die in die jüdische und christliche Liturgie Eingang gefunden hat: „Heilig, heilig, heilig ist *Adonai Zewaot* (der Herr der Heerscharen), die ganze Erde ist erfüllt von seiner Herrlichkeit.“ (Jes 6,3) Wir müssen verstehen, dass das Wort „heilig“, *kadosch*,

„anders", „fern", „abgesondert" bedeutet. Wiederholt bedeutet es, dass das „Anderssein" Gottes an sich „anders" ist. Dreimal wiederholt betont es, dass Gott außerhalb aller Kategorien steht, die wir begreifen oder kontrollieren können. Gleichzeitig erfüllt aber Gottes „Herrlichkeit" – auf Hebräisch *kawod* und verwandt mit dem Wort für „Gewicht" – die Welt vollkommen. Gottes Gegenwart ist überall. In theologischen Begriffen müssten wir von Gottes gleichzeitiger Transzendenz und Immanenz reden.

In diesen und vielen anderen Passagen begegnen uns in der Hebräischen Bibel viele der grundlegenden religiösen Fragen, die über Jahrhunderte hinweg Judentum, Christentum und Islam beschäftigt haben, die alle drei auf ihre Art Erben der biblischen Tradition sind. Zu der Zeit, als die biblischen Bücher kanonisiert wurden und die verschiedenen Entwicklungsphasen des Judentums begannen, war das Thema „Einheit" also weitgehend geklärt. Die Rabbinen, Nachfolger der Pharisäer, die das Judentum, wie wir es kennen, schufen, hegten keinen Zweifel an der revolutionären Natur dieses Glaubens an den Einen Gott und daran, dass Abraham die Gründerfigur war.

Als Abraham geboren wurde, wollte ihn König Nimrod töten. Also versteckte sein Vater ihn für drei Jahre in einer Höhle. Als er die Höhle verließ, fragte er sich: Wer schuf wohl den Himmel und die Erde und mich? Den ganzen Tag über betete er zur Sonne, aber am Abend sank die Sonne, und der Mond stieg auf. Als er den Mond erblickte und die Sterne um ihn herum, nahm er an, der Mond habe Himmel und Erde erschaffen und dass die Sterne des Mondes Prinzen und Höflinge seien. So betete er die ganze Nacht hindurch zum Mond. Aber am Morgen verschwand der Mond, und die Sonne stieg wieder auf, da sagte er: Es muss eine höhere Macht über beiden geben, und zu Ihm will ich beten. (Genesis Rabba 61,16 und 95,3)

Dieser Eine Gott ist in den Augen der Rabbinen kein kaltes mathematisches Konzept. Es waren „gottberauschte" Männer, welche die Bibel auf jeden möglichen Hinweis auf die Eigenschaften Gottes hin absuchten und in jedem Aspekt der menschlichen Existenz nach Gott forschten.

Die Göttlichkeit wurde von ihnen tief empfunden, war in ihren Häusern und Schulen gegenwärtig, verherrlichte ihr Leben, heiligte ihre Arbeit – kein Raum, kein Augenblick ihres Daseins, in der sichtbaren und unsichtbaren Welt, im Schatten des Lebens und jenseits des Grabes war ohne ihn vorstellbar. Folglich gibt es keinen Aspekt des primitiven oder höheren religiösen Denkens, das je den Verstand des Menschen bewegt und auf Göttlichkeit und Gottheit verwiesen hat, gegenüber dem diese Weisen gleichgültig blieben und dem sie nicht ihren gebührenden Anteil an Erläuterungen und Weiterentwicklung hinzugefügt hätten.[2]

Die vielleicht bekannteste Unterscheidung, die die Rabbinen jemals vornahmen, ist die zwischen den beiden Namen Gottes, denen wir begegnet sind: *JHWH* und *Elohim*. Irgendwann im 2. Jahrhundert prägten sie zwei Begriffe, die die Namen unterschieden und auch die göttlichen Eigenschaften, für die sie standen. *JHWH*, so dachten sie, drückt *Midat haRachamim* aus – Gottes Mitleid –, während *Elohim* Gottes *Midat haDin* zeigt, seine strenge Gerechtigkeit. Die Welt existiert nur dank der Balance zwischen diesen beiden Eigenschaften Gottes. In einer bemerkenswerten rabbinischen Homilie wird diese Spannung erklärt:

Mit dieser Angelegenheit verhält es sich wie mit einem König, der ein paar leere Kelche hatte. Der König sprach: Wenn ich heißes Wasser in sie gieße, werden sie bersten. Wenn ich kaltes Wasser in sie gieße, werden sie brechen! Also vermengte der König kaltes und heißes Wasser, und er goss es hinein, und die Kelche waren unversehrt. So sprach auch Gott: „Wenn ich die Welt mit dem Attribut der Gnade erschaffe, wird die Sünde sich vervielfachen. Wenn ich sie mit dem Attribut der Gerechtigkeit schaffe, wie kann sie bestehen? Also werde ich sie mit beidem erschaffen, auf dass sie bestehe. (Genesis Rabba 12,15)

In einer anderen Version des Themas ist es Abraham, der das gleiche Argument Gott gegenüber hervorbringt:

„Soll nicht der Richter der ganzen Erde Gerechtigkeit üben?" (Gen 18,25).
Rabbi Levi sprach: Abraham sagte zu Gott: „Wenn du die Welt erhalten möchtest, ist strenge Gerechtigkeit unmöglich. Und wenn du strenge Ge-

rechtigkeit möchtest, dann kann die Welt nicht erhalten werden. Du kannst den Faden nicht gleichzeitig an beiden Enden halten. Du möchtest die Welt und du möchtest Gerechtigkeit. Nimm eines oder das andere. Wenn du nicht ein wenig nachsichtig bist, kann die Welt nicht bestehen." (Genesis Rabba, Lech Lecha 39,6)

Aber die rabbinische Vorstellungskraft endete nicht bei den biblischen Vorgaben. Sie prägte zahlreiche Namen, mit denen sich die Rabbinen Gott zuwandten oder göttliche Eigenschaften beschrieben. Um nur einige aufzulisten: *Aw haRachamim*, „Vater (Quelle) der Gnade", *Awinu schebaSchamaim*, „Unser Gott im Himmel", *haKadosch Baruch hu*, „Der Heilige, gepriesen sei er", *Ba'al haBait*, „Der Herr des Hauses", *Mi scheamar wehaja haOlam*, „Der sprach und die Welt entstand", *Melech Malchej haMlachim*, „Der König über den Königen der Könige", d. h. Gott als Herrscher über alle zeitlichen Mächte, *Zur Olamim*, „Der Fels der Welten" oder einfach „Fels". (Als etwas weniger ernst zu nehmende Anmerkung zu dieser feierlichen Auflistung: Anscheinend gab es eine riesige Debatte zwischen den Verfassern der Unabhängigkeitserklärung Israels, von denen einige religiös, andere jedoch weltlich waren, über die Frage, ob der Name Gottes darin erwähnt werden sollte oder nicht. Schließlich einigte man sich auf einen Kompromiss und schrieb *Zur Israel*, „Fels Israels". Es funktionierte, weil die Religiösen dachten, der Ausdruck verweise auf Gott, während David Ben Gurion, der erste Premierminister, dachte, er sei gemeint.) *Ribon haOlamim* bedeutet „Herr der Welten" oder *Ribono schel Olam*, „Herr der Welt". Letztere sind die Begriffe, die am allerhäufigsten verwendet werden, wenn man sich an Gott wendet. *Rachmana* oder *haRachaman* ist der „Allbarmherzige", *Schechina*, die „Gottesgegenwart", ist ein Terminus, der im kabbalistischen, jüdisch-mystischen Gedankengut entwickelt wurde und der auf das Innewohnen Gottes in der Welt hinweist. Später wurde er von der Frauenbewegung als ein Hinweis auf die weibliche Seite Gottes aufgegriffen.[3]

Dieser letztere Name und die verbreitete Vorstellung von Gott als „Vater" deuten bereits auf einige der Probleme hin, die rund um das Geschlecht oder fehlende Geschlecht Gottes entstehen. Das Bild von Gott als Vater ist heute etwas problematisch. Freud hat uns gelehrt, die Beziehungen zwischen Eltern und Kindern mit anderen Augen zu betrachten; die Frauenbewegung hat Fragen zu Autorität und Macht der Väter in unserem Leben aufgeworfen, und demnach spiegelt die Bezeichnung „Vater" für Gott die Macht der Männer über die Frauen wider. Das rabbinische Judentum kennt keine solche Ambivalenz und beschreibt Gott oftmals als ein strenges, aber liebendes Elternteil. Ebenso ist die rabbinische Literatur voll von Geschichten über den König Gott und dessen problematische Beziehung zu einem ungeratenen Sohn Israel. Die Rabbinen spürten sehr stark, dass uns unsere Handlungen fortwährend von Gott entfernen. Glücklicherweise gibt es Wege der „Reue" (der hebräische Begriff *Teschuwa* bedeutet wörtlich „Rückkehr"), die immer wieder Versöhnung mit Gott ermöglichen. Wenn Gott auch „Richter" ist, ist er doch auf erstaunliche Weise zugänglich:

Wenn Israel in der Zukunft im Gerichtshof vor Gott – Gottes Heiligtum sei gepriesen! – stehen wird und sich vor dem Gericht fürchtet, dann werden die Dienstengel zu ihm sagen: „Fürchtet euch nicht vor dem Gericht! Seid ihr Gott nicht gut bekannt? Hat Gott nicht Bürgerrecht in eurer Stadt? Denn es heißt doch (Jes 45,13): Cyros wird meine Stadt bauen und meine Verbannten wird er freilassen." Und außerdem werden sie zu ihnen sagen: „Fürchtet euch nicht vor dem Gericht! Seid ihr Gott nicht gut bekannt? Ist Gott nicht mit euch verwandt? Denn es heißt doch (Ps 148,14): Den Kindern Israels, dem Volk seiner Verwandtschaft." Und außerdem werden sie zu ihnen sagen: „Seid ihr Gott nicht gut bekannt? Seid ihr nicht geschwisterlich verbunden? Denn es heißt doch (Ps 122,8): Für meinen Bruder und Freund. Ja, noch viel mehr als das, er ist für euch wie ein Vater und wie eine Mutter: Ist Gott nicht euer Vater? Hat nicht Gott euch geschaffen?" (Dtn 32,6) (Midrasch Tehillim 118,10 zu Ps 118,7)

Die Innigkeit der Beziehung zwischen Israel und Gott ist in einem Lied ausgedrückt, das am Versöhnungstag (Yom Kippur) mehrfach gesungen wird:

Denn wir sind dein Volk; du bist unser Gott.
Wir sind deine Kinder; du bist uns Vater und Mutter.
Wir sind deine Knechte und Mägde, du gebietest uns.
Wir sind deine Gemeinde; du bist unser Teil.

Wir sind dein Erbe; du bist unser Schicksal.
Wir sind deine Herde; du weidest uns.
Wir sind dein Weinberg; du pflegst uns.
Wir sind dein Werk; du hast uns geschaffen.
Wir sind die von dir Geliebten; du liebst uns.
Wir sind dein Eigentum; du bist uns nahe.
Wir sind dein Volk; du regierst über uns.
Wir bringen dich zu Ehren; du bringst uns zu Ehren.

(Zitiert nach Seder ha-Tefillot. Das jüdische Gebetbuch, Bd. 2, S. 449.)

Die Nachahmung Gottes

Einer der Zwecke, warum Gott unterschiedliche Eigenschaften zugeordnet werden, liegt darin, dass wir dafür verantwortlich sind, diese guten Eigenschaften nachzuahmen:

Unser Vater, unser König, die Angestellten eines Königs, welche Aufgabe fällt ihnen zu? – Den König nachzuahmen. (Jalkut Schimoni zu Levitikus)

Du wirst gnädig und gütig genannt – also sollten wir gnädig sein und großzügig allen geben.

Wie Gott „barmherzig und gnädig" genannt wird, so sei auch du barmherzig und gnädig!

Wie Gott – Gottes Heiligkeit sei gepriesen! – „gerecht" genannt wird (...), so sei auch du gerecht.

Wie Gott – Gottes Heiligkeit sei gepriesen! – „treu" genannt wird (...), so sei auch du treu. (Sifre Ekew).

(Zitiert nach Seder ha-Tefillot, Bd. 2, S. 605.)

„Du sollst nach dem Ewigen, Deinem Gott eifern" (Dtn 13,4). Wie aber kann ein Mensch nach Gott eifern, der ein verzehrendes Feuer ist? (Dtn 4,24) Es bedeutet, Gottes Eigenschaften nachzueifern – kleide den Nack-

ten, besuche den Kranken, tröste den Trauernden, begrabe den Toten. (b. Sota 14a)

Im Mittelalter musste sich die Vorstellung von dem Einen Gott verschiedenen philosophischen und spirituellen Herausforderungen stellen. In einer muslimischen Welt lebend, in der ein sogar noch rigoroserer Monotheismus angetroffen werden konnte, machte der große Philosoph Moses Maimonides den Glauben an die Einheit Gottes zu einem der dreizehn Glaubensartikel. Aber einmal abgesehen davon – was ließe sich über die Natur Gottes denn sagen? Die Rabbinen scheinen nicht allzu viele Skrupel gehabt zu haben, Gott alle möglichen menschlichen Eigenschaften zuzuschreiben, obwohl selbst sie manchmal Zweifel packten, wie weit man gehen konnte.

Als Rabbi Chanina und Rabbi Jonathan einige Städte in Judäa besuchten, betraten sie eine Synagoge und bemerkten, dass der Vorleser in seinen Gebeten zusätzlich zu den üblichen Worten: „Großer, starker und ehrfurchtweckender Gott", die Worte „Herrlicher, mächtiger und majestätischer Gott" sprach. Sie unterbrachen ihn und machten ihm begreiflich, dass mehr weniger sein kann, und wir sie nur verwenden dürften, weil Mose diese Begriffe verwendet hatte. (Midrasch Psalmen 19,2) (In einer anderen Fassung heißt es, das sei so, als ob man einen Menschen, der ein Goldgeschmeide trägt, für seinen Silberschmuck lobt.)

Maimonides trieb diese Vorsicht bei der Nennung der Eigenschaften Gottes sogar noch weiter. Er bestand darauf, dass der einzig angemessene Weg der Beschreibung von Gottes Eigenschaften die *via negativa* sei. Er behauptete, dass die Eigenschaften, die Gott in der Bibel und den rabbinischen Lehren zugeschrieben werden, nur deshalb genannt werden, weil sie zum Ausdruck bringen, wie Gott in der Welt handelt, und damit wir sein Handeln nachahmen können.

Selbst bei diesem kurzen Einblick in das Thema wird deutlich, dass ganze mittelalterliche philosophische Systeme in Betracht gezogen werden müssen, ganz zu schweigen vom religiösen und kulturellen Kontext, wenn man zum Innersten der Frage vordringen möchte. Die Sache wird sogar noch komplizierter, wenn wir die mystischen Traditionen des Judentums mit einbeziehen, die auf ganz ähnliche Weise mit dem Problem eines Gottes rangen, über den man nichts sagen konnte, den man jedoch erfahren wollte und dessen Gegenwart in jedem Aspekt des Lebens spürbar war. Die Mystiker postulierten einen Gott, über den nichts gesagt oder gewusst werden konnte, den *En-Sof* („der Endlose"), der so „anders" war, dass es nicht einmal der Gott war, von dem in der Bibel gesprochen wurde. Von diesem unbekannten Gott ging eine Reihe von zehn *Sefirot* hervor, Stufen vom Nichts bis hin zum materiellen Universum, das wir kennen und bewohnen.[4] Es gibt unzählige Möglichkeiten, diesen Prozess und die Natur der *Sefirot* zu verstehen, von völlig esoterischen bis hin zu ganz populären. Aber der Wunsch, zu begreifen, wie Gott in unserem Leben existiert, liegt genau in diesem Spannungsfeld zwischen dem „Zu-Viel-Sagen", das Gott verkleinert, und dem „Zu-Wenig", das Gott nahezu verschwinden lässt. Die Literaturhinweise zu diesem Kapitel am Ende des Texts verweisen auf nützliche Literatur für diejenigen, die diesen Debatten und Theorien weiter folgen möchten.

Ein Gott und eine Menschheit

Aus der Vorstellung der „Einheit" Gottes ergibt sich eine weitere Folge mit weit reichenden Auswirkungen auf das jüdische Denken und auch auf das Denken der „Tochter-Religionen" Christentum und Islam. In Genesis wird explizit die Einheit der Menschheit angesprochen. Alle stammen vom ersten Menschenwesen ab, von Adam, und alle sind „im Bilde Gottes" geschaffen.

Am Anfang wurde nur ein einziger Mensch geschaffen, um dich zu lehren, dass, wenn jemand eine Seele vernichtet, es ihm die Schrift anrechnet, als hätte er eine ganze Welt vernichtet, und wenn jemand eine Seele erhält, es ihm die Schrift anrechnet, als hätte er eine ganze Welt erhalten. Auch wegen des Friedens unter den Menschen, damit niemand zu seinen Mitmenschen sagen kann: Mein Ahn war größer als deiner. (...) Und endlich auch, um die Größe Gottes – Gottes Heiligkeit sei gepriesen! – zu verkünden; wenn ein Mensch mehrere Münzen mit einem Stempel prägt, so gleichen sie alle einander. Gott, der über alles regiert – Gottes Heiligkeit sei gepriesen! – prägt jeden Menschen mit dem Stempel des ersten Menschen, und doch gleicht nicht einer dem anderen. Daher muss auch jeder

Einzelne sagen: „Meinetwillen ist die Welt erschaffen worden." (Mischna Sanhedrin 4,5)

(Seder ha-Tefillot, Bd. II, a.a.O., S. 601.)

Dennoch war der Blick der Rabbinen auf die Menschheit recht unbeschwert. So diskutieren die Engel in einem Midrasch sogar, ob es überhaupt richtig war, die Menschen zu erschaffen!

Rabbi Schim'on sagte: „Als Gott – Gottes Heiligkeit sei gepriesen! – den ersten Menschen erschuf, entstanden unter den Dienstengeln mehrere Gruppen und Parteien. Die einen sagten: „Er möge erschaffen werden." Die anderen sagten: „Er möge nicht erschaffen werden." Deshalb steht geschrieben: „Liebe und Wahrheit begegnen sich; Gerechtigkeit und Frieden küssen sich." (Ps 85,11) Die Liebe sagt: „Er möge erschaffen werden, denn er wird Werke der Liebe vollbringen." Und die Wahrheit sagt: „Er möge nicht geschaffen werden, denn er ist voller Lügen." Die Gerechtigkeit sagt: „Er möge geschaffen werden, denn er wird Werke der Gerechtigkeit vollbringen." Der Friede sagt: Er möge nicht geschaffen werden, denn er ist voller Streit." (Genesis Rabba 8,5)

(Seder ha-Tefillot, a.a.O., Bd. II, S. 599.)

Zweieinhalb Jahre lang waren die Schulen Schammais und Hillels geteilter Meinung. Der Erstere argumentierte: „Es wäre besser gewesen, wenn die Menschen nicht geschaffen worden wären." Der Letztere argumentierte: „Es war gut, dass die Menschen geschaffen wurden." Schließlich kamen sie zu dem Schluss: „Es wäre besser gewesen, wären die Menschen nicht geschaffen worden, aber da sie nun einmal geschaffen sind, sollten sie ihr Verhalten prüfen!" (Eruwin 13b)

Theologie im Popsong

Es ist nicht abwegig, dieses Kapitel mit etwas schließen zu lassen, das letztlich eine hoch komplexe philosophische und theologische Angelegenheit in einer typisch jüdischen Formulierung darstellt. Ein unbekannter Dichter des Mittelalters schrieb ein Lied, dessen drei erste

Verse vom erhabenen Gott sprechen, der unbekannt, unkenntlich, allwissend vor der Schöpfung existierte, der nicht Seinesgleichen hat usw., während die letzten zwei Verse den immanenten Gott beschreiben, meinen Erlöser, den Fels, an dem ich mich in Zeiten der Not klammere, mein Banner und der Eine, dem ich meinen Körper anvertraue, wenn ich mich schlafen lege. Das Lied ist so populär, dass er am Ende praktisch eines jeden Schabbatmorgen-Gottesdienstes gesungen wird, und so schlicht in seiner Form, dass es Hunderte von Melodien darauf gibt, passend zur Stimmung aller möglichen feierlichen oder freudigen Gelegenheiten. (Er passt aber auch auf fast jede bekannte Melodie von „Waltzing Mathilda“ bis „Greensleeves“. Eine Rockversion schaffte es in die israelischen Charts). Die folgende Fassung folgt dem Rhythmus, wenn nicht dem Reim des hebräischen Originals und wird mit ein paar Änderungen hier und da ebenfalls auf die meisten Melodien passen.

Gott aller Welt, du hast regiert,
eh ein Geschöpf geschaffen ward.
Als einst durch dich das All entstand,
da ward dein Nam' „König“ genannt.

Und einst am Ende aller Zeit
wirst du allein regier'n in Macht.
Du warst, du bist und du wirst sein,
die Herrlichkeit ist dir allein.

Einzig bist du, und keiner ist
vergleichbar dir, Gott aller Welt.
Du bist ohn' Anfang und ohn' End,
du hast die Macht, bist der Regent.

Du bist mein Gott, du rettest mich,
du bist mein Fels, bin ich in Not.
Du bist mein Schutz, mein Zufluchtsort,
versorgest mich, wenn ich dich ruf.

Mein Geist birgt sich in deiner Hand,
stets, sei ich schla- fend oder wach.

Und auch mein Leib *birgt sich in dir.*
Ich fürcht' mich nicht, *du bist bei mir.*

(Zitiert nach Seder ha-Tefillot. Das jüdische Gebetbuch. Bd. 1, S. 123.)

Literaturhinweise

Die Philosophie des Judentums von Julius Guttmann. Mit einer Standortbestimmung von E. Seidel und einer biographischen Einführung von F. Bamberger, Jüdische Verlagsanstalt Berlin, Berlin 2000.
J. Heschel, Gott sucht den Menschen. Eine Philosophie des Judentums. Jüdische Verlagsanstalt Berlin. Berlin 2000.
H. Simon/M. Simon, Geschichte der jüdischen Philosophie. Leipzig 1999.

2

Zwei Tafeln bezeugen den Bund

Das jüdische Volk und Gott

How odd
of God
to choose
the Jews.
William Norman Ewer[1]

Dieser kleine Schüttelreim fasst den Blick vieler Außenstehender auf das jüdische Volk zusammen. Dabei wird unter der schönen Oberfläche des Gedichtes auch eine Art Neid spürbar, der sich im Lauf der jüdischen Geschichte in weit bösartigerer Form mitgeteilt hat. Die Hebräische Bibel spricht von einem besonderen Verhältnis zwischen Gott und Israel. Doch obschon das jüdische Volk dem biblischen Israel entstammt, glauben andere Menschen seine Sonderstellung ererbt zu haben – mit dem jüdischen Volk oder als dessen Ersatz. Wenn aber das biblische Israel auserwählt ist, dann nicht zuletzt deshalb, um eine bestimmte Mission in der Welt zu erfüllen, das heißt: zu dienen – und nicht: zu herrschen. Ob sich Juden als erwählt betrachten oder nicht: Viele Menschen haben sich aus recht irrationalen Gründen heraus in das Diktum vom „auserwählten Volk" geradezu verbissen, und ihre Gefühle entluden sich oftmals in brutalem Hass. Deshalb ist es so wichtig zu ergründen, wie die Juden ihre Beziehung zu Gott verstehen, die sich im „Bund" als Zeichen eben jener Beziehung ausdrückt. Eine jüdische Antwort auf William Norman Ewer hat es gegeben: „It's not so odd, the Jews chose God!"[2] Mein Kollege Hyam Maccoby stieß auf den Kommentar eines Cecil Browne:

But not so odd
as those who choose
a Jewish God
but spurn the Jews.

(Übersetzung: Aber nicht so sonderbar wie jene, die einen jüdischen Gott erwählen, aber die Juden verachten.) Die Hebräische Bibel bestätigt Ewer. Gott erwählte Abraham und schuf mit ihm ein Volk, dessen modellhafte Gesellschaft sich durch die Eigenschaften „Gerechtigkeit und Recht“ (Gen 18,19) auszeichnete. Ausgerechnet Abraham als Wegbereiter einer neuen Menschheit zu etablieren, mutet allerdings etwas sonderbar („odd“) an, weil er in mancher Hinsicht gerade so unvollkommen erscheint – wie alle seine Nachfolger. Ja, es ist eine Binsenweisheit, dass nahezu keine bedeutende biblische Gestalt vorgestellt wird, ohne nicht zugleich irgendeine Schwäche ihres Charakters offen zu legen. Letztlich ist aber genau darin ein Teil der Kraft der Hebräischen Bibel und ihr Wert als religiöses Dokument begründet. Schließlich lässt eine derart rigorose Selbstkritik Raum zu Wachstum und Veränderung und zeigt, wie man aus Fehlern lernt und die Dinge zu verbessern sucht. Anders gesagt: Wenn schon so fehlerhafte und zerbrechliche Menschenwesen Gott auf irgendeine Weise dienen konnten –, weshalb sollten ausgerechnet wir verzweifeln? Die menschliche Schwäche gibt der Macht und Güte Gottes ein ganz anderes Gewicht.

Die Auffassung des Bundes, hebräisch *Brit*, haben die Autoren der Hebräischen Bibel ihrem kulturellen Umfeld entlehnt. Bünde können auf unterschiedlichste Art geschlossen werden. Ein Herrscher legt einen Souveränitätsvertrag fest und seine Vasallen erklären sich bereit, ihm zu folgen, auch wenn kaum einmal eine Gegenleistung erfolgt. Es gibt Bünde zwischen Vertragspartnern, bei denen beide Partner wechselseitig dieselben Verpflichtungen eingehen. Schließlich kann ein Herrscher einem anderen etwas anbieten, beispielsweise seinen Schutz, ohne deswegen vom anderen gleich etwas zu erwarten. Elemente dieser unterschiedlichen Vertragsverhältnisse finden sich in den Bündnissen, die Gott sukzessive mit der Welt und der Menschheit schließt. Nach der Sintflut verspricht Gott zunächst, die Welt nie wieder zu zerstören. Als zweites erhält Abraham ein Versprechen für die Zukunft: viele Kinder, ein eigenes Land und Schutz vor seinen Feinden. Das einzig Greifbare, das Gott ihm abverlangt, ist der Akt der Beschneidung, der ein Zeichen des Bundes ist (mehr zu diesem Thema in Kapitel 8). Zum dritten schließt Gott mit Israel am Berg Sinai einen sehr formellen Bund, einen Bund, der beiden Partnern Pflichten auferlegt (Ex 19,24). Der letzte Bund ist der mit David; er weist in die Zukunft.

Der Prozess des Bundesschlusses am Sinai hat einen ganz besonderen Charakter. Er läuft in drei Etappen ab: Gott macht ein Angebot, das vom Volk unter Mose Führung grundsätzlich akzeptiert wird. Darauf folgen detaillierte Verhandlungen, bei denen die Gesetze, aus denen die Vertragsbedingungen bestehen, vom Volk gehört und angenommen werden. Schließlich findet eine Zeremonie statt, bei der Blut auf den Altar und auf die Menschen gesprengt wird – sie repräsentieren die Vertragspartner des Bundes. Das Volk kann also in jeder Phase der Vertragsverhandlungen reagieren und wird, so erzählt es die Bibel, ein Teil des Bundes in vollem Bewusstsein dessen, was es mit ihm für eine Bewandtnis hat und was dabei auf dem Spiel steht. Ein Bund ist schließlich mehr als bloß ein Vertrag. Auch wenn er ein gesetzliches Dokument ist, bestätigt er gleichzeitig eine Beziehung. Der hebräische Begriff *Chessed* beschreibt die Liebe und Treue, die zwischen den Partnern eines solchen Bundes besteht – ein Terminus und eine Thematik, die wir noch im Schlusskapitel untersuchen werden.
Gottes Vertragsangebot steckt den Rahmen ab, in dem sich Israel sehen und in der Welt agieren soll: „Ihr sollt für mich ein Königreich von Priestern und eine heilige Nation sein" (Ex 19,6). Das jüdische Volk hat seine Existenz so verstanden, dass es von einem Bund mit Gott regiert wird, und unsere Geschichte ist im Lichte dieser Beziehung interpretiert worden. Israels Hoffnung war stets die Hoffnung, dass Gott eines Tages sein Volk erlösen würde, seinen besonderen Schatz, seine eigenen, eigensinnigen, widerspenstigen, ungehorsamen, aber geliebten Kinder.

Das Bewusstsein, von Gott umsorgt und geschützt zu sein, gehört zu den Grundprinzipien eines biblischen Denkens, das Einzelne – Erzväter, Könige oder Propheten – als auserkoren sieht, die Nation als ganze zu leiten und zu lenken. Ja, Israels Schwäche, Begrenztheit und grundsätzliche Bedeutungslosigkeit sind Garanten für den Schutz Gottes: „Der Ewige ließ nicht seine göttliche Liebe über euch kommen oder erwählte euch, weil ihr zahlreicher wart als jedes andere Volk – nein, weil ihr das geringste unter allen Völkern wart, Gott euch aber liebte, und weil Gott den Eid einhalten würde, den er mit euren Vorfahren geschlossen hatte.“ (Dtn 7,7)

Es gibt Varianten dieses Themas: Wider Erwarten wird der jüngere Jakob seinem älteren Bruder Esau vorgezogen. Man salbt David, den kleinsten und jüngsten unter den Söhnen Jischajs, zum König. Und es gibt eine ganze Reihe unwilliger Propheten: Mose, der stottert, Jeremias („Ich bin ein Anfänger!“),, Amos („Ich kann nicht!“), der „leidende Diener” Deuterojesaja (Jes 52,13-53,12). Paradoxerweise sind es stets die Schwächsten, die am wenigsten Geeigneten, die berufen oder auserkoren werden, Gottes Wort zu predigen. Jeder kann unter seiner Berufung leiden, aber keiner wird von Gott im Stich gelassen. Unser Auserwähltsein ist hier eigentlich ein Ausdruck unserer Unzulänglichkeit (eine Art umgekehrter Snobismus) und ein Beweis dafür, was Gott erreichen kann trotz der Stellvertreter, die er für seine Aufgabe ausersehen hat.
Das Drama von Israels biblischer Geschichte entwickelt sich im Spannungsfeld seines Wissens um die Abhängigkeit von Gott (zumindest eines Bewusstseins um diese Abhängigkeit) und der natürlichen menschlichen Behauptung seiner eigenen Stärke, – entwickelt sich in der Feier seines eigenen Erfolges in Zeiten von Wohlstand und Wachstum und im magischen Vertrauen auf die Zeichen seines Glaubens in Zeiten der Not. Jesaja kann einer Generation den Rücken stärken, die zitternd vor den vereinten Armeen des Nordreiches und seiner Nachbarn steht, weil von diesen „abgebrannten Stümpfen Feuerholz” (Jes 7,4) nichts zu befürchten ist. Gott wird sie beschützen, Gott wird nicht zulassen, dass Jerusalem, der auserwählte Ort seines Namens und seiner Gegenwart, geschändet wird. Also verspottet Jesaja die Parteiideologen und Militärberater und geißelt das Vertrauen in die Festungsanlagen und die Vorbereitungen auf den Krieg (Jes 22,8-14). Wie sich später herausstellt, liegt er richtig. Der Prophet Jeremia aber, im folgenden Jahrhundert, muss derselben Nation eingestehen, dass der Augenblick gekommen ist, da Jerusalem fallen wird. Es muss ein Preis für die Exzesse des Volkes gezahlt werden –, und nichts, auch kein Beschwören der „Unantastbarkeit Jerusalems” kann daran etwas ändern (Jer 7,3-15; 26,1-6). „Lass das Volk nicht vor den Nationen zittern, denn sie sind aus Fleisch und Blut – lass sie statt in Furcht und Schrecken, in Ehrfurcht und Verehrung vor dem Ewigen stehen, ihrem Gott.”

Dieser letzte Satz stellt uns einen hebräischen Begriff vor, der schwer zu übersetzen ist. Das Verb *jare* bedeutet „fürchten", gleichzeitig aber auch „Ehrfurcht empfinden". Die „Gottesfurcht", wie wir sie in der biblischen Erzählung antreffen, setzt sich aus Furcht und Ehrfurcht zusammen, aus Verwunderung und manchmal auch Entsetzen. Diese Ehrfurcht ist es, die den Menschen an Gott bindet, als erregendste, verlockendste und „realste" Erfahrung, die eine Menschenseele je berühren kann – wie die Motte vom Schein der Flamme angezogen wird, die ihr einen Moment lang jene lodernde Herrlichkeit verleiht, sie unsterblich macht und doch verzehrt. So war das Schicksal von Aarons Söhnen, die ein „fremdes Licht" zum Altar brachten – nach einer Lesart in einem Anfall von religiösem Eifer. Sie wurden vom göttlichen Feuer, das vom Himmel herunterfiel, verzehrt. Sie wurden zum Opfer; ihre Leidenschaft für Gott verbrannte sie wortwörtlich (Lev 10,1-3). Dieselbe Furcht kann einen Menschen aber auch verleiten, bis ans andere Ende der Welt und an die Grenzen seiner geistigen Gesundheit zu gehen, um dieser Begegnung auszuweichen, wie beispielsweise der Prophet Jona.
Außer der Furcht, die in der Begegnung mit Gott erfahren wird, gibt es noch eine andere Furcht, die sich mehr auf die Abwesenheit Gottes bezieht. Es ist eine Furcht, die nicht auf Vernunft und Wirklichkeit beruht, auch nicht auf äußeren Feinden oder innerer Krankheit. Es ist die Furcht vor dem Leben selbst, mit seiner Unberechenbarkeit und Verantwortung. Es ist die Existenzangst, die einem den Hals zuschnürt, kaum dass der Morgen anbricht, und den Leidenden zitternd im Bett hält, unfähig, sich dem Tag zu stellen. Die Angst vor Veränderung und Neuheit, vor Unruhe und Mühen, vor den Anderen und dem Anderen – die Angst vor unserem eigenen Ende. Eine Furcht, die nach Sicherheit wie Trost verlangt und jeden Preis zahlt – die Aufgabe von Verstand, Willen, Gerechtigkeit und Mitgefühl –, um einen Augenblick lang das Bewusstsein unserer eigenen Einsamkeit, unserer Nichtigkeit und unserer Leere zu betäuben.
Diese letztgenannte Angst hat das jüdische Volk unter dem Namen *Galut*, Exil, erfahren. Diese Angst ist während eines Großteils unserer Existenz Realität gewesen und unser Feind. Es ist eine Furcht, vor der Gott in einer der Schrecken erregendsten Prophezeiungen, die die Bibel kennt, warnt. Man könnte sie als „das Kleingedruckte" am unteren Rand des Vertrages bezeichnen. Sicher, Sanktionen müssen ange-

droht werden, falls sich einer der Partner nicht an die Bedingungen hält. In der Hebräischen Bibel finden sie sich in Levitikus 26 und Deuteronomium 28 als eine düstere Beschreibung dessen, was sich ereignen könnte. So verstörend sind diese Worte, dass sie, wenn sie in der Synagoge als Teil des Lesezyklus aus der Tora (siehe Kapitel 5) vorgetragen werden, mit gesenkter Stimme gesprochen werden, als könnte das laute Aussprechen sie Wirklichkeit werden lassen. Der Preis für fehlende Loyalität gegenüber Gott heißt Vertreibung aus dem Land und Entfernung von Gott.

Was diejenigen betrifft, die von euch übrig bleiben, so will ich ihnen Feigheit in das Herz legen und in den Ländern ihrer Feinde. Die Stimme eines rauschenden Blattes wird sie verfolgen und sie werden fliehen, wie man das Schwert flieht, und fallen, obwohl niemand sie verfolgt. Einer soll über den anderen stürzen, als wenn das Schwert hinter ihm wäre, obwohl doch niemand nachsetzt. Ihr werdet vor euren Feinden nicht standhalten. Unter den Völkern werdet ihr umkommen. Das Land eurer Feinde wird euch verzehren. (Lev 26, 36-38 in der Übersetzung von Moses Mendelssohn)

Und so geschah es denn auch im wirklichen Leben der Juden – nur dass das Schwert immer wieder allzu real wurde. In den Händen der Assyrer, Babylonier, Griechen und Römer, in den Händen der Kreuzfahrer und der Almohaden, in den Händen der Inquisitoren, Kosaken und Nationalsozialisten. Und jedes Mal, in nahezu jeder Gesellschaft, begegneten Juden demselben wahnsinnigen, hirnlosen Mob, der seinen eigenen Schmerz, seine eigene Angst, Frustration und Blutgier am nächsten hilflosen Opfer abreagierte, dem ewigen Sündenbock.

Wie gingen Juden mit solchen Situationen um? Es ist wichtig, die Frage in der Vergangenheit zu stellen, denn seit zweihundert Jahren haben sich die alten Fragen und Antworten radikal geändert. Seit zweihundert Jahren tragen Juden das weltliche Gewand der westlichen Welt. Auch uns scheint Gott entrückt, oftmals ersetzt durch kleinere, ebenfalls unsichtbare und Besitz ergreifende, doch unerkannte Götter unserer Gesellschaft. Juden stehen, wie andere auch, hilflos da und suchen nach neuen Antworten.

Zunächst können wir aber einen Blick auf die Antworten aus der Vergangenheit werfen.
Die erste könnte man die Unmittelbarkeit der Tradition nennen. Der jüdische Jahreszyklus mit seiner zeitlosen Wiederholung der Augenblicke jüdischen Lebens und jüdischer Erfahrung führten zu einem anderen Sinn für die Realität.
An Pessach werden wir, ungeachtet unseres materiellen oder spirituellen Status, erneut aus der Sklaverei eines ewigen Ägypten befreit. Der Midrasch, die rabbinische Exegese der Bibel, konnte noch immer eine moderne Bemerkung anfügen, um die alte Geschichte mit neuen Dilemmata zu verbinden. Exodus 2,23 erzählt, wie die Kinder Israels unter der Sklaverei ächzten, als der Pharao starb und ihr Schrei Gott erreichte. Die Rabbinen fragten: Warum weinte Israel erst, als der Pharao starb, jener Mann, der Israel so schwer bedrückt hatte? Eine Antwort ist vermutlich, einem alten Sprichwort folgend: „Der Teufel, den man kennt, ist besser (...)“ Der nächste Pharao könnte ja noch schlimmer sein! Die zweite Sichtweise erscheint da pragmatischer: Ein Pharao, der die Sklaverei einführt, kann eines Tages womöglich dazu überredet werden, sie zu widerrufen. Ein Nachfolger aber erbt eine bestehende Tradition und wird wohl kaum daran etwas ändern. Ein anderer Rabbi – vielleicht sprach er aus eigener Erfahrung mit einem totalitären Regime – fand eine andere Antwort: Auch im Ägypten des Pharao konnte man, wie in den Polizeistaaten unseres Jahrhunderts, nicht Klage führen, wenn die Dinge aus dem Ruder liefen. Wie leicht konnte sie als Kritik an der herrschenden Macht, als Verrat an der Revolution missverstanden werden! Also wurde, als der Pharao starb, ein öffentlicher Trauertag ausgerufen, und die Kinder Israels ergriffen die Gelegenheit, um der angestauten Bitterkeit und all den Tränen über ihre Lage freien Lauf zu lassen. Sie weinten, um die Tore des Himmels selbst zu bewegen – und Gott erhörte ihren Ruf.
An *Pessach* – ob nun in relativer Freiheit oder in der angstvollen Erwartung des Mobs, der an die Tür pochte und die Juden beschuldigte, sie hätten mit dem Blut von Christenkindern ihre Matzen gebacken, oder auch im Konzentrationslager, wo Juden ein besonderes Gebet verfassten, mit dem sie Gott um Verzeihung baten, weil sie in ihrer Lage nicht die Möglichkeit hatten, ungesäuertes Brot zu essen, das besondere Brot der Pessachzeit, sondern das übliche harte Schwarzbrot zu sich nehmen mussten, das sie vor dem Hungertod errettete – an

Pessach jedenfalls waren sie wieder frei, erlöst aus Ägypten, von Gott erwählt, und sie verneigten sich vor Gott allein.
An *Schawuot*, dem „Wochenfest", Pfingsten, erhielten sie abermals am Berg Sinai von Gott die Tora und traten ein in den Bund, der in manchen sephardischen Traditionen durch das Verlesen einer *Ketubba* (hebr. Ehevertrag) symbolisiert wird, ein Ehebund zwischen Gott und Israel.
An *Sukkot,* dem „Laubhüttenfest“, erfuhren sie aufs Neue die Realität der Wüste, die Brüchigkeit des Dachs über dem Kopf, das den Menschen auf Erden gewährt ist, die vollkommene Abhängigkeit von den Naturgewalten und der Vorsehung Gottes.
Am neunten Tag des hebräischen Monats Aw, *Tischa beAw*, beklagten sie wiederum die Zerstörung ihres Tempels und Jerusalems, ihrer heiligen Stadt, und aller anderen Zerstörungen, die ihre Gemeinden erfahren hatten – daher diente dieser schwarze Tag, dieser schwarze Fastentag, dazu, die Bitterkeit und Schmach ihres Exils herauszuschreien. Jedem Neunten des Monats Aw jedoch folgt der *Schabbat Nachamu*, der „Schabbat des Trostes", und die Worte aus Jesaja 40 weissagen die zukünftige Wiederherstellung, das Licht am Ende der finsteren Nacht: „Tröstet, tröstet mein Volk! spricht euer Gott. Redet mit Jerusalem freundlich und prediget ihr, dass ihre Knechtschaft ein Ende hat, ihre Schuld vergeben ist; denn sie hat doppelte Strafe empfangen von der Hand des Herrn für alle ihre Sünden.“ (Jes 40,1-2)

Rabban Gamliel, Rabbi Elieser und Rabbi Joschua standen mit Rabbi Akiwa auf dem Tempelberg und sahen einen Fuchs aus dem Allerheiligsten herauskommen. Die ersteren drei weinten, aber Rabbi Akiwa lachte. Und so erklärte er, warum: „Der Prophet Micha prophezeite: 'Zion wird zum umgepflügten Feld werden und Jerusalem ein Trümmerhaufen.' (Mi 3,12) Aber der Prophet Secharja sprach: ‚Doch soll Jerusalem wieder voller Knaben und Mägdlein werden, die in seinen Straßen spielen.' (Sech 8,5) Wenn sich die erste Prophezeiung nicht erfüllt, fürchte ich, wird Secharjas Prophezeiung nicht erfüllt. Nun aber, da das Erstere geschehen ist, weiß ich, dass Letzteres auch sein wird." – „Du hast uns getröstet", sprachen seine Begleiter. (b. Makkot, 24b)

Jeder Jude sollte sich so begreifen, als sei er persönlich aus Ägypten befreit worden – so die Tradition des *Sederabends.* Die Seele jedes Juden, ob geboren oder ungeboren, stand mit bei der Offenbarung am Berg Sinai – so lautet eine rabbinische Lehre. Heute sind wir Sklaven, morgen werden wir frei sein, so der Text der Pessach-Haggada, der häuslichen Liturgie, die an diesem Abend verlesen wird. Sie endet mit: „Nächstes Jahr in Jerusalem!"

Die Flüche von Levitikus und Deuteronomium, die alljährlich in der Synagoge gelesen werden, wurden zum unausweichlichen oder wenigstens vorstellbaren Ereignis. Und doch ist auch das ein Teil des Zyklus – Kommen und Gehen, Erleiden, aber auch Überleben.

Darüber hinaus waren die Feinde und Nöte, die die Juden zu verschiedenen Zeiten erlitten, nie gänzlich neu. Rom war *Edom*, ein anderer Name für Esau, den älteren Bruder, der ewig versuchte, seinen jüngeren Bruder Jakob zu erschlagen, und also ein archetypisches Symbol für jedes bedrückende Regime in der Geschichte. Welcher Verbrecher konnte schlimmer sein als *Haman* im Buch Ester, der die Juden vernichten wollte? Als der letzte Haman, Hitler, an die Macht kam, glaubten allerdings viele Juden zu ihrem Unglück nicht mehr an die Macht dieser Tradition und hatten alles bis auf das Fest *Purim*, das die Geschichte von Ester erzählt, abgeschafft. Sie glaubten, es sei zu barbarisch, nationalistisch und exotisch in einer Zeit der Aufklärung und universellen Bruderschaft, die sie vor sich sahen oder zu sehen hofften. So waren sie zu lange blind für die Wahrheit. Die Tradition war nicht länger stark genug, um die Geschichte in ihrem Licht zu interpretieren – und die Wirklichkeit noch nicht eindeutig genug, um den Juden die Augen für die Wahrheit zu öffnen.

So hatte die Angst ihr Gegenstück in der Hoffnung – , denn der Jahreszyklus wiederholt sich ohne Unterbrechung. Doch diese Zeit der Kontinuität und Sicherheit ist nun für alle bis auf ein paar wenige Ausnahmen Vergangenheit. Zwei oder drei Generationen nach der Einwanderung aus Osteuropa oder Nordafrika stehen die assimilierten Enkel aschkenasischer und sephardischer Familien innerhalb und auch außerhalb dieser vertrauten Mauern und tragen allzu oft nur ein paar wenige Bruchstücke der alten Traditionen in sich – gefühlsbeladene Erinnerungen an das, was einmal war. Die meisten Juden aber sind nicht in der Lage, sich von ganzem Herzen zu dieser Vergangenheit zu bekennen, denn das hieße, die Bequemlichkeit oder auch Vernunft zu opfern. So leben wir unzufrieden mit der Gegenwart, mit ihrer Leere und ihren eigenen Bedrohungen. „Das Ende des jüdischen

Volkes“ und „Die verschwindende Diaspora“ sind Titel zweier Bücher aus den letzten Jahrzehnten, die die Zukunft des jüdischen Lebens außerhalb des Staates Israel untersucht haben. In jener neuen Nachkriegswelt ist Pessach nur mehr ein Familientreffen und ein Festmahl, Schawuot spielt keine Rolle, Sukkot ist bestenfalls eine Art Herbstfest, Tischa BeAw ist ein Paradox für moderne Israelis, die im modernen Jerusalem leben, das kein metaphorisches mehr ist – wiederaufgebaut und doch nicht wiedererbaut.
Zur Zeit herrscht eine Welle des „Jewish Renewal”, das an unterschiedlichen Orten seinen recht unterschiedlichen Ausdruck findet, radikaler in den Vereinigten Staaten, „volksorientierter” in Israel und sicherlich konservativer in Europa. Auch die kleinen Gruppen und entstehenden jüdischen Gemeinden in der ehemaligen Sowjetunion erreichen Erstaunliches, indem sie versuchen, sich erneut mit der jüdischen Tradition und jüdischen Riten auseinander zu setzen. Aber wir leben in einer radikal veränderten Welt und müssen erkennen, wie anders als in der Vergangenheit die Dinge heute sind. Es wird Generationen dauern, bevor wir die neuen Formen des jüdischen Selbstverständnisses und Glaubens begreifen können, die sich heute entwickeln.
Eine zweite jüdische Waffe oder Verteidigung, um sich gegen die Angst zu wehren und die einzige Möglichkeit, in einer hoffnungslosen Situation die geistige Gesundheit zu bewahren, ist das selbstironische, zurückhaltende, bittere Lachen, der Galgenhumor, der nichts ändert, außer unsere Haltung gegenüber dem, was man nicht ändern kann. Die Ursprünge dieser Reaktion können, wie so vieles im jüdischen Leben, in der Hebräischen Bibel gefunden werden. Die Kinder Israels stehen vor dem großen Schilfmeer. Vor ihnen liegen unpassierbare Fluten. Hinter ihnen rückt die Armee Pharaos immer weiter vor. Da schreien sie Mose an: „Hat es in Ägypten etwa nicht genug Gräber gegeben, dass du uns hierher gebracht hast, um uns zu bestatten?” (Ex 14,11)

Aus der Zeit der hadrianischen Verfolgung stammt eine Geschichte, die sich auch in jeder nachfolgenden Zeit zugetragen haben könnte.

Als Kaiser Hadrian durch die Straßen Roms getragen wurde, traf er auf einen Juden. „Ein langes Leben dir, o Kaiser!”, grüßte ihn der Jude. "Wer bist du?", fragte der Kaiser. „Ich bin ein Jude."– „Wie kannst du's wagen, Jude, mich zu grüßen!", erboste sich Hadrian. „Haut ihm den Kopf ab!"

Ein anderer Jude, der zufällig des Weges kam und sah, was geschah, beschloss, den Kaiser nicht zu grüßen. „Wer bist du?", herrschte Hadrian ihn an. „Ich bin ein Jude."– „Wie kannst du's wagen, Jude, an mir vorbeizugehen, ohne mich zu grüßen!", erregte sich Hadrian. „Haut ihm den Kopf ab!"
Die Berater des Kaisers waren voller Verwunderung. „O Kaiser, wir können den Sinn deiner Handlungen nicht begreifen. Wenn du den ersten Juden köpfen ließest, weil er dich gegrüßt hat, warum tatest du dasselbe mit dem zweiten Juden, weil er dich nicht gegrüßt hat?"– „Wollt ihr mich lehren, wie ich mit jenen zu verfahren habe, die ich hasse?", entgegnete der Kaiser. (Klagelieder Rabba 3,60)

Solch bitterer Humor kaschiert tragische Realität. Gelegentlich konnten die Auswirkungen der Verfolgung, eine chronische Angst, die jüdische Reaktionsfähigkeit nämlich bis auf eine hilflose Passivität drosseln, und ironischer, selbst-denunziatorischer Witz war die einzige Antwort.
In seinem Buch „To Heaven with Scribes and Pharisees" diskutiert Rabbi Lionel Blue den jüdischen Witz und seinen Sitz im jüdischen Leben.

Der Humor steigt im jüdischen Volk auf, als der Tempel zusammen mit anderen Wiedererkennungsmerkmalen des jüdischen Lebens niedergeht. Sowohl Christentum als auch Judentum mussten mit ihrer weltlichen Niederlage umgehen. Ersteres nimmt das Paradoxon und verwandelt die weltliche Niederlage in einen Sieg des Geistes. Letzteres versucht, mit der Niederlage als einer normalen Bedingung der Existenz zu leben und nutzt den Humor, um diese zu bewältigen. Fast heimlich, wie ein Dieb in der Nacht, stahl sich Gottes eigenartigstes und heilendes Geschenk in das Herz seines Volkes und veränderte die Verdrießlichkeit seines Charakters. So endeten die Nachkommen der halsstarrigen Hebräer auf den Bühnen New Yorks und Londons oder in einem Hollywoodfilm, um dort seinen Willen zu tun, und wandelten Bitterkeit in Lachen und vertrieben Versagen und Depression.[3]

Ich könnte Lionel Blue in diesem Kontext endlos zitieren und möchte Sie auf seine vielen Bücher verweisen. Ein weiteres Zitat stellt eine dritte jüdische Überlebensstrategie vor:

Die Größe des Judentums liegt nicht darin, das Leiden zu transzendieren, sondern es auf sein Maß zu reduzieren. Aus Erfahrung sollte das Judentum ein Kreuz ins Zentrum seines Glaubens stellen. Das aber tut es nicht, weil dies einer Verdrehung seiner Aufgabe gleichkäme, die da heißt, Gottes Königreich in einer chaotischen Welt zu errichten und in seinem Sinne ewig zu hoffen.[4]

Das Judentum gründet sich auf etwas, was man Wirklichkeitsprinzip nennen könnte – darauf, der Welt so ins Auge zu sehen, wie sie ist und mit ihr im Alltag umzugehen. Dieses seltsame Paradox, einerseits den Tag zu leben und doch im selben Moment einer ultimativen göttlichen Intervention, der Ankunft des Messias, gewärtig zu sein, fasst der große mittelalterliche Dichter Salomo Ibn Gabirol treffend so zusammen: „Plane für diese Welt, als ob du ewig leben würdest; plane für die kommende Welt, als ob du morgen sterben würdest."

Wer gehört zum Bund?

Wenn dies aber die Bedingungen für die Zugehörigkeit zu einem besonderen Bund mit Gott sind, wer darf ihm dann angehören? Das ist eine der zentralen Fragen, mit der die Juden heute ringen. Im biblischen Israel, insbesondere als das Volk als unabhängige Nation auf einem abgegrenzten Territorium lebte, konnten Außenstehende dort siedeln, in das Volk einheiraten und gleichzeitig den Gott Israels annehmen. Das biblische Wort *Ger*, Fremder, oder um den älteren Begriff zu nehmen: „Gast", bezog sich auf einen Ausländer mit Aufenthaltsberechtigung, der sich niedergelassen und Bräuche und Gesetze des Volkes angenommen hatte. Die bekannteste Gestalt, die diesen Weg ging, ist die Moabiterin Rut, nach der ein ganzes Buch der Bibel benannt ist. Als sie ihrer Schwiegermutter nach Israel folgt, sagt sie: „Dein Volk ist mein Volk, dein Gott ist mein Gott." (Rut 1,16) Das Volk an erster Stelle zu nennen, scheint ganz natürlich gewesen zu sein. Wenn man einem Volk beitritt, erkennt man auch dessen Gott an.

In der Hebräischen Bibel war man Israelit, wenn der Vater Israelit war, unabhängig davon, was die Mutter war. Der Begriff „Jude", wörtlich „Judäer", einer aus dem Königreich Juda, findet sich nur im späten

Buch Ester. Obwohl die Bibel keinen statistischen Nachweis liefert, wie viele Nicht-Israeliten dem Volk beitraten, gibt es unzählige Verweise auf diese Menschen: „eine gemischte Menge", die mit den Israeliten aus Ägypten zog; eine Gruppe von Menschen, von denen die Psalmen (Ps 118,4) meinen, dass „sie den Ewigen fürchten"; und die zahlreichen Einzelpersonen, die wie man aus ihren Namen und Bezeichnungen schließen kann, aus unterscheidlichen Nationen stammen und in den Erzählungen als Teil des Volkes auftauchen. Die Tatsache, dass es Gesetze gibt, die, die Israeliten von der Heirat mit bestimmten Nationen ausnehmen, und der Versuch Esras, des Schreibers, die Menschen zu zwingen, sich nach der Rückkehr aus dem babylonischen Exil von ihren nichtisraelitischen Frauen zu trennen (Esra 10), weisen allesamt auf das Ausmaß der Vermischung mit anderen Völkern zu verschiedenen Zeiten hin.

All dies sollte sich als Folge des Exils ändern. Statt zu einer Nation auf eigenem Boden wurde Israel zur Glaubensgemeinschaft. Nun war jemand Jude, wenn seine Mutter (nicht länger der Vater) jüdisch war, oder wenn er der Gemeinde durch Bezeugung seines Glaubens an den Gott Israels beitrat. Die Art und Weise, wie diese Bezeugung vor sich zu gehen hat, entwickelte sich über die Jahrhunderte fort. Von frühester Zeit an gibt es zwei wesentliche Anforderungen – die Beschneidung für den Mann und der Gang zum Ritualbad, der *Mikwe*, für Männer und Frauen, als cinc Art symbolischer Wiedergeburt. Zusätzlich, da man ja einem Bund beitrat, musste man einige wesentliche Forderungen der Gesetze dieses Bundes kennen und willens sein, ihnen auch zu folgen. Wie stark und inwieweit man die *Mizwot*, die Gebote, erfüllen sollte, scheint über die Jahrhunderte beträchtlich variiert zu haben und bleibt in den verschiedenen Teilen der jüdischen Welt bis zum heutigen Tag eine Quelle der Kontroverse. (Einige Gründe dafür werden wir in Kapitel 10 untersuchen.)

In den fast zweitausend Jahren Exil des jüdischen Volkes fern der Heimat sind viele Menschen, gelegentlich sogar ein ganzes Volk, dem Judentum beigetreten. In der frühesten Zeit scheint auch das Judentum eine missionierende Religion gewesen zu sein, die weder Wege noch Mühen scheute, auch nur einen einzigen Konvertiten zu gewinnen (Mt 23,15). (Die Sicht des Evangelisten mag gleichwohl etwas tendenziös sein, weil er sich auf die Pharisäer bezieht, die Vorgänger der Rabbinen, von denen er nicht viel hielt, und er fügt hinzu: „Und wenn er's geworden ist, macht ihr aus ihm ein Kind der Hölle, doppelt so schlimm wie ihr.“) In Rom konvertierten offensichtlich viele, und der Talmud bezeugt das beträchtliche Interesse am Judentum auf Seiten der römischen „Vorsteher” sowie Debatten mit den Kaisern. Es kann sogar eine Art Wettstreit zwischen dem Judentum und dem frühen Christentum um die größere Zahl von Konvertiten gegeben haben – eine Konkurrenz, die ein Ende fand, als das Christentum schließlich zur Staatsreligion im Römischen Reich erhoben wurde. Von da an lebten die Juden als Minderheit, ständig bedroht vom Christentum, das sie bekehren und gleichzeitig zum Verschwinden bringen wollte und dennoch ihre Anwesenheit brauchte, um die Wahrheit des Christentums bei der zweiten Ankunft des Messias zu bezeugen. Unter dem Islam hatten die Juden den geschützten Status als „Volk des Buches“. Dennoch riskierte jeder, der unter diesen beiden Regimes zum Judentum konvertieren wollte, sein Leben, und auch jeder, der ihm dabei half, riskierte die Todesstrafe wegen Apostasie.

Von wenigen Ausnahmen einmal abgesehen, wurden die Juden mit den Jahrhunderten immer vorsichtiger, überhaupt jemanden in ihre Glaubensgemeinschaft aufzunehmen. Ein Kandidat musste dreimal fortgeschickt werden, und nur wenn er hartnäckig blieb und bekannte, er sei es eigentlich nicht wert, angenommen zu werden, kam er weiter. Doch trotz der Risiken entschlossen sich Menschen zur Konversion, darunter im Mittelalter einige wenige christliche Geistliche, die die Hebräische Bibel studiert hatten und dabei vom jüdischen Glauben überzeugt worden waren. Solch ein Schritt konnte von der Kirche nur als Bedrohung verstanden werden, und eine ganze Reihe von ihnen starben als Märtyrer des jüdischen Glaubens auf dem Scheiterhaufen.

Und dann gab es das berühmte Beispiel der Chasaren, eines unabhängigen Königreiches in Osteuropa zwischen dem 7. und 11. Jahrhundert, das als Ganzes zum Judentum übertrat. Viel weiß man nicht über dieses Volk und die Größe seines Königreiches. Einzelne Juden reisten zu ihnen, um mit ihnen zu leben, dennoch blieben sie weitgehend unabhängig vom Rest der jüdischen Welt. Die Macht ihres Reiches wurde schließlich durch russische Eroberungen gebrochen. Es gibt wenige Zeugnisse ihrer Existenz, aber zahlreiche Dokumente sprechen von Chasaren-Gruppen, die in verschiedenen jüdischen Gemeinden weiterexistierten, nachdem ihr Reich gefallen war.

In der modernen Zeit hat sich nicht sehr viel an der jüdischen Haltung zur Konversion geändert. Orthodoxe Gemeinden machen den Übertritt generell sehr schwer, Reformgemeinden hingegen sind sehr viel aufgeschlossener. Nach der Shoa ist die jüdische Welt geteilt zwischen jenen, die denken, dass wir die Reihen schließen und gegenüber jedem misstrauisch sein sollten, der konvertieren will, und anderen, die argumentieren, dass wir die vielen Juden, die verloren gingen, wieder ersetzen sollten, indem wir wenigstens die Konvertiten willkommen heißen, wenn wir sie nicht gar mit einem modernen Missionsprogramm gewinnen sollten. Aber all diese Dinge werden durch die Fragmentiertheit des jüdischen Lebens, durch innere Machtkämpfe und generelle Fragen zu jüdischem Status und jüdischer Identität verkompliziert, wie wir es in Kapitel 12 untersuchen werden.

Erstreckt sich der Bund auch auf Menschen außerhalb des Judentums?

Wenn unter Juden auch im Allgemeinen Klarheit darüber herrscht, dass man den jüdischen Glauben annehmen kann, selbst wenn man darüber streitet, wie dies erreicht werden sollte, so existiert keine derartige Übereinkunft in der Frage, wie man Christentum und Islam in ihrer Beziehung zum ursprünglichen Bund Gottes mit Israel verstehen soll. Ganz eindeutig schaffen historische Faktoren, insbesondere die jahrtausendelange Verfolgung der Juden durch die Christen und die wiederholten Versuche, sie bis heute entweder im Guten oder durch Zwang zum Christentum zu bekehren, beträchtliche psychologische Hindernisse bei jedem Versuch, die religiöse Bedeutung des christlichen Glaubens zu beurteilen oder zu schätzen. Fragen zum Wesen der Dreieinigkeit, die augenscheinliche Erhöhung eines Menschen auf die göttliche Ebene und die ganze Debatte darüber, ob der Messias nun gekommen ist oder nicht, wurden im Mittelalter diskutiert, oftmals in einer Situation der Konfrontation mit Christen, in so genannten „Disputen". Daher bleiben sie eine Hürde selbst für solche Juden, die aus jüdischer Perspektive die Legitimität des Christentums durchaus anerkennen wollen.

Vom gesunden Menschenverstand her scheint die Sache klar, wenigstens für Juden in Westeuropa oder Amerika. Wir leben in einer christlichen oder nachchristlichen, weitgehend säkularen Gesellschaft, mit Nachbarn, mit denen wir viele Einstellungen und Werte teilen, und von denen wenige direkt von unserer speziellen religiösen Zugehörigkeit berührt sind. In der Tat ist es die gemeinsame westlich-demokratische Sozialisation, die es schwer macht, Juden von ihren Nachbarn zu unterscheiden, was sich auch in der wachsenden Zahl von interkonfessionellen Ehen widerspiegelt.

Die christliche Haltung gegenüber dem Judentum hat beträchtliche Veränderungen erlebt, und zwar im Licht jenes Dokuments über die Beziehung der Katholischen Kirche zu anderen Religionen, das das Zweite Vatikanische Konzil (Vaticanum II) im Oktober 1965 herausgab: *Nostra Aetate*. Inspiriert von Papst Johannes XXIII, legte es den Grundstein für ein gänzlich neues und positives Verhältnis zwischen der Katholischen Kirche und dem jüdischen Volk, was etwa 30 Jahre später zur Anerkennung des Staates Israel durch den Vatikan führte. Obwohl tief verwurzelte jüdische Ängste bestehen bleiben, vor allem angesichts der Haltung anderer Glaubensrichtungen innerhalb der Kirche, ist ein Klima gegenseitigen Respekts und Vertrauens in Westeuropa und in den USA gewachsen.

Etwas anders liegen die Dinge im Staat Israel, wo das Christentum aus größerer Entfernung und vielleicht deshalb als bedrohlichere Kraft wahrgenommen wird. Teilweise liegt dies wohl in den politischen Strukturen begründet, die die Religionen in Nahost ganz allgemein prägen, teils ist dies ein automatischer Schutzreflex des heutigen Judentums in Israel. Israel ist zwar nicht ganz so polarisiert zwischen Ultraorthodoxen und völlig Säkularisierten, wie man es meistens annimmt, aber Religion ist in Israel sicherlich kein Bereich, in dem so viele Optionen und Nuancen entwickelt worden sind, wie Juden sie anderswo kennen.

In mancher Hinsicht bestimmt auch hier die Shoa weiterhin die Grundhaltung der Israelis. Verstärkt wird dies noch durch eine Belagerungsmentalität, die Generationen von Kriegen hervorgerufen hat. Autarkie wird als Ideal und Einflüsse jeglicher Art von außen, zumal religiöse, werden als eine Art Bedrohung betrachtet.

In Osteuropa, speziell der ehemaligen Sowjetunion, hat eine neu erstarkende orthodoxe Kirche, abgesehen von ein paar wenigen vereinzelten Ausnahmen, nicht einmal damit begonnen, sich gegenüber anderen Glaubensrichtungen so zu öffnen, wie es das Zweite Vatikanische Konzil vorsah. Sie schleppt ihren alten Antisemitismus nach wie vor mit sich, der eine Annäherung ausgesprochen schwer macht. Dennoch sind jene Juden, die aufmerksam beobachten, wie sich die Kirche seit dem Zweiten Vatikanum um eine Revision ihrer Beziehung zum jüdischen Volk bemüht, für die Teilnahme am Interreligiösen Dialog offen und sind bereit, trotz des jahrhundertealten Misstrauens, eine neue Beziehung zum Christentum zu entwickeln, ja, diesem „theologisch Platz einzuräumen". Das ist übrigens auch zu früheren Zeiten schon versucht worden. Der mittelalterliche Dichter und Philosoph Jehuda Halevi sprach vom Judentum als der Saat und von Christentum und Islam als dem Baum, der daraus gewachsen ist – die Frucht trägt immer noch den ursprünglichen Samen in sich.

Gott hat ein Geheimnis und einen weisen Plan mit uns, der mit jener Weisheit verglichen werden sollte, die im Samenkorn verborgen ist, das zu Boden fällt, wo es eine äußerliche Veränderung zu Erde, Wasser oder Staub durchläuft, ohne eine Spur für den zu hinterlassen, der es betrachtet. Es ist jedoch der Samen selbst, der Erde und Wasser in seine eigene Substanz verwandelt, es von einer Stufe zur nächsten trägt, bis es die Elemente verfeinert und sie in etwas wie seinesgleichen verwandelt. Dabei wirft es Hüllen, Blätter usw. ab und lässt den reinen, bloßen Kern erscheinen, der das göttliche Wirken zu tragen vermag. Der ursprüngliche Samen schuf den Baum, der Früchte trägt, die jenem gleichen, aus dem sie hervorgingen. Auf dieselbe Weise verwandelt das Gesetz Mose jeden, der ihm ehrlich folgt, obwohl es ihn äußerlich abstoßen kann. Die Nationen dienen nur, um den Weg für den erwarteten Messias einzuleiten und zu ebnen, der der ersehnte Erfolg ist und sie werden alle seine Frucht werden. (Kusari 4,23)

Im vergangenen Jahrhundert haben Gründerväter wie Claude Montefiore, Leo Baeck und Franz Rosenzweig sich dieser Frage gewidmet. Eine zeitgenössische christliche Sicht legt nahe, dass durch Jesus die Christen in dieselbe Beziehung mit Gott eintreten wie die Juden, die durch Geburt Teil des Bundes werden. Dies aber ist weit entfernt von der üblichen jüdischen Denkweise. Wir sind zu nah an der Shoa, und es bleibt das Gefühl, dass ohne den Antisemitismus, den die Kirche begründete, sich diese niemals in dem Ausmaß hätte ereignen können, wie es geschehen ist. Trotz des Zweiten Vatikanum beobachtet eine weiterhin argwöhnische jüdische Welt, inwieweit das Christentum sich verändert hat. Doch es gibt viele und wachsende Möglichkeiten für den christlich-jüdischen Dialog, der seine eigene Dynamik hat und durch seine bloße Existenz die Legitimität und Einzigartigkeit beider Traditionen anerkennt, obwohl die genaue Beziehung zwischen ihnen strittig bleibt.

Weit weniger Probleme entstehen in Bezug auf den Islam, dessen strikter Monotheismus von Maimonides bereits im 12. Jahrhundert zur Kenntnis genommen wurde. Das so genannte Goldene Zeitalter in Spanien ist beständige Erinnerung daran, wie eine jüdisch-muslimische Symbiose im Sinne einer intellektuellen, kulturellen und spirituellen Bereicherung beider Religionen funktionieren kann. Hier ist es die Politik im Nahen Osten, die einen Schatten auf ihre Beziehungen wirft. Auch neigen Juden nicht weniger als andere dazu, in die Fänge einer „Islamophobie“ zu geraten, obwohl unsere wie ihre Geschichte die von Sündenböcken und Opfern ist. Die Anfänge eines jüdisch-muslimischen Dialogs sind gelegt. Wenn man nur den Glauben betrachtet, haben die beiden Religionen sehr viel mehr gemeinsam als jede von ihnen mit dem Christentum. Das Judentum hat kein Problem damit, den Islam als eine „Tochterreligion“ anzuerkennen, aber in ihrer gegenwärtigen Beziehung sind sie ständige Geiseln der Politik.

Gegenüber anderen Religionen ist das Judentum allgemein weit offener, als seine geringe Größe und scheinbare Zerrissenheit es vermuten ließen. Den Rabbinen zufolge gab es bestimmte Prinzipien, die Noah seinen drei Söhnen und damit allen Nationen der Welt weitergab. Sie sind als die Sieben Noachidischen Gesetze bekannt, obwohl die Zahl Sieben leichten Variationen unterliegt. Es sind die Gesetze gegen den Götzendienst, sexuelles Fehlverhalten, Mord, die Schmähung des Gottesnamens, Raub und das Abschneiden einer Gliedmaße beim lebendigen Tier. Ein Gesetz ist kein Verbot, sondern eine Aufforderung. Es setzt die Gerichtsbarkeit ein. Jede Gesellschaft und jedes Individuum, das sich an dieses Gesetz hält, hat einen Platz in der kommenden Welt. Und das heißt: Das Judentum ist nicht der einzige Weg, um zu Gott zu gelangen.

Ich erinnere mich, wie ich einmal in den Tempel einer indischen Sekte zu einer Feier eingeladen war und mit Repräsentanten anderer religiöser Glaubensrichtungen auf einer Bühne stand. Sie war von einem riesigen Standbild der herrschenden Gottheit dominiert, und von

Zeit zu Zeit kamen Menschen und legten ihr Leckereien zu Füßen. Nach allen biblischen Standards war dies „Götzendienst", und meine Anwesenheit konnte durchaus problematisch erscheinen. Aber einige Rabbiner haben mich gelehrt, dass seit der Zeit der Zerstörung des Tempels solche Formen des Götzendienstes für Israel nicht weiter bedrohlich sind. Moderne Götzen sind ohnehin sehr viel subtiler und komplexer, wenn auch nicht weniger versklavend. (Wir werden zu diesem Thema im Schlusskapitel zurückkehren.)
Vorurteile und die fehlende Bereitschaft, in einen Dialog mit „dem Anderen" einzutreten, sind eine viel größere Bedrohung für das Überleben der Menschheit und für ihr spirituelles Wachstum, sodass wir uns nicht absondern dürfen. Vielleicht können wir die Forderung des Bundes so verstehen, dass wir den *Ger*, den „Anderen", auf eine neue Art willkommen heißen. Zwei Jahrtausende lang hat er den Rabbinern als Begriff für den „gerechten Konvertiten" gedient. Vielleicht kann er heute für all diejenigen stehen, die uns so begegnen möchten, wie wir wirklich sind, und die uns auf unserer religiösen Reise begleiten möchten, genauso wie wir dies unsererseits tun müssen. Vielleicht können wir auch den Begriff aus den Psalmen wiederbeleben und von jenen sprechen, „die den Ewigen fürchten", um die vielen anderen Menschen anzuerkennen, die auf ihre ganz unterschiedliche Weise den Einen Gott feiern.

Die Zwei Bundestafeln

Der Titel dieses Kapitels bezieht sich auf die zwei von Gott geschriebenen Bundestafeln mit den Zehn Geboten, die Mose vom Berg Sinai herabbrachte. Mose zerstörte diese Tafeln, als er sah, wie die Kinder Israels um das goldene Kalb tanzten, als hätten sie die Beziehung zu Gott bereits abgebrochen, die sie zuvor doch so feierlich gelobt hatten. Das war jedoch nicht das Ende der Geschichte, und die Gebote wurden ein zweites Mal gegeben – , dieses Mal aber musste Mose sie selbst aus den Tafeln herausmeißeln, ein Akt, der die Zusammenarbeit zwischen Mensch und Gott symbolisiert. Generationen später sollten die Propheten in Israels Tun erneut eine Bedrohung der Bundesbeziehung mit Gott erkennen. Trotz ihrer Warnungen wurde Jerusalem zerstört und das Volk ins Exil vertrieben – scheinbar ein weiterer Beweis dafür, dass der Bund zerbrochen war. Aber Menschen wie Jeremia, die die Zerstörung überlebten, konnten von einem neuen oder erneuerten Bund sprechen:

Siehe, es werden Tage kommen – Ausspruch Gottes –, in denen ich mit dem Haus Israel und dem Haus Juda einen neuen Bund schließen werde, anders, als der Bund war, den ich mit ihren Vorfahren geschlossen habe, als ich sie bei der Hand nahm, um sie aus Ägypten herauszuführen. Diesen Bund haben sie gebrochen, obwohl ich ihr Eigentümer war – Ausspruch Gottes. Sondern dies wird der Bund sein, den ich nach jenen Tagen mit dem Haus Israel schließen werde – Ausspruch Gottes: Ich werde meine Tora in sie hineinlegen und sie auf ihre Herzen schreiben. Ich werde ihr Gott sein und sie mein Volk. Sie werden nicht mehr einander lehren müssen: ‚Erkennt Gott!', denn alle werden mich kennen, von den Kleinen bis hin zu den Großen – Ausspruch Gottes. Ich werde ihnen ihre Schuld verzeihen und an ihre Sünden nicht mehr denken. (Jer 31,31-34)

Mit der Entstehung des Christentums ging die Behauptung einher, der Alte Bund mit Israel sei unwiderruflich zerbrochen, und der neue Bund sei mit einem neuen Israel geschlossen, der Kirche. Die Juden haben diese Vorstellung niemals anerkannt und blieben und bleiben dem Bund treu, den sie für sich als bis in alle Ewigkeit bindend betrachten. Der Bundesschluss aber verlangt auch der Seite Gottes etwas ab – Schutz und Unterstützung, ohne die jüdisches Leben nicht aufrechterhalten werden könnte. Daher herrscht eine tiefe Kluft im jüdischen Leben seit der Shoa, als es so schien – und für viele scheint es noch immer so zu sein –, als ob Gott das jüdische Volk in der Zeit seiner größten Not verlassen habe. Ob in persönliche oder in theologische Worte gefasst: Für die Nachkriegsgeneration besteht ein großer Vertrauensverlust in diesen Aspekt des Bundes. Wie sieht die Zukunft von Israels Bund mit Gott aus? Diese Frage ist Thema des letzten Kapitels dieses Buchs.

Literaturhinweis

W. Homolka/E. Seidel (Hg.), Nicht durch Geburt allein. Übertritt zum Judentum. Mit einem Vorwort von Pinchas Lapide. München 1995.

3

Drei ist die Zahl uns'rer Väter

Ein Überblick über die jüdische Geschichte

Abraham, Isaak und Jakob – wir sind so daran gewöhnt, die drei Gründerväter des Judentums in einem Atemzug zu nennen, dass wir vielleicht die Implikationen einer solchen Auflistung ganz übersehen. Warum sollte man die drei Generationen solchermaßen aufeinander beziehen? Warum sind es nicht zwei? Oder vier? Schließlich hat auch Joseph, Jakobs Lieblingskind, wegen seiner Errungenschaften und auch seiner Rolle in der jüdischen Geschichte eine gewisse Bedeutung.

Vielleicht liegt die Lösung darin, dass drei Generationen – Vater, Großvater und Urgroßvater – in die Vergangenheit hineinreichen und doch zu unseren eigenen Zeiten noch lebendig sein können. Sie sind somit lebendige Erinnerung, die uns zurück in die Vergangenheit entführt und erzählen kann, was seinerzeit geschah. Obwohl es keinen hebräischen Begriff für Geschichte als abstrakte Idee gibt, gebraucht die Bibel den Terminus *Toldot*, „Generationen", abgeleitet vom Verb *jalad*, „gebären". Geschichte, so verstanden, ist also die lebendige Erinnerung jener, die physisch gegenwärtig sind und uns die Vergangenheit in eigener Gestalt vor Augen führen. Wenn sich Geschichte aber nur darauf beschränkte, wäre sie nur so alt wie der Älteste unter den Lebenden. Mit jedem neuen Todesfall und jeder neuen Geburt würde sie eine Generation weiterrücken.

Doch es gibt auch eine „mündliche Erinnerung" an Schlüsselereignisse und Personen, die über Geschichten und über das geschulte Gedächtnis der „Archivare" weitergegeben wird. So wurden nach der Hebräischen Bibel beispielsweise die Ältesten einberufen, als Jeremia vor Gericht stand, um sich gesetzlicher Präzedenzfälle der Vergangenheit zu erinnern. (Jer 26,17-23)

Die Traditionen der mündlichen Weitergabe von Geschichten – neben den schriftlichen Aufzeichnungen – reichte noch bis in rabbinische Zeit. In der Mischna, der ersten Kodifizierung des jüdischen Gesetzes im zweiten Jahrhundert d. Z., finden wir die Sätze:

Von Rabbi Ja'akow ist das Wort überliefert:
Wenn jemand auf einem Weg geht und Tora lernt, das Lernen aber unterbricht und sagt: „Welch ein schöner Baum! Welch ein schönes Feld!", dann ist dies der Heiligen Schrift gemäß so, als hätte er gegen seine Seele gesündigt." (Pirke Awot – Sprüche der Väter 3,9)

Auf den ersten Blick erscheint dies als deutlich überzogene Bekräftigung des Prinzips „Lernen über alles" bzw. als ausdrückliche Abneigung gegen alle Wertschätzung der Natur. Aber Jacob Petuchowski hat darauf hingewiesen, dass das als „studieren" übersetzte Wort *schana* eigentlich „wiederholen" bedeutet. Daher auch das Wort Mischna (mehr dazu in Kapitel 6). Der erwähnte Abschnitt bezieht sich auf jene Lehrer, deren Aufgabe es war, große Teile der übernommenen Lehren zu memorieren. Auf diese Weise gaben sie in unversehrter Form das an ihre Schüler weiter, was sie verinnerlicht hatten. Deshalb konnte jede Bemerkung, die während dieser Repetitionsübung eher zufällig fiel, von den Schülern leicht missverstanden werden – als gehöre sie mit zur Tradition und müsse deshalb mit aufgenommen und weitergegeben werden. Womit sie alles Nachfolgende korrumpierten – daher die drastische Strafe.
Die Hebräische Bibel selbst unterstreicht die Bedeutung einer dritten Geschichtsquelle: des geschriebenen Wortes. All diese Möglichkeiten des Bewahrens (und damit auch Kontrollierens) der Vergangenheit lassen sich im Judentum finden: die unmittelbare Weitergabe der Familienerinnerung, die Geschichte, die durch das kollektive Gedächtnis des Volkes mündlich überliefert wird, speziell durch das rituelle und liturgische Leben, und die schriftlichen Berichte, in Zeit und Form konserviert, aber offen für die Interpretation in der Gegenwart. Um zu zeigen, wie diese „Gedächtnisse" funktionieren, stelle ich hier ein paar rabbinische Lesarten der Vergangenheit vor:
Alle drei Erzväter in den biblischen Geschichten begründen ihre Beziehung zu Gott; Isaak und Jakob werden uns als Nachfolger des ursprünglich mit Abraham geschlossenen Bundes vorgestellt. Daher ist der Name Gottes, wenn die drei genannt werden: Gott Abrahams, Gott Isaaks und Gott Jakobs. Mit dieser Formulierung wird nach einer jüdischen Lehre ausgedrückt, dass jeder Gott erst auf seine eigene Weise entdecken muss. Diese Ansicht stützt sich noch auf eine andere Formel, die in jüdischen Gebeten immer wiederkehrt: „Unser Gott

und Gott unserer Väter". Sie besagt: So wie unsere Väter Gott für sich selbst finden mussten, können auch wir nicht einfach unsere Beziehung zu Gott von unseren Vätern ererben, sondern müssen sie für uns selbst aufs Neue knüpfen. Geschichte allein genügt nicht. Wir müssen uns schon unsere eigenen jüdischen Erinnerungen schaffen.

Die Erzväter werden also verehrt, gleichzeitig aber auch relativiert. Sie gehören der Vergangenheit an, sind aber auch in unserer Generation lebendig und gegenwärtig. Die Rabbinen lehrten: *Ma'asse awot siman lewanim*: „Die Taten der Väter sind den Kindern ein Zeichen." (b. Sota 34a) In einer Variante heißt es: „Die beiläufigen Gespräche der Erzväter und ihre Handlungen sind der Schlüssel zur Erlösung ihrer Kinder." (Genesis Rabba 70,6) So gesehen sind die Erzväter „Typen", und ihre Taten gaben ihren Nachkommen die Antworten auf Situationen ihrer eigenen Zeit.

Natürlich dürfen nicht alle Taten der Erzväter ungeprüft nachgeahmt werden: Der biblische Abraham etwa opferte um ein Haar seinen Sohn; Isaak zog einen Sohn allen anderen vor, worüber seine Familie zerbrach; Jakob wiederum enttäuschte seinen Vater und betrog den eigenen Bruder. Erst mittels der Deutung durch die Rabbinen werden die Erzväter zu unseren Vorbildern. Die geschriebene Geschichte der Bibel wird gleichsam durch ihre mündliche Überarbeitung modifiziert.

Nach rabbinischer Sicht war Abraham der Inbegriff eines großzügigen Gastgebers (wie gut er seine drei Gäste bewirtete, steht in Genesis 18), und er und seine Frau Sara waren die ersten Missionare, die viele Menschen zur Anbetung des Einen Gottes hinführten. Wird nicht in Genesis 12,5 auf die „Seelen" oder „Leben" hingewiesen, die sie in Haran gewannen? Weil nur Gott Leben erschaffen kann, muss diese Stelle auf die Seelen verweisen, die Abraham und Sara zu einer lebensbereichernden Beziehung mit dem Einen Gott bekehrten. (Abraham bekehrte die Männer, Sara die Frauen!)

Durch sein Beispiel lehrt uns Jakob, wie wir mit Bedrohungen durch Feinde umgehen sollen. Als er nach zwanzig Jahren Abwesenheit heimkehrt, fürchtet er sich vor einem möglichen Zusammentreffen mit seinem Bruder Esau, den er einst um den Segen betrogen hatte. Wie uns die Bibel berichtet, macht er ihm zuvor einige Tiere aus seinen Herden zum Geschenk; er teilt außerdem sein Lager auf und betet zu Gott. Die Rabbinen erkannten in seinem Handeln drei wichtige Schritte, die angesichts einer großen Bedrohung zu unternehmen sind: zuerst das Gebet zu Gott, dann der Versuch, durch ein Geschenk zu beschwichtigen, und erst als ein letzter Ausweg die Vorbereitung auf den Krieg (Midrasch Tanchuma zu Genesis 32,4). Bei dieser Gelegenheit sei angemerkt, dass im rabbinischen Denken Jakob für das jüdische Volk stand und Esau stellvertretend für alle möglichen Feinde wurde, besonders aber eines ganz bestimmten Feindes: Esau steht für „Edom", den Ort, an dem seine Nachkommen siedelten, und später für „Rom". Unter der römischen Herrschaft konnten sich die Rabbinen so in einer kodierten Sprache mit bestimmten Themen auseinandersetzen, die das jüdische Volk betrafen. Dies ist auch ein Grund, weshalb Esau so negativ dargestellt wird. Die Deutung einer Bibelstelle wird somit zu einer Möglichkeit, Protest auszudrücken und daraus die richtigen Konsequenzen abzuleiten.

Dennoch waren die Rabbinen nicht immun gegenüber der Frage, wie Geschichte verstanden und „gelesen" werden sollte. Ersehen kann man dies aus ihren Versuchen, zu ergründen, wer bestimmte Teile der Bibel niederschrieben hat:

Wer schrieb die Schriften nieder? Mose schrieb sein eigenes Buch und den Teil (in Numeri 22-24) über Bileam und auch das Buch Hiob. Josua schrieb sein Buch und die letzten acht Verse des Buches Deuteronomium (die von Mose Tod erzählen). Samuel schrieb sein Buch und die Richter und Rut. David schrieb das Buch der Psalmen und schloss das Werk der Zehn Ältesten mit ein, denen einzelne Psalmen zugeschrieben werden: Adam, Melchisedek, Abraham, Mose, Heman, Jedutun, Assaf und die drei Söhne Korachs. Jeremia schrieb sein Buch und das Buch der Könige und die Klagelieder. König Hiskia und sein Kreis „schrieben" (edierten) Jesaja, die Sprüche, das Hohelied und Kohelet. Die Männer der Großen Versammlung „schrieben" Ezechiel und die Zwölf kleineren Propheten, Daniel und die Esterrolle. Esra schrieb sein Buch und die Genealogien im Buch der Chroniken bis hin zu seiner eigenen Zeit. (b. Baba Batra 14b-15a)

In all diesen Fällen versuchen die Rabbinen, die biblischen Bücher in ihrem historischen Kontext nach ihrer bekannten Chronologie zu sehen. Die Tradition schreibt die Autorenschaft der Sprüche, des Hoheliedes und von Kohelet König Salomo zu, deshalb beziehen sie sich hier auf die Schlussedition nach Salomos Tod. Das ist logisch angesichts eines Verweises im Buch der Sprüche auf eine Sammlung von Sprüchen Salomos, die von „den Männern Hiskias, König von Juda" (Sprüche 25,1) publiziert wurden. Ebenso folgerichtig sind die letzten acht Verse des Deuteronomium, die von Mose Tod sprechen, offensichtlich posthum von seinem Diener und Nachfolger Josua verfasst. Dazu gibt es noch einen anderen Standpunkt:

Auch Verse der Tora wurden von Josua geschrieben, wie gelehrt worden ist: „Und Mose, der Diener des Ewigen, starb dort." Ist es möglich, dass er, nachdem er tot war, die Worte „Mose starb dort" geschrieben haben konnte? Vielmehr schrieb Mose bis dahin, von hier ab jedoch schrieb Josua. Das ist die Meinung von Rabbi Josua und Rabbi Nehemia, wie manche sagen. Aber Rabbi Simon sprach zu ihm: „Könnte in der Torarolle tatsächlich auch nur ein einziges Wort fehlen?! Und doch steht geschrieben: „Nimm dies Buch der Tora." (Dtn 31,26) Vielmehr diktierte der Heilige, gelobt sei Er, von hier an (d. h. den letzten acht Versen), und Mose schrieb es mit Tränen in den Augen nieder." (b. Baba Batra 15a)

In diesen zwei Meinungen sehen wir die Divergenz zwischen dem Versuch, Geschichte zu lesen, „wie sie wirklich geschehen ist", und der Ansicht, dass göttliche Inspiration oder menschliche Vorstellung die Schranken bloßer Chronologie sprengen. Die rabbinische Tradition folgte größtenteils der Auffassung Rabbi Simons. So werden die Erzväter „Typen", die nicht in einer fernen Vergangenheit existieren, sondern vielmehr heute gegenwärtig sind – Urgroßvater Abraham im Haus nebenan.

Mit Beginn der Moderne wurde die traditionelle Vergangenheitsbetrachtung durch das akademische Denken in Frage gestellt. Die Suche danach, „was in der Geschichte wirklich passierte", im Gegensatz dazu, was die Tradition selektiv überliefert hat, dominiert seit mehr als zwei Jahrhunderten unsere Denkweise und hat die Gültigkeit und Autorität der Tradition in höchstem Maße erschüttert. Wir werden später ihre Wirkung auf die Bildung moderner jüdischer Gruppierungen betrachten, zunächst aber ist es notwendig, einen kurzen Überblick über die jüdische Geschichte zu geben. Dieser wird durch die Zeittafel im Anhang dieses Buchs und einige Lektüreanregungen erweitert.

Die wissenschaftliche Sicht der biblischen Geschichte ist aus modernen Enzyklopädien und Kommentaren bekannt. Daneben aber gibt es ernsthafte Diskussionen darüber, inwieweit der Bibel „reale" Geschichte, historische Wahrheit, entnommen werden kann. Wie jede Schrift, die zu einen bestimmten Zweck geschrieben wurde, ist auch die Bibel selektiv in dem, was sie berücksichtigt und was nicht, und ihre Beurteilungen von Individuen oder Ereignissen sind ideologisch gefärbt. Davon abgesehen ist sie von Scharen von Editoren überarbeitet worden, beinhaltet widersprüchliches Material und existiert zum größten Teil in einem historischen Vakuum ohne jegliche Bestätigung auch nur für eine einzige ihrer wesentlichen Geschichten. Archäologische Funde bieten nur indirekte Informationen und sind ohnehin notorisch subjektiv. Gäbe es die Bibel nicht, wüssten wir nichts über Abraham, Isaak oder Jakob oder auch König David und König Salomo. Bezüglich der Frage, wer nun diese Bücher schrieb oder edierte, haben drei Jahrhunderte historisch-kritischer Bibelwissenschaft dazu geführt, dass wir mit einer hoffnungslos bruchstückhaften Kompositionstheorie dastehen. Darüber hinaus erscheinen immer mal wieder Bestseller, in denen vorgegeben wird, der oder die wahre(n) Autor(en) biblischer Bücher seien identifiziert, oder aber es sei zu zeigen, wo Bruchstücke der Arche (oder der Bundeslade) zu finden wären.

Waren die Israeliten eigentlich die Nachkommen eines Abraham, dessen Enkel Jakob mit seiner Familie nach Ägypten hinabstieg, um vier Generationen oder vier Jahrhunderte später (die Texte sind widersprüchlich) wieder aufzutauchen und das Land Kanaan zu erobern? Oder waren sie Teil einer Urbevölkerung, die rebellierte und ihre Anrainer besiegte, wie einige Wissenschaftler heute meinen? Waren sie überhaupt im Heiligen Land? Eine aktuelle Theorie, die man zugegebenermaßen nicht ernst nehmen kann, siedelt alle biblischen Ereignisse der Ähnlichkeit der Ortsnamen wegen in Arabien an. Wer war der Pharao in Exodus, wenn es denn jemals einen gab, und wo war das Schilfmeer (nicht das Rote Meer, wie es oft heißt), wo die Israeliten trockenes Land erreichten? Und wie gelang ihnen das überhaupt? Sechshunderttausend erwachsene Männer, d. h., mit den Familien, einige Millionen Menschen durchqueren einige Meilen eines fremden Territoriums. Das lässt eine Dauer von Wochen oder Monaten vermuten. Pharaos Armee wäre allein schon beim Warten auf den Angriff verhungert, noch lange bevor sie ertrank. Gab es jemals ein Stiftszelt

in der Wüste, oder ist die ganze Geschichte ein politisches oder frommes Machwerk? Oder ist sie eine Projektion in die Vergangenheit von Seiten des Jerusalemer Tempels, mit der die Jerusalemer Priesterschaft ihre Glaubhaftigkeit und Macht zu festigen suchte?
Die Liste der historischen Probleme ist endlos und die Skepsis verständlich. Die Bibelwissenschaft der vergangenen Jahrhunderte entstand in einer Gesellschaft, die sich aus den kirchlichen Hierarchien ihrer Zeit emanzipierte, auch aus der Scholastik, die das Denken bestimmte und empirische Beweiserhebung und neue Einsichten daran hinderte, in ihre geschlossene Welt einzudringen. Die historische Untersuchung ist auf ihre Weise faszinierend, so ergebnislos sie auch sein mag. Um neuere literarische Ansätze beim Studium der Bibel und eine gute Prise traditioneller jüdischer Exegese erweitert, führt sie auch zu Ergebnissen. Wenn diese auch keine historischen Gewissheiten sind, so beinhalten sie jedenfalls eine engagierte Auseinandersetzung mit der Geschichte, die auch eine Suche nach der Wahrheit ist.
Was nach der biblischen Zeit kommt, ist nicht weniger verwirrend und komplex, wenn hier auch weniger religiöses Engagement in der Behauptung bestimmter Ereignisse an den Tag gelegt wird.
Die Diaspora – ein griechisches Wort, das „zerstreuen“, „versprengen“ meint, – verweist auf alle Orte außerhalb Israels, wo Juden nach der Zerstörung des nationalen Lebens durch die Römer im Jahre 70 d. Z. gesiedelt haben. Tatsächlich aber setzte schon lange vor dieser historischen Katastrophe die Vertreibung der Juden ein. Von jenen, die in Babylon nach der Zerstörung des Ersten Tempels um 586 v. d. Z. exiliert worden waren, kehrten nicht alle nach dem Edikt des Cyrus heim; möglicherweise schlugen die meisten Wurzeln und blieben in der Fremde. Von jenen, die vor den Babyloniern flohen, siedelten einige in Ägypten; beispielsweise existierte bereits Mitte des 2. Jahrhunderts v. d. Z. ein blühendes Heiligtum auf dem Gebiet der ägyptischen Nil-Insel Elephantine. Etwa zur Zeit der griechischen und später der römischen Herrschaft über Judäa gab es große jüdische Zentren in Babylon, Persien, Syrien, Antiochia, Rom, Athen, Thessaloniki, Bulgarien, Armenien, Zypern, Karthago und Alexandria. Im 1. Jahrhundert d. Z. lebten Juden in Spanien, und von der Zeit der Römischen Republik an traf man sie in Frankreich und Deutschland. Durch die arabische Eroberung im 7. Jahrhundert gerieten nicht nur Mesopotamien und die palästinische Judenheit unter den Einfluss des

Islam, sondern alle Gemeinden im gesamten Nahen Osten und in vielen Ländern rund um das Mittelmeer. Die jüdische Gemeinde Spaniens erlebte ein Goldenes Zeitalter unter dem Islam, um darauf andauernde Verfolgung zu erleiden – erst unter den Almohaden, dann unter der Inquisition des christlichen Spaniens, wohin sie geflüchtet waren. Diese Verfolgung fand 1492 in der Vertreibung der Juden aus Spanien ihren Höhepunkt.

Diese jüdischen Exilanten fanden im Osmanischen Reich eine Heimat, von Bosnien bis Konstantinopel, von Saloniki bis Sofia, oder sie sammelten sich in Nordafrika, Amsterdam, London, Ferrara, Livorno, Wien, Bukarest und anderen Städten in neuen Gemeinden, in denen sie ihre Traditionen und die judenspanische Sprache, das Ladino, beibehielten. So entwickelten sich zwei unterschiedliche sephardische Kulturen – eine orientalische und eine abendländische. (Der Name *Sephardim* verweist auf ein unbekanntes Exil-Land, auf *Sepharad*, das in Obadja 20 erwähnt und üblicherweise mit Spanien gleichgesetzt wird.)

Im Gegensatz zum Schicksal der Sephardim können wir auch das Ergehen der *Aschkenasim* betrachten – ein Terminus, um jene Juden zu benennen, die in Deutschland und in den Ländern Osteuropas lebten, wo die jüdisch-deutsche Umgangssprache (Jiddisch) gesprochen wurde. (Der Name *Aschkenas* findet sich in Genesis 10,3 in der Liste von Noas Enkeln und wurde für gewöhnlich mit Deutschland gleichgesetzt.) Seit dem ersten Kreuzzug im 11. Jahrhundert wurde eine religiöse Hysterie gegen die Juden als willkommene Sündenböcke angeheizt, wann immer es ein Problem gab. So wurden die Juden nach dem Schwarzen Tod um 1348-49 beispielsweise beschuldigt, die Brunnen der Christen vergiftet zu haben. Prompt löschte der bewaffnete Pöbel über 350 jüdische Gemeinden aus, und Zehntausende von Juden, Männer, Frauen und Kinder, fanden dabei den Tod. Folge war eine Massenflucht deutscher Juden in die polnischen Provinzen.

Die Details der Wanderungen jener Gemeinden würden den Rahmen dieses Buchs sprengen, aber ganz sicher wurden alle Aspekte jüdischen Lebens von solchen Wanderungen berührt und führten zum Auftreten örtlicher Unterschiede in Brauchtum und Tradition. Einige Folgen kann man in Ritus und Gebetbuch erkennen, denn zwischen Aschkenasim und Sephardim entwickelten sich Unterschiede in der Liturgie und in den Zeremonien, in der Aussprache des Hebräischen und in der Art der synagogalen Musik. Auch entstanden Varianten des jüdischen Gesetzes, weshalb die großen Kodizes immer wieder überarbeitet werden mussten, um beide Traditionen einzubeziehen. Die wiederholten Vertreibungen, Wanderungen und Tragödien der jüdischen Gemeinden über die Jahrhunderte hinweg haben zu dem geführt, was man die „tränenreiche Sicht der jüdischen Geschichte" nennt. Es gibt genügend Berichte von Zerstörungen, lange vor der Zeit der Nationalsozialisten, um diese Sicht zu belegen. Die Juden erlebten zwischen 1290 und 1496 achtzehn große Vertreibungen (und erneute Zulassungen und Wiedervertreibungen) aus europäischen Ländern. Zeitgenössische Berichte und liturgische Gedichte erzählen von wiederholten Angriffen und Massakern durch den Mob.

Das Massaker bei der Krönung von König Richard I.

Im Jahre 4950 (September 1189 – September 1190) brachte der Himmel Unheil über Israel. Da erstand ein König auf der Meeresinsel, die bekannt ist als Engelland. Und es geschah am Tag, da man ihn zum König ernannte, und als sie die königliche Krone auf sein Haupt setzten in der Stadt London, im Palast, der inmitten der Stadt ist, und viel Volk wurde hier von Frankreich und von den Meeresinseln versammelt, und da kamen gleichfalls jüdische Magistraten und brachten mit sich den „Zehnt", dem König als Tribut zu geben, und böse Männer beeilten sich zu sprechen, dass es für Juden nicht gestattet sei, auf des Königs Krone zu blicken wenn Mönche und Priester ihn krönten, wenn sie den König in Orleans krönten, und sie stießen sie fort und töteten sie, und der König wusste nicht davon, und ein Gerücht erging zur Stadt, und es hieß: „Der König hat befohlen, man solle die Juden konvertieren", und sie gingen, über sie herzufallen und sie zu erschlagen, sie und ihre Dienstmägde in ihren Häusern, und sie erschlugen etwa dreißig Männer, und von den Übriggebliebenen erschlugen manche sich und ihre Kinder (...) (Ephraim ben Jakob von Bonn)

Derselbe Chronist schildert auch das Massaker in York um 1190-91 und die Ritualmordbeschuldigung von Blois, Frankreich, um 1171. Um 1656 zettelte Bogdan Chmelnitzki, der ukrainische Kosakenführer, einen Aufstand gegen die polnische Führung der Ukraine an, der schließlich in Massakern mündete, die Bauern in Hunderten jüdischer Gemeinden verübten. Hunderttausende wurden ermordet. Viele flohen nach Holland, Deutschland, Böhmen und auf den Balkan. Ein anonymes Gedicht erzählt von den Schrecken:

Liebe Menschen, lasst uns weinen und klagen
Über die entsetzlichen Ereignisse, die in unseren Tagen geschehen.
Im Jahr der Ankunft des Messias verfolgen uns die Kosaken
Mit schrecklicher Grausamkeit, unmöglich zu beschreiben!

Die heilige alte Gemeinde von Nemirov wurde zersprengt;
Viel wird darüber noch geschrieben werden.
Mit Sensen rasten die Übeltäter einher, schnitten uns nieder wie Garben;
Wären wir doch eher Gefangene der Tartaren geworden.

Sie jagten und mordeten alle gleichermaßen,
Viele wurden im tiefen Fluss ertränkt;
Solche, die schwammen, wurden ohn' Erbarmen erschlagen;
Niemand wurde verschont, ob jung oder alt, ob arm oder reich.

Heilige Rollen wurden zerrissen und zertreten,
Heilige Tora, wie kann dich dies nicht empören?
O weh, wie sie deine süßen Worte schändeten,
Darum zerfließen meine Augen in einem Strom von Tränen.

Unbeerdigt liegen die Toten unter der Sonne,
Ein heiliger Märtyrer bedeckt den anderen, wer zuunterst liegt, der ist besser dran.
O dieser unvorhersehbare furchtbare Schrecken,
fünfhundert Kinder in Brunnen ertränkt!

Solche Massaker und Vertreibungen zählen zu den schrecklichsten Erfahrungen. Aber es gab auch noch andere Aspekte jüdischen Lebens im Mittelalter, die schmerzten. Seit früher Zeit lebten Juden in separaten Stadtvierteln – zum Teil aus freien Stücken, um jüdische Einrichtungen und religiöse Praktiken aufrechterhalten zu können, oft aber auch gezwungenermaßen. Allein das jüdische Viertel gestattete ein gewisses Maß an Selbstschutz in einer feindlichen Umwelt. Als die

Juden darum baten, wieder nach Venedig zurückkehren zu dürfen, von wo man sie zu Beginn des 16. Jahrhunderts verbannt hatte, gestattete man ihre Rückkehr nur unter der Bedingung, dass sie sich im Gebiet des *geto nuovo* ansiedelten, das durch Mauern, Tore und Zugbrücken abzugrenzen war. Nach diesem Beispiel entstanden in ganz Italien „Ghettos", begleitet von strikten Gesetzesauflagen, die die Bewegungsfreiheit einschränkten (das Ghetto wurde nachts geschlossen, und die Juden mussten für den Unterhalt der christlichen Torhüter aufkommen) und das Tragen eines besonderen Kennzeichens sowie die Teilnahme an Bekehrungspredigten vorschrieben. Weil die Ghettos grundsätzlich nicht erweitert werden durften, litten sie zunehmend an Überfüllung und mangelnder Hygiene.

Und doch hat dieses Bild auch eine andere Seite. Die Beziehungen von Christentum und Islam zum Judentum waren ambivalent. Ihre jeweiligen Theologien forderten, das Judentum als minderwertig zu betrachten. Also wurden Juden im Christentum Beschränkungen, im Islam aufgrund ihres Dhimmi-Status (*dhimmi*, Nicht-Muslim) hohe Steuern auferlegt. Gleichzeitig aber musste den Juden Schutz gewährt werden, ein Umstand, der den Juden schließlich gestattete, wichtige Rollen in den jeweiligen Gesellschaften zu übernehmen, insbesondere als Kaufleute. Einzelne konnten es sogar zu einer beachtlichen Position und zu Reichtum bringen. Waren sie wegen ihres religiösen Status auch geringer geachtet, so hatten sie doch im Sinne des bürgerlichen Rechts oftmals gleiche Möglichkeiten und konnten die Spannungen zwischen den Autoritäten zu ihrem Vorteil nutzen. Eine frühe rabbinische Formulierung: *dina d'malchuta dina*, „Das Gesetz des Landes ist Gesetz" ließ in allen Dingen, die nicht ausdrücklich den Geboten der jüdischen Religion widersprachen, eine gewisse Autonomie zu. Folglich konnten Juden gleichzeitig eine Beziehung zu den jeweiligen Mächten eingehen und das Leben innerhalb ihrer Gemeinde nach jüdischem Recht regeln.

Wenn auch jede Gesellschaft, in der Juden während des Mittelalters lebten, unterschiedliche praktische, politische und spirituelle Herausforderungen darbot, so begann sich die allgemeine Lage doch gegen Ende dieser Zeit zu verschlechtern. Die Veränderungen bedeuteten: Vertreibung aus England, Frankreich, Spanien und Teilen Deutschlands, zunehmende Restriktionen bei der Ansiedlung oder in Bezug auf die Bewegungsfreiheit, die Chmelnitzki-Pogrome, die mit dem schrittweisen Zusammenbruch Polens einhergingen, und auch die Veränderungen im Osmanischen Reich beeinträchtigten die Lage der Juden.

Doch im selben Maße, wie sich die politische Natur der Gesellschaft mit der allmählichen Entstehung des Nationalstaates wandelte, veränderte sich auch der Status der Juden. Nach den Revolutionen in Amerika und Frankreich wurden den Juden die gleichen Rechte zugestanden wie allen anderen Bürgern – ein Prozess, der in anderen Teilen Europas bereits begonnen hatte. Dafür verloren sie ihren Status als besondere Gesellschaftsgruppe und damit die Möglichkeit, interne Fragen selbst zu regeln. In Deutschland und Russland wurden zu Beginn des 19. Jahrhunderts Gemeinde-Institutionen wie rabbinische Gerichtshöfe abgeschafft. Auch die Steuer war jetzt Sache jedes einzelnen Staatsbürgers und nicht mehr der jüdischen Gemeinde. Dadurch ging die Kontrolle über das Leben der Gemeinde allmählich verloren; es entstand eine Situation, wie sie Juden heute erleben: Sie sind vollwertige Staatsbürger ihrer jeweiligen Gesellschaft und praktizieren ein Judentum, das gleichsam privatisiert, zu einer Angelegenheit des Gewissens oder Interesses des Einzelnen geworden ist – im Gegensatz zur vollkommen kontrollierten Lebensweise innerhalb einer geschlossenen jüdischen Gesellschaft. (Die amerikanische Reformbewegung führte den Begriff „Wahljuden“ als positive Umschreibung von Konvertiten zum Judentum ein. Dabei wurde darauf hingewiesen, dass wir in einer offenen Gesellschaft, bei der uns offiziell nichts mehr an die Gemeinde bindet, alle „Wahljuden“ sind und aufgrund eigener Entscheidung jüdisch leben.)

Doch eben diese neue Offenheit schuf neue Gefahrenquellen, außen wie innen. Wenn in der Vergangenheit ein anti-jüdisches Ressentiment auf religiöse Lehren oder ökonomische Faktoren zurückgeführt wurde, gründete sich der neue „Anti-Semitismus“ – eine Wortprägung des 19. Jahrhunderts – auf pseudo-biologische Rassetheorien. Aber auch die alten Vorurteile hatten weiterhin Bestand. Angetrieben von ökonomischen und sozialen Unsicherheiten in einer Zeit der raschen Veränderungen wurde der antijüdische Hass zu einem bedeutsamen Faktor im Europa der Jahrhundertwende. Er war die Voraussetzung für die berüchtigte Dreyfus-Affäre, in der ein französisch-jüdischer General fälschlich des Hochverrats beschuldigt und 1894 zu einer lebenslänglichen Freiheitsstrafe verurteilt wurde. Die Affäre setzte in Frankreich eine ungeheure Welle antisemitischer Reaktionen in Gang, führte allerdings auch zur energischen Verteidigung Dreyfus', die schließlich in seiner Entlastung und der Wiederherstellung seiner Ehre mündete. Den Wiener Journalisten Theodor Herzl, der über die Affäre berichtete, regte sie dazu an, nach Lösungsmöglichkeiten des „jüdischen Problems" zu suchen. Sein Buch „Der Judenstaat" wurde als Blaupause zur Schaffung einer jüdischen Heimstatt verstanden. Der nationale Gedanke, eine jüdische Nation zu schaffen, war – neben jüdisch-sozialistischen Bewegungen – auch in Osteuropa populär. Herzl aber gab ihm eine politische Form, indem er 1897 den Ersten Zionistischen Kongress in Basel einberief. Herzl verausgabte sich in der Verfolgung seines Ziels völlig und starb bereits im Alter von 44 Jahren. Als wahrer Visionär notierte er nach dem Kongress in sein Tagebuch: „In Basel habe ich den Jüdischen Staat gegründet. Sagte ich das heute laut, wäre die Reaktion ein schallendes Gelächter. Vielleicht in fünf Jahren, sicherlich in fünfzig, wird er da sein."

Nach Herzls Tod 1904 nahm die Bewegung Gestalt an, zum einen durch Siedlungen in Palästina, zum anderen durch diplomatische Verhandlungen. Zwischen 1881 und 1948 vergrößerte sich die jüdische Bevölkerung in Palästina von 24.000 auf 630.000 Menschen. Ein Resultat der Diplomatie war ein Brief von Lord Balfour im Namen der britischen Regierung an Baron Lionel Rothschild, die so genannte Balfour-Deklaration von 1917, die feststellt:

Die Regierung Ihrer Majestät sieht mit Wohlwollen die Einrichtung einer nationalen Heimstatt für das jüdische Volk in Palästina und wird sich nach besten Kräften mühen, das Erreichen dieses Zieles zu erleichtern, wobei eindeutig klar sein muss, dass nichts unternommen werden darf, was zum Nachteil der zivilen und religiösen Rechte bestehender nichtjüdischer Gemeinden in Palästina gereicht oder auch die Rechte und den politischem Status betrifft, den Juden in anderen Staaten genießen.

Bereits in diesem Brief kann man die Keimzelle des zukünftigen Konfliktes erkennen, der zwischen den jüdischen Emigranten und der einheimischen Bevölkerung entstehen sollte.

Es ist durchaus denkbar, dass die Zionistische Bewegung lediglich zu einer geringen Anzahl großer jüdischer Ansiedlungen in Palästina geführt hätte – einschließlich jener revolutionären Kollektive, die man unter dem Namen Kibbuz kennt –, wenn es nicht zu dem universellen Schock nach der Befreiung der Konzentrationslager am Ende des Zweiten Weltkriegs gekommen wäre. Die Erkenntnis der systematischen Verfolgung, Deportation und Ermordung von sechs Millionen Juden durch das nationalsozialistische Regime zeigte, wie tief verletzlich das jüdische Leben war. Die Schaffung eines jüdischen Staates wurde nun zum vorrangigen politischen Ziel der Juden, getragen von einer internationalen Welle der Sympathie für ihre Sache, unterstützt aber auch durch die politische Neuorientierung, die sich zu Beginn des Kalten Krieges durchsetzte. Am 29. November 1947 stimmten die Vereinten Nationen für eine Teilung Palästinas in zwei Einheiten – auf den Tag genau fünfzig Jahre nach Theodor Herzls prophetischem Eintrag in sein Tagebuch. Am 14. Mai 1948 endete das britische Mandat, am gleichen Tag rief David Ben Gurion den Staat Israel aus. Der sofortige Angriff vereinigter arabischer Armeen stellte den ursprünglichen Teilungsplan drastisch um, und die nachfolgenden Kriege, speziell der Sechs-Tage-Krieg von 1967, veränderten Grenzen und schufen besetzte Gebiete. Seitdem hat der Staat Israel ein Auf und Ab im Zusammenleben mit seinen arabischen Nachbarn erlebt, und bis heute gibt es keinen Frieden mit der palästinensischen Bevölkerung, die ebenfalls einen eigenen Staat anstrebt. Dennoch ist durch die Staatsgründung ein Obdach für Juden aus aller Welt geschaffen worden, welches das jüdische Leben um eine Dimension erweitert, aber auch neue Anforderungen stellt, weil das Judentum hier mit Bereichen des öffentlichen und politischen Lebens zurechtkommen muss, mit denen es sich über zweitausend Jahre nicht auseinandergesetzt hat.

Die äußeren Herausforderungen der modernen Welt, die in zwei Jahrtausenden zur größten Tragödie der jüdischen Geschichte, aber auch zur Wiedererrichtung einer nationalen Heimstatt und zur größten Veränderung des jüdischen Lebens geführt haben, werden von nicht minder dramatischen inneren Veränderungen im religiösen Leben des Judentums begleitet. Juden standen vor der Möglichkeit, in diese neue Welt einzutreten. Ihr wirtschaftlicher Erfolg trug sie in die nichtjüdische Welt, verlieh ihnen einen neuen Status und weckte das Bedürfnis, diesen zu rechtfertigen und zu festigen. Dies aber bedeutete enorme Veränderungen für das jüdische Selbstverständnis. Jiddisch, die jüdische Sprache Osteuropas, wurde abgelegt und die Umgangssprache des jeweiligen Landes übernommen. Solange die Juden als autonomer Staat im Staate lebten, hielten ihre eigenen Autoritäten Macht und Zwangsmaßnahmen in der Hand, speziell den *cherem*, den Bann, der jemanden praktisch exkommunizieren konnte (so geschehen mit Spinoza). Unter den neuen Konstellationen aber wurde die Autorität dem Nationalstaat übertragen – die Macht über die einzelnen Mitglieder der Gemeinde war dahin. In der bekannten Formulierung von Clermont Tonnerre während der Debatten in der französischen Nationalversammlung über die Emanzipation der Juden spiegelt sich das so wider: „Den Juden als Nation müssen wir alles verweigern, den Juden als Einzelnen müssen wir alles zugestehen."

Die ekstatischen Reaktionen der Juden auf die Möglichkeiten, die sich ihnen durch die neue Situation eröffneten, sind heute schwer zu verstehen. Michael Williams illustriert die Reaktion der französischen Juden so:

Einhundert Jahre nach der Emanzipation kann die Grundhaltung der Jüdischen Gemeinde in Frankreich mit Zitaten wie den folgenden auf den Punkt gebracht werden. 1831 bereits hatte der Oberrabbiner von Metz die Entscheidung der französischen Regierung, den Rabbinern im Osten Frankreichs finanzielle Hilfe zuzugestehen, den „größten Akt der Gerechtigkeit" genannt, „den die hebräische Nation seit Zerstörung des zweiten Tempels erlangt hatte". „Die Revolution von 1789", schrieb ein berühmter jüdischer Historiker in den neunziger Jahren des 19. Jahrhunderts, „war unser zweites Gesetz vom Berge Sinai." Ein anderer schrieb: „Mit der Französischen Revolution war das messianische Zeitalter gekommen, mit jener neuen Gesellschaft der Liberté, Egalité, Fraternité war das messianische Zeitalter da." Die Revolution war für einen berühmten Rabbiner „unser Auszug aus Ägypten, unser modernes Pessach." Ein anderer wiederum meinte: „Wir müssen unsere größten Anstrengungen erbringen, um in die erste Riege der ehrbaren loyalen Arbeiter zu gelangen, in jeglicher Laufbahn, die sich uns eröffnet. Seien wir das Beispiel aller bürgerlichen und gesellschaftlichen Tugenden, werden wir nimmer müde, untadelige Staatsbürger zu sein. In einem Wort: Lasst uns die würdigen Kinder Frankreichs sein (...)"

In einer Zeit größter physischer, psychologischer, moralischer und verbaler Gewalt gegen die jüdische Gemeinde Frankreichs appellierte Théodore

Reinach im Juli 1898 in einer jüdischen Schule mit einer außergewöhnlichen Rede an die vor ihm sitzenden jüdischen Kinder: „Verwechselt nie das wahre Frankreich mit dem schäumenden Hass, der ungestraft, aber zeitlich begrenzt an die Oberfläche steigt. Behaltet es auch weiterhin lieb, dieses Frankreich, mit all eurer Macht, eurer Seele, so wie ihr eine Mutter liebt, ja sogar eine ungerechte Mutter, selbst eine verirrte Mutter, eine Mutter, die von den Pfaden des Mutterseins abkommt. Weil, ja, weil es eure Mutter ist und ihr seid ihre Kinder.“[1]

Die Emanzipation führte zur Bildung einer Vielzahl unterschiedlicher religiöser Reaktionen und Bewegungen in der Diaspora. Das Reformjudentum in Deutschland war die erste. Der Gegensatz zwischen den Gebetsformen, wie sie damals in der Synagoge zu finden waren, und denen der Kirche führte zur ersten Etappe der Reform – zu einem Versuch von Laien, den Ablauf und die Ästhetik des synagogalen Gottesdienstes zu verbessern. Es ging um eine Verkürzung des Gottesdienstes, die Beseitigung von Wiederholungen, die Einführung der Predigt in der Umgangssprache, das Singen im Chor mit Orgelbegleitung und um Zusatzgebete in der Umgangssprache. Initiator war ein erfolgreicher Geschäftsmann aus Seesen. Um 1800 gründete er dort einen Tempel und öffnete um 1815 sein Haus für Gottesdienste. (Nebenbei bemerkt ist es beachtenswert, dass die von ihm organisierten Gottesdienste zwar Kritik von den Traditionalisten einstecken mussten, es sonst aber keine größeren Probleme gab. Stattdessen war es die preußische Regierung, die Schwierigkeiten machte: König Friedrich Wilhelm III. fürchtete die Attraktivität des Reformjudentums und erließ deshalb um 1821 ein Dekret, das christlichen Klerikern und Staatsdienern bei Strafe untersagte, jüdischen Zeremonien beizuwohnen, weil diese sie vom rechten, christlichen Weg abbringen könnten. Im September 1823 wurde die Gemeinde geschlossen.)
Dem Seesener Beispiel folgte 1817 eine Gruppe Juden in Hamburg, die ihr Zentrum bewusst „Tempel“ nannten: ein Begriff, der für ein religiöses Zentrum gebräuchlich war und ihnen half, es von der örtlichen Synagoge zu unterscheiden. Doch die Bedeutung reichte noch tiefer: Die Synagoge wurde als vorübergehende Einrichtung betrachtet, bis der richtige Tempel in Jerusalem wiedererbaut wäre. Das neue Zentrum einen Tempel zu nennen, kam dem klaren Bekenntnis gleich, dass man dieses einstige Streben nun endgültig hinter sich ge-

lassen hatte. Der Hamburger Gruppe ist das erste Reform-Gebetbuch zu verdanken, das um 1819 von zwei jüdischen Laien ediert wurde. Die Herausgeber benutzten talmudische Argumente zur Rechtfertigung ihrer Abänderungen. Sie betrachteten sich selbst nicht als Erneuerer, sondern eher als in einer langen jüdischen Tradition stehend. Unterstützung für ihre Neuerungen kam von einer ganzen Anzahl von Rabbinern. Rabbiner Aaron Chorin (1766-1844) aus Ungarn schrieb zu ihrer Verteidigung:

Lange Zeit schon habe ich mit Bedauern die traurige Lage meiner Brüder beobachtet. Ein Teil ist dem Aberglauben erlegen, der andere Teil dem Unglauben. Während jene schädliche Masse frommer Simulanten, die Chassidim, sich beständig ausbreitet und täglich neue Unterstützer findet, unterlässt eine andere Gruppe jegliche religiösen Pflichten und erklärt nur das für wahr, was die Sinne wahrnehmen können (...)
Im vergangenen Jahr informierte mich ein Rundbrief einer sehr ehrenwerten Gemeinde in Deutschland darüber, dass etwa dreihundert der respektiertesten Familienoberhäupter zu dem Schluss gekommen waren, ihren Gottesdienst in solcher Weise zu gestalten, dass er sich dem Gefühl für Würde, dem Geist der Zeit und zugleich den Prinzipien des Judentums beugt – in enger Übereinstimmung mit den heiligen Schriften und dem Talmud. Gleichzeitig wurde ich gefragt, ob die Lehren des Talmud es erlauben,
1. *die Liturgie von späteren Zusätzen (nur der Himmel weiß, wann und von wem sie hinzugefügt worden sind!) zu reinigen und ihre ursprüngliche Einfachheit wiederherzustellen;*
2. *eigene verständliche Gebete in der Sprache des Heimatlandes zu sprechen, so dass das Herz des Beters weiß, was die Lippen sprechen;*
3. *einen Gottesdienst mit Orgelbegleitung zu halten, so dass Harmonie und Ordnung, die heute in den Synagogen fehlen, wiedereingeführt werden mögen*
4. *oder ob solche Veränderungen wegen des Gesetzes „Die Bräuche in Israel haben die Macht der Tora" verboten sind.*[2]

Trotz seiner Befürchtungen, wie die Reaktion auf seine Antwort aussehen würde, sagte Chorin Ja zu all diesen Veränderungen.
Natürlich reagierten die traditioneller eingestellten Rabbiner in ganz Europa sofort, verdammten die Veränderungen und baten die welt-

lichen Behörden in Hamburg, die Neuerung zu verbieten. Als das nichts half, gaben führende traditionalistische Rabbiner ein Buch heraus, was „den Beginn einer orthodoxen Gruppierung markierte, die sich jegliche Einmischung in die Tradition verbat".[3]

Obwohl die Hamburger Reformer nicht mit der Tradition brechen wollten, waren bestimmte zeitgenössische Elemente bereits in ihrem Gebetbuch vorhanden. 1807 hatte der Pariser Sanhedrin – eine von Napoleon einberufene Versammlung von 71 jüdischen Standespersonen, davon zwei Drittel Rabbiner – bekräftigt, dass die Juden sich gegenüber modernen Staaten, in denen sie leben, loyal verhalten sollen. Dies hatte Probleme zur Folge im Hinblick auf die vielen liturgischen Verweise auf die Rückkehr nach Zion, die Wiederherstellung eines Staates Israel und die messianische Erlösung. Aus modernem Blickwinkel stellten andere Ideen wie die physische Auferweckung der Toten und die Wiedereinrichtung der Tempelopfer ein Problem dar. Einem Zeitalter, das sich mit Ratio, Wissenschaft und der Absage an den Aberglauben brüstete, waren Formulierungen in der Sprache der Mystik, Texte aus dem *Sohar* (bedeutendstes Werk der Kabbalistik) und Verweise auf Engel peinlich. Besonders auffallend ist für den Kenner hebräischer Bücher, dass man das Hamburger Gebetbuch von links nach rechts liest, wie jedes andere europäische Buch auch, während traditionelle jüdische Gebetbücher von rechts nach links gelesen werden.

Die Einleitung des Hamburger Gebetbuchs ist typisch:

Der Wunsch, nach Zion zurückzukehren, wurde ausgelassen, weil es ein Herzenswunsch nur sehr weniger ist. Als Cyrus den Israeliten gestattete, aus dem babylonischen Exil zurückzukehren, nutzten nur 4200 diese Möglichkeit. Die anderen blieben zurück und zeigten, dass man auch ein guter Jude sein kann, ohne um die Rückkehr nach Jerusalem zu beten. Die Gebete für eine Rückkehr nach Zion, die wir beibehalten haben, können in einem geistigen Sinne verstanden werden. Aber wir bitten nicht, dass Gott uns körperlich nach Jerusalem zurückbringe, weil wir mit dem Ort, an dem wir leben, zufrieden sind.[4]

Während die Reformer sich bestimmter Faktoren, die ihre Entscheidungen beeinflussten, bewusst waren, waren sie doch auch durch zeitgenössische Moden geprägt, ohne es zu bemerken.

Aber ob sie sich dessen bewusst waren oder nicht: Die frühen Reformer waren noch von weiteren Faktoren beeinflusst, nicht nur vom Wunsch nach Vereinfachung und Modernisierung. Einer dieser Faktoren war zweifellos der deutsche Protestantismus. Wenn Samuel Holdheim, der radikale Rabbiner der Berliner Reformgemeinschaft, meinte, dass das moderne Leben des Juden nach dem Ende der rabbinischen Autonomie verlange, nach der Trennung religiöser Fragen von zivilen und politischen Dingen und der Anerkennung der Zivilehe, dann spiegelte er damit die protestantische Sicht der Hoheit des Staates über die Kirche wider. Der Gebrauch der deutschen Sprache war nicht nur eine modernistische Erneuerung, er war auch eine protestantische Neuerung. Dass die Frauenempore in der Synagoge von den frühen Reformern abgeschafft wurde, geschah nicht nur, weil sie nicht mehr in die Zeit passte, sondern weil die protestantische Familienbank in Deutschland en vogue war. Viele Reformrabbiner kleideten sich wie protestantische Pastoren mit schwarzem Gewand und weißem Beffchen. Es war darum kein Zufall, dass die jüdische Reformbewegung ihre stärkste Ausprägung in jenen Ländern erleben sollte, in denen reformierte Kirchen und Freikirchen vorherrschten: in Deutschland und später in den Vereinigten Staaten.[5]

Während man die liturgischen Reformen als Spiegel einer speziellen gesellschaftlichen Situation verstehen kann, ist ihr intellektueller Hintergrund das sich entwickelnde historische Studium des Judentums. Es gab den Reformern die Möglichkeit, geschichtliche Wandlungen des Judentums aufzuspüren, die ihnen eine Rechtfertigung für ihre Neuerungen bot. Die „Wissenschaft des Judentums" entstand im zweiten Jahrzehnt des 19. Jahrhunderts unter Gelehrten an deutschen Universitäten. Diese entstammten traditionellen jüdischen Familien und spürten den Widerspruch zwischen ihrer eigenen ahistorischen, talmudischen Tradition und den historisch-kritischen Methoden zeitgenössischer Wissenschaft. Am Anfang ihrer Arbeit stand die Dokumentation von Texten und Traditionen des Judentums. Aber dieser historische Ansatz hatte einen doppelten Effekt: Auf der einen Seite verstärkte er das Zugehörigkeitsgefühl zur Tradition, auf der anderen aber unterminierte er die Autorität von Glaubensvorstellungen und Praktiken, deren Ursprünge jetzt offen lagen – ein schwerer Schlag für das orthodoxe Judentum.

Auf Betreiben Abraham Geigers (1810-1874), des führenden Reformers, wurden zwischen den vierziger und achtziger Jahren des 19. Jahrhunderts eine Reihe rabbinischer Synoden in Deutschland abgehalten. Man hoffte, einige Veränderungen der jüdischen Religionspraxis beschließen zu können, die als notwendig empfunden wurden, aber es wurde kein Einvernehmen erreicht. Stattdessen entstand ein Konflikt zwischen jenen, die radikale Reformen und eine kontinuierliche Weiterentwicklung wollten, und jenen, die eine vorsichtigere Herangehensweise wünschten. Fragen wie die Verlegung des Schabbat auf den Sonntag aus Gründen der Bequemlichkeit für den Beter oder die Abschaffung der Beschneidung polarisierten die Debatte zwischen Radikalen und Konservativen. Auf der Frankfurter Synode von 1845 kam es schließlich zum unausweichlichen Bruch: Unter der Leitung jenes Mannes, der das konservative Judentum für viele Jahre anführen sollte, Secharja Frankel (1801-1875), verließen die konservativen Rabbiner den Saal.

Es ist wichtig, den mächtigen Gegenspieler der Bewegungen, die nach Veränderungen strebten, zu erwähnen – Samson Raphael Hirsch, den Oberrabbiner der Orthodoxen Gemeinde Frankfurt. Er begriff, dass die einfache wörtliche Weitergabe der Tradition nicht länger genügte, und suchte stattdessen ein symbolisches Verständnis. Das bedeutete eine Intellektualisierung, die die moderne Orthodoxie als Kind der post-aufklärerischen, post-emanzipatorischen Welt kennzeichnet. Das Motto, das diese Gemeinde und andere gleichgesinnte „modern-orthodoxe" Gemeinden sich gaben, hieß: *Tora im Derech Erez,* Treue zur Tora in all ihren Teilen und dennoch volle Teilnahme am Leben der Gesellschaft.

Gegen Ende des 19. Jahrhunderts waren sich alle drei Bewegungen in der Praxis noch sehr ähnlich, der liberale und der konservative Flügel der Reform und auch die Neo-Orthodoxie. Alle drei wurden von Rabbinern mit akademischem Hintergrund und philosophischer Denkweise angeführt. Wie gering auch die Unterschiede zwischen ihnen waren, so bewirkten sie doch die Bildung einer Vielfalt ganz eigener religiöser Einrichtungen. Die Reform-Hochschule für die Wissenschaft des Judentums, das Orthodoxe Rabbinerseminar in Berlin und das (konservative) Jüdisch-Theologische Seminar in Breslau wurden führende Zentren jüdischer Gelehrsamkeit. Alle drei Bewegungen gaben auch eigene Gebetbücher heraus.

Als Beispiel dafür, wie radikal die Reformer sein konnten, sei das Gebetbuch der Berliner Reformgemeinde genannt. Form und Inhalt der traditionellen Liturgie wurden hier durch ein Handbuch für Gebet und Meditation ersetzt. Die Erstausgabe erschien 1848. Es wurde kontinuierlich revidiert, und in den frühen 30-er Jahren des 20. Jahrhunderts war das Buch bereits zehnmal neu aufgelegt worden. In der Endfassung war das Handbuch auf ein Büchlein von 64 Seiten geschrumpft – für die Gottesdienste eines ganzen Jahres. Einer der Geistlichen dieser Gemeinde, Immanuel Heinrich Ritter, erklärte, warum das *Schma Israel* („Höre Israel") und das *Kadosch* („Heilig, heilig, heilig") original auf Hebräisch beibehalten worden war:

Sie sind ein Treueeid und die Losung des Judentums, dessen älteste Form wir bewahren – so wie die Preußen und die Österreicher ihr Motto „Suum cuique" („Jedem das Seine") und „Unitis viribus" („Mit vereinten Kräften") auf Latein bewahren, obwohl sie heute Deutsch sprechen. Wenn wir die grundlegenden Wahrheiten in beiden Sprachen verkünden, wollen wir auch auf ihren Ursprung in den Zeiten und Orten ältester Kultur Asiens hinweisen und uns selbst an die Tatsache erinnern, dass die Grundlagen des Judentums gleich geblieben sind und dass die heutige Überzeugung seiner Anhänger sich mit der seiner ersten Vertreter deckt [i. e. ein gewisser Beweis für seiner radikale Ausgangslage!].

In Amerika wurde im Lauf der Besiedlung des Westens das Reformjudentum zur vorherrschenden Bewegung. Es war pro-biblisch und anti-rabbinisch, es akzeptierte die akademische Bibelkritik und den Glauben an eine „progressive Offenbarung". Das radikale Lager beherrschte die amerikanische Reform, wie die *Pittsburg Platform* von 1885 zeigt:

Wir erkennen im mosaischen Rechtswesen ein System, mit dem das jüdische Volk zu seinem Auftrag, als eigene Nation in Palästina zu leben, befähigt werden sollte, betrachten aber heute nur seine Moralgesetze als bindend und halten nur an solchen Zeremonien fest, die unser Leben heiligen, verwerfen aber all jene, die nicht zu der Betrachtungsweise und den Lebensgewohnheiten der modernen Zivilisation passen (...) Wir vertreten die Ansicht, dass all jene mosaischen und rabbinischen Gesetze wie Speisegesetze, Gesetze zur priesterlichen Reinheit und Kleidervorschriften in Zeiten und unter dem Einfluss von Ideen entstanden, die unserem gegen-

wärtigen geistigen und spirituellen Zustand völlig fremd sind (...) Wir erkennen in der modernen Epoche der universellen Kultur des Herzens und Verstandes die nahende Verwirklichung von Israels großer messianischer Hoffnung auf die Wiedererrichtung des Königreichs der Wahrheit, Gerechtigkeit und des Friedens unter allen Menschen. Wir betrachten uns nicht länger als eine Nation, sondern als religiöse Gemeinschaft und erwarten deshalb weder eine Rückkehr nach Palästina noch einen Opferdienst unter den Söhnen Aarons oder die Wiederherstellung irgendeines Gesetzes, das den jüdischen Staat beträfe (...) Wir machen die Lehre des Judentums geltend, nach der die Seele unsterblich ist, und gründen diesen Glauben auf die göttliche Natur des menschlichen Geistes, der ewig Glückseligkeit in der Gerechtigkeit findet und Elend in der Niedertracht. Wir verwerfen den Glauben an die körperliche Erweckung und an Gehenna und Eden als Gedanken, die nicht im Judentum verwurzelt sind, (...) als Orte ewiger Strafe und Belohnung.

Im Laufe der weiteren Entwicklung bemerkten die Reformer, dass sie die Rolle der traditionellen Religiosität unterschätzt hatten. So liest man in der *Columbus Platform* von 1937: „Die Tora, schriftlich und mündlich, bewahrt Israels stets wachsendes Wissen von Gott und dem moralischen Gesetz. Sie wahrt die historischen Wurzeln, die Regeln und Normen des jüdischen Lebens und sucht sie in ein Leben voller Güte und Heiligkeit umzuformen." Dieses Programm bestätigte ein jüdisches nationales Bewusstsein, die Verpflichtung aller Juden, sich am Aufbau Palästinas als jüdische Heimstatt zu beteiligen, damit „es nicht nur ein Zufluchtshafen für die Unterdrückten, sondern auch ein Zentrum jüdischer Kultur und spirituellen Lebens sei". Es betont auch die Bedeutung des Schabbat, der Feste und der Feiertage.

Seit der Nachkriegszeit verspüren alle jüdischen Bewegungen, von der progressivsten bis zur orthodoxesten, das Bedürfnis, sich stärker an die jüdische Tradition anzulehnen. Dies zeigt sich am stärksten an der steigenden Anzahl und dem wachsenden Selbstbewusstsein ultra-orthodoxer Gruppen, sie sich bestärkt fühlen durch die Macht, die sie aufgrund der Koalitionspolitik im Staat Israel haben. Diese Koalitionspolitik sorgt bis zum heutigen Tag dafür, dass sie bei der Bildung einer Regierung unentbehrlich sind.

Die amerikanischen Konservativen sind über das Thema der Ordination von Rabbinerinnen gespalten; ein traditioneller Flügel ist weggebrochen. Selbst progressivere Bewegungen wie die „Rekonstruktionisten“, eine frühere Abspaltung des konservativen Judentums unter Führung Mordechai Kaplans, und die amerikanische Reformbewegung zügeln ihre Radikalität (positive Grundeinstellung zu Themen wie Homosexualität und Mischehen) und messen der Sprache und den Formen des traditionellen Judentums größere Bedeutung bei. Das Konzept *Amcha*, „Nation“, scheint alles zu dominieren – als Antwort auf die horrenden Verluste, die durch die Nationalsozialisten verursacht wurden, und im wachsenden Bewusstsein einer schrumpfenden jüdischen Gemeinschaft. Immer mehr Menschen heiraten Nichtjuden und gehen der jüdischen Gemeinde verloren oder halten nur noch losen Kontakt zu ihr.

In Westeuropa haben die Juden in jedem Land eigene Lebensformen entwickelt, manchmal in Folge einer zahlenmäßig großen Einwanderung der letzten Jahre: Nordafrikanische Juden kamen nach Frankreich, Juden aus der ehemaligen Sowjetunion nach Deutschland. Insgesamt ist die Nachkriegssituation besonders in den ehemals von den Nationalsozialisten besetzten Ländern durch den stillen Wiederaufbau wenigstens der äußeren Dinge des Gemeindelebens gezeichnet. Obwohl offiziell orthodox, waren weder die Leiter noch Gemeindemitglieder je wirklich orthodox, was praktisch die Entwicklung jeglicher anderer jüdischer religiöser Ausdrucksform verhinderte.

Seit dem Zusammenbruch der Sowjetunion beginnen die Juden in Mittel- und Osteuropa wieder, sich mit der jüdischen Kultur zu identifizieren, und kleine Gesellschafts- und Kulturgruppen, Kindergärten und sogar religiöse Gemeinden sprießen aus dem Boden, obwohl siebzig Jahre Kommunismus sie gegenüber den religiösen Aspekten des Judentums haben vorsichtig werden lassen. Die Zukunft dieser Gemeinden hängt eng mit der Politik ihres Staates zusammen –, eine große Anzahl von ihnen ist bereits nach Israel und in andere Länder ausgewandert. Mitte der neunziger Jahre waren es bereits mehr als 700.000. Dennoch könnte ihre erhebliche Zahl, die auf 1 bis 3 Millionen geschätzt wird (abhängig davon, wen man als Juden zählt), mit der Zeit zu einer wesentlichen Kraft in der jüdischen Welt werden.

Die unglaubliche „Erfolgsstory“ des Staates Israel trotz der enormen Schwierigkeiten, mit denen er zu kämpfen hat, ist ein weiterer Hinweis auf die Herausforderungen der sich verändernden jüdischen Zukunft. Die gegenwärtige israelische Bevölkerung von etwa fünfeinhalb

Millionen Einwohnern umfasst Einwanderer aus achtzig Ländern. Über 80 Prozent sind Juden, und mit seiner relativ hohen Geburtenrate, – verglichen mit jüdischen Bevölkerungen anderswo –, ist Israel sehr wohl auf dem Wege, die größte jüdische Gemeinde zu werden und die etwa fünf Millionen Juden in den Vereinigten Staaten zu übertreffen. In religiöser Hinsicht hat sich das Land bekanntlich zwischen säkularen und ultraorthodoxen Juden polarisiert: eine Folge der Tatsache, dass die ersten Siedler sozialistisch eingestellt und antireligiös waren. Es gibt kleine Gruppen der Reformbewegung und der konservativen Richtung, aber sie nehmen zahlenmäßig kaum zu, und ihre Rabbiner haben nur in eingeschränktem Maß das Recht, Hochzeiten, Beerdigungen und Übertritte zu feiern – ein Recht, das sie in jeder anderen westlichen Gesellschaft voll und ganz genießen. Zwischen diesen Extremen gibt es viele Variationen jüdischer Praxis ebenso wie eine spirituelle Suche in viele Richtungen.

Teil des israelischen Dramas ist es nun einmal, dass das Judentum, wie es in zweitausend Jahren Exil tradiert und weiterentwickelt worden ist, nicht unbedingt auf die jüdische Gesellschaft in der eigenen Heimat passt, wo andere Bedürfnisse wichtig sind und andere Bedingungen herrschen. Der ständige Druck von Kriegen und politischen Spannungen, ganz zu schweigen von der alltäglichen Herausforderung, Geld zu verdienen und eine neue Gesellschaft zu formen, haben die klassischen religiösen Fragen teilweise in den Hintergrund treten lassen. Trotzdem gibt es Studienzentren, traditionelle und radikal reformerische, und die israelische Gesellschaft ist als Ganzes eine Art Workshop für ein zukünftiges Judentum mit bislang unbestimmten Eigenschaften, Qualitäten und Dimensionen.

Bei all den beschriebenen Veränderungen und Herausforderungen ist eine Umwälzung im modernen jüdischen Leben bisher ausgelassen worden – der Einfluss der Frauenbewegung. Dies wird Thema des nächsten Kapitels sein.

Literaturhinweise

H.-P. Katlewski, Judentum im Aufbruch. Von der Vielfalt jüdischen Lebens in Deutschland, Österreich und der Schweiz. Jüdische Verlagsanstalt Berlin, Berlin 2002.

M. Krupp, Die Geschichte des Staates Israel. Von der Gründung bis heute. Gütersloher Verlagshaus, Gütersloh 1999.
M. A. Mayer, Antwort auf die Moderne. Geschichte der Reformbewegung im Judentum. Wien/Köln/Weimar 2000.
J. Petuchowski, Prayerbook Reform in Europe. The Liturgy of European Liberal and Reform Judaism. New York 1968.
A. Rubinstein, Geschichte des Zionismus. Von Theodor Herzl bis heute. München 2000.
P. Schäfer, Geschichte der Juden in der Antike. Die Juden Palästinas von Alexander dem Großen bis zur arabischen Eroberung. Neukirchen-Vluyn/Stuttgart 1983.
G. Stemberger, Das klassische Judentum. Kultur und Geschichte der rabbinischen Zeit. München 1979.

4

Vier ist die Zahl uns'rer Mütter

Die wechselnden Rollen der jüdischen Frau

Noch vor wenigen Jahren wäre dieses Kapitel ganz anders ausgefallen. Denn von all den Themen, die in diesem Buch behandelt werden, hat keins in so kurzer Zeit eine solch radikale Veränderung erfahren wie die Rolle und das Selbstverständnis der Frau in der jüdischen Gesellschaft und im jüdischen Leben. Die Kapitelüberschrift „Vier ist die Zahl uns'rer Mütter" stellt bereits so viele Fragen, wie sie zu beantworten scheint: Frauen sind und waren die „Mütter Israels"; ebenso sind und waren sie mehr als Mütter – Mütter nicht im biologischen Sinne, sondern als Schöpferinnen von menschlichen Werten und materiellem Fortschritt. Was heute anders ist (obwohl es in der Vergangenheit fraglos einzelne Frauen und Situationen gab, für die dasselbe galt), ist die Tatsache, dass die Frauen die Rolle, die sie im Judentum spielen, selbst definieren, statt nur die Projektionsfläche männlicher Phantasie und Macht abzugeben.

Hier muss ich für einen Moment zurücktreten und meine Schwierigkeit beim Verfassen dieses besonderen Kapitels bekennen. Wir befinden uns inmitten einer Revolution des Bewusstseins sowohl bei Frauen als auch bei Männern, und daher finde ich nur sehr schwer eine Art neutralen Boden, von dem aus ich schreiben könnte. Wenn ich auch voller Sympathie für das bin, was geschieht, muss ich doch zugeben, dass ich als Mann nicht versuchen kann und möglicherweise auch nicht versuchen sollte (dies ist einer der Punkte in der Debatte), im Namen der Frauen zu sprechen. Für manche Frauen liegt das in der Natur der Sache; andere wiederum sehen darin überhaupt kein Problem, da sie sich entweder als prä- oder postfeministisch verstehen. Schon bei der Beschreibung des Themas stößt man auf Sprachprobleme, die weitere Schwierigkeiten nach sich ziehen. „Politisch korrekt" zu reden ist längst zum Gegenstand von Witzen geworden und geht gelegentlich auch zu weit, doch ergeben sich nun einmal Folgen aus der Terminologie, die wir für bestimmte Dinge verwenden – angefangen vom „Vorsitzenden“ bis hin zur Übersetzung des Gottesnamen. So wie die Hippies reimen konnten, dass „du bist, was du isst“, können wir sagen, dass „du bist, was du sprichst“. Unsere Sprache spiegelt nicht nur unsere Haltung, sondern bestimmt sie auch.

Über allem steht das Problem desjenigen, der zu einer „Machtelite“ gehört und das Territorium derer betritt, die die ehemaligen oder gegenwärtigen Opfer dieser Elite sind oder sich als solche betrachten, und der in ihrem Namen zu sprechen behauptet. Fraglos hat das Judentum seit der biblischen Zeit bis zum heutigen Tage als patriarchalische Religion Kontrolle über das Leben der Frauen ausgeübt, – auch wenn das nicht die ganze Geschichte ist, weil es Bereiche gab und gibt, in denen Frauen Macht ausüben, allerdings weitgehend deshalb, weil ihnen diese „Freiheit“ von Männern zugestanden wurde.

Bitte verzeihen Sie diese lange Vorrede. Ich will nur verdeutlichen, dass ich mir einiger dieser Fallen sehr wohl bewusst bin, selbst wenn ich mich gleich aufmache, in sie hineinzutreten. (Eine meiner weiblichen Rabbinerkolleginnen würde mir jetzt wohl den Kopf tätscheln und sagen: „No, is ja gut, Bubele!“)

Die Rollen von Männern und Frauen im jüdischen Denken haben ihren Ausgangspunkt in den Eröffnungskapiteln des biblischen Buches Genesis. Diese äußerst wichtigen Texte sind in jüngster Zeit Gegenstand intensiver Forschung gewesen. Kurz gesagt gibt es zwei beherrschende Bilder: In Genesis 2 wird die Frau aus „dem Adam“ geschaffen, um als ein *Eser Kenegdo* zu fungieren. Wörtlich bedeutet das: „eine Hilfe – ihm gegenüber gestellt“ oder „ihm entsprechend“. „Helfer/Hilfe“ bedeutet nicht, in irgendeiner Weise dem anderen unterworfen zu sein. Gott wird als ein „Helfer“ Israels beschrieben (Ps 121,2). Der Ausdruck scheint zwei gleichwertige Entitäten zu suggerieren, die durch ihre wechselseitige Korrespondenz und eine Art symbiotische Beziehung definiert sind. Erst nach dieser Gegenüberstellung benennt der Mann die neue Schöpfung folgerichtig mit *Ischa*, d. h. als „Frau, weil sie vom *Isch*, dem Mann, genommen worden war“. Das Wortspiel im Hebräischen ist Absicht: Beide sind absolut gleichwertig. Zudem wird der Erstere, Adam, erst dann als Mensch, als Mann erkennbar, wenn die Frau neben ihm existiert.

Gegen Ende des dann folgenden Genesis-Kapitels hat sich bereits eine neue Beziehung herausgebildet. Die Geschichte von der Schlange auszulegen, die Eva zum Essen von der verbotenen Frucht verleitet, führt für unsere augenblicklichen Zwecke sicherlich zu weit. Es genügt zu sagen, dass diese Geschichte in der Tat als ein erster Akt des Ungehorsams gegen Gott interpretiert werden kann, als Fall aus seiner Gunst und schreckliche Tragödie. Gleichwohl kann sie auch als erfolgreiche Strategie Gottes gewertet werden, die das Menschenpaar aus seinem Zustand der Abhängigkeit im Garten Eden in ein Selbstverständnis und Bewusstsein zwingt, durch das sie zu zwar belasteten, aber verantwortlichen, erwachsenen Menschen werden. Je nach Lesart kann die Rolle des Mannes und der Frau negativ oder positiv interpretiert werden. Wichtig ist, dass im Schlussbild die Beziehung zwischen beiden vergiftet ist. Der Mann schiebt die Schuld der Frau zu und streitet seine eigene Verantwortung ab, und die Frau wird als dem Mann untertan dargestellt. Wird in jener Beschreibung dieser Zustand tatsächlich zur neuen Norm deklariert, oder soll nur gezeigt werden, wie sehr die Dinge von einer idealen Beziehung abweichen können, wenn Menschen einander nicht unterstützen und gleichwertig behandeln? Die Antwort liegt wohl irgendwo in der Mitte zwischen diesen einander diametral entgegengesetzten Positionen und drückt mithin alle Möglichkeiten zwischenmenschlicher Realität als eine Art Kontinuum aus.

Ein klares Bild davon, wie diese dynamische Situation zwischen Mann und Frau in der jüdischen Tradition verstanden wurde, können wir leider nicht gewinnen, denn von wenigen Ausnahmen einmal abgesehen, wurde die gesamte Geschichte von der biblischen Zeit bis fast zur Gegenwart von Männern geschrieben und festgehalten. Ansichten und Erfahrungen von Frauen sind uns nur durch den Filter der männlichen Linse übermittelt worden, durch Schriften von Gesetzgebern und Homileten, Dichtern und Archivaren, Exegeten und Editoren. Wie viel Vertrauen darf unter dieser Voraussetzung noch den Dokumenten über das Verhalten oder die Rolle der Frau in der Vergangenheit geschenkt werden? Die Antwort muss lauten: Einem gewissen Teil darf mit Einschränkungen und Vorbehalten vertraut werden; ein wenig mehr bringt das Lesen zwischen den Zeilen zum Vorschein; noch mehr kann man vielleicht durch eine phantasievolle Vergegenwärtigung der Vergangenheit lernen, wenn man sich dabei der Erfahrungen heutiger Frauen bedient. Das übrige Material ist allerdings schlicht ungenießbar oder zumindest äußerst problematisch.

Auch wenn die Hebräische Bibel voller Widersprüchlichkeiten steckt, ist das Patriarchat Fakt. Es ist der autonome, erwachsene, männliche Israelit (der Kinder und Frauen hat, Sklaven, Tiere und Grundbesitz), an den sich die Zehn Gebote wenden und der in die Zeremonie zum Bundesschluss am Berg Sinai einbezogen ist. Dennoch werden die Rechte der Frau von Zeit zu Zeit vor dem Gesetz geltend gemacht –, am deutlichsten ist das Beispiel der Töchter Zelofchads, die mangels männlicher Erben erfolgreich darum bitten, ihren Vater zu beerben (Num 27,1-11).

Auch wenn Frauen im mosaischen Gesetz eine untergeordnete Rolle spielen, haben sie doch eine bedeutsame Stellung im Familienleben inne, wenn es um Entscheidungen geht. Darüber hinaus beherrschen in den wichtigsten Übergangsmomenten der Geschichte des biblischen Israel Frauen die Bühne: die hebräischen Hebammen, die Mutter und Schwester Mose, wie auch die Tochter Pharaos (Ex 1-2), ohne die es keine Israeliten und keinen Mose gegeben hätte, Hanna, die Unfruchtbare, deren Bitte um einen Sohn schließlich zur Geburt Samuels führt, der später das Königtum einführen und König David salben wird. Hanna begründet so eine Geschichte, die sonst nie stattgefunden hätte. Die Prophetin Hulda erklärt die Gesetzesrolle für echt, die im Tempel gefunden wurde und Teil der bedeutenden religiösen Reformen unter König Josia (2 Könige, 22,14-20) wird. Ohne Rut gäbe es keine messianische Linie bis zu König David und über ihn hinaus. Wäre Königin Ester nicht gewesen, das jüdische Volk wäre vernichtet worden. Wenn dies auch lediglich „Ausnahmen sind, welche die Regel bestätigen“, haben sie doch außerordentliche Bedeutung.

In der rabbinischen Zeit veränderten sich die Dinge in zwei Richtungen: Männliche Autorität und Macht wurden in der entstehenden jüdischen Gesellschaft durch die Institution des Schriftgelehrten gestärkt. Auf der anderen Seite haben die Rabbinen Versuche unternommen, einige der Nachteile zu auszugleichen, unter denen die Frauen nach dem biblischen Gesetz zu leiden hatten. So wurde die Freiheit des Mannes, sich von seiner Frau zu scheiden und sie einfach zu entlassen (Dtn 24,1), zum Schutze der Frau durch rechtliche und finanzielle Vorgaben eingeschränkt. Dennoch konnten (oder wollten) die Rabbinen die Position der Bibel nicht völlig ignorieren und sprachen den Frauen nicht das Recht zu, ein Scheidungsverfahren einzuleiten. Dadurch blieb das Ungleichgewicht gewahrt. Das *Bet Din*, der rabbinische Gerichtshof, nahm sich allerdings in gewissen Situationen das Recht heraus, eine Scheidung zum Wohl der Frau zu fordern. In der Praxis jedoch ist diese Möglichkeit selten wahrgenommen worden. Verschiedentlich ist versucht worden, der Heiratsurkunde eine Vorbehaltsklausel beizufügen, durch die sich das Problem beheben ließe. Dies aber traf auf gewaltigen Widerstand in heutigen orthodoxen rabbinischen Kreisen, teils wegen der rechtlichen Schwierigkeiten, teils wegen Autoritätskonflikten zwischen den verschiedenen orthodoxen Gruppierungen.

Einer der tragischsten Zustände, die aus dieser Ungleichheit erwachsen, ist die *Aguna*, die „angekettete Ehefrau". Dabei handelt es sich um eine Frau, deren Mann ihr die Scheidungsurkunde verweigert oder der verschwunden ist, weil er sie vielleicht verlassen hat oder nicht auffindbar ist. Möglicherweise wurde er ermordet, wie in der Shoa, und sein Körper nie gefunden. Dann ist die Frau an ihn „gekettet" und kann nicht wieder heiraten.

Weil das Judentum nicht monolithisch ist, werden in der Tradition unweigerlich widersprüchliche Sichtweisen der Frau zum Ausdruck gebracht. In den Worten Blu Greenbergs: „Wir finden Gleichheit und Hierarchie, Respekt und Herablassung, Achtung und Verachtung, Mitgefühl und Gefühllosigkeit."[1]

Im Lauf der Jahrhunderte entstand eine normative Sicht von „Platz" und „Rolle" der Frau im Judentum, doch sie erfährt in der Gegenwart eine beträchtliche Erschütterung. Die Begründung der traditionellen Sichtweise liegt in dem Umstand, dass die Frau die Kinder gebiert und sie üblicherweise – wenn auch nicht biologisch gezwungenermaßen – aufzieht. Die Tradition, ganz nach den gängigen Mustern benachbarter Kulturen, definierte die häusliche Umgebung als den Ort, an dem die Frau ihre religiösen Pflichten erfüllen sollte. Ihre Aufgaben bestanden darin, die Speisegesetze einzuhalten, Schabbat und Festtage vorzubereiten und die Verantwortung für ihre „rituelle Reinheit" zu übernehmen, d. h. Gesetze zu beachten, die den sexuellen Kontakt während und unmittelbar nach der Menstruation verhindern. Wenn Frauen so viel von ihrer Zeit mit der Pflege ihrer Kinder verbrachten – wobei immer eine große Familie vorausgesetzt wurde, die einen beträchtlichen Teil ihres Lebens beanspruchte –, konnte nach rabbinischer Anschauung nicht auch noch von ihnen verlangt werden, dass sie alle *Mizwot*, Gebote, einhielten, die dem jüdischen

Volk gegeben waren. Sie waren von „zeitgebundenen" Geboten ausgenommen, jenen also, die zu einem bestimmten Zeitpunkt am Tag oder im Jahr gehalten werden mussten (Mischna Kidduschin 1,7). Nicht etwa, dass es ihnen verboten war, sich nach den Geboten zu richten, die gesellschaftliche Situation verhinderte es einfach.
Besonders zwei Dinge hatten in dieser Hinsicht eine ungeheure Wirkung: die Befreiung vom religiösen Studium und die vom regulären dreimal täglichen öffentlichen Gebet führten zum Ausschluss von Studium und Gebet. Beides hängt in der Tat zusammen, denn ohne zu studieren, also Hebräisch zu lernen, waren die Frauen oft nicht imstande, den Pflichtgebeten zu folgen oder sie selbst zu sprechen. Im Mittelalter waren sie deshalb häufig von einer gebildeten Frau abhängig, die genügend Hebräisch gelernt hatte, um alle anderen Frauen durch den Gottesdienst zu führen.

Die betende Frau

Für die Frauen war das Gebet dennoch eine Pflicht, die teilweise durch die Teilnahme am von Männern geleiteten Gottesdienst erfüllt wurde. Vom 17. Jahrhundert an häuft sich jedoch die Literatur zusätzlicher Bittgebete für Frauen, die in Jiddisch geschrieben sind, so genannte *Techines*. Obwohl normalerweise von Männern verfasst, stammen einige ganz offensichtlich von Frauen. Anders als in den Pflichtgebeten, die wir in Kapitel 7 näher betrachten werden, kommt hier häufiger die persönliche Situation von Frauen zur Sprache, beispielsweise Schwangerschaft oder Kinderwunsch, Genesung von einer Krankheit und so weiter. Diese Gebete stehen in der Tradition der jüdischen Mütter Sara, Rebekka, Rachel und Lea (jiddisch: Sure, Riffke, Ruchel, Leye), die manchmal auch um Fürsprache gebeten werden.

Und ich bitte auch unsere Mutter Rebekka, für unsere Väter und unsere Mütter zu bitten, dass sie, der Himmel verhüte es, nicht von uns getrennt werden mögen. Denn du weißt gut, wie sehr man sich nach Vater und Mutter sehnen kann. Als Elieser, der Diener (Abrahams), dich Vater und Mutter entriss und deinem Gatten Isaak (Gen 24) gab, da vergossest auch du Ströme von Tränen. Daher weißt du, wie schlecht es ohne einen Vater und ohne eine Mutter ist. Mögen sie ein Jahr voller Leben haben, ein gutes Jahr, und ein Jahr mit Lebensunterhalt, ein Jahr, in dem ich und mein Mann und die Kinder Nahrung und Unterhalt haben werden. [2]

Was wirklich hinter der Befreiung von den „zeitgebundenen" Geboten steckte, ist schwer zu sagen. Jedenfalls wies sie Frauen eine bestimmte Rolle und einen Bereich zu, der bis zur Moderne – und in vielen, wenn nicht den meisten traditionellen Haushalten noch heute – als vollkommen angemessen und spirituell befriedigend betrachtet wurde. Gelegentlich nennen Rabbiner als nachträgliche Rechtfertigung, Frauen besäßen eine größere natürliche Spiritualität als Männer und bedürften deshalb – im Gegensatz zu den Männern – nicht der regelmäßigen Disziplin des Gebets! Wie alle ähnlichen Erklärungen, wonach Frauen fürsorglicher sind und Männer von Natur aus aggressiver, könnte auch dies einen wahren Kern enthalten. Sie ist jedoch benutzt worden, um einen Status quo aufrechtzuerhalten, der zum Vorteil der Männer war. Die Folge dieser Kombination aus Gesetz und Lehre war, zumindest in der Vergangenheit, dass Frauen der Synagoge, dem Machtzentrum des Gemeindelebens, ferngehalten wurden.

Die Frauenbewegungen der Moderne, insbesondere in den Vereinigten Staaten, führten ihre ersten Kämpfe um die Rolle der Frau im öffentlichen Gottesdienst. Im Sinne der „progressiven" Bewegungen konnten sie auf eineinhalb Jahrhunderte behaupteter Gleichheit bauen, selbst wenn in der Praxis echte Gleichstellung noch nicht erreicht worden war. Selbstverständlich konnten Frauen hohe Positionen in der Gesellschaft erringen, aber auch dann waren sie noch lange nicht berechtigt, am synagogalen Gottesdienst teilzunehmen, in dem ein Mann normalerweise mit einer *Alija* (Aufruf zur öffentlichen Vorlesung aus der Tora) geehrt wurde. Verglichen mit einem Problem wie der *Aguna* (s. Seite 90), bei dem sich ein juristisches Handicap tragisch auf das Leben der Frau auswirkt, mag dies als relativ geringfügiges Problem erscheinen. Aber gerade die öffentliche Anerkennung der Gleichheit und die daraus folgende Autorität sind es, die zuerst auf die Tagesordnung kommen sollten, bevor man sich Themen widmen wollte, von denen man annahm, dass sie sich schwerer vermitteln ließen.

Heute gibt es in den Synagogen und verschiedenen jüdischen Gruppierungen ein ganzes Spektrum unterschiedlicher Positionen zur Frauenfrage. Wo Rabbinerinnen oder Kantorinnen amtieren, ist anscheinend volle Gleichheit erreicht, zumindest auf dem Papier. Trotzdem haben viele Frauen, wie auch Männer, nach wie vor Vorbehalte, und Rabbinerinnen müssen große Nachteile hinnehmen, besonders in Fragen des Gehalts und der vertraglichen Rechte. Zudem finden sie sich oftmals in einer Rolle wieder, in der sie hauptsächlich mit erzieherischen und seelsorgerischen Aufgaben in ihrer Gemeinde betraut sind – eben mit „Frauenarbeit".

In „konservativeren" Gemeinden kann man auf typische Ungereimtheiten treffen – die Frau darf am Schabbat die *Haftara*, den Prophetenabschnitt, lesen, nicht aber aus der Torarolle selbst; sie darf den *Tallit*, den Gebetsschal, tragen, der doch als Männerkleidung betrachtet wird – oder auch nicht; sie kann die Torarolle während der Prozession tragen oder auch nicht, obwohl das nirgendwo im jüdischen Gesetz verboten ist. (Dies ist ein gutes Beispiel für die häufige Mischung aus Ignoranz oder gefährlichem Halbwissen in Sachen jüdisches Gesetz und die grundsätzlich chauvinistische Haltung. Unter den Argumenten derer, die sich dagegen aussprechen, dass Frauen die Torarolle tragen, findet sich die Überlegung, die Frau könne menstruieren und dies lasse die Torarolle „unrein" werden. Eine solche Frage wird aber nirgends im jüdischen Gesetz thematisiert.)

Widerstand gegen Veränderungen kommt verständlicherweise aus der „Männerecke", aber auch manche Frauen haben sich als gleichermaßen ablehnend erwiesen, selbst innerhalb „progressiver" Strömungen. Bei den Veränderungen geht es um einen umfassenden Wandel von Rollen, Verantwortung und Macht im synagogalen Leben, der allein schon nicht leicht zu verkraften ist und ganz sicher auch Folgen für das Privatleben hat. Unweigerlich wird jenen, die für Veränderung plädieren, vorgeworfen, sie seien „politisch", während jene, die eine Veränderung verhindern wollen, nur selten sehen, dass auch ihr Verhalten politisch ist. Die Veränderung vollzieht sich so oder so, denn die junge Generation ist gegenüber dem Thema der Gleichstellung von Mann und Frau sehr viel offener eingestellt, ja, betrachtet diese zum Entsetzen der Eltern meist sowieso als schlichte Gegebenheit.

In orthodoxen Kreisen, wo Frauen von der Leitung aller Teile des Gottesdienstes ausgeschlossen sind, wenn ein *Minjan*, eine Mindestzahl von zehn erwachsenen Männern, anwesend ist, treten ganz andere Probleme auf. Obwohl das Quorum in der frühen rabbinischen Zeit nicht vorgeschrieben war, wurde es Brauch und hat in traditionellen Kreisen jetzt Gesetzeskraft erlangt. Daher dürfen Frauen zwar der Toralesung lauschen, können jedoch nicht aufgerufen werden, um gleich den Männern den Segen zu sprechen. Nach dem jüdischen religiösen Gesetz, der *Halacha*, ist eine Frau nicht dazu verpflichtet, und kann deshalb die Aufgabe der Toralesung nicht im Namen anderer, d. h. des Quorums der Männer, die dazu *verpflichtet* sind, übernehmen. Alle juristische Feinheiten einmal beiseite gelassen, besteht schon wegen der Auswirkungen der Frauenbewegung auf alle Bereiche der jüdischen Gesellschaft, die Notwendigkeit, auch diesen Bereich den Frauen zu öffnen.

Es gibt Bereiche, in denen Fortschritte zu erkennen sind. Die „progressiven" Bewegungen beispielsweise haben längst eingesehen, wie ungerecht es ist, großes Aufhebens um einen Jungen zu machen, der das Alter von dreizehn Jahren erreicht und *BarMizwa*, ein „Sohn des Gebotes", wird und damit verantwortlich im Sinne des jüdischen Gesetzes. Er kann nun für die Gemeinde aus der Tora lesen. Erreicht ein Mädchen das entsprechende Alter, wird das geflissentlich übergangen. Sie feiern eine *BatMizwa*-Zeremonie, die sie zur „Tochter des Gebotes" macht. Sie ist normalerweise identisch mit der Zeremonie für Jungen, und ein Mädchen nimmt danach einen gleichberechtigten Platz in der Gemeinde ein. In orthodoxen Kreisen hat man eine *Bat-Chajil*-Zeremonie entwickelt, zu der normalerweise eine Anzahl Mädchen zusammengenommen werden. Begangen wird sie jedoch an einem Sonntag und nicht am Schabbat oder dann bestenfalls außerhalb des Pflichtgebets im Schabbatgottesdienst. Der Begriff selbst ist interessant, denn er entstammt einem Abschnitt aus den Sprüchen (Spr 31,10-31), in dem die häuslichen Errungenschaften der idealen Ehefrau gepriesen werden. Der Abschnitt beginnt mit *Eschet Chajil*, „Ein wackeres Weib". (*Eschet Chajil* wird der Frau von ihrem Mann als Teil der traditionellen häuslichen Liturgie am Schabbatabend vorgelesen, neben dem Segen der Kinder.) Die *BatChajil*-Zeremonie beschreibt klar die Rolle, die den jungen Frauen zugedacht ist. Die Zeremonie findet zwar meist in der Männerabteilung der Synagoge statt, doch danach werden die Mädchen ihr ganzes Leben in die Frauenabteilung verbannt.

Eine Folge der Unzufriedenheit mit dieser Situation sind die wachsenden „Frauenminjanim", eine Art Gottesdienst, der ausschließlich von Frauen und für Frauen abgehalten wird. Nichts im jüdischen Gesetz widerspricht dieser Praxis, und tatsächlich gab es solche Gottesdienste auch schon in der Vergangenheit. Sie müssen allerdings nach einer strengen Ordnung gefeiert werden, denn nur die Anwesenheit von zehn Männern macht den Gottesdienst im Sinne des jüdischen Gesetzes zu einem „echten" Gottesdienst. Wenn zehn Frauen anwesend sind, beten sie deshalb „privat". Bestimmte Gebete, die ein Quorum verlangen, können nicht gesprochen werden – einschließlich des Gebets zum Gedenken an die Toten (*Kaddisch*). Ohne ein männliches Quorum kann man zwar auch aus der Torarolle lesen, nicht aber zuvor und danach die Lobsprüche sprechen. Trotz dieser Einschränkungen (die man in nicht-orthodoxen Kreisen nicht kennt) sind solche Frauengebetsgruppen rasch gewachsen. Ganz offensichtlich haben Frauen das Bedürfnis, an der Kraftquelle, die die traditionellen Gebetsformen darstellen, ebenso wie die Männer teilzuhaben und jüdische Spiritualität in ihren vorgegebenen Formen zu erleben. Zweifelsohne sind auch individuelle Faktoren im Spiel, Dinge die nie in Frage gestellt werden, wenn sich Männer zum Gebet versammeln. Eine Mischung aus Persönlichem und Politischem, Spirituellem und Psychologischem, Frömmigkeit und Neugier ist in einer öffentlichen Liturgie stets gegenwärtig. Sie ist im selben Maße ein „politisches" wie spirituelles Ereignis, denn sie bestimmt das Wesen, die Glaubensvorstellungen und die Werte einer Gemeinde.

Nicht nur die Rolle der Frau im liturgischen Leben wurde hinterfragt, auch die Sprache der Liturgie fand neue Aufmerksamkeit. In der Nachkriegszeit wurden traditionelle und „progressive" Gebetbücher immer wieder neu übersetzt, weil die Sprache, die vielfach aus dem frühen 19. Jahrhundert stammte oder die Sprache dieser Zeit imitierte, zu antiquiert war, um noch verständlich zu sein. Seit den 70er Jahren des 20. Jahrhundert musste auch das Thema einer „frauengerechten" Sprache angegangen werden. Begriffe wie „der Mann/man", von denen es oft hieß, sie schlössen die Frauen mit ein, wurden als nur auf Männer bezogen entlarvt. Es wurde klar, dass vieles in der Sprache einfach den betenden Mann als gegeben voraussetzte, und man begriff, dass Änderungen vorgenommen werden mussten, um die Frau-

en einzuschließen – was manchmal entsprechende Änderungen im Hebräischen erforderte.
Grundsätzlich muss gefragt werden, wo eine Frau sich in traditionellen Gebeten überhaupt wiederfindet. Die Personen, die genannt werden, sind Abraham, Isaak und Jakob. Wo gibt es „Modelle" für Frauen? Einer der radikalsten Vorschläge, der auch die stärksten Debatten in den „progressiven" Bewegungen auslöste, die doch solchen Veränderungen gegenüber offen sind, war die Nennung der „Matriarchinnen" neben den Erzvätern (Patriarchen) im ersten Abschnitt der *Amida*, des „Achtzehngebets". Es ist das zentrale Gebet in der Liturgie; wir werden es in Kapitel 7 näher betrachten. Damit wurde die öffentliche Anerkennung der Gleichwertigkeit der Frau auf den Prüfstein gestellt. Obwohl Teile des Gebets in früheren Jahrhunderten Veränderungen erfahren haben, wurde es wegen seiner Bekanntheit und zentralen Stellung zum Zankapfel zwischen jenen, die bereits ein neues Bewusstsein in Frauenfragen verinnerlicht hatten, und jenen, die sich ihm verweigerten. Die Argumente betrafen mehrere Themen, u. a. die Sorge, althergebrachte Traditionen zu „verfälschen", und die Angst, sich durch solche Veränderungen nicht mehr in Übereinstimmung mit jüdischen Gemeinden andernorts zu befinden – getreu dem Grundsatz: Wohin man auch in der jüdischen Welt geht, zumindest in den Gottesdiensten kann man sich zu Hause fühlen. Inzwischen gibt es eine Reihe von Gebetbüchern, die die Matriarchinnen mit einschließen, obwohl die Art und Weise, diese zu nennen, variieren kann. In manchen Fällen stehen traditionelle und neue Texte zur Verfügung, und die Gemeinden oder die Einzelnen konnen wählen, was sie beten möchten.
Ein drittes Thema, wie in der Einleitung bereits angesprochen, ist die Frage, wie eigentlich der Name Gottes übersetzt werden sollte. Was tut man mit den verschiedenen Begriffen, mit denen Gott beschrieben wird – besonders mit „König" und „Vater"? Sie entstammen den biblischen Wurzeln des Judentums und spiegeln genau seine patriarchale Grundhaltung wider, und eben das ist heute das Problem. Erstens – ganz unabhängig von Geschlechtsfragen – ist Gott als König problematisch, denn Könige, wie wir sie heute kennen, sind weitgehend machtlose Figuren einer konstitutionellen Monarchie und nicht Potentaten, die über Leben und Tod eines jeden Untertanen entscheiden, wie es dieses Bild in einer anderen Welt einmal bedeutete. Tat-

sächlich schöpft die gesamte jüdische Liturgie aus einer Bilderwelt, die sich nur schwerlich einer modernen demokratischen Gesellschaft anpassen lässt. Gott als „König“ und „Vater“ zu beschreiben, betont außerdem zweitens ein Bild, das in der Tat all die männlichen Machtstrukturen in unserer Gesellschaft aufruft, gegen die die Frauenbewegung und jene, die sie unterstützen, kämpfen. Wenn man die Liturgie verändert, verändert man zwar nicht die Gesellschaft, aber wer einmal das Problem erkannt hat, kann unmöglich alles so lassen, wie es war. Folglich wurde die jüdische Tradition nach anderen Bildern für Gott durchforstet, besonders nach weiblichen, um sie in unser erneuertes theologisches Denken aufzunehmen. Den Begriff *Schechina*, abgeleitete von einem hebräischen Wort, das „innewohnen“ bedeutet, haben die Rabbinen verwendet, um die greifbare Gegenwart Gottes in der Welt auszudrücken; er wurde von den Mystikern intensiv weiterentwickelt. Mit der *Schechina* verbindet sich das Bild von einer Frau, und dies ließ sie für einige Frauen zur Adressatin ihrer Gebete werden. Andere sorgten sich, dass dabei die Einheit Gottes in Frage gestellt und eine Art „Göttin“ ins Leben gerufen werden könnte. Manche bemerkten dagegen kritisch, dass die Schechina als eine Gott unterstellte Frauengestalt genau die untergeordnete Rolle wiederaufleben lässt, die Frauen überwinden wollen. Es gibt sicher keine einfachen Antworten auf diese Fragen, die auch eine Angelegenheit der persönlichen Suche und Erfahrung sind.

Da Gott „jenseits von Mann oder Frau“ stehen sollte, liegt ein möglicher Weg aus diesem Dilemma in der Betonung der Tatsache, dass alle Bilder für Gott, die die Tradition kennt, Metaphern sind und für etwas stehen, das jenseits von ihnen liegt. Die biblische Tradition spricht von Gott als „Vater“ und – wenngleich seltener – als „Mutter“. Die folgende responsorische Lesung wurde für ein neues Gebetbuch für die jüdischen Pilgerfeste verfasst, das ich für die „Reform Synagogues of Great Britain“ mit herausgegeben habe und das auch auf Deutsch erschienen ist. Hier wird mit und über Gott in Bildern gesprochen:

Kann eine Frau ihren Säugling vergessen,
eine Mutter ihr leibliches Kind?
Selbst wenn sie es vergessen würde –
ich vergesse dich nicht! (Jes 49,15)

Unser Gott im Himmel,
gedenke deines Bundes
und vergiß uns nicht! (Machsor)

Du Gott, bist unser Vater,
wir sind der Ton, und du töpferst.
Wir alle sind das Werk deiner Hände. (Jes 64,7)

Die Güte des lebendigen Gottes komme über uns.
Lass das Werk unserer Hände gelingen;
ja, lass gelingen unserer Hände Werk. (Ps 90,17)

Ich habe lange geschwiegen,
ich war still und habe mich zurückgehalten.
Nun aber will ich wie eine Gebärende schreien und
keuchen und stöhnen. (Jes 42,14)

Die Seele ist dein,
der Körper ist deine Schöpfung.
Erbarme dich über dein Werk! (Machsor)

Wie sich ein Vater über Kinder erbarmt,
so erbarmt sich Gott über die, die Gott fürchten.
Denn Gott weiß, was wir für Gebilde sind,
Gott denkt daran, dass wir nur Staub sind. (Ps 103,14)

Vertreibe uns nicht aus deiner Nähe, wenn wir alt sind.
Verlass uns nicht, wenn unsere Kräfte schwinden! (Machsor)

Wie ein Mensch von seiner Mutter getröstet wird, so tröste ich euch. (Jes 66,13)

Sättige uns am Morgen mit deiner Güte,
dann können wir alle Tage unseres Lebens jubeln und fröhlich sein.
Erfreue uns soviele Tage, wie du uns gebeugt hast,
soviele Jahre, wie wir Unglück erfuhren. (Ps 90,14-15)

Verbirg dein Gesicht nicht vor mir,
weise den, der dir dient, nicht im Zorn von dir ab;
du wurdest meine Hilfe!

Verwirf mich nicht, verlass mich nicht, du Gott meines Heils!
Wenn mich Vater und Mutter verlassen, nimmst du, Gott, mich auf. (Ps 27,9-10)

> *Ewiger, unser Gott, Ursprung allen Erbarmens, höre unsere Stimme.*
> *Habe Mitleid und erbarme dich über uns.*
> *In Erbarmen und in Wohlwollen höre unser Gebet.*

Die Gebetbücher der meisten nicht-orthodoxen jüdischen Gruppierungen haben nach und nach die neuen Sichtweisen und Erwartungen von Frauen übernommen, und dank Desktop Publishing ist es für die einzelnen Gemeinden leichter geworden, ihre eigene Gebetsordnung zu drucken, die auch den Bedürfnissen vor Ort entspricht. Daneben haben Frauen Riten und Gebete für viele Gelegenheiten schöpferisch neu gefasst. In ihrer Sprache suchen sie neue Wege, Gott anzusprechen, jenseits der patriarchalen Bilderwelt und antiquierter Formulierungen.

Einige Frauengruppen haben mit den traditionellen Liturgieformen experimentiert und sie teilweise oder radikal verändert. Die *Pessach-Haggada*, die häusliche Liturgie für den Pessachabend, hat oft für Experimente hergehalten, von sozialistisch-antireligiösen Versionen bis hin zur „Haggada für das befreite Lamm", einem „vegetarischen Manifest". Die *Women's Haggada*, herausgegeben von E. M. Broner, feiert die Geschichte der Frauen und ist das Ergebnis von fast zwanzig Jahren Experimentierens mit einer alternativen Liturgie für den Pessach-Abend, geschaffen von einer Gruppe Frauen, zu denen die führenden feministischen Autorinnen der USA gehören.

Neumond, *Rosch Chodesch*, war traditionell ein kleineres Fest mit besonderen Anknüpfungspunkten für Frauen. Das jüdische Gesetz weist darauf hin, dass es für Frauen üblich war, an diesem Tag nicht zu arbeiten. Die Feier zu Neumond ist von vielen Frauengruppen zum Zentrum ihrer Bemühungen um die Veränderung von Theologie und Liturgie geworden.

Andere Frauen sind besonders auf die Ereignisse im Lebenszyklus eingegangen: die Geburt, die Namensgebungszeremonie für Mädchen, den Beginn von Menstruation und Menopause, die Trauer über den Verlust eines Kindes nach einer Fehlgeburt, das Scheitern einer Ehe oder Beziehung, das bewusste Begehen einer Lebenswende. Die meisten Arbeiten sind in den USA entstanden, weil dort die jüdische Gemeinde am größten und für Neues offener ist.

Die lernende Frau

Der Bereich des religiösen Studiums hat in den letzten Jahrzehnten tiefgreifende Veränderungen erfahren, nachdem die breite Mehrheit jüdischer Frauen Jahrhunderte lang davon ausgeschlossen war. Im Verlauf der Geschichte sind zwar einzelne Frauen hervorgetreten, deren Spuren wir verfolgen können, aber sie sind Ausnahmen, die die Regel bestätigen. Wir können nicht mehr als einen flüchtigen Blick auf sie erhaschen. Am bekanntesten ist wohl Brurja, für viele eher „die Frau des Rabbi Meir", eine gefeierte und bedeutsame Gelehrte von ganz eigenem Rang. Damit ist sie ein bezeichnendes Beispiel für die Art und Weise, wie Frauen üblicherweise gesehen werden. Der Talmud hält eine Anzahl von Kommentaren fest, die ihren Namen tragen. Am häufigsten zitiert sind ihre Kommentare zu den Themen Sünder und Sünde.

Es befanden sich einmal ein paar Wegelagerer in der Nachbarschaft von Rabbi Meir, die ihm viel Ärger bereiteten. Rabbi Meir betete, dass sie sterben mögen. Seine Frau Brurja sagte zu ihm: „Woraus folgerst du, dass ein solches Gebet erlaubt sein könnte?" Als Antwort zitierte er Psalm 104,35: „Weil geschrieben steht: ‚Lass die Sünden enden.'" Sie entgegnete: „Steht da geschrieben ‚Sünder'? Es steht ‚Sünden'! Schau ans Ende des Verses: ‚und die Übeltäter sollen keine mehr sein'. Weil die Sünden enden werden, wird es keine Übeltäter mehr geben. Bete vielmehr für sie, damit sie bereuen, und es wird keine Übeltäter mehr geben." Er betete für sie, und sie bereuten. (b. Berachot 10a)

Der Satz „Schau ans Ende des Verses" wurde zur Standardpraxis in der Textinterpretation.
Die besondere Fähigkeit Brurjas, wie sie sich in dieser Erzählung widerspiegelt, wurde sehr schön von Henrietta Szold beschrieben, einer außergewöhnlichen Frau, der wir am Ende dieses Kapitels wieder begegnen werden. In der „Jewish Encyclopedia" von 1903 schrieb sie über Brurja:

Ihre Charakterzüge, wie wir sie aus den talmudischen Abschnitten ersehen, zeigen sie als eine Stütze ihres großen Mannes (Rabbi Meir) und seiner würdig, und sie zeigen sie als eine Persönlichkeit, die den Herausforderungen der schweren Zeiten, die dem gescheiterten Bar Kochba-Aufstand folgen, gewachsen war. Sie verraten ebenso intellektuelle Eigenschaften und Fertigkeiten wie frauliche Weichheit und unerschütterliche Tugenden. Es heißt, sie habe täglich dreihundert talmudische Fragestellungen studiert (b. Pessachim 62b), und Rabbi Juda billigte eine ihrer Entscheidungen zu einer Frage über Reinheit oder Unreinheit, obwohl sie der Meinung der Weisen widersprach (...) (Tossefta Kelim B.M. i.6)
Es gibt noch andere Beispiele ihrer Kenntnis der jüdischen Schriften und ihrer beinahe koketten Verspieltheit, die jedoch einherging mit einer Fähigkeit zu gerechter Empörung (...)[6]

Die hier genannte Koketterie, die nicht ohne einen heftigen Seitenhieb gegen männliche, rabbinische Werte gemeint ist, kommt in folgender kleiner Episode wunderbar zum Ausdruck:

Rabbi Jose, der Galiläer, ging einmal eine Straße entlang, als er Brurja traf. Er fragte sie: „Welcher Weg führt nach Lydda?" Sie antwortete: „Einfältiger Galiläer! Haben die Weisen nicht gesagt: ‚Mehrt nicht das Gespräch mit Frauen' (Sprüche der Väter 1,5)? Du hättest sagen sollen: „Lydda, wo?" (Eruwin 53b)

Eine berühmte Geschichte erzählt uns, wie sie ihren Mann nach dem Tode seiner beiden Söhne tröstete. Dieselbe Brurja ist jedoch auch Protagonistin einer üblen Legende, die in Raschis Kommentar zum Talmud aus dem 11. Jahrhundert aufgezeichnet ist. Ihr Ursprung ist unbekannt und widerspricht vollkommen dem Bild, das der Talmud von Brurja und ihrem Mann zeichnet.

Einmal spottete Brurja gegen den rabbinischen Spruch: „Frauen sind leichtfertig" (b. Kidduschin 80b), und ihr Mann warnte sie, dass ihr eigenes Ende wohl Zeugnis über die Wahrheit des Spruchs ablegen würde. Um ihre Tugend zu prüfen, hielt er einen seiner Schüler an, sie zu verführen. Nach wiederholten Versuchen gab sie endlich nach und beging dann in ihrer Scham Selbstmord. Rabbi Meir, von Gewissensbissen gequält, floh aus seinem Hause. (Raschi zu b. Awoda Sara 18b)

Wir haben hier ein trauriges Beispiel für jene frauenfeindliche Haltung, die gelegentlich in rabbinischen Schriften zum Vorschein kommt. Insgesamt verfällt das Judentum jedoch nicht jener Polarisierung, wie sie im Christentum vorkommt – die Frau als Jungfrau oder Hure. Die verführerische Macht der Frau ist dennoch ein wiederkehrendes Thema, angefangen beim Buch der Sprüche bis hin zu den vielen talmudischen Geschichten von Rabbinen, die ihren sexuellen Begierden erliegen.

Einige Frauen, die aus der Gefangenschaft befreit worden waren, wurden nach Nehardea gebracht. Man führte sie zum Hause von Rabbi Amram, dem Frommen, und entfernte die Leiter aus dem Raum, in dem sie bleiben sollten. Während eine im Zimmer auf und ab ging, fiel ein Strahl des Himmelslichts zur Erde und enthüllte sie. Rabbi Amram ergriff die Leiter, die selbst zehn Männer nicht tragen konnten, und er stellte sie allein auf. Als er die Hälfte der Leiter hinaufgestiegen war, zwang er sich anzuhalten und rief mit lauter Stimme aus: „Amrams Haus steht in Flammen!" Die Rabbiner kamen und beschwerten sich: „Du hast uns mit falschem Alarm Angst eingejagt." Er sprach: „Besser, in dieser Welt ein falscher Alarm über Amrams Haus, als Scham über Amram in der kommenden Welt." (b. Kidduschin 81a)

Die traditionelle Trennung der Geschlechter in der Ausbildung, im gesellschaftlichen und im rituellen Leben wird durch die *Mechiza* deutlich, die Barriere, die Männer und Frauen in der Synagoge voneinander trennt (häufiger in Form einer Frauenempore). Sie ist eine Hilfe zur Andacht (aus Sicht der Männer) und gleichzeitig ganz eindeutig eine Quelle angenehm erregender Phantasien. Wahrscheinlich ist die Angst davor mit ein Grund für männliche Studienzirkel und Akademien und die paradoxe Anziehungskraft, welche die Askese auf Männer ausübt, die mit der Mystik sympathisieren.[7]

Obwohl den Frauen die Tore zum Studium verschlossen waren, gibt es doch überlieferte Beispiele von Männern, die ihre Töchter unterrichteten. Darüber hinaus tauchen einzelne Namen von Frauen auf, die als Lehrerinnen im Mittelalter tätig waren. Doch erst die Moderne gab den Frauen die Chance, jüdische Studien zu treiben, ermutigt durch die zumindest moralische Unterstützung der frühen Reformbewegung. Doch die jüdische Bildung für Frauen war nicht nur auf die

Reformbewegungen begrenzt. Nach dem Ersten Weltkrieg richtete Sarah Schnirer (1883-1939) in Polen die Bet-Jaakov-Schulen ein – orthodoxe Einrichtungen, die traditionelle Studien und praktische Berufsausbildung miteinander kombinierten. Die wachsende Allgemeinbildung, der Eintritt von Frauen in die Berufs- und Arbeitswelt, die Entstehung einer jüdischen Mittelklasse – all das trug zum Erstarken von Frauenorganisationen bei, die mit Wohlfahrt und Erziehung betraut waren.

Die Geschwindigkeit, mit der sich die Dinge in den letzten Jahrzehnten verändert haben, ist indes außergewöhnlich. Im Jahr 1978 erschien ein Buch, das vielen Frauen den entscheidenden Impuls gab, die Rolle der jüdischen Frau in der Vergangenheit neu zu überdenken. Es wurde von Sondra Henry und Emily Taitz geschrieben und herausgegeben und trägt den Titel „Written out of History: Jewish Foremothers". Im Vorwort der Ausgabe von 1990 erklären beide:

Als wir 1976 unsere Forschungen begannen, suchten wir nach Fußnoten und kleineren bibliographischen Notizen, um Hinweise auf einzelne Frauen zu erhalten. Beim Lesen jüdischer Geschichtsbücher stellten wir fest, dass jüdische Frauen einfach nicht vorkamen – sie scheinen wie aus der Geschichte getilgt. (...) Allmählich fanden wir bedeutsame Persönlichkeiten: Brurja, eine Gelehrte der talmudischen Zeit (2. Jh. d. Z.), kam als Erste zum Vorschein. Ihr folgten Deborah Ascarelli und Sara Coppia Sullam, jüdische Dichterinnen der italienischen Renaissance (15. und 16. Jh.), und Glückel von Hameln, die ihre Memoiren im 17. Jh. schrieb. (...) Wir entdeckten Rebecca Tiktiner (gest. um 1550), Benvenida Abrabanel (gest. 1560) und Eva Bachrach (1580-1651), die trotz aller Beschränkungen ernst zu nehmende Gelehrte wurden.

Bei der Neuauflage von 1996 können sie feststellen:

Statt „getilgt", werden jüdische Frauen – und zwar in der Tat alle Frauen – erneut in die Geschichte hineingeschrieben. (...) Einer der Gründe dafür liegt an den Frauen selbst. Es ist nichts Ungewöhnliches mehr, dass jüdische Frauen akademische Posten an den Instituten für Judaistik besetzen. Die Anzahl jüdischer Studentinnen an universitären Studienprogrammen und Gemeindelehrangeboten ist stark angewachsen, und die

Interessen dieser sich wandelnden Gemeinschaft haben dabei geholfen, die jüdischen Lehrpläne fortzuentwickeln. (...) Die Einschreibung von Frauen an Rabbinerseminaren ist ebenfalls stark angestiegen, weil jüdische Frauen ihr spirituelles, aber auch ihr historisches Selbst suchen. Dieser Trend hat selbst in den orthodoxen Gemeinden Einzug gehalten. Viele orthodoxe Frauengebetsgruppen werden in Synagogen willkommen geheißen, weitere bilden sich. (...) In Israel beschäftigen sich mehr und mehr Frauen mit intensiven Talmudstudien, von denen sie Jahrhunderte lang ferngehalten worden sind.[8]

Man könnte zu den obigen Kategorien noch hinzufügen, dass es mittlerweile „Bibliographien über Bibliographien" zu Aspekten der jüdischen Frauenstudien gibt.

Das Beispiel einer Frau, die in der Erstausgabe von 1978 fehlt, verdeutlicht, was es heißt, aus der Geschichte getilgt zu werden: Nach dem Fall der Berliner Mauer erhielt man Zugang zu den Potsdamer Archiven der Jüdischen Gemeinde in der Vorkriegszeit. In diesen fand man die Papiere von „Fräulein Rabbiner" Regina Jonas. Sie hatte das Rabbinerstudium an der Liberalen Hochschule für die Wissenschaft des Judentums in Berlin absolviert; wegen interner Meinungsverschiedenheiten ordinierte das Seminar sie aber nicht. Stattdessen erhielt sie um 1935 von Rabbiner Max Dienemann eine private Ordination, was im Judentum durchaus üblich ist, die später von Rabbiner Dr. Leo Baeck gegengezeichnet wurde. Regina Jonas arbeitete also zur Zeit der größten Tragödie, die die jüdische Welt erlebt hat, als Rabbinerin in Berlin. 1942 wurde sie ins KZ Theresienstadt deportiert, 1944 kam sie nach Auschwitz und wurde dort ermordet.[9] Erstaunlicherweise stießen die Autorinnen bei denen, die diese Zeit überlebt haben, auf vollkommenes Schweigen. Half man ihrem Gedächtnis auf die Sprünge, kamen dann doch manche Erinnerungen an die Oberfläche. Die erste Rabbinerin passte einfach nicht in die traditionelle Vorstellung der jüdischen Welt jener Zeit und verschwand einfach aus dem Bewusstsein. Ihre Geschichte erinnert uns wieder daran, was der Welt verloren gegangen ist, welche Entwicklungen stattgefunden hätten, hätte es den Völkermord der Nationalsozialisten nicht gegeben.
Stellte Regina Jonas um 1935 natürlich noch eine Besonderheit dar, so stehen seit den 70er Jahren den Frauen die Tore liberaler und kon-

servativer Seminare offen. In Großbritannien diskutierte auch die Reformbewegung, die das Leo Baeck College gründete, diese Frage. Eine Reihe von Persönlichkeiten wurde bereits in den 60er Jahren befragt, ob sie eine Rabbinerin akzeptieren würden. Als Vertreter der „Jugend" wurde ich damals aufgefordert, eine Antwort zu verfassen, und ich bin ziemlich stolz darauf, mein entschiedenes Ja-Wort gegeben zu haben, – obwohl ich zugeben muss, dass ich zu jener Zeit eine recht romantische Vorstellung davon hatte, was es heißt, Rabbiner zu sein. Damals wurde der Dozent für Talmudlektüre am College, Dr. Arye Dorfler, gebeten, in dieser Frage ein Machtwort zu sprechen, und in einem Artikel in der Zeitschrift „Living Judaism" schrieb er im Frühjahr 1967:

Das progressive Judentum ist in den letzten hundert Jahren kläglich daran gescheitert, Frauen auszubilden, ihnen ein gründliches Studium der jüdischen Quellen zu ermöglichen und ihnen damit den Zugang zum geistlichen Amt zu geben, als Speerspitze aller Bemühungen, das Judentum innerhalb und außerhalb des jüdischen Hauses zu kräftigen. Lasst uns nun die Tore öffnen und nach der Zerstörung unseres großartigen, gelehrten europäischen Judentums unsere Reihen stärken und begabte jüdische Frauen in Einrichtungen höheren Studiums rekrutieren! Dies wäre wirklich im Sinne jener Weisen, die da sagten: „Um der Verdienste der rechtschaffenen Frauen willen wurden die Kinder Israels aus Ägypten befreit."

Die Zulassung von Frauen zum Rabbinat ist, gemeinsam mit all den anderen erwähnten Entwicklungen, einer der großen Schritte in der Entwicklung des modernen Judentums. Wie revolutionär das sein kann, zeigt Rabbi Barbara Borts:

Vor ein paar Jahren (...) wurden zwei außergewöhnliche Artikel publiziert. Der erste, von Cynthia Ozick verfasst, behauptete, dass Frauen den Feminismus zum Zwecke soziologischer Entschädigung bräuchten. Wir haben Kampagnen für gleiche Rechte geführt – Zugang zum Studium, Führungsrollen für Laien, die Veröffentlichung unserer Bücher, Ausbildung und Einstellung als Rabbinerin.
Nein, erwiderte Judith Plaskow, das reicht nicht. Wie können wir diese Rolle akzeptieren, wenn wir unterschwellig als Eindringlinge, Unbefugte im Territorium des Juden betrachtet werden – per definitionem ein Mann

und sein männlicher Gott, einer geschaffen im Bilde des Anderen, um einander von Mann zu Mann Reverenz zu erweisen.[10]

Beide Aspekte, der soziologische und der theologische, müssen in großen Teilen der jüdischen Welt noch ernsthaft angegangen werden. Dennoch vollzieht sich bereits eine Wandlung, und dem Judentum tut sie gut.

In diesem Kapitel habe ich zuvor Henrietta Szold (1860-1945) über Brurja zitiert, und mit ihr möchte ich gern schließen. Sie war eine der führenden Persönlichkeiten im amerikanischen Zionismus und eine Pionierin für die Jugendalija, jene Organisation, die verwaisten oder benachteiligten Kindern dabei hilft, in Israel eine Heimat zu finden. Ihre Referenzen als jüdische Gemeindeleiterin ließen nichts zu wünschen übrig; als Frau aber litt sie unter den Einschränkungen, die Frauen innerhalb der orthodoxen Gemeinde ihrer Zeit auferlegt waren. Als ihre Mutter starb, bot sich ein Freund an, das *Kaddisch*, das Gedenkgebet, an ihrer Stelle zu sprechen. Sie schrieb ihm die folgende Antwort, die zum einen zeigt, wie schwer es ist, das Richtige für einen Anderen zu tun, und zum anderen den Schmerz eines Menschen verdeutlicht, der sich der Konvention widersetzt.

Ich kann unmöglich Worte finden, um Ihnen zu sagen, wie tiefbewegt ich über Ihr Angebot war, das Kaddisch für meine liebe Mutter zu sprechen. Ich kann Ihnen nicht einmal danken – es ist etwas, das über den Dank hinausgeht. Was Sie zu tun angeboten haben, ist wunderschön – und ich werde es nie vergessen!
Sie werden sich also wundern, dass ich Ihr Angebot nicht annehmen kann. (...) Ich weiß sehr wohl und weiß es auch zu schätzen, was Sie über den jüdischen Brauch sagen. Der jüdische Brauch ist mir teuer und heilig. Und doch kann ich Sie nicht bitten, das Kaddisch für meine Mutter zu sprechen, denn das Kaddisch bedeutet für mich, dass der Hinterbliebene öffentlich und deutlich seinen Wunsch und seine Absicht zum Ausdruck bringt, jene Beziehung mit der Gemeinde zu übernehmen, die seine Eltern hatten, damit die Kette der Tradition von Generation zu Generation ungebrochen bleibt, der jede ihr eigenes Glied hinzufügt. Sie können dies für die Generationen Ihrer Familie tun. Ich muss es für die Generationen meiner Familie tun.

Ich glaube, dass der Ausschluss der Frauen aus solchen Pflichten niemals von unserem Gesetz und Brauch beabsichtigt war, – Frauen waren von Pflichten befreit, als sie diese nicht ausüben konnten, nicht aber, als sie dies konnten. Es war nie daran gedacht, dass, wenn sie sie ausführen konnten, ihre Erfüllung für weniger gültig oder wertvoll erachtet werden sollte, als wenn ein Vertreter des männlichen Geschlechts sie ausführte. Und beim Kaddisch ist dies nach meinem Empfinden ganz besonders zutreffend.

Meine Mutter hatte acht Töchter und keinen Sohn, und doch habe ich nie auch nur ein Wort des Bedauerns über ihre Lippen kommen hören, dass keine von uns ein Sohn geworden war – nicht beim Vater, nicht bei der Mutter. Als mein Vater starb, hat meine Mutter niemandem erlaubt, den Platz ihrer Tochter einzunehmen, das Kaddisch zu sprechen, und daher bin ich sicher, in ihrem Sinne zu handeln, wenn ich Ihr Angebot zurückweise.

Datum ihres Briefes ist der 16. September 1916. Wie weit haben wir uns in fast neunzig Jahren tatsächlich bewegt?

Literaturhinweise

J. Z. Abrams, The Women of the Talmud. Jason Aronson, New Jersey/London 1995.

R. Adler, Engendering Judaism. An Inclusive Theology and Ethics. The Jewish Publication Society, Philadelphia/Jerusalem 1998.

S. Benin (Ed.), Celebrating the New Moon. Jason Aronson, New Jersey/London 1996.

S. Henry/E. Taitz (eds.), Written Out of History. Our Jewish Foremothers. Biblio Press, New York 1996.

S. Heschel, On being a Jewish Feminist. Schocken Books, New York 1983.

E. Klapheck, Regina Jonas. Die weltweit erste Rabbinerin. Jüdische Miniaturen 4.

E. Koltun (ed.), The Jewish Woman. New Perspectives. Schocken Book, New York 1976.

J. Plaskow, Standing Again at Sinai. Harper and Row, San Francisco 1990.

S. Sheridan (ed.), Hear Our Voice. Women Rabbis Tell Their Stories. SCM Press, London 1994.
E. Seidel, Women Pioneers of Jewish Learning. Jüdische Verlagsanstalt Berlin, Berlin 2002.
E. M. Umansky/D. Aston, Four Centuries of Jewish Women's Spirituality. A Sourcebook. Beacon Press, Boston 1992.

5

Fünf sind die Bücher der Tora

Wie Juden die Bibel lesen

Mir ging einmal ein recht unschöner, wenn auch auf Erfahrung gestützter Gedanke durch den Kopf: Wenn Sie jemanden fragen, ob er die Bibel gelesen hat, und er beschämt Nein sagt, – ist es sicher ein Christ. Lautet die Antwort Nein, und der Gefragte ist stolz darauf, so ist er wahrscheinlich Jude.

Natürlich ist das eine schreckliche Verallgemeinerung und mag nur die spezielle jüdische Gemeinde einer bestimmten Zeit widerspiegeln, die ich in Großbritannien kenne. Diese Haltung ist Resultat einer schlechten jüdischen Erziehung, oftmals auch abstoßender Erfahrungen mit dem Gemeindeleben in Kindertagen, der Erinnerungen an Langeweile und an das leicht beunruhigende Gefühl, dass es im Judentum um die Ausführung ritueller Dinge geht, die vom echten Leben weit entfernt sind. Die Bibel, falls wir jemals an eine gerieten, war wahrscheinlich nicht einmal jüdischer Herkunft. Meine Familie hatte irgendwann einmal eine Gideon-Bibel aus einem Hotelzimmer „entliehen"; sie stand zum Nachschlagen zu Hause auf einem Regal. Dabei war die schwarz gebundene englische King-James-Version eindeutig ein christliches Dokument und folglich tabu. Die einzige jüdische Bibel, die wir kannten, war der *Chumasch*, genauer gesagt: der *Hertz-Chumasch* – für gewöhnlich ein schwerer dunkelblauer Band mit hebräischem Text, der Übersetzung und einem englischen Kommentar. Das Wort *Chumasch* steht für hebräisch „fünf" und meint die „Fünf Bücher Mose". Weil es Tradition ist, in der Synagoge allwöchentlich die Fünf Bücher, d. h. die Tora, zu lesen, gibt es mittlerweile eine Vielzahl von Ausgaben des Chumasch, mit zahlreichen hebräischen Kommentaren zu jeder einzelnen Seite. Es sind aber auch Einzelbände erschienen, die nur die Fünf Bücher enthalten (samt Abfolge des Schabbatgottesdienstes im Anhang), so dass sie gleichermaßen als Text- und Gebetbuch fungieren.

Was auch immer sie sonst noch enthielten, es gehörte immer der *Tar-*

gum dazu, die aramäische Übersetzung (die Fassungen des *Targum* datieren vom 2. bis 5. Jh. d. Z.), und der Kommentar Raschis, des größten mittelalterlichen Kommentators (1040-1105). Ältere Kopien trugen manchmal den Namen eines der osteuropäischen Zentren jüdischen Lebens des 19. Jahrhunderts, Warschau oder Lublin, wo sie gedruckt worden waren. Die Seiten waren gelb und wellten sich, während Kartonstückchen aus der Bindung herausfielen. Wenn die Bindung sich löste, kam irgendein geheimnisvoller hebräischer Text unter der Fadenheftung zum Vorschein. Solche Bände tauchen auch heute noch auf den Dachböden jüdischer Familien auf, die sich dann daran erinnern, dass der *Saba*, der Großvater, sie las.

Meine Generation, die im Großbritannien der Nachkriegszeit aufwuchs, war vollkommen assimiliert und konnte zumeist nicht genügend Hebräisch, um den biblischen Text lesen und verstehen zu können, geschweige denn einen hebräischen Kommentar, der auch noch – was für ein Hohn – in einer bestimmten Schrifttype mit ungewöhnlichen Lettern gedruckt war, der „Raschischrift" – ein Wort, das weiter zur Verwirrung beiträgt, denn es ist nicht etwa die Schriftart, die Raschi verwendet hat. Stattdessen wurde, als man frühe Ausgaben der Hebräischen Bibel druckte, Raschis Kommentar hinzugefügt und dafür eine besondere Drucktype gewählt, wahrscheinlich um den Kommentar vom Bibeltext zu unterscheiden. Dieselbe „Raschischrift" wurde in der Folge für alle klassischen Kommentatoren verwendet, die den Bibeltext in den größeren Ausgaben der rabbinischen Bibel begleiten. So wie es aussieht, scheinen sie ihn gleichsam einzuzäunen, tatsächlich aber öffnen sie ihn zu unendlichem Verständnis. (Die Raschischrift bleibt bis heute ein Hindernis für alle, die in die Welt der mittelalterlichen jüdischen Kommentatoren eintauchen wollen. Neue Ausgaben der *Mikraot Gedolot*, der rabbinischen Bibel, verwenden die normale hebräische Quadratschrift für Raschi und die anderen Kommentatoren, obwohl dies furchtbar „unauthentisch" aussieht.)

Der *Hertz-Chumasch* ist ein dickleibiger Wälzer, besonders für ein Kind. Zugleich war er aber ein Geschenk des Himmels, weil ich mit ihm etwas hatte, worin ich während der schier endlosen Samstagmorgen-Gottesdienste meiner orthodoxen *Schul* (Synagoge) blättern konnte. Und er war groß genug, um darin einen Comic zu verbergen oder andere nicht besonders hochgeistige Literatur. Der *Hertz* war unsere Treue wert, selbst wenn die Übersetzung der Jewish Publication

Society of America (1917) an manchen Stellen ein bisschen archaisch klang. (Aber das war ja auch bei der Übersetzung des alten Singer-Gebetbuchs der Fall, das wir am Samstagmorgen verwendeten. Was immer ich schon über Gott wusste, die Gebete jedenfalls sagten mir: „Thou quickenest the dead" [„Du treibst die Toten an"]. Ein geheimnisvoller Akt, der an eine Art makabres Wettrennen denken ließ. Vieles an unserem Judentum fühlte sich dieser Übersetzungen wegen leicht altmodisch an.)

Oberrabbiner Joseph Herman Hertz (1872-1946) war auf seine besondere Art der Tradition treu, war kämpferisch, wenn er die Häresien der modernen historischen Kritik anprangerte, und gar nicht zimperlich, wenn es darum ging, christliche Gelehrte und Theologen zu zitieren, die etwas Schmeichelhaftes zu jenem alten jüdischen Dokument zu sagen wussten. Wohl als Vorgriff auf erwartete Kritik bemerkte er in seinem Vorwort zur ersten Ausgabe von 1936:

Auf jüdische und nichtjüdische Kommentatoren – aus Altertum, Mittelalter und Moderne – ist häufig zurückgegriffen worden. „Nimm die Wahrheit an, aus welcher Quelle sie auch stammt", ist solide rabbinische Lehre – sei es von Seiten eines frommen christlichen Interpreten oder eines ikonoklastischen Bibelgelehrten, ob Jude oder Nichtjude. Es berührt den traditionellen jüdischen Charakter des Werks nicht. Ich bin davon unerschütterlich überzeugt, dass die Kritik des Pentateuchs nach Wellhausen eine Perversion der Geschichte ist und eine Entweihung der Religion (...)[1]

Der *Hertz-Chumasch* war die Bibel des BarMizwa-Jungen, der den hebräischen Text, den er in der Synagoge an einem Tag, der seinem dreizehnten Geburtstag am nächsten lag, rezitieren musste, auswendig lernte. Ich entsinne mich, wie mein Vater in der Synagoge mit seinen Sitznachbarn einzelne Punkte des Hertz-Textes diskutierte. Das war wohl seine Art, die Teile des Gottesdienstes zu überstehen, in denen nicht gesungen wurde (was er sehr gern tat). Kannten unsere Vorfahren ihren *Chumasch mit Raschi*, kannten wir unseren *Chumasch mit Hertz.*

Der *Hertz-Chumasch* findet sich noch immer in den meisten Synagogen, ganz hinten in den Regalen. Andere Ausgaben haben versucht, seinen Platz einzunehmen: Aus der amerikanischen Reformbewegung kommt der *Plaut-Chumasch*, ein durch neuere Bibelgelehrte und eine eklektische liberale Einstellung verjüngter Hertz. Er schließt am Ende eines jeden Teils eine „Nachlese“ an, die aus traditionellen und modernen Kommentaren besteht, aus jüdischen und mehr nichtjüdischen Quellen im Hertz, die darauf abzielen, zusätzliche Einsichten oder geistliche Weisung zu geben. Er hat in den „progressiven“ Gemeinden in den USA und Großbritannien neben Hertz seinen Platz. In seiner Einleitung resümiert W. Gunther Plaut, ein namhafter, in Deutschland geborener amerikanischer Reformrabbiner und Gelehrter, den orthodoxen Blickwinkel zur Offenbarung und erläutert danach einen „progressiven“ Standpunkt:

Wir glauben, sagen zu können: Die Tora ist der unverwechselbare Bericht des Alten Israel über seine Gottessuche. Sie bemüht sich, das Aufeinandertreffen des Menschlichen und des Göttlichen wiederzugeben, die großen Momente der Begegnung. Daher ist der Text oft berührt von der unaussprechlichen Gottesgegenwart. Die Toratradition zeugt von einem Volk mit außergewöhnlicher spiritueller Sensibilität. Nicht Gott ist der Autor des Textes, Menschen haben ihn geschrieben. Aber durch ihre Stimme kann die Stimme Gottes vernommen werden, wenn wir mit offenem Geist horchen. Doch stimmt das für jeden Vers und jede Geschichte? Nicht aus unserer Sicht. Oft ist es schwer zu entscheiden, ob die Stimme, die gerade spricht, ein Echo der Ewigkeit ist, oder ob sie Befürchtungen und Missverständnisse eines bestimmten Zeitalters wiedergibt. Unsere eigenen Einsichten sind nicht so eindeutig, als dass wir über vergangene Epochen mit dem behaglichen Gefühl der Überlegenheit urteilen könnten. Im Angesicht einer einzigartigen Tradition sind Bescheidenheit und Vorsicht geboten. Dies bedeutet jedoch nicht, dass wir jede Beurteilung fahren lassen, die Legende als Tatsache behandeln oder jene Texte beschönigen, die Gott in anthropomorphen Begriffen fassen. Dieser Kommentar ist weder eine Apologie noch eine Billigung jedes Abschnittes. Er will modernen Lesern ein Instrument zum Verständnis bieten und ihnen die Wahl überlassen.[2]

Nichts könnte der Annäherung an die Tora ferner liegen als das, was in orthodoxen Kreisen zum Nachfolger des Hertz geworden ist: eine Reihe mit dem Titel „ArtScroll“. Es handelt sich dabei um wunderschön edierte Ausgaben, gebunden oder als Taschenbuch. (Eine Hertz-Fassung als Taschenbuch ist ebenso unvorstellbar wie eine viktorianische Matrone im Minirock!) Sie spiegeln die neue Dynamik und das Selbstbewusstsein der amerikanischen Orthodoxie wider. Die Autoren kennen ihre fromme Anhängerschaft und sind entschlossen, sie auf dem geraden und schmalen Pfad zu halten, wie es die Einleitung zum Buch Ester, dem ersten in der Reihe, zum Ausdruck bringt:

Es muss verdeutlicht werden, dass dies kein so genannter wissenschaftlicher oder apologetischer Kommentar zur Megilla (Megillat Ester, die Esterrolle) ist. Dieser Bereich ist leider zu intensiv bearbeitet worden und hat dem jüdischen Glauben und der richtigen Interpretation geschadet. Es ist auf keine Weise die Absicht des vorliegenden Buches, Nichtgläubigen oder Zweiflern die Historizität Esters oder Mordechais zu beweisen. Der Glaube an die Authentizität eines jeden Buches der Tora ist grundlegend für den jüdischen Glauben und unser Ausgangspunkt. So ist es für mich nicht überraschend – und sollte es auch für keinen orthodoxen Juden sein –, dass der Palast in Schuschan [Susa], wie er von Archäologen [sic!] ausgegraben wurde, in jeder Einzelheit die Beschreibung des Palastes in der Megilla bestätigt (...) [Warum also muss man's dann erwähnen? „Die Dame, wie mich dünkt, gelobt zu viel (...)"] [3]

Sie lassen keinen Zweifel darüber, was ihrer Ansicht nach nicht in einen solchen Band gehört: „Es sind keinerlei nicht-jüdische Quellen berücksichtigt oder gar zitiert worden. Ich halte es für eine Beleidigung, wenn säkulare oder so genannte wissenschaftliche Quellen die Echtheit der Tora bezeugen müssen." [4]

Nur um anzudeuten, dass die moderne jüdische Orthodoxie viele Gesichter hat, sei auf eine Reihe von Bibelkommentaren verwiesen, *Da'at Mikra* genannt, „Wissen der Schrift". Herausgegeben werden sie in Israel vom Mossad HaRaw Kook, einem Verleger von tadellosem orthodoxem Ruf. Im Gegensatz zu „ArtScroll" sind ihre verschiedenen Autoren, selbst wenn sie sich auf traditionelle jüdische Exegese stützen, durchaus bereit, sich auch mit „weltlichen oder so genannten wissenschaftlichen" Quellen auseinander zu setzen, die sie verständlicherweise mit Vorsicht behandeln. Im Klappentext findet sich eine Absichtserklärung:

Dieser Kommentar gründet sich einerseits auf die klassische traditionelle Exegese, vom Kommentar unserer Weisen gesegneten Andenkens angefangen bis hin zu Kommentatoren mit traditionell-wissenschaftlicher Ten-

denz. Andererseits lässt er zur Unterstützung die Ergebnisse moderner wissenschaftlicher Forschung aus den Bereichen der Exegese, Philologie, Geschichte, Geographie, Archäologie usw. in die Betrachtung mit einfließen, insoweit diese Forschungen jüdischer Tradition nicht widersprechen. *[Die Hervorhebungen stammen von mir. Anm. d. Autors.]*

Welten liegen zwischen den beiden bemerkenswerten Produkten moderner jüdischer Orthodoxie, und deshalb es ist so wichtig, einmal aufzuzeigen, wie unterschiedlich die Ansätze sein können.
Kehren wir zur Reihe „ArtScroll" zurück. Die oben zitierten Bemerkungen sind wahrscheinlich als Angriff auf Oberrabbiner Hertz' Art der Symbiose zu werten, obwohl er mit großer Würde und mit Erfolg die Orthodoxie einer vorangehenden Generation vertrat. Die Attacke richtet sich hier möglicherweise auch gegen eine gefeierte und populäre Reihe von Einzelkommentaren zur gesamten Hebräischen Bibel, die, von Soncino Press in den vierziger Jahren des vorigen Jahrhunderts publiziert, mehrere Nachauflagen erlebt hat. Sie waren das für die übrigen Bücher der Bibel, was Hertz für den *Chumasch* war. Auch hier berücksichtigten die meist orthodoxen Gelehrten, obwohl sie unanfechtbare jüdische Quellen zur Hilfe nahmen, ihre nichtjüdischen Kollegen, wenn deren Kommentare ihnen bedenkenswert erschienen. Dies ist inzwischen allerdings offensichtlich nicht mehr der Fall. Die letzten revidierten Soncino-Ausgaben haben, ohne Zweifel von der „ArtScroll"-Reihe beeinflusst und womöglich auf demselben Markt konkurrierend, auch die alten Kommentare von „Fremdmaterial" befreit.
Obwohl es sich unter Juden gut und gern streiten lässt, ob der Terminus „Fundamentalismus" auf das Judentum angewendet werden kann oder nicht – immerhin hat er seinen Ursprung in der Beschreibung einer christlichen Gruppierung in Amerika –, scheint dieser Schuh zu passen. Man kann auch „selektive Wörtlichkeit" sagen, wie mein Kollege Pater Gordian Marshall besagtes Phänomen gern beschreibt. Für Kommentare dieser Art ist jede Geschichte in der Hebräischen Bibel im wörtlichen und historischen Sinne wahr, ebenso wie das, was die Kommentare beschreiben, einschließlich des Legendenmaterials der nachfolgenden Generationen „authentischer" rabbinischer Gelehrter. Das schließt auch Raschi und Gelehrte mit ein, die eine eher mystische oder chassidische Neigung aufweisen. Weniger populär, wohl

weil gefährlicher in den Händen nicht Eingeweihter sind Gelehrte wie Abraham Ibn Esra (13. Jahrhundert), dessen intellektuelle Schulung in seinem Heimatland Spanien ihn zu neuen philosophischen, grammatikalischen, philologischen und sogar historischen Fragestellungen brachte.

Die „ArtScroll"-Reihe hat ihre Kritiker innerhalb der orthodoxen Welt. Rabbiner Dr. Alan Unterman macht darauf aufmerksam, dass unser gegenwärtiges Verständnis von Geschichte im Gegensatz zu der Erfahrung zeitloser Gegenwart steht, wie sie frühere jüdische Generationen machten. Deswegen werden die Zitate der *Aggada*, der narrativen Kommentare rabbinischer Tradition, eigentlich heute in einer grundlegend neuen Weise verwendet:

Unser Dilemma ist es, dass wir einer modernen Kultur angehören, in der Geschichte – (nicht als akademische Disziplin verstanden, sondern als unterschwelliges Thema in der Politik, in den Medien und den meisten intellektuellen Auseinandersetzungen) von wesentlicher Bedeutung ist. Dies führt zur Säkularisierung der Aggada als eine Art „jüdische" Geschichte – in ähnlicher Weise anrüchig wie „Jüdische Wissenschaft". Orthodoxe Autoren der englischen Sprache, besonders in Projekten wie der amerikanischen „ArtScroll"-Reihe, haben Midrasch und Aggada als revisionistische Geschichte verweltlicht.[5]

Aus der obigen Diskussion ist wahrscheinlich klar ersichtlich, wo meine Sympathien liegen. Hertz ist in vielerlei Hinsicht altmodisch, repräsentiert aber eine feine Mischung aus jüdischer „Lerntradition" und Respekt vor moderner Gelehrsamkeit, wie sie so typisch für die orthodoxen jüdischen Kleriker der Vor- und unmittelbaren Nachkriegszeit in Großbritannien ist. Dennoch vermindert meine Kritik am Ansatz der „ArtScroll" nicht meine Hochachtung für die enorme Bandbreite des traditionellen Stoffes und die Sorgfalt, mit der diese Bände hergestellt wurden. Wenn Verkaufszahlen und Statistiken irgendeine Bedeutung haben, dann hat allerdings das popularisierende Verständnis jüdischer Schriften à la „ArtScroll" ebenso eine Zukunft wie die „rechtsgerichtete" Religionspolitik, die mit ihr einhergeht.
Indem ich die Geschichte jüdischer Bibelexegese an diesem „Ende"

begonnen habe, habe ich eigentlich das Pferd vom Schwanz her aufgezäumt. Nun ist es notwendig, einige der klassischen Stränge aufzunehmen – doch zunächst ein paar Hintergrundinformationen und persönliche Erinnerungen.

Der Bibellesung am Schabbatmorgen ist ein kurzer Abschnitt aus den Propheten als Anhang zugeordnet, die *Haftara*, die der BarMizwa-Junge ebenfalls lernen und (mit einer anderen Melodie) kantillieren muss. Die Ursprünge einer zusätzlichen Prophetenlesung sind unklar. Eine Theorie besagt, dass sie eingeführt wurde, als die Römer die öffentliche Lesung der Tora in der Synagoge verboten hatten. Indem man sie durch eine Prophetenlesung ersetzte, die aber auf den Toraabschnitt der Woche anspielte, wurde die Tora in unsichtbarer Weise heraufbeschworen und war gegenwärtig. Auch als das Verbot außer Kraft gesetzt wurde, blieb es bei dieser Praxis. (Die Theorie kann nicht ganz stimmen, denn mindestens eine Serie der Prophetenlesung im Sommer ist bewusst gewählt, um *Tischa BeAw*, den neunten Tag des Monats Aw, der an die Zerstörung beider Tempel gemahnt, einzuleiten und danach wieder auszuleiten. In den Wochen zuvor enthalten die Lesungen Warnungen des Propheten: Wenn Israel sein Verhalten nicht ändert, werde Jerusalem in der Tat fallen. Die Lesungen danach, die zum jüdischen Neujahr hinführen, sind Worte des Trostes und des Mitgefühls, und sie versetzen uns in eine etwas optimistischere Geistesverfassung, während wir uns dem großen alljährlichen Richttag nähern.)

Von dieser scheinbar zufälligen Auswahl einmal abgesehen, war uns der Rest der Bibel, Inhalt wie Abfolge, fremd – die wenigen Bücher einmal ausgenommen, die zu bestimmten Festen und Fasttagen gehörten. So kannten wir alle die bereits erwähnte Esterrolle, denn sie war das Buch, das an Purim gelesen wurde. Sobald bei der Lesung der Name des bösen Haman fiel, der die Juden zu vernichten suchte, mussten wir Buh rufen und mit Ratschen und allem, was uns zwischen die Finger kam, einen Heidenlärm veranstalten. Im Gegenzug ließen wir Ester und Mordechai hochleben, was vom jüdischen Gesetz her so nicht vorgeschrieben ist. Jüngere Generationen haben damit begonnen, auch der glücklosen Waschti zuzujubeln, der früheren Frau König Ahasveros, die selbst ihren Sturz herbeiführte und wahrscheinlich deshalb exekutiert wurde, weil sie es ablehnte, zum sechs Monate dauernden Gelage ihres Mannes anzutreten. Der Akt des Ungehorsams gegenüber männlicher Macht hat ihr das Lob von Feministen eingetragen – im Gegensatz zur scheinbar übermäßig gefälligen Ester. Umgekehrt kann allerdings auch argumentiert werden, dass Waschtis Ungehorsam nurmehr ein Pyrrhussieg war, während Ester ihre Karten einfach besser ausreizte und deshalb auf lange Sicht das Spiel gewann.

Weder das Hohelied, gelesen an Pessach, noch das Buch Rut, gelesen an Pfingsten, oder Kohelet, gelesen zum Laubhüttenfest, haben denselben Stellenwert in meinem Kindheitsgedächtnis. Gemeinsam mit den Klageliedern, die an *Tischa BeAw* gelesen werden, ergaben sie die *Megillos* (nach der aschkenasischen Aussprache meiner Jugend) oder *Megillot* (in der heutigen Israel-orientierten sephardischen Form) – die Fünf Rollen. Ich nehme an, wir kannten deshalb ein paar Psalmen, weil sie in der Liturgie auftauchten und eine schöne Melodie hatten (Psalm 29, den man lustvoll sang, während die Torarolle in einer Prozession zurück zu ihrem Aufbewahrungsort, dem Schrein, getragen wurde, und Teile der Hallel-Psalmen (113-118), die an Festtagen gesungen wurden). Nur gingen sie in der Liturgie zwischen den gelesenen, gesprochenen, gemurmelten, kantillierten oder gesungenen Myriaden von Worten des endlosen Gottesdienstes am Schabbatmorgen unter. Dass ich heute sehr viel mehr über die Hebräische Bibel weiß, ist Ergebnis meines Berufs. Wäre ich ein durchschnittlicher *Schul*-Besucher geblieben – ich glaube nicht, dass ich sehr viel mehr gelernt hätte.

So ist es nicht immer gewesen, und natürlich gibt es auch heute jüdische Kreise, die eine weit größere Vertrautheit mit der Hebräischen Bibel aufweisen, obwohl auch diese wieder auf die oben erwähnten Bereiche beschränkt bleibt. Aber hier begegnen wir einem weiteren jüdischen Paradox, das im nächsten Kapitel über die „sechs Ordnungen der Mischna“ untersucht werden soll: Für viele „Außenstehende“ ist das jüdische Volk ganz einfach das „Volk der Bibel“, das noch heute existiert. Manche sind überzeugt, dass wir noch immer Tiere im Tempel opfern, womöglich „Auge um Auge und Zahn um Zahn“ (Ex 21,24) herausreißen, sobald sich uns nur die geringste Möglichkeit dazu bietet, und dass wir eigentlich aus Jerusalem stammen, selbst wenn wir Englisch oder Deutsch sprechen wie alle anderen.

Tatsache ist, dass die Hebräische Bibel über zweitausend Jahre *nicht* das zentrale Dokument war, welches das jüdische *Handeln* bestimmte, selbst wenn es eine konstante Quelle jüdischen *Denkens* darstellte. Das rabbinische Judentum war nämlich zutiefst von der Vorstellung überzeugt, dass Gott am Berge Sinai Mose nicht nur die „schriftliche Tora" gab, sondern auch einen mündlichen Kommentar: die „mündliche Tora" oder das „mündliche Gesetz", die uns befähigen, die Lehren und Gesetzesvorschriften der Hebräischen Bibel immer weder neu auf die sich verändernden Umstände anzuwenden. (Wir werden im nächsten Kapitel die zentralen Dokumente betrachten: die Mischna, den Talmud und die späteren Kodizes und Responsen.) Das Paradox reicht weitaus tiefer, weil wir nach einer Verfügung im Buch Deuteronomium zu diesen Worten oder Geboten Gottes weder etwas hinzufügen noch davon etwas weglassen dürfen (Dtn 4,2; 13,1). Dennoch war das ganze Judentum zweitausend Jahre lang bestrebt, diesen Worten entweder „etwas hinzuzufügen oder etwas wegzulassen", das heißt, sie auf die konkrete Zeit, den konkreten Ort und die konkreten Lebensumstände wieder und wieder anzuwenden. Indem man die biblische Erzählung praktisch „abschloss", indem man die Fünf Bücher und sodann die übrige Hebräische Bibel als unveränderliche *Schrift* einfror, wurde das Tor zur Interpretation geöffnet. Und es ist ganz offensichtlich, dass das Judentum der vergangenen zweitausend Jahre das ist, was Generationen von Rabbinen sorgfältig aufgebaut haben – manchmal in recht offenem Widerspruch zum Bibeltext.

Dies sollte weder überraschen noch schockieren, denn es gehört zur Natur aller Offenbarungsschriften. Sie sind von dem Moment an, da sie gegeben, bzw. in schriftlicher Form abgefasst wurden, in Zeit und Raum eingebunden. Doch eben dieses „Gegebensein" ist die Herausforderung, die die Schrift an eine moderne Sichtweise stellt, die unweigerlich anders ist. Selbst wenn unser Glauben zu einem bestimmten Zeitpunkt in skandalöser Weise von den erkennbaren alten Werten unserer Schrift abweicht, die selbst wiederum durch die Interpretation vorangegangener Generationen vermittelt sind, kann immer ein Weg gefunden werden, die Schriften „neu zu lesen", wobei die, die es nun tun, sich der Radikalität ihres Tuns nicht unbedingt bewusst sind. (Schließlich muss jede neue Bedeutung, wie so vieles andere auch, ja schon immer im Text gegenwärtig gewesen sein, denn es war ein allwissender Gott, der sie gab.) Die Tatsache eines gegebenen Textes, einer Offenbarung oder „Schrift", bedeutet, dass man ihm nicht

ausweichen oder ihn ignorieren kann, sondern dass man sich ihm zu jeder Zeit stellen und sich mit dem konfrontieren muss, was wir als das Beste gegenwärtiger Werte ansehen.
Das Problem von uns modernen Menschen besteht darin, dass wir uns außerhalb dieses Prozesses gestellt haben und nun die „Geschichte“ anrufen, sie möge die Ursprünge der Hebräischen Bibel ergründen – womit wir die „göttliche Autorität“ unterminieren.
Die Anfänge des Prozesses einer Neuinterpretation der Bibel finden sich schon in der Bibel selbst. Als der Prophet Amos über die Reichen spricht, die das Gesetz gegen die Armen „in den Toren“ (dort, wo das Gesetz diskutiert wurde) missbrauchen (Am 5,12), bezieht er sich auf die spezifische Sprache eines Gesetzes in Ex 23,6. Wenn der Psalmist davon spricht, dass Gott „seine Wege Mose begreiflich machte“ (Ps 103,7), zitiert er einen Vers aus Ex 33 (Vers13), um dann fortzufahren, über die gnadenreichen Eigenschaften Gottes zu meditieren, die im folgenden Kapitel offenbart werden (vergleiche Ps 103,8-11 mit Ex 34,6-7), eine Passage, die wir im Detail noch im letzten Kapitel untersuchen wollen. Die Liste solcher „Interpretationen“ ist endlos, obwohl es unter Gelehrten viele Diskussionen darüber gibt, wer hier eigentlich wen zitiert.

Wichtig ist, dass schon in den frühesten Phasen nachbiblischer Zeit die Schriften nach Schlüsseln zur Bedeutung aktueller Ereignisse und nach möglichen Ergänzungen zu bestimmten Gesetzen untersucht wurden. Es ist kein Zufall, dass die Autoren der Evangelien und Paulus beständig auf das „Alte Testament“ verweisen, entweder um einen Aspekt aus dem Leben Jesu auf die vorherigen Prophezeiungen zu beziehen oder um eine theologische Neuerung zu rechtfertigen – eine absolut legitime Praxis innerhalb der jüdischen Welt, der all diese Autoren angehören. Weniger bekannt außerhalb des Judentums, wenngleich von außerordentlicher Bedeutung, ist der riesige Korpus, zu dem die rabbinische Interpretation der Tora angewachsen ist. Sie umfasst eine Zeitspanne vom 2. Jahrhundert v. d. Z. bis zum 10. Jahrhundert d. Z. Diesem Korpus sollte ein ebenso großartiger Korpus folgen, der unter der Herrschaft von Christentum und Islam bis zur Moderne entstand. Hier kann nur ein kurzer Abriss mit ein paar wenigen Beispielen gegeben werden, und sicher muss in diesem komplexen Feld noch viel wissenschaftliche Arbeit geleistet werden.

Der Schlüsselbegriff, den wir kennen müssen, ist *Midrasch*, ein Wort, das auf eine hebräischen Wurzel *d-r-sch* verweist, was soviel wie „suchen“ oder „erforschen“ meint. *Midrasch* heißt, die Tiefen der verschiedenen Bedeutungsebenen zu erforschen, die in einem Wort mitschwingen, und darauf zu achten, wie diese Bedeutung vom Kontext, in dem es angetroffen wird, beeinflusst werden kann. Während die Rabbinen in einem Fall an der reinen Bedeutung des Textes Interesse zeigten, für die der Begriff *Pschat* geprägt wurde, nahmen sie im andern Fall eine erweiterte Bedeutung zum Ausgangspunkt ihrer Lehre. Wenn jedes Wort das offenbarte Wort Gottes ist, so sagten sie, kann nichts überflüssig oder ohne tiefe Bedeutung für das Leben des jüdischen Volkes sein. Daraus erwuchs ein Korpus von *Midraschim*, der später in verschiedenen Sammlungen herausgegeben wurde und normalerweise in zwei verschiedene Kategorien eingeteilt wird: *Midrasch Halacha* (Erweiterungen der Rechtstexte) und *Midrasch Aggada* (wörtlich: „narrativer Midrasch“). Letzterer deckt die größte Bandbreite anekdotischer, historischer, homiletischer und moralischer Materialien ab und versucht, offensichtlichen Lücken in der Bibelerzählung auszufüllen.

Für die rechtliche Exegese entwickelten die Rabbinen verschiedene Prinzipien. Texte konnten beispielsweise an unterschiedlichen Orten miteinander verglichen werden, um daraus ein neues Gesetz abzuleiten. Manchmal wurde ein Prinzip von einem Bibelvers abgeleitet und auf eine neue Situation angewandt, es konnte aber genauso gut umgekehrt funktionieren: Ein Gesetz (womöglich aus der Kultur, in der die Rabbinen lebten) war vorgegeben, und die Bibel wurde nach einem Text durchkämmt, der als Rechtfertigung der Praxis dienen konnte. Die komplexen jüdischen Speisegesetze beispielsweise, bei denen es um die Unterscheidung zwischen fleischiger und milchiger Nahrung und deren Trennung geht, gründen sich auf einen Halbsatz, der in identischer Form dreimal wiederholt wird (Ex 23,19; 34,26 und Dtn 14,21): „Du sollst das Böcklein nicht in der Milch seiner Mutter kochen.“ Der Vers selbst lässt Raum für Interpretation: Bedeutet er, dass man ein Böcklein nicht in der Milch kochen sollte, die von seiner Mutter stammt, oder dass man kein Tier töten und kochen soll, das noch nicht der Muttermilch entwöhnt ist, was ein grausamer Akt gegen die Mutter wäre? Oder ist die Vorschrift einfach eine Reaktion auf irgendeinen alten heidnischen Brauch, der in biblischer Zeit üblich war und dessen Bedeutung verloren gegangen ist? Die Tatsache, dass der Satz dreimal erscheint, erlaubte den Rabbinen, über eine ganze Vielzahl von Einzelheiten zu spekulieren, die von einer solchen Wiederholung abgeleitet werden können – dass der Satz auf Haustiere und wilde Tiere anspiele, dass er innerhalb des Landes Israel und außerhalb zutreffe oder während der Tempelzeit und nach der Tempelzerstörung. Was, wenn man das Böcklein in der Milch eines anderen Tieres kocht? In einer der ersten midraschischen Sammlungen, der Mechilta de Rabbi Ismael, Traktat Kaspa 5, füllen die Auseinandersetzungen darüber viele Seiten.[6] Eine weitere Diskussion im Talmud (b. Chullin 115b) leitet drei grundsätzliche Verbote ab: Fleisch und Milch miteinander zu kochen, sie zusammen zu essen oder irgendeinen wirtschaftlichen Nutzen aus einer solchen Mischung zu ziehen. Andernorts kann „Milch" jegliches Milchprodukt bedeuten. Dazu kommt die Frage, wie lang nach dem Verzehr des einen das andere gegessen darf. Kurz, das hochkomplexe System von Speisegesetzen, das mit der Bibel beginnt und in ihren midraschischen Interpretationen ein Eigenleben entwickelt, bietet viel Stoff für Diskussionen – etwas, was wir im nächsten Kapitel näher betrachten werden.

Der *Midrasch Aggada* ist von anderer Art. In der Bibel treffen wir Abraham erstmals, als er fünfundsiebzig ist. Wie sah sein Leben aus, bevor er Gott begegnete? Wie kam er zum Glauben an den Einen Gott? Welche Legenden verbinden sich mit seiner Geburt? Hier finden sich bemerkenswerte Parallelen zwischen den Jesus-Geschichten in den Evangelien und den Midrasch-Geschichten über die Vorgänge vor der Geburt von Abraham und Mose. Sie gehören zu einem bekannten folkloristischen Genre, wie es Joseph Campbell in „Der Held mit den tausend Gesichtern" erkundet hat. Der Held wird oft von Geburt an durch die Herrschenden bedroht. Man hat sie gewarnt, dass ein Kind geboren wird, das ihre Macht gefährde. Es werden Maßnahmen ergriffen, das Kind zu töten, das aber durch göttliche oder wundersame Fügung errettet wird. Deswegen suchte König Nimrod in der midraschischen Version Abraham zu töten.

Als Abraham beabsichtigt, seinen Sohn Isaak zu opfern (Gen 22), erzählt uns der Text lediglich, dass er „drei Tage später" am Ort der Opferung anlangte. Was dachte Abraham während seiner Wanderung? Die Rabbinen sprechen davon, dass Satan ihn in Versuchung führte, Gott nicht zu gehorchen – als Ausdruck dessen, was in Abrahams

Seele und Innern vorgegangen sein muss. Wer aber waren die beiden namenlosen Männer, die Abraham bei seiner Reise begleiteten? Ein Midrasch vermutet, dass es sein erster Sohn Ismael gewesen sei, zusammen mit Elieser, der von Abraham als möglicher Erbe erwähnt wird, falls er selbst kinderlos stürbe. Die Rabbiner haben sogar eine Diskussion der beiden ersonnen, bei der es darum geht, wie sie Abrahams Geld zu teilen gedachten, falls Isaak einmal stürbe!
Eine meiner liebsten midraschischen Geschichten warnt vor Überheblichkeit. (Eine Vorbemerkung: Die Rabbinen lebten ohne Probleme mit Anachronismen wie der Tatsache, dass bedeutsame Personen wie Abraham oder David alles über die spätere Entwicklung des jüdischen Lebens wissen konnten.) David beklagt sich bei Gott, dass in den jüdischen Gebeten häufig auf „Abraham, Isaak und Jakob" verwiesen werde, nicht aber auf ihn, David, schließlich sei er doch wichtig genug, um in die Reihe der Erzväter aufgenommen zu werden. Gott weist darauf hin, dass sich alle drei Erzväter einer Prüfung unterziehen mussten und sie auch bestanden. Ist David bereit, Vergleichbares zu riskieren? Selbstverständlich, so die Antwort. Um ihm zu helfen, gibt Gott ihm einen Hinweis auf die Art der Prüfung, nämlich, dass dabei eine Frau eine Rolle spiele. David ist bereit! Nach dieser Unterredung geht David auf dem Dach seines Palastes spazieren und erblickt eine badende Frau ... So beginnt die Geschichte mit Batseba, die Davids Untergang herbeiführt und seine Familie zerstört.
Es gibt unendlich viele Geschichten, und jeder, der gern liest, findet sie in einer Vielzahl von Sammlungen.[7] Dennoch muss ich darauf hinweisen, dass der Midrasch eine Welt für sich ist und dass jene, die in sie eintreten möchten, sich auf eine ganz eigene Art von Diskurs, Regeln und Subtilitäten einstellen müssen. Ich muss hier leider an die Verzweiflung von E. H. Plumptres erinnern, des Dean of Wells, der um 1890 für die „Cambridge Bible for Schools and Colleges" einen Kommentar zum Buch Kohelet verfasste. Im Teil zu den „Jüdischen Interpreten von Kohelet" schreibt er:

Wenn man sich an ein Buch wagt, das an bestimmten Stellen wie auch mit seiner allgemeinen Aussage so viele Schwierigkeiten bereitet, ist es naheliegend, sich erst einmal an Interpreten zu wenden, die zum selben Volk gehören und dieselbe Sprache sprechen wie der Autor. Wie verstanden sie diesen oder jenen Ausdruck? Was entnahmen sie dem Buch als seine be-

deutendste Lehre? Und gleich diesen blicken wir natürlich zuallererst mit höchstem Interesse und voller Erwartung auf jenes Buch, das uns nicht den Ausdruck einer individuellen Meinung, sondern das kollektive Wissen Israels bietet. Vielleicht haben wir hohe Dinge von der Schönheit der haggadischen Form der Interpretation vernommen, die in den Schulen herrschte, in denen die Mischna, die Gemara, der Targum und die Midraschim entstanden. Wir öffnen den Midrasch oder den Kommentar zu Kohelet (Ekklesiastes) in der Hoffnung, dass wir unseren Weg durch die Abschnitte, die zuvor so dunkel gewesen sind, erkennen mögen, dass etwas Licht auf die Bedeutung jener Worte und Sätze fiele, die uns zuvor unschlüssig ließen. Was wir aber finden, erinnert eher an die Parabel vom Blinden, der den Blinden leitet, wodurch beide in den Graben fallen (Mt 15,14). Interpretationsregeln, die auch eine gänzlich andere Bedeutung zulassen können, Legenden von unbegreiflicher Extravaganz, die sämtliche Schranken der Glaubwürdigkeit sprengen. Eine absolute Unfähigkeit, zur wahren Bedeutung eines einzigen Absatzes oder auch nur eines Satzes zu gelangen – das etwa macht den Schatz des gesammelten Wissens aus, auf den wir so hoffnungsfroh geblickt haben. Aber anstelle eines „Schatzes" von „alten und neuen Dingen", von Perlen und Edelsteinen, Silber und Gold der Weisheit aus der Vergangenheit finden wir uns in einem Altkleiderladen voller Reste und Flicken, voller Fetzen und Lumpen wieder. Während wir lesen, scheint es uns, als ob wir Fabeln alter Weiber lauschten und Träumen alter Männer. Ein Verdacht schießt durch unseren Kopf, es handele sich bei den Interpretationen im wahrsten Sinne des Wortes um deliratium somnia. Unwillkürlich fragen wir uns: Können diese Männer bei Verstand gewesen sein? Lauschen wir nicht einer Auseinandersetzung wahnsinniger Kommentatoren? Ist der Midrasch eventuell innerhalb der Mauern von „Colney Hatch" [eine Psychiatrische Klinikt bei London. Anm. d. Übers] als ein Critici sacri zusammengefügt und herausgegeben worden? Bei anderen Erläuterungen trifft zu, dass sie „den Anschein einer entfernten Bedeutung erwecken". Doch so konkret, dass sie sich in irgendeinen Sinn verirren, werden sie kaum jemals.[8]

Ich habe Sie gewarnt. Das Eigenartige dabei ist, dass Plumptre anschließend Beispiele dafür nennt, was ihn so geärgert hat. Womöglich weil ich gelernt habe, die *Sortes Midrashianae* zu genießen, wie er sie nennt, scheinen sie alle beim besten Willen eine sehr vernünftige Weise wiederzugeben, in der über einen seltsamen Text meditiert werden kann, der um gerade diese Form der Entwicklung zu flehen scheint.

Kohelet 1,7. „Alle Flüsse fließen dem Meer zu, doch das Meer ist nicht voll." Dieser Satz kann in einer Vielzahl von Interpretationen gelesen werden: (a) Alle Weisheit ist im Herzen des Menschen, doch das Herz ist nicht voll. (b) Das ganze Gesetz (wahrscheinlich die Tora) strömt ins Herz, doch das Herz ist nicht befriedigt. (c) Alle Völker werden sich mit Israel vereinen, und dennoch wird Israel weiter wachsen. (d) Alle Toten fahren in den Hades, und trotzdem ist der Hades nicht voll. (e) Alle Israeliten gehen auf ihre jährliche Pilgerfahrt nach Jerusalem, doch nie ist der Tempel überfüllt. (f) Aller Reichtum strömt in das Königreich von Edom (= Rom), doch in den Tagen des Messias soll er zurückgebracht werden.

Der Umstand, dass der Tempel während der Pilgerfeste voller Menschen war, sich aber keiner beengt fühlte, löste unter den Rabbinen eine Debatte darüber aus, was wohl das Wunder wäre – dass es Platz für jeden gab oder dass niemand sich beklagte!

Doch ein Plumptre soll nicht das letzte Wort über das haben, was eines der großartigen Geschenke des Judentums an die Menschheit ist, so unwahrscheinlich das nach seinen Beobachtungen auch erscheinen mag. Denn mit all seiner Komplexität und der Subtilität seiner Komposition – nicht alles hat dabei den gleichen Wert – ist der Midrasch eine außerordentliche Errungenschaft der ... ja, vielleicht der Literatur, aber auch der Exegese, der Phantasie, des spirituellen Abenteuers. Sicherlich aber ist er ein erstaunliches Zeugnis menschlicher Vorstellungskraft. Mehr noch: Indem er die Bibel in der ihm eigenen einzigartigen Weise öffnet, rettet er sie davor, möglicherweise in Vergessenheit zu geraten, auf die Müllhalde alter Schriften gekippt zu werden, die nur noch die Neugier von Archivaren und Antiquaren wecken. Die Rabbinen öffneten die Bibel für ihre und die nachfolgende Generation, sie ließen sie für tägliche Bedürfnisse und besondere Situationen sprechen und brachten sie an Orte, wohin zu gelangen sie sich nie erträumt hätte. Wenn ihr Werk auch nicht systematisch oder logisch oder konsequent war, so war es doch eine Reflexion über die unbändige Schöpferkraft jenes Gottes, der ihnen die Tora gegeben hatte. Und mehr noch: Durch ihre unterschiedlichen Herangehensweisen retteten sich die Rabbinen vor einer starren Gesetzlichkeit, die sie letztlich erstickt hätte, – denn die *Halacha*, das jüdische Gesetz, hat ihre eigene eminente Logik, die zu immer engeren Wahrnehmungen und strengeren Regeln führt. In eben dieser schöpferischen Spannung zwischen *Halacha* und *Aggada* war das Judentum fähig, seine ganze Bandbreite zu entwickeln und darüber hinaus sich selbst wiederholt zu transzendieren.

Abraham J. Heschel beschreibt das Zusammenspiel dieser beiden Aspekte des Midrasch wunderbar:

Halacha repräsentiert die Kraft, sein eigenes Leben nach einem festgelegten Muster zu gestalten. Es ist eine formgebende Kraft. Aggada ist Ausdruck des unablässigen Strebens des Menschen, das oft alle Grenzen sprengt. Halacha ist die Rationalisierung und Schematisierung des Lebens. Sie definiert, spezifiziert, setzt Maß und Grenze und gibt so dem Leben einen genauen Rahmen. Aggada handelt von den unaussprechlichen Beziehungen des Menschen zu Gott, zu anderen Menschen und der Welt. Halacha beschäftigt sich mit den Details, mit jedem einzelnen Gebot, Aggada mit dem gesamten Leben, mit der Gesamtheit des religiösen Lebens. Halacha widmet sich dem Gesetz, Aggada der Bedeutung des Gesetzes. Halacha befasst sich mit Themen, die mit Worten ausgedrückt werden können; Aggada führt uns in ein Reich, das jenseits des Wortes liegt. Halacha lehrt uns, wie man gewöhnliche Handlungen durchführt; Aggada erzählt uns, wie wir am ewigen Drama teilnehmen. Halacha verleiht uns Wissen, Aggada Begeisterung. Halacha schreibt, Aggada deutet an; Halacha verordnet, Aggada inspiriert. Halacha ist eindeutig, Aggada ist angedeutet.
Zu behaupten, die Essenz des Judentums bestehe ausschließlich aus Halacha, ist ebenso ein Irrtum, wie zu behaupten, dass die Essenz des Judentums ausschließlich Aggada sei.
Die Beziehung zwischen Halacha und Aggada ist das Herz des Judentums. Halacha ohne Aggada ist tot, Aggada ohne Halacha ist formlos.[9]

Zu der Spannung zwischen beiden sagte mir einst ein orthodoxer Rabbiner: „Ein *Baal Halacha* (ein Meister nur der Halacha) ist ein nackter Riese. Ein *Baal Aggada* (ein Meister nur der Aggada) ist ein Zwerg in voller Rüstung."

Wir haben nicht genügend Platz, um hier die nachfolgende Entwicklung des jüdischen Bibelkommentars im Detail zu erkunden. Wichtig ist zu unterstreichen, dass es über das Mittelalter hinweg bis zum heutigen Tag eine ungebrochene Tradition der Prüfung und Neu-Überprüfung des Bibeltextes im Lichte modernen Wissens gegeben hat. Bis zur Emanzipation fand dies in einer recht klar definierten jüdischen Welt statt, einer Welt, die ein übergreifendes Rechtssystem und eine Vielzahl ritueller, kultureller und spiritueller Faktoren miteinander teilte. Diese gaben dem Ganzen Zusammenhalt. Als die Juden auf die großen intellektuellen und spirituellen Herausforderungen der sie umgebenden Welt trafen, behielten sie immer ein Gefühl für diesen Zusammenhang – im zeitlichen Sinne mit der Tradition, im räumlichen Sinne mit den jüdischen Gemeinden an anderen Orten. Selbst Menschen in so unterschiedlichen kulturellen Kontexten wie Raschi (Rabbi Schlomo Jitzchak, 1040-1105) im christlichen Frankreich und Abraham Ibn Esra (1093-1167), der im muslimischen Spanien lebte, teilten Grundlegendes miteinander – den Hintergrund einer rabbinischen Tradition, die hebräische Sprache und natürlich den Glauben, dass die Bibel in ihrer Gesamtheit das offenbarte Wort Gottes sei.
Auf ihre Art sind sie beide Schlüsselfiguren und, an den Maßstäben ihrer Zeit gemessen, rigoros kritische und universell gebildete Gelehrte. Besonders Raschi versuchte, die ursprüngliche Bedeutung des Textes zu klären, ein Bemühen, das in der christlichen gelehrten Umgebung seiner Zeit aktuell war. Gleichzeitig war er ein Meister der rabbinischen Tradition und verfasste einen Kommentar zum gesamten Talmud, der bis zum heutigen Tag unentbehrlich ist. Sein Kommentar zur Hebräischen Bibel, der dem Bibeltext in einer der ersten gedruckten Hebräischen Bibeln beigegeben ist, hatte großen Einfluss auf die nachfolgenden Generationen christlicher Gelehrter, besonders auf jene, die für die Übersetzung der King James Bibel verantwortlich sind. Abraham Ibn Esra wiederum war ein typisches Kind der reichhaltigen islamischen Kultur seiner Zeit. Er war Philosoph, Philologe, Grammatiker, Mathematiker, Astronom und Arzt und brachte all diese Disziplinen in sein Studium der Hebräischen Bibel ein. Er war sogar bereit, sehr vorsichtig unangenehme Fragen zur Autorenschaft des Pentateuch zu stellen, selbst wenn dies der überkommenen Tradition widersprach.[10]
Mit Anbruch der Moderne sollte sich das alles ändern. Ein jüdischer

Gelehrter war es, wenngleich einer, der wegen seiner Schriften von der jüdischen Gemeinde exkommuniziert wurde, der zu ihrem Wegbereiter wurde. Baruch (auch bekannt als Benedict) de Spinoza (1632-1677) definierte in seinem *Tractatus Theologico-Politicus* im Grunde den Ansatz der modernen historischen Bibelkritik, wonach

die Geschichte der Schrift aus drei Aspekten bestehen sollte: 1. der Analyse der hebräischen Sprache; 2. der Kompilation und Klassifizierung sämtlicher Ausdrücke in allen Büchern der Bibel; 3. der Erforschung der Ursprünge der biblischen Schriften, soweit diese noch ermittelt werden können, d. h. der Erforschung von Leben, Verhalten und Interessen des Autors eines jeden Buchs. Wer war er; was war der Anlass seines Wirkens; in welcher Epoche schrieb er; für wen schrieb er und in welcher Sprache? Ferner sollte das Schicksal eines jeden Buches untersucht werden: Wie wurde es zunächst wahrgenommen; in wessen Hände geriet es; wie viele Fassungen gab es davon; auf wessen Ratschlag hin wurde es in den Kanon aufgenommen, und zuguterletzt, wie wurde es in ein einziges Ganzes überführt.[11]

Was damals empörte, ist das Unterfangen, hinter die überlieferten Texte und die überlieferte jüdische Tradition gelangen zu wollen, auf angeblich objektiven Boden, und die Schrift von einer historischen Perspektive aus zu bewerten. Die vergangenen Jahrhunderte „säkularer Bibelwissenschaft" sind in der Tat von dieser Intention geprägt. Jüdische und christliche Konservative kämpften ein Nachhutgefecht gegen diesen Trend – die einen, indem sie ansprachen und diskutierten, was die Modernisten vorgebracht hatten, die anderen, indem sie es von vornherein verwarfen oder absichtlich ignorierten. Was uns zu den Ansätzen zurückbringt, die wir zu Beginn des Kapitels gesehen haben, denn selbstverständlich ist das nicht das Ende vom Lied. Neueste Bibelforschungen haben damit begonnen, sich vom historisch-kritischen Ansatz wieder zu lösen, um die Bibel mehr als literarisches Dokument zu untersuchen. Jüdische Gelehrte in Amerika und Israel – mit Vorläufern wie Martin Buber und Franz Rosenzweig aus der deutschen Vorkriegszeit – haben inzwischen die Führung übernommen. In gewisser Hinsicht bringt das neue Interesse an einer detailgenauen Untersuchung des Textes, die kritische Textanalyse, uns zurück zu den Methoden der Rabbinen. Die Besonderheiten von Satz, Sprache oder Wiederholung, die sie als Ausgangspunkt für ihre phantasiereiche Lehre nahmen, werden von ihren modernen Kollegen analysiert, um alle Bedeutungsebenen des Textes zu verstehen. Wenn die Rabbinen auf jedes Wort und jeden Buchstaben achteten, um darin Gottes Spuren zu erkennen, so suchen die Gelehrten von heute nicht weniger hingebungsvoll nach der mutmaßlichen Absicht des Autors oder, wenn diese nicht bestimmt werden kann, nach den unzähligen Möglichkeiten, wie die Zuhörer das Geschriebene vielleicht verstehen können. Beide, Rabbinen und moderne Wisssenschaftler, motiviert die Suche nach der Bedeutung, und vielleicht ist dies der Grund, weshalb die Juden sich wieder an der Diskussion beteiligen.

Heute liegt die Hebräische Bibel offen da und jeder, der sie studieren möchte, tut das auf seine Weise. Dennoch bleibt ihre Rolle im jüdischen Leben unbedeutend. Als eine Quelle jüdischer Religionspraxis ist ihr Platz längst vom Talmud eingenommen worden (siehe auch das nächste Kapitel). Sie wird in den israelischen Schulen – religiösen und säkularen – als Nationalliteratur unterrichtet und teilt so unweigerlich das Schicksal von abgedroschenen, durchgekauten Schullektüren. Die Bibel ist in den Gemeinden der Diaspora sogar noch weniger bekannt, selbst wenn sie in der Übersetzung gelesen werden kann, weil es mit Ausnahme des Unterrichts für Kinder wenige Berührungsmöglichkeiten mit ihr gibt. Daher mein Zynismus zu Beginn dieses Kapitels. Ergänzen muss ich, dass vor allem in Amerika die Sorge um eine Abkehr vom Judentum zu vielen Experimenten in der jüdischen Erziehung geführt hat. So gibt es neue Herangehensweisen an die Hebräische Bibel, die sie zugänglich und attraktiver machen soll. Das Internet bietet jetzt Seiten, auf denen Kinder einen biblischen Text zu ihrem Bar- oder BatMizwa-Abschnitt kantillieren lernen, oder Online-Kommentare zum wöchentlichen Tora-Abschnit. Verschiedene Gruppen versenden mit Hilfe von Desktop-Publishing die Wochenabschnitte oder kreative Lesarten der Tora an Abonnenten. In Zukunft wird vielleicht eine Cyber-Bibel dort Erfolg haben, wo die feierlichen blau-schwarzen Bände der Vergangenheit gescheitert sind. Vorläufig ist die Bibel ein Schatz, der allen offen steht. Einige wenige studieren sie, für viele jedoch bleibt sie ein Buch mit sieben Siegeln.

Literaturhinweise

Die Tora. Die fünf Bücher Mose nach der Übersetzung von Moses Mendelssohn. Jüdische Verlagsanstalt Berlin, Berlin 2001.
Jonathan Magonet, Wie ein Rabbiner seine Bibel liest. Gütersloher Verlagshaus, Gütersloh.
W. G. Plaut (Hg.), Die Tora in jüdischer Auslegung. Aus dem Englischen von Annette Böckler. 5 Bände. Gütersloher Verlagshaus, Gütersloh 2004.

Kommentare zur Hebräischen Bibel
E. Hayim, Torah and Commentary. The Rabbinical Assembly. The United Synagogue of Conservative Judaism, New York 2001.
J. H. Hertz (ed.), The Pentateuch and Haftorahs. Soncino Press, London 1962.
N. Sarna (gen. ed.), The Jewish Publication Society Torah Commentary. Philadelphia/New York/Jerusalem 1989.

Midrasch
H. Bialik/Y. H. Ravnitzky (eds.), The Book of Legends. Sefer Ha-Aggadah. Legends from the Talmud and Midrash. Translated by W. G. Braude. Schocken Books, New York 1992.
L. Ginzberg, The Legends of the Jews. Simon and Schuster, New York 1961.

6

Sechs Ordnungen hat die Mischna

Über rabbinisches Judentum und Rabbine(n)r

Mosche empfing die Tora vom Sinai und überlieferte sie Jehoschua,
Jehoschua überlieferte sie den Ältesten, die Ältesten den Propheten,
und die Propheten den Männern der Großen Versammlung.
Von diesen sind drei Worte überliefert:

Urteilt wohlüberlegt.
Schafft euch viele Schüler.
Macht einen Zaun um die Tora.
(D. h.: errichtet kein rigides religiöses System, das keine Freiheit lässt, aber definiert klare Grenzen.)

Schim'on der Gerechte gehörte zu den letzten Vertretern der „Großen Versammlung". Von ihm ist das Wort überliefert:

Drei Dinge sind die Grundlage der Welt:
Tora,
Gottesdienst
und Taten der Mitmenschlichkeit.

Antigonos aus Socho empfing die Tradition von Simon dem Gerechten (...)
Jose ben Joeser aus Zereda und Jose ben Jochanan aus Jerusalem empfingen die Tradition von ihnen ...
Jehoschua ben Perachja und Nittai aus Arbel empfingen die Tradition von ihnen (...)
Jehuda ben Tabbai und Schim'on ben Schatach empfingen die Tradition von ihnen (...)
Sch'maja und Awtaljon empfingen die Tradition von ihnen (...)
Hillel und Schammai empfingen die Tradition von ihnen (...)
(Pirke Awot, Sprüche der Väter 1,1-12)

Mose an Jehoschua an die Ältesten an die Propheten: Auf diese Weise hielt die rabbinische Tradition ihren Ursprung als Erbe der Tora fest. Bis hier befinden wir uns auf bekanntem biblischen Territorium, obwohl wir erstaunt sein können über die Prominenz der „Ältesten", die normalerweise in der Szenerie der biblischen Geschichten aufgehen. Bemerkenswerterweise verläuft der Traditionsstrang nicht über Priester und Könige. Die Pharisäer, die Vorgänger der Rabbinen, lagen im Streit mit den Sadduzäern, von denen angenommen wird, dass sie die priesterliche und königliche Elite jener Zeit waren. Die Tora in diesem Falle war die „mündliche Tora" als Gegenstück zur „schriftlichen Tora", den Fünf Büchern Mose. Am Sinai gab Gott nach rabbinischer Vorstellung Mose außer der schriftlichen Lehre auch eine Anleitung zu ihrem Verständnis weiter, eine mündliche Tradition, die nicht aufgeschrieben, sondern von einem zum anderen weitergegeben werden sollte.

Dass es dabei neben der öffentlichen Lesung auch Kommentare und Erklärungen aus der Tora gab, geht aus der Bibel klar hervor. Als die Exilierten aus Babylon zurückkehrten, versammelte sich das Volk, und Esra, der Priester, ließ das „Buch des Gesetzes von Mose" vor die Versammlung bringen, vor Frauen und Männer gleichermaßen, vor alle, die es hören und verstehen konnten. „Und sie lasen im Buch, der Tora Gottes, mit Auslegung und Angabe des Sinns, so dass sie das Gelesene verstanden." (Neh 8,8) Es war derselbe Esra, bekannt auch als der „Schreiber", der „sein Herz darauf ausrichtete, die Tora des Ewigen zu erforschen, auszuüben und Israel Satzungen und Recht zu lehren." (Esr 7,10) Hier finden wir die *Soferim*, die „Schreiber" – ein Wort, das direkt von *Sefer*, „Buch" abgeleitet ist –, zu deren Aufgaben es gehörte, die Menschen in der Tradition zu unterweisen.

Über die Jahrhunderte hinweg entstand bei dieser Praxis irgendwann das, was die „mündliche Tora" werden sollte, ein stetig anwachsender Korpus. Wahrscheinlich gibt es deshalb eine Wiederholung des Wortes „überliefern" in der obigen Auflistung, wenn wir zu den Männern der Großen Versammlung kommen. Eine neue Etappe außerhalb der biblischen Erzählung ist erreicht worden. Was genau dieser Korpus war, ist nicht sicher, aber es ist eindeutig eine bedeutsame Übergangsphase in der Erschaffung dessen, was das „pharisäische" und später das „rabbinische Judentum" werden sollte. Von dieser Etappe an wird die Tradition durch die „Weisen" weitergegeben, Gelehrte, paarweise aufgelistet, deren wichtigste Lehren gleichfalls ehrfürchtig weitergegeben werden. In der Tat sehen wir hier den Beginn einer Beziehung zwischen Lehrer und Schüler, welche die Rolle des Lehrers auf dieselbe Stufe erheben wird wie die der biologischen Eltern.

So wie uns geboten wird, unseren Vater zu ehren und zu verehren, sind wir auch verpflichtet, unseren Lehrer zu ehren und zu verehren. Denn unser Vater bringt uns zum Leben in dieser Welt, aber unser Lehrer, der uns Weisheit lehrt, bringt uns in die zukünftige Welt. (Maimonides, Mischne Tora, Hilchot Talmud Tora 5,1)

Diese Ehrerbietung wurde unter anderem dadurch erwiesen, dass man die Dinge *beSchem Omro* weitergab, „im Namen dessen, der sie gesprochen hatte". Mit diesen Worten wurden sie an alle Generationen weitergereicht.
Im 12. Jahrhundert beschrieb der große jüdische Philosoph und Rechtsexperte Moses Maimonides in seinem Werk „Mischne Tora" die Beziehung zwischen Lehrer und Schüler:

Es gibt keine höhere Ehre als die, welche sich den Lehrern verdankt, keine Ehrerbietung, die tiefer ist als jene, die ihnen entgegengebracht werden sollte. Unsere Weisen sagten: „Die Ehrerbietung für deinen Lehrer sollte sein wie die Ehrerbietung vor dem Himmel." (Sprüche der Väter 4,15) So wie die Schüler ihre Lehrer ehren sollten, sollten die Lehrer ihre Schüler ehren und sie willkommen heißen, wie unsere Weisen sagten: „Lass die Ehrerbietung deines Schülers dir so teuer sein wie deine eigene." (Sprüche der Väter 4,15) Wir sollten auch unsere Schüler achten und sie lieben, denn sie sind die Kinder, die diese und die kommende Welt mit Freude erfüllen. Schüler mehren die Weisheit der Lehrer und erweitern deren Geist. Unsere Weisen sagten: „Ich habe viel von meinen Lehrern gelernt, mehr noch von meinen Kollegen, das meiste aber habe ich von meinen Schülern gelernt." (Ta'anit 7,1) (Maimonides, op.cit. 5,1, 12-13)

Wir sollten hier für einen Moment innehalten und etwas sehr Bedeutsames festhalten. Wir sind möglicherweise zu sehr durch die Idee von Allgemeinbildung geprägt, wie wir sie aus dem alten Griechenland kennen, um die Bedeutung einzuschätzen, die man dem Studium der Tora in der jüdischen Praxis beimisst. Was auch immer aus dem

Judentum werden sollte, es war nie eine Geheimreligion, deren Mysterien Eigentum lediglich einer priesterlichen Kaste oder einer Machtelite waren. Alle sollten in der Tora und ihrem Verständnis unterwiesen werden, und das betraf (dies ist bedeutsam) Männer wie Frauen – trotz der patriarchalen Struktur dieser Gesellschaft! Lassen Sie mich, um einen Eindruck von der Sichtweise der Rabbinen zu geben, ein paar ihrer Einsichten zu diesem Thema zitieren. Die erste zeigt die sehr realen Tragödien, die sie in ihrem Bemühen, die Tora über alles zu stellen, erlebten, aber auch das Gespür für die göttliche Absicht hinter allem, was ihnen widerfuhr.

Als Mose vom Berg Sinai herabstieg und die Abscheulichkeiten Israels sah (den Tanz um das goldene Kalb), da starrte er auf die Tafeln mit den Zehn Geboten und sah, dass die Worte davongeflogen waren, also zerbrach er sie am Fuße des Berges. Sofort wurde er taub. Er konnte kein Wort mehr sprechen. Im selben Moment erging ein Dekret gegen Israel, dass sie eben diese Worte in der Not studieren sollten und in Sklaverei, im Exil und in Verirrung, in drückender Armut und im Hunger. Aber für die Not, die sie erlitten haben, ist der Heilige, Gelobt sei Er, bestrebt, sie in den Tagen des Messias noch um ein Vielfaches zu belohnen. (Seder Elijahu Rabba 19)

Der folgende Abschnitt illustriert die Art und Weise, in der Rabbiner mit einem biblischen Satz umgehen, und wie sie versuchen, seinen Kontext zu orten oder einen passenden für ihn zu erfinden. Er beweist auch großen Humor und die genaue Kenntnis eines Problems, das Schülern aller Zeiten geläufig ist: das morgendliche Aufstehen.

Der Faule spricht: „Da ist ein Löwe auf dem Weg, ein Löwe in den Straßen!" (Spr 26,13) Salomo (der „Autor" des Buches der Sprüche) erzählt uns vom Faulen. Wenn man ihm sagt: „Dein Lehrer ist in der Stadt. Geh und lerne Tora von ihm", erwidert er: „Ich fürchte mich vor dem Löwen, der auf dem Wege ist!" Und wenn man ihm sagt: „Sieh, dein Lehrer ist eben in der Stadt. Steh auf und geh zu ihm hin!", sagt er ihnen: „Ich habe Angst, falls da ein Löwe im Wege steht!" Sie sagen ihm: „Sieh, er wohnt direkt neben deinem Haus." Da sagt er ihnen: „Aber draußen ist ein Löwe!" Sie sagen ihm: „Er ist in deinem Hause!" Er erwidert: „Aber was, wenn ich gehe und feststelle, dass die Tür verschlossen ist!" Endlich, wenn er nicht mehr weiß, was er ihnen sagen soll, spricht er zu ihnen: „Ob die Tür nun offen ist oder verschlossen, ich will noch ein wenig schlafen!" (Dtn Rabba 8,6)

Es ist wichtig zu wissen, dass „Traditionslisten" wie die zu Anfang des Kapitels angeführte, auch eine Art polemische Absicht haben. Sie sollen zeigen, wie die Geschichte der Ursprünge verstanden werden soll, die Authentizität dessen bekräftigen, was überliefert wurde, und die Autorität derer stärken, die sie empfangen haben. So spiegelt auch dies die inneren Konflikte in der jüdischen Welt wider – wie so oft in der jüdischen Geschichte. Die Vorgänger der Rabbinen, die Pharisäer (hebräisch *Peruschim*, „die Abgesonderten" oder „Separatisten"), standen in Konflikt mit den Nachkömmlingen der aristokratischen Priesterfamilien, den Sadduzäern, deren Machtzentrum der Tempel war. Die Pharisäer trugen viel vom rituellen Leben des Tempels in die Synagoge hinein, legten große Betonung auf das Studium und die Einhaltung der Gebote und spielten eine zunehmend größere Rolle im zivilen und politischen Leben der jüdischen Gesellschaft. Ab dem 1. Jahrhundert (d. Z.) scheinen sie die Glaubensvorstellungen und Praktiken der Mehrzahl des jüdischen Volkes repräsentiert zu haben.
Übrigens muss an dieser Stelle darauf hingewiesen werden, dass, obwohl die Pharisäer in den Evangelien häufig angegriffen werden, es durchaus scheint, als habe Jesus ihnen angehört. Das kann man aus den vielen gemeinsamen Lehren schließen. Die Rabbinen kritisierten dieselben Heucheleien, die auch Jesus kritisiert. Was eindeutig ein innerjüdischer Streit war, wurde verzerrt, als man ihn von außen betrachtete und für polemische Zwecke missbrauchte, wie die frühchristliche Kirche es tat, weil sie ihre eigene Identität behaupten musste. Die Anhänger Jesu repräsentierten nur eine von vielen jüdischen Gruppierungen, die sich in jener Zeit in Streit und innerem Aufruhr befanden, einschließlich der Zeloten, die die politische Unabhängigkeit von Rom wollten. Aus dem katastrophalen Scheitern der Revolten gegen Rom und der Zerstörung des Tempels gingen die Pharisäer als Führer des jüdischen Volkes hervor. Daher markiert das Jahr 70 einen entscheidenden Wendepunkt in der jüdischen Geschichte. Nach einer bekannten talmudischen Erzählung ließ sich Jochanan ben Sakkaj aus dem belagerten Jerusalem hinausschmuggeln und gründete eine Akademie in Jawne, wo er Gelehrte um sich sammelte und damit

begann, jüdisches Leben wieder neu zu etablieren. Er wird als Letzter genannt, der „die Tradition von seinen Vorgängern empfing", nämlich von Hillel und Schammai (Sprüche der Väter 2,9) Seine Schüler wurden „Rabbi" genannt, ein Titel, der sie als Gelehrte, Lehrer, Richter und geistige Führer des Volkes auswies.

Die Mischna, um die es in diesem Kapitel geht, ist eine Sammlung bestehender Rechtstraditionen, das „mündliche Gesetz", ediert etwa um 200 d. Z., wahrscheinlich von Rabbi Jehuda HaNassi. Das Wort selbst bedeutet „Wiederholung" (der mündlichen Lehre), bezieht sich also auf die Art, in der die Lehre studiert und an andere weitergegeben wurde. Die Mischna hat sechs Abteilungen, die „Ordnungen" aus unserer Kapitelüberschrift, von denen jede sieben bis zwölf „Traktate" enthält, die wiederum in Kapitel unterteilt sind. Die Ordnungen behandeln so vielfältige Themen wie das jüdische Jahr, landwirtschaftliche Fragen, Unfälle, Frauen, das heißt Heirat, Scheidung und rituelle Reinheit.

Unter den Gelehrten herrscht große Uneinigkeit über die Beziehung zwischen der Mischna und dem Midrasch, den wir im vorangegangenen Kapitel näher untersucht haben. Was war als Erstes da? Machte es die Interpretation der Bibel (Midrasch) irgendwann notwendig, die entstehenden Gesetze zusammenzufassen, oder entwickelten sich die Gesetze zum Teil unabhängig von der Bibel? Wahrscheinlich vollzogen sich beide Prozesse zur selben Zeit. Über die nächsten zwei bis fünf Jahrhunderte unternahmen die Rabbinen eine umfassende Untersuchung der Inhalte der Mischna, was zu zwei riesigen Sammlungen von Kommentaren und Diskussionsmaterial führte: den palästinischen Talmud (ediert etwa im 4. Jahrhundert) und den babylonischen Talmud (ediert im 7. Jahrhundert). Die Mischna, zusammen mit ihrem erweiterten Kommentar, der *Gemara* (hebr. „Abschluss"), ergeben gemeinsam den Talmud, eine Bezeichnung, die vom Verb *l-m-d*, „studieren" oder „lehren", abgeleitet ist. Der palästinische Talmud scheint unvollständig geblieben zu sein, womöglich aufgrund des Verfalls jüdischen Lebens in Palästina. Der beträchtlich größere babylonische Talmud wurde die zweite Schrift des Judentums, die jüdische Männer ihr Leben lang studierten. Die *Jeschiwa*, „Akademie", wurde zum Zentrum jüdischen Geisteslebens. Das höchste Ziel einer jüdischen Familie war es, einen Sohn zu haben, der sein Leben dem Talmudstudium widmete, oder aber ihre Tochter einem solchen zu verheiraten.

Der babylonische Talmud ist ein außergewöhnliches, hochkomplexes Werk, ediert mit großem literarischen Feingefühl. In ihm diskutieren die Rabbinen die Beziehung der Gesetze der Mischna und anderer Sammlungen zur Hebräischen Bibel. Sie untersuchen aber auch peinlichst genau und mit strengster Logik die Anwendung dieser Gesetze auf das tägliche Leben und berücksichtigen und diskutieren dabei die verschiedenen Traditionen, Meinungen und Umstände. Auch Mehrheits- und Minderheitsmeinungen werden erwähnt, wenn eine Schlussfolgerung gezogen wird. Indem man die abweichenden Stimmen festhält, eröffnet man die Möglichkeit, die Diskussion wiederaufzunehmen, falls sich die Umstände ändern sollten. Die Debatten ähneln manchmal einem komplizierten Schachspiel, in dem verschiedene potenzielle Ereignisfolgen mit ihren Alternativen durchgespielt werden. Will man der Argumentation folgen, muss man mehrere Züge gleichzeitig im Kopf behalten. Die Themen werden bis zur Grenze ihrer theoretischen Möglichkeiten ausgelotet, selbst wenn dies zu praktischen Absurditäten führt. Das Talmudstudium ist ebenso ein Training in mentaler Wendigkeit und Logik wie das Festhalten einer Rechtsdebatte. Wenn der Talmud sich gelegentlich wie die unredigierte Mitschrift einer schier endlosen Ausschusssitzung liest, wie das Parlamentsprotokoll rabbinischer Diskussionen, ist doch stets eine Struktur erkennbar. Die Bandbreite der behandelten Themen spiegelt den Wunsch wider, das ganze Leben einzuschließen und dabei in allen seinen Facetten den Willen Gottes für das jüdische Volk aufzuzeigen. Der Historiker Heinrich Graetz beschreibt dies folgendermaßen: „Der Talmud darf nicht als ein gewöhnliches Buch betrachtet werden, das aus zwölf Bänden besteht. Es besitzt absolut keine wesensmäßige Ähnlichkeit mit irgendeinem anderen literarischen Werk, sondern bildet, ohne jede Übertreibung, eine Welt für sich, die nach ihren ganz eigenen Gesetzen beurteilt werden muss.“ [1]

Statt weiter darüber zu reden, betrachten wir einmal einen ganz kleinen Ausschnitt, der zeigt, wie weitreichend eine solche Debatte sein kann. Dieser Abschnitt ist einer, den ich besonders mag, denn er war eins der ersten Stücke, mit denen ich mich zu Beginn meines Rabbinatsstudiums befasst habe. Er taucht inmitten einer langen Diskussion über die Inhalte des Lobspruchs nach dem Essen auf. Zu dieser Zeit war er bereits zu einer Serie von vier langen Lobsprüchen angewachsen. Es stellt sich die Frage: Wo steht in der Tora, dass wir einen Lobspruch sprechen sollen, nachdem wir gegessen haben? Die eckigen Klammern zeichnen den ungeschriebenen Denkprozess nach, der zwischen den geschriebenen Zeilen abläuft und ohne den der Text wohl kaum zu verstehen wäre.

Unsere Rabbinen lehrten: Wo lernen wir aus der Tora, dass wir einen Lobspruch sprechen sollen, nachdem wir eine Mahlzeit gegessen haben? [Die Antwort liegt im Bibeltext selbst], denn es heißt: „Du sollst essen und satt sein und [den Ewigen deinen Gott für das gute Land, das Er dir gegeben hat] preisen. (Dtn 8,10) Dies verweist auf [den ersten Abschnitt des Lobspruchs, der Gott dankt, der] „der alle ernährt". [Die Fortsetzung des Bibelverses] „Der Ewige, dein Gott" verweist auf [den zweiten Abschnitt des Lobspruchs über] Gottes Vorsehung. „Für das Land – dies verweist auf den [dritten] Lobspruch über das Land." [Das Wort]"gut" [im Satz] verweist [besonders] auf [den Satz in diesem dritten Lobspruch] die Wiederherstellung Jerusalems [in unseren Tagen], [und ist der Beweis dafür, dass es einen Bibelvers gibt] der von „diesem guten Berg [nämlich Jerusalem] und dem Libanon" (Dtn 3,25) spricht. „Was er uns gegeben hat" verweist auf [den vierten und letzten Vers, der sagt] wer „gut ist und Gutes tut". Dies sagt mir nur, dass ich einen Lobspruch sprechen soll, nachdem ich gegessen habe, wie aber weiß ich, dass ich einen Lobspruch vor [dem Essen] sprechen soll? Man könnte sagen, dass dies eine Schlussfolgerung minori ad maius ist: „Wenn du satt einen Lobspruch sprechen willst, falls du hungrig bist [und das Essen vor dich gestellt wird], wie viel mehr erst dann [würdest du einen Lobspruch sprechen!] [Hier kommt ein Einwand von Rabbi (Jehuda HaNassi), der auf eine andere Lesart derselben oben zitierten Verse aufmerksam macht. Er weist darauf hin, dass der Vierte Lobspruch keinen biblischen textlichen Beweis braucht, um sich zu rechtfertigen, denn er wurde durch ein besonderes Dekret der Akademie von Jawne eingerichtet. Während des Aufstandes gegen Rom verboten die Römer die Beerdigung der Juden, die in Bethar getötet worden waren. Als dieser Befehl später widerrufen wurde und die Leichname begraben wurden, fügte man den Zusatz-Lobspruch hinzu, nämlich, dass Gott „gütig ist und Gutes tut".] [Weil die vorhergehende Meinung lediglich von der Logik der Schlussfolgerung minori ad maius (Kal waChomer) begründet worden war, suchen die Rabbinen noch immer nach einem echten Bibelvers, um das Sprechen eines Lobspruchs vor dem Essen zu rechtfertigen.

Also fährt der Text dann fort:] Dies sagt mir nur, dass ich einen Lobspruch sprechen soll, nachdem ich gegessen habe, wie aber weiß ich, dass ich einen Lobspruch davor sprechen soll? Deshalb, weil der Bibelvers explizit sagt: „das Er dir gegeben hat" – von dem Moment, da Er es dir gegeben hat (solltest du dich verpflichtet fühlen, einen Lobspruch zu sprechen, auch bevor du isst).
Rabbi Jizchak sagt, wir brauchen dies(en Beweis) nicht, denn sagt der Vers nicht: [„Du sollst dem Ewigen deinem Gott dienen] und Er wird dein Brot und dein Wasser segnen"? (Ex 23,25) [Für das nun Folgende müssen Sie sich erinnern, dass der Hebräische Bibeltext nur aus Konsonanten besteht. Um ein Wort zu lesen, müssen Sie die Vokale selbst hinzufügen, obwohl die Tradition festgelegt hat, um welche es sich dabei handelt. Weil unterschiedliche Vokale einem Wort unterschiedliche Bedeutungen geben können, änderten die Rabbinen gelegentlich ganz gern die Vokale, um dem Wort neue Bedeutungen zu ermöglichen – wie es auch hier der Fall sein wird.] Lies also nicht: „und Er wird segnen", sondern [lies das Verb stattdessen wie einen Imperativ: „segne (dein Brot)[1]" Und wann wird es „Brot" genannt? Bevor man es verspeist!
Rabbi Nathan sagt, wir brauchen dies[en Beweis] nicht, denn heißt es nicht [im Buch Samuel, als Saul sich auf die Suche nach den verlorenen Eseln seines Vaters begibt und einer Gruppe junger Frauen auf ihrem Weg zum Brunnen begegnet, die ihm sagen, wie er Samuel den Propheten findet]: „Wenn du in die Stadt kommst, da wirst du ihn finden, bevor er zum Hochplatz geht, um zu essen, denn die Menschen essen nicht, bevor er nicht gekommen ist, weil er das Opfer segnet und nachher jene, die zum Essen geladen sind." (1 Sam 9,12) (Dies könnte wie ein ausschlaggebendes Argument erscheinen, denn hier haben wir eine Situation, in der explizit gesagt wird, dass jemand einen Lobspruch spricht, bevor die Menschen essen. Aber der Talmud endet hier nicht, so als ob die Rabbinen, erschöpft von dieser komplizierten Diskussion, noch für ein kleines Geplänkel bleiben. [Dies ist eine Art Projektion, denn es besteht keine Sicherheit, dass die oben erwähnten Rabbinen einander jemals begegnet sind, es sei denn im Kopf des Editors oder der Editoren dieses Abschnitts!] [Wörtlich] „Und warum all das?" [Warum gaben diese jungen Damen eine so lange und verworrene Antwort darüber ab, wo Saul den Samuel finden könnte? In der ersten Antwort auf diese Frage erhalten wir leider einen kurzen Eindruck von der Art Chauvinismus, den die Rabbinen gelegentlich zeigten. Ein anonymer Rabbi sagt:]„Nun, ihr wisst, wie gern Weiber

schwatzen!" Aber [Rabbi] Samuel sagte: „Sie wollten auch die Schönheit Sauls blicken, denn heißt es nicht: „Von seinen Schultern und darüber war er größer als das übrige Volk." (1 Sam 9,2). Aber Rabbi Jochanan sagte [dabei zitierte er aus den Sprüchen:] „Keine zwei Königreiche sollten einander um Haaresbreite überlappen." [Samuel war der gegenwärtige Herrscher, und Saul sollte sein Nachfolger werden, der erste König, und wäre er dort zu früh angelangt, hätte es zu einem Zusammenstoß beider kommen können. Also verhielten sich die Frauen im Sinne Gottes, indem sie Saul aufhielten.] (b. Brachot 48b)

Aus diesem Abschnitt lassen sich einige Dinge ersehen. Erstens ist er klar strukturiert und bietet Lösungsmöglichkeiten in logischer Folge an, die für das Problem geboten werden – am Ende den biblischen Vers, der die Antwort gibt. Die Vermutung des anonymen Sprechers (Wenn du, nachdem du gegessen hast, einen Lobspruch sprechen möchtest, wie viel mehr vorher, wenn du die Nahrung bekommst), die Interpretation des Satzes „das Er dir gegeben hat" als „vom Moment an, da Er es dir gegeben hat" und Rabbi Jizchaks Änderung der Bedeutung von „Er wird dein Brot segnen" zum imperativen „Segne dein Brot!" – alles bekommt seinen Platz in dieser Diskussion. Der Abschnitt zeigt daneben die Art von Argumenten, die auch bei anderen Gelegenheiten erfolgreich sein könnten: Schlüsse a minori ad maius, Manipulation des Textes und das Einfließenlassen historischer Informationen wie im Falle des Dekrets von Jawne. Selbst der abschließende Teil hat seinen Wert, wenn auch das erste Beispiel leicht unangenehm ist, denn Rabbi Jochanan gelingt es, in eine ansonsten wie zufällig anmutende Konversation die Evidenz der Wege göttlicher Vorsehung einzuführen.

Während der Talmud (es war im Allgemeinen der babylonische Talmud, der in den folgenden Jahrhunderten in jüdischen Quellen genannt wurde) das Streitthema offen ließ, begannen sich die Dinge nach der großen Gesetzeskodifizierung durch Moses Maimonides zu verändern. Maimonides, der unter dem Einfluss islamischer Philosophie und islamischen Rechts in Spanien lebte, unternahm den Versuch, die vielen komplexen Argumente des Talmuds in einem systematisierten Kodex zusammenzufassen, der in klarem und einfachem Hebräisch abgefasst war und von jedem verstanden werden sollte. Ob beabsichtigt oder nicht, setzte er eine Entwicklung in Gang, die von der bewussten Offenheit des Talmud zurück zur formellen Struktur der Mischna führte. Nur um zu sehen, was mit unserer obigen Diskussion geschieht, folgt hier Maimonides' Zusammenfassung mit anderem darauf bezogenem Material in seinem typisch knappen Stil:

Es ist ein positives Gebot der Bibel, nach dem Essen einen Lobspruch zu sprechen, denn es heißt: „Du sollst essen, gesättigt sein und den Ewigen, deinen Gott, preisen." (Dtn 8,10) Aber er ist nach der Tora nicht verpflichtet, bis er nicht wirklich gesättigt ist, denn es heißt ausdrücklich: „Du sollst essen, zufrieden (gesättigt) sein, und preisen (...)" Begründet auf eine rabbinische Verfügung, bedeutet dies: „Wenn er etwas von der Größe einer Olive gegessen hat, sollte er den Lobspruch sprechen." (Oliven scheinen in der talmudischen Zeit recht groß gewesen zu sein, etwa wie eine Kugel Eis!) Darüber hinaus sollte man nach rabbinischer Verfügung vor dem Genuss einen Lobspruch auf alle Nahrung sprechen und sie hernach genießen (...) So sollte man auch einen Lobspruch vor dem Genuss eines süßen Duftes sprechen. Wahrlich, jeglicher Genuss ohne das Sprechen eines Lobspruchs ist ein Sakrileg. Und deshalb sollte man nach rabbinischer Verfügung nach allem, was man gegessen oder getrunken hat, einen Lobspruch sprechen – das heißt, wenn man ein Viertel (eines Log) trinkt oder die entsprechende Menge einer Olive isst. Aber wenn man lediglich probiert, muss man keinen Lobspruch sprechen, weder davor noch danach, wenn es weniger als ein Log beträgt. (Mischne Tora Hilchot Brachot (Gesetze der Lobsprüche) 1,1-2)

Maimonides nannte sein Werk *Mischne Tora*. Diesen Terminus hatte er Dtn 17,18 entlehnt – einem Satz, in dem von „einem zweites Gesetz" die Rede ist und aus dem auch das Wort Deuteronomium selbst abgeleitet ist, obwohl er eigentlich auf eine zweite (also eine Kopie der) Tora verweist, die der König schreiben soll. Die Verwendung dieses Begriffs trug ihm harsche Kritik wegen seiner scheinbaren Arroganz ein: das eigene Werk auf eine Ebene mit der Tora zu heben! Andere vor ihm hatten versucht, das jüdische Gesetz zu kodifizieren, aber erst die Klarheit und Eleganz seines Stils, der Umfang seines Werks und die Autorität seiner Person ermöglichten seiner *Mischne Tora* beträchtlichen Einfluss. Darüber hinaus bauten seine Nachfolger auf diesem Gebiet, Rabbi Jacob ben Ascher (1269-1340), Verfasser der *Arbaa Turim*, und Joseph Karo (1488-1575), Verfasser des *Schulchan Aruch*, auf seinem Werk auf.

Wenn die *Mischne Tora* heute von orthodoxen Lehrern als autoritatives und authentisches Beispiel des traditionellen Judentums angeführt wird, vergessen sie, dass das Werk zu seiner Zeit eine gewaltige Kontroverse auslöste, so gewaltig, dass sich die jüdische Welt deswegen zwei Jahrhunderte lang in die Lager von Befürwortern und Gegnern Maimonides' spaltete. Die Spaltung ging sogar bis zur Weigerung der jeweiligen Parteien, untereinander zu heiraten! Ein Grund für die Kontroverse ist in Maimonides' Andeutung zu suchen, durch seinen Kodex verlöre das Studium des Talmud seine Bedeutung! Der wirkliche Streit jedoch betraf die Tatsache, dass er das „Gesetz" systematisiert hatte, ohne seine Quellen anzugeben oder den Grund für seine besonderen Entscheidungen in Fällen zu benennen, in denen der Talmud zu keinem Schluss gelangt war. In der Folge wuchs eine Vielzahl von „Subkommentaren" heran, die versuchten, in bestimmten Fällen den Grund für seine Entscheidungen anzugeben. Trotz der Kontroverse war aber nun der Weg frei für eine neue Form der Autorität: weniger Spielraum für Debatten, größere Wertschätzung dieses und nachfolgender Kodizes. Maimonides war vielleicht der größte jüdische Denker aller Zeiten, und es gab den Spruch: „Von Moses zu Moses war keiner wie Moses." Sein anderer außergewöhnlicher Beitrag zum jüdischen Denken war nicht minder umstritten: „Der Führer der Verirrten". In diesem Buch versuchte er, die Tradition der Tora mit zeitgenössischen philosophischen Sichtweisen und kritischen Anfragen zu versöhnen. Wem Maimonides manchmal zu intellektuell erscheint, sei in einem Bild gesagt, das ich einmal gelesen habe: „Er war ein kaltes Feuer".

Maimonides' Kodex war umfassend und schloss auch die Gesetze zum Tempel und die Vorschriften für die Priester mit ein, obwohl der Tempel tausend Jahre zuvor zerstört worden war. Zum Teil hielt Maimonides dies wohl für notwendig, weil er an das Kommen des Messias und die Wiederherstellung des Tempels glaubte. Im „Führer der Verirrten", den er für ein anderes Publikum geschrieben hatte, gab er jedoch der kontroversen Ansicht Ausdruck, dass das Opfersystem nur eine Konzession an die Praktiken der Zeit war und dass Gottes Absicht darin bestand, den Juden die Form des Gottesdienstes zu gestatten, die ihnen in jener Zeit bekannt war, um sie letztlich davon jedoch vollkommen zu entwöhnen. Daher waren die Opfer auch auf den

Tempel beschränkt, während das Gebet und andere persönliche religiöse Praktiken überall möglich waren (Führer der Verirrten III, 23). Dies weist eindeutig darauf hin, dass die Notwendigkeit eines Tempels transzendiert worden war, trotz des Wunsches nach seiner Wiederherstellung – einer von vielen Widersprüchen zwischen Maimonides' juristischen und philosophischen Schriften.

Ein anderer Grund, weshalb Maimonides Gesetze beibehielt, die offensichtlich gar keine Relevanz für seine Zeit mehr hatten, war die Notwendigkeit eines umfassenden Rechtssystems, dessen Gesetze und Prinzipien für jeden Bereich anwendbar waren. Seine Nachfolger auf dem Gebiet der Kodifizierung des jüdischen Rechts beschränkten sich allerdings auf die Gesetze, die praktische Auswirkungen auf die Menschen ihrer Zeit hatten. Der letzte große Kodex, der *Schulchan Aruch* („Der gedeckte Tisch"), wurde von Joseph Karo verfasst, eine Autorität des jüdischen Rechts und ein Mystiker, der im 16. Jahrhundert in Safed zum Kreis der jüdischen Mystiker zählte. Karo hatte bereits einen größeren Kommentar zum Werk seines Vorgängers Jacob ben Ascher geschrieben, den er für sein Hauptwerk hielt, während der *Schulchan Aruch* eine verkürzte Synopsis war für „jüngere Studenten", die ihn meditieren, auswendig lernen und aus ihm die Halacha lernen. Aus einer sephardischen Welt kommend, waren ihm die Varianten des jüdischen Gesetzes unbekannt, wie sie in aschkenasischen Kreisen vorkamen. Um diesem Mangel abzuhelfen, fügte Mose Isserles passende Ergänzungen und Varianten hinzu, die er *Mappa* nannte, das „Tischtuch" zu Karos „Der Gedeckte Tisch". In typischer Manier erhielt auch dieser Kodex Zusatzkommentare von herausragenden Gelehrten. Womöglich machte die Tatsache, dass es das „Tischtuch" in gedruckter Form gab, es zum maßgeblichen Textbuch des jüdischen Rechts.

Kodizes und Zusatzkommentare auf den Seiten eines Buches erstarren irgendwann, das Leben geht jedoch weiter, und ständig tauchen neue Fragen auf. Aus der Notwendigkeit heraus, diese anzugehen, entstand eine weitere Gattung der jüdischen Literatur: die *Scheelot uTeschuwot*, wörtlich: „Fragen und Antworten", auch bekannt unter dem ehrwürdigeren Namen „Responsen". Diese Gattung geht auf talmudische Zeit zurück und wurde das ganze Mittelalter über intensiv gepflegt. Rabbinen, die als Autoritäten in jüdischen Rechtsfragen galten, wurden Fragen gestellt. Während in früherer Zeit die Rabbinen normalerweise weit ausholten und talmudische und andere Quellen zitierten, um ihre Antworten zu geben, wurde nach der Publikation von Joseph Karos *Schulchan Aruch* dieser zunehmend zur Quelle, der die Menschen vertrauten.

Die Responsenliteratur ist eine Fundgrube aller möglichen Informationen zum damaligen jüdischen Leben und zu den Fragen, die in den Gemeinden auftraten. Die Themen reichen von der Frage, ob verheiratete Frauen der Mode, Perücken zu tragen, folgen sollen, bis zu Fragen zum Studium, von zivilrechtlichen Dingen bis hin zu Fragen des jüdischen Status. Heute nehmen sich orthodoxe Rabbiner, die in dieser Tradition stehen, Fragen zur Leihmutterschaft an, zur Euthanasie, zu lebensverlängernden Maßnahmen oder zur Gentechnik. Ein außergewöhnliches Beispiel für einen Respons, der großen Einfluss auf das Leben einiger Juden hatte, lieferte der zufällige Besuch eines namhafte Rabbiners Mitte des 19. Jahrhunderts in einer Wiener Taubstummen-Anstalt. Der „Taubstumme" galt seit talmudischer Zeit als ein Mensch, der von den *Mizwot*, den „Geboten", ebenso ausgenommen war wie ein geistig Behinderter. Als erkannt wurde, dass Taubstumme durch Training lernen können zu kommunizieren, erhielten sie den Status gesunder Menschen.

Die Welt der Responsen und der orthodoxen Gemeinden, die sich der Führung bestimmter Rabbiner anvertrauen, besteht weiter, besonders in den Vereinigten Staaten und Israel. Sie ist für Menschen, die sich in ihr zu Hause fühlen, von beachtlicher spiritueller Kraft, obwohl sie ihre eigenen komplexen Unterteilungen, Verpflichtungen und Auseinandersetzungen kennt. Von „links" fühlt sie sich durch die Moderne angegriffen, und manche meinen, sie müssten ein Nachhutgefecht gegen die modernen Ausdrucksformen des Judentums führen. Aber das geschieht auch unter dem Druck ultra-orthodoxer Gruppen, von deren Engstirnigkeit und, wie man leider sagen muss, Intoleranz sich die „modern-orthodoxen" oder „mainstream-orthodoxen" Mitstreiter ebenfalls bedroht fühlen. Solcher Druck erschwert sogar kleinste Veränderungen innerhalb des traditionellen Systems und macht es schutzlos gegenüber Denunziationen aus der „rechten Ecke". Es ist eine Welt, die ich nicht selbst kennen gelernt, sondern nur von außen mit Hilfe einiger orthodoxer Kollegen beobachtet habe – Kollegen, die sich ihr zugehörig fühlen, wenn auch manchmal mit großem Unbehagen. (Obwohl Unbehagen im Judentum gelegentlich eine ganz wesentliche Erfahrung ist. Alles wirklich Lebendige muss mit Veränderungen, Konflikt und Verlust umgehen können.)

Das orthodoxe Judentum jedoch ist, trotz seiner relativ großen Macht in Israel und seiner Präsenz im jüdischen Leben allgemein, nicht die einzige Ausdrucksform des Judentums und zahlenmäßig sogar die kleinste Gruppierung. Die umfassenden Veränderungen im jüdischen Leben seit der Emanzipation haben dazu geführt, dass nur noch selten der Wunsch besteht, innerhalb der Grenzen des jüdischen Gesetzes leben zu wollen. In demselben Maße, wie Bereiche des jüdischen Lebens von zivilen Behörden übernommen wurden, verwandelte sich die klassische Rolle des Rabbiners als Autorität und Richter zu der eines Spezialisten in religiösen Fragen. Im 19. Jahrhundert verlangten die Juden unter dem Eindruck einer neuen, offenen Gesellschaft von ihren Rabbinern eine größere Allgemeinbildung, ein akademisches Studium und ein gründliches Wissen über jüdische Geschichte und Philosophie. In manchen Ländern war es auch der Staat, der von den Rabbinern Universitätsabschlüsse verlangte, bevor er sie anerkannte. Wir sehen, wie der gesellschaftliche Druck die Emanzipation und letztlich die Assimilation der Juden voranbrachte. Als die bestehenden *Jeschiwot*, die traditionellen Akademien für das Talmudstudium, nicht willens waren, diese Bedingungen zu erfüllen, wurde das moderne Rabbinerseminar geboren, das zeitgemäße akademische Herangehensweisen an traditionelle jüdische Themen mit sich brachte, die „Wissenschaft des Judentums“ [im Original deutsch. Anm. d. Übers.]. Eine etwas unschöne Antwort traditioneller Kreise auf diese neue Entwicklung war der Kommentar: „Als der Rabbiner zum ‚Rabbiner Dr.‘ wurde, wurde das Judentum krank!«

Innerhalb von sechzig Jahren wurden im 19. Jahrhundert die großen Seminare gegründet, die das Bild, die Bildung und die Rolle des modernen Rabbiners als Antwort auf die neue Situation der Juden in der westlichen Gesellschaft verändern sollten: 1827 Padua, später Rom; 1829 Metz, später Paris; 1854 Breslau; 1855 Jews' College London; 1872 Wien; 1872 die Liberale Lehranstalt (Hochschule) für die Wissenschaft des Judentums Berlin; 1873 das Orthodoxe Rabbinerseminar in Berlin; 1875 das Reform Hebrew Union College in Cincinnati; 1877 Budapest; 1886 das Conservative Jewish Theological Seminary in New York.

Der „neue“ Rabbiner übernahm vom christlichen Geistlichen jener

Tage nicht nur den schwarzen Talar und sogar das Beffchen, sondern auch eine veränderte Rolle als Prediger, Gelehrter und Seelsorger [im Original deutsch. Anm. d. Übers.]. Dennoch ging jede jüdische Gesellschaft ihren eigenen Weg. In Amerika, besonders in der Reformbewegung, wurde der Rabbiner, der prophetisches Judentum predigte, ein sozial engagierter Aktivist. In Deutschland wurde die höchst elaborierte intellektuelle Predigt zum Markenzeichen einiger Rabbiner. (Es hieß: Je höher die Predigt über den Köpfen der Gemeinde schwebt, desto mehr schätzt diese ihren Rabbiner für seine Gelehrsamkeit.) In allen Fällen jedoch blieb der Rabbiner ein Lehrer und nicht selten eine Art „Sozialklempner", der oftmals sehr unterschiedliche Gruppen zusammenhielt und die Konfrontation mit aktuellen Themen und die Konflikte, die daraus für seine Gemeinde erwuchsen, aushielt. Man muss gerechterweise darauf hinweisen, dass der Rabbiner, als Mensch wie jeder andere, auch zu Spaltungen beitragen konnte. Nur befand er sich in einer besonders zwiespältigen Position – als Vertrauter vieler Menschen war er auch gefährdet, in die persönlichen Auseinandersetzungen oder ideologischen Kämpfe verwickelt zu werden, die diese Menschen beschäftigten. Lionel Blue hat oftmals darauf hingewiesen, dass die Synagoge der Ort ist, an dem Religion und Welt aufeinandertreffen. Man hofft, dass in der Folge davon die Welt religiöser wird, aber wie so oft wird eher die Religion weltlicher.

Es ist mein Privileg, ein Rabbinerseminar zu leiten, und noch dazu eines der wenigen, die nach dem Ende des Zweiten Weltkrieges gegründet wurden. Das ausdrückliche Ziel war es, eine Nachfolge der Berliner Hochschule für Jüdische Studien zu schaffen und Deutschlands Rabbiner für die liberale Bewegung auszubilden. Die Tatsache, dass unser Seminar zu einem Zeitpunkt gegründet wurde, als sich die jüdische Welt in einem beträchtlichen Aufruhr befand, hat uns befähigt, auch die klassischen Studien der jüdischen Tradition aus einem modernen (und vielleicht inzwischen postmodernen) Blickwinkel weiterzuführen, gleichzeitig aber auch zu sehen, welche Fähigkeiten und Eigenschaften vonnöten sind, um mit der heutigen jüdischen Gemeinde und der Gesellschaft, in der wir leben, umzugehen. Die Rolle des Rabbiners durchlebt größere Veränderungen, als man gemeinhin erkennen kann. Das Folgende mag helfen, etwas von dem deutlich zu machen, was derzeit geschieht.

Jedes Jahr im Januar überprüfen wir die Aufnahmeformulare derer, die sich als Kandidaten für das Rabbinerstudium am Leo Baeck College bewerben. Sie werden gebeten, uns zu sagen, was ein Rabbiner sein und tun sollte. Auch wenn die Antworten von Kandidat zu Kandidat variieren, sind sich diese doch in der enormen Bandbreite der Aufgaben einig, die ein Rabbiner ihrer Meinung nach erfüllen sollte:

- Der Rabbiner soll lernen und lehren: d. h. andere dazu befähigen, miteinander jüdische Studien zu treiben.

- Der Rabbiner soll selbstbewusst führen und tiefe Demut empfinden. Er soll stark genug sein, um nicht auf Bestätigung oder Lob für die eigene Rolle aus zu sein.

- Der Rabbiner soll ein geistlicher und spiritueller Leiter, Lehrer und Berater sein. Als Rabbiner soll er ein Beispiel dafür sein, wie man jüdisch lebt.

- Eigenschaften des Rabbiners: Mitgefühl, Integrität, Ruhe, Charakter- und Geistesstärke, Sinn für Humor, Liebe zu Gott und zum Judentum.

- Der Rabbiner repräsentiert das Judentum gegenüber der jüdischen Gemeinde und der nichtjüdischen Welt.

- Der Rabbiner soll den Gemeindegottesdienst leiten, seelsorgerische Arbeit und Sozialarbeit leisten.

- Der Rabbiner soll eine Verbindung zwischen dem Volk und der jüdischen Tradition schaffen.

- Der Rabbiner soll ein geistlicher und spiritueller Leiter und ein Diplomat im Umgang mit der Gemeinde sein. Er muss vielseitige Fähigkeiten im Bereich der Beratung haben und Quelle der Inspiration für andere sein.

- Der Rabbiner soll aktiv in der Gemeinde sein und weiter um seine persönliche Entwicklung bemüht sein. Er soll von Stolz erfüllt sein, Jude zu sein.

- Der Rabbiner soll in Krisen und Notsituationen immer erreichbar sein.

- Der Rabbiner steht mit im Zentrum der Gemeinde. Er ist es, der in spirituellen und materiellen Dingen den Ton angibt.

Dieses weite Spektrum von Aufgaben und Fähigkeiten spiegelt recht gut die verschiedenen Erwartungen wider, die Menschen an den Rabbiner haben. Es zeigt die Möglichkeiten, die diese Rolle mit sich bringt, aber auch die große Belastung, die ein Rabbiner tragen muss. Die Kandidaten sehen ihren Rabbiner mit den Augen des Durchschnittsmitglieds einer Gemeinde, das positive wie negative Seiten feststellt. Auf der einen Seite gibt es den alten Witz vom Rabbiner, der sechs Tage in der Woche unsichtbar und am siebten unverständlich ist. Auf der anderen Seite steht oft der tiefe Respekt vor einem bestimmten Rabbiner, der einen wichtigen Einfluss auf die Menschen ausübt. Denn mancher Rabbiner ist in der Tat ein Berater und Freund, der Einzelne und Familien in allen Phasen ihres Lebens unterstützt, ihre Freude teilt und sie in Zeiten der Trauer und Not tröstet. Von einem Rabbiner wird auch erwartet, dass er ein Lehrer der Jungen und Alten ist, obwohl nicht alle Rabbiner gleich gut mit unterschiedlichen Altersgruppen zurechtkommen.
Er oder sie sollen geistliche Leiter einer Gemeinde sein – obwohl auch hierin eine innere Spannung liegt, denn Rabbiner sind bezahlte Angestellte der Gemeinde. Sie müssen lernen, einen heiklen Balance-Akt zu meistern zwischen ihren eigenen Zielen als Leiter der Gemeinde und einer sich verändernden ehrenamtlichen Leitung, die vielleicht ganz andere Prioritäten setzt, aber das Gehalt des Rabbiners bezahlt.
Der Rabbiner kann der einzige „Profi“ sein, der in einer Synagoge arbeitet, so dass viele Aufgaben, die normalerweise der Verwaltung zufallen müssten, an ihm(r) hängen. Wie befreit man sich von solchen Lasten, damit man Dinge tun kann, die man für wirklich wichtig erachtet? Und wie hält man an Prioritäten fest, wenn jeden Moment das Telefon schellen kann mit der Nachricht von einem Todesfall oder Notfall, der wichtiger ist als eine Predigt, die man gleichwohl rechtzeitig fertig schreiben muss?
Wenn noch andere Menschen, Leiter oder Erzieher, für die Synagoge arbeiten, kann es sein, dass der Rabbiner auch Managerfertigkeiten

entwickeln muss, um mit diesem Team zu arbeiten und sicherzustellen, dass die vielen zur Verfügung stehenden Kräfte optimal eingesetzt werden. Einige dieser Rollen wären einem Rabbiner vor nur wenigen Generationen sehr merkwürdig erschienen. Damals besaß er eine weitaus größere Autorität als Richter und Gebieter in den praktischen Dingen des Gemeindelebens, und es wurde von ihm erwartet, dass er weit mehr Zeit seines Lebens für das Studium verwandte. In unserem demokratischeren Zeitalter ist die Distanz zum Rabbiner geschrumpft, und wenn er heute in seiner Gemeinde Autorität besitzt, dann weniger wegen seines Titels, sondern eher, weil er sich als Persönlichkeit Autorität erworben hat.

Es dürfte klar geworden sein, dass schon der Titel „Rabbiner" zu viele Erwartungen weckt. Niemand kann alle gut (und gleichzeitig!) erfüllen – ein großes Problem für viele Rabbiner. Wenn die Erwartungen so unrealistisch sind, wie akzeptiert man dann seine eigenen Grenzen? Woher nimmt man das Selbstbewusstsein, um zuzugeben, dass man eben nicht alles tun kann, dass man wie jeder andere Stärken und Schwächen hat und lernen muss, seine Arbeit so zu tun, dass die Stärken zum Tragen kommen? Und wie stellt man sicher, dass andere die Dinge übernehmen, die man selbst nicht gut kann? Wie führt man seine Gemeinde zu der Einsicht, dass ein Rabbiner auch nur ein Mensch ist, um eine realistischere Aufgabenteilung zu erreichen? Welche Art Unterstützung oder Kontrolle braucht man persönlich angesichts der Last, die man trägt? Wie verwaltet man seine Zeit und setzt unter so enormem Druck Grenzen? Das für den Rabbiner vielleicht schwerste Wort heißt „Nein!"

Die meisten Rabbiner sind sich dieser Probleme schmerzlich bewusst – und schreiben sie ihrer eigenen Unzulänglichkeit zu. Das Problem sind nicht so sehr die Rollen, die sie meinen ausfüllen zu müssen, denn die meisten sind getragen von Idealismus, spirituellem Engagement und dem Willen, dem jüdischen Volk zu dienen. Es ist eher die fehlende Grenzziehung, die Vermischung von öffentlichem und privatem Leben und die Annahme, dass ein Rabbiner stets verfügbar sein müsse, ein Workaholic, der vierundzwanzig Stunden im Dienst seiner Gemeinde steht. Allzu oft ist es nicht nur der Rabbiner, der unter genauer Beobachtung steht, sondern auch sein Partner und die Kinder, die dabei beträchtlich leiden können. Sie erleben womöglich, dass die Gemeinde und ihre Bedürfnisse grundsätzlich an erster Stelle, d. h.

vor der Familie, stehen. Das Rabbinat ist aber einer der wenigen Berufe, in dem es nicht nur auf Wissen und Können ankommt, sondern auch darauf, wer und was man ist, ein Mensch, der mit seinem ganzen Leben im Dienst der jüdischen Welt und der weiteren Gesellschaft steht.

Ich fürchte, ich habe, ohne dass ich es wollte, ein eher düsteres Bild gezeichnet. Es ist aber nun einmal so, dass in einer modernen Gesellschaft mit all ihren Herausforderungen und Spannungen und angesichts der Tragik jüdischen Lebens in diesem Jahrhundert, mit all den Narben, die es hinterlassen hat, der Rabbiner einer der wenigen „Allrounder“ und oftmals der Erste ist, der mit den Problemen anderer konfrontiert wird. So steht der Rabbiner irgendwo zwischen einem Allgemeinmediziner und einem „Gesandten“, der das Judentum vor der ganzen Welt repräsentiert. Wie speist man in einem solch anspruchsvollen Beruf seine eigenen inneren spirituellen, intellektuellen und emotionalen Ressourcen?

In einer öffentlichen Diskussion zu diesem Thema bin ich einmal von jemandem kritisiert worden, der es als falsch empfand, vom Rabbinat als einem „Beruf“ zu sprechen. Selbstverständlich sei es eine „Berufung“, ein Ruf, Gott zu dienen. Der Mann hatte Recht, diesen Punkt anzusprechen, aber ich wies darauf hin, dass ein Rabbiner, um zu überleben, über eine Vielzahl professioneller Fähigkeiten verfügen müsse, erworben in fünf Studienjahren und stets weiterentwickelt und verfeinert in den Jahren des Dienstes an der Gemeinde. Die Wahrheit ist, dass der moderne Rabbiner beiden Forderungen entsprechen muss. Er muss in einem hoch komplexen Beruf eine spirituelle Dimension hineintragen und mit professionellen Fähigkeiten zur geistlichen Entwicklung einer jüdischen Gemeinde beitragen.

Wie ertragen Rabbiner diesen Druck? Kurz gesagt: schlecht. Viele unter ihnen leiden unter den Symptomen, die mit außerordentlichem beruflichen Stress einhergehen – gesundheitliche Probleme, psychische Belastungen und privates Scheitern. Wie andere Persönlichkeiten, die im Licht der Öffentlichkeit stehen, scheinen Rabbiner besonders attraktiv für das andere Geschlecht zu sein, und Verfehlungen, die das ganze Leben ruinieren können, sind nicht unbekannt. In vielen Fällen führt der Weg von leichter Erschöpfung zu schwerem Burn-out. Immer wieder wird die Geschichte aus Amerika erzählt: Bei einer Rabbinerkonferenz hört man eine Ansage über den Hotellautsprecher: „Alle Rabbiner, die in ihrer gegenwärtigen Arbeit glücklich sind, mögen sich bitte zu einem Treffen im Telefonhäuschen in der Lobby einfinden!"

Möglich, dass die nicht-orthodoxen Rabbiner es schlechter getroffen haben als ihre orthodoxen Kollegen. Deren Aufgaben scheinen, zumindest von außen betrachtet, klarer definiert und begrenzt – aber das mag eine Illusion sein. In manchen Gruppen hat man wohl eher die Freiheit, seine Probleme anzusprechen, als in anderen.

Dennoch könnten zwei Faktoren an diesem Druck etwas ändern oder ihn zumindest mildern. Erstens: die Anerkennung, dass fehlende Grenzen und unrealistische Erwartungen ein Problem darstellen. Dann kann man nach möglichen Wegen zur Unterstützung des Rabbiners suchen – seien es mehr Kollegialität und Arbeitsteilung oder Supervision nach Modellen aus Sozialarbeit und Beratung.

Zweitens: die wachsende Anzahl von weiblichen Rabbinern, die mittlerweile von ihren Versuchen, die männlichen Kollegen in ihren schlimmsten Formen von Workaholism nachzuahmen, Abstand genommen haben. Rabbinerinnen mit Familien engagieren sich noch immer mehr im Haushalt und in der Kindererziehung als ihre männlichen Kollegen. Dies ist eines der Ergebnisse von Untersuchungen, die Rabbinerinnen in Amerika selbst durchgeführt haben. Ganz praktisch heißt das, dass weniger Zeit für die Gemeinde zur Verfügung steht. Also müssen andere Arbeitsweisen gesucht und die Rollen klar definiert werden; Laien und Angehörige anderer Berufsgruppen müssen Aufgaben übernehmen. Privatleben und Zeit für die Familie werden inzwischen auch männlichen Rabbinern immer wichtiger, obwohl sich die alte Arbeitsmoral leicht wieder einschleicht.

Verantwortung kann eine große Last sein. Dazu kommt oft das Gefühl der Unzulänglichkeit, wenn man mit den großen Persönlichkeiten der Vergangenheit verglichen wird und sich einer großen Tradition gegenübersieht, die niemals ausreichend studiert und verstanden werden kann. Zwei Aussprüche sollen für diese Art der persönlichen Herausforderung stehen. Einer ist von Rabbiner Dr. Leo Baeck, der führenden Persönlichkeit in der dunkelsten Stunde des deutschen Judentums, der das Konzentrationslager Theresienstadt überlebte: „Nicht die Predigt des Predigers ist die Botschaft, sondern der Mensch selbst." Wenige Rabbiner würden diesem Satz nicht zustimmen, in stillen Stunden aber müssen sie vor seiner Tragweite erschaudern. Der andere Ausspruch stammt von Sussja von Hanipol, einer seltsamen ekstatischen Persönlichkeit aus der Zeit des frühen Christentums. Als er über sein Ende nachdachte und wie es wohl sein würde, vor Gericht zu stehen, sagte er zu sich selbst: „Wenn sie mich fragen: ‚Sussja, Sussja, warum konntest du nicht sein wie Mose?', dann kann ich sagen: ‚Wie könnte ich wie Mose sein? Ich bin nur Sussja!' Aber wenn sie mich fragen: ‚Sussja, Sussja, warum konntest du nicht sein wie Sussja?', was werde ich dann sagen?"

Wenn alles oben Gesagte zu deprimierend erscheint, hilft vielleicht der folgende Text von Rabbinerin Alexandra Wright, einen Ausgleich zu schaffen:

Das Verhältnis eines Rabbiners zu seiner Gemeinde ist lebendig und einzigartig. Welcher andere Mensch wird in so viel intime und persönliche Vorgänge einer Gruppe von Menschen eingeweiht? Welcher andere Mensch kann Kinder in einer Gemeinde aufwachsen sehen, kann sehen, wie sie ins Jugendalter kommen und ins Erwachsenenleben übergehen? Welcher andere Mensch kann bei der Familie eines Sterbenden sitzen und weinen, mit ihnen sein, ihnen über die Beerdigung und Schiw'a (Trauerzeit) helfen und die unsichtbare Hand der Zeit den Heilungsprozess tun sehen? Wie viele Male muss sich ein Rabbiner dem harten und schmerzlichen Wissen stellen, dass nicht alles mit der Welt in Ordnung ist – dass Ehen kriseln und scheitern, dass Kinder unter Grausamkeit oder einfach unter Mangel an Verständnis für ihre Bedürfnisse leiden, dass Zynismus und Einsamkeit, Krankheit und verlängertes Leiden herrschen? Wieder und wieder muss man von dieser Einsicht und ihrem Empfinden im Mikrokosmos der eigenen Erfahrung hin zum Bekenntnis der alles durchdringenden Güte und Gerechtigkeit Gottes gelangen. Ich sehe mich selbst an einer Art Schwelle leben, mein Glaube an Gott und die immanente Ordnung des Universums wird beständig in Frage gestellt, erschüttert durch Dinge, von denen ich Zeuge werde, und doch lebe ich gleichzeitig als Teil einer Gemeinde, als der privilegierte Zeuge von Dankbarkeit, Liebe und Wohltätigkeit. Es gibt Wiederherstellung, und meine Heilung vollzieht sich inmitten des Lärms und der Umtriebigkeit des Gemeindelebens und der Beziehungen, die hier gelebt werden.[2]

Es scheint mir passend, dieses Kapitel mit einem Lobspruch zu schließen, der wahrscheinlich ursprünglich in das *Kaddisch*, das Gedenkgebet, eingefügt war, um an das Hinscheiden eines großen Lehrers zu erinnern. Was auch immer sein Ursprung ist, es bittet darum, dass Rabbiner die praktische und geistliche Unterstützung erhalten mögen, die sie brauchen.

Frieden in Fülle komme über Israel und über die Gelehrten, über ihre Studierenden und deren Schülerinnen und Schüler. Friede in Fülle komme über jeden Menschen, der sich mit der Tora beschäftigt, sei es an diesem Ort oder an anderen Orten. Friede in Fülle komme über sie und über euch, Gnade und Liebe sei mit ihnen und mit euch, Erbarmen, ein langes und erfülltes Leben, und Erlösung von Gott, der Quelle allen Lebens, dem Ursprung aller Weisheit. (Seder ha-Tefillot)

Literaturhinweise

M. Keller/A. Nachama (Hg.), Henry G. Brandt. Freude an der Tora. Freude am Dialog. Bochum 2002. (s. S. 127ff.: Aus dem Leben eines Rabbiners)

G. Stemberger, Einleitung in Talmud und Midrasch. 8. Auflage, München 1992.

7

Sieben Tage, am Ende der Schabbat

Über Schabbat und die jüdische Liturgie

Der große Vertreter des kulturellen Zionismus, Achad HaAm (Ascher Ginzberg, 1856-1927), schrieb: „Je mehr Israel den Schabbat hielt, umso mehr hielt der Schabbat Israel." Sicherlich geißelten einige der biblischen Propheten Israel dafür, dass sie am Schabbat ihren Geschäften nachgingen, und es war das ewige Thema der Predigten meiner Kindheit. Der Schabbat ist jedoch zweifelsohne ein zentraler Pfeiler jüdischen Lebens. Diese Absonderung auf eine Insel in der Zeit, einen besonderen Tag, gehört zu einer ganzen Vielzahl von „Absonderungen" und „Unterscheidungen" innerhalb des Judentums. Der bloße Akt der Schöpfung beginnt mit eben einer solchen Abfolge von Teilungen und Trennungen: zwischen Licht und Dunkelheit, Tag und Nacht, den Wassern oberhalb des Firmamentes und den Wassern darunter. Mit jeder weiteren Unterscheidung werden Aufgaben zugewiesen und Grenzen gezogen. Der Zeit wird ebenfalls ihre besondere Bestimmung gegeben – es gibt sechs Tage zur Verrichtung der Arbeit und einen siebten zum Ausruhen. „Christen haben Kathedralen im Raum gebaut, Juden in der Zeit", so heißt ein bekannter Satz. Der Schabbat ist genau das. Ich ziehe es übrigens vor, das hebräische Wort Schabbat zu verwenden, weil es andere Assoziationen weckt als das deutsche „Sabbat" – wobei interessant ist festzuhalten, dass „Sabbat" ein Lehnwort ist, wahrscheinlich weil es im Deutschen kein entsprechendes Wort und auch keine Sache gab, die ihm entsprochen hätte. Die Entwicklung des Schabbat und seine Einzigartigkeit ist von Solomon Goldman treffend beschrieben worden:

Der (jüdische) Schabbat, wie wir ihn kennen, ist in seiner Form weitaus differenzierter als sein biblischer Prototyp. Denn er ist das Produkt einer Mischung aus tiefem Glauben, dichterischer Vorstellungskraft, ungeheuer phantasievoller Eingebung, juristischem Scharfsinn, theologischer Spekulation, exzessiver Frömmigkeit, erdrückender Armut, bitterer Demüti-

gung, von Exil und Verfolgung, gesundem Menschenverstand und der reinen Liebe zum Leben. Rabbinischer wie biblischer Schabbat strebten nach denselben Zielen, von denen alle in einem einzigen, vielleicht unerreichbaren Ideal münden sollten: Erstens sollte es ein Tag physischer Erholung sein, vollständiger Ruhe, da alle Arten von Arbeit, wie Lasten tragen, die Weinpresse bedienen, Dreschen, Ernten, Kaufen und Verkaufen verboten waren. Zweitens sollte er den Menschen lehren, gut zum Vieh und besonders zu seinem Nächsten zu sein, egal, ob Sklave oder Fremder. Es sollte, drittens, ein fröhlicher Tag sein, den man zu Hause mit der Familie verbrachte und nicht faulenzend im Freien. Viertens sollte es ein Tag der geistigen Anregung sein, frei von leerem Geschwätz. Fünftens sollte es ein Tag spiritueller Freude und Ekstase sein. Sechstens sollte er das jüdische Volk an Gott binden, als den Schöpfer und denjenigen, der sie als freies Volk berief. Mit anderen Worten: es sollte ein heiliger Tag sein. Ein Tag, an dem der Jude jede Woche einen Vorgeschmack auf eine ideale Weltordnung erhalten sollte, eine Weltordnung, zu deren Verwirklichung er beitragen sollte.[1]

Der Schabbat, zumindest in seiner weltlichen Verkleidung als „Wochenende", ist so sehr Teil unseres Daseins, dass wir ihn für gegeben hinnehmen und nicht sehen, welch revolutionäres Ereignis er ursprünglich war. Obwohl die Welt des Alten Orient schon den siebten Tag im Mondkalender als etwas Besonderes betrachtete, oft als einen Tag mit schlechtem Omen, war jener doch immer an den Mondkalender gebunden. Der biblische Schabbat dagegen setzte ein völlig „künstliches" Zeitmaß in Kraft, indem er die Zeit formal in sechs Arbeitstage und einen siebten, den Ruhetag, einteilte. Weil der Mondmonat nicht genau 28 Tage beträgt, bricht der Schabbat die Macht des Mondes durch einen festen Rhythmus. Er legt der Welt praktisch Gottes Zeit auf, und auf diese Art beweist die Bibel ein weiteres Mal, dass Gott der Schöpfer und Herr des Universums ist, der Herrscher über die Natur und nicht ihr Untertan – ein revolutionäres Postulat in einer Welt, in der den Kräften der Natur gehuldigt wurde. Darüber hinaus stiftete der Schabbat mit seinem Bestehen auf der Freiheit des Menschen und einem Recht auf Ruhe Verwirrung bei den Völkern, mit denen Juden in Kontakt kamen – und das noch lange Zeit, nachdem er längst integraler Bestandteil des jüdischen Lebens geworden war. Der Schabbat beginnt und endet mit „Trennungen". Die Lobsprüche, die wir am Freitagabend über den Wein und den Tag selbst sprechen, kennt man unter dem Namen *Kiddusch*, „Heiligung". Der Übersetzung „Heiligung" fehlen indes eine Vielzahl von Nuancen der hebräischen Wurzel *kadosch* in ihrem ursprünglichen Sinn von „Trennung", „Abgesondertsein". Am Ende von Gottes Schöpfungswerk „segnete Gott den siebten Tag" und *wajekadesch,* „machte ihn einzig", denn an diesem Tage ließ Gott von seinem Werk ab, das Er gemacht und geschaffen hatte." (Gen 2,3) Indem wir einen Lobspruch über die besondere Natur des Schabbat sprechen und ihn hereinbitten, „preisen" wir ihn, „unterscheiden" ihn, „heben ihn heraus", rufen seine „Heiligkeit" aus, sein „Anderssein", und machen ihn damit „heilig".

Gepriesen seist du, Ewiger, unser Gott; du regierst die Welt. Du hast uns durch deine Gebote geheiligt. Du hast Gefallen an uns. Du lässt uns teilhaben an Deinem heiligen Ruhetag, der daran erinnert, dass Du alles geschaffen hast. Es ist der erste Tag der „Tage heiliger Versammlung", eine Erinnerung an den Auszug aus Ägypten. Du hast uns dazu erwählt, heilig zu sein unter allen Völkern. Du lässt uns in Liebe und Wohlgefallen teilhaben an Deinem heiligen Ruhetag. Gepriesen seist du, Ewiger. Du hast den Schabbat geheiligt. (Seder ha-Tefillot, Bd. I, S. 143)

Der Lobspruch spricht aus, dass der Schabbat zwei Dinge in Erinnerung ruft: die Schöpfung der Welt und den Auszug aus Ägypten – eine Spiegelung der beiden Gründe für den Schabbat, wie sie in den zwei Fassungen der Zehn Gebote genannt sind. (Ex 20 und Dtn 5). Durch die Verkündung der Heiligkeit, des Andersseins des Schabbat erschaffen wir diese besondere, andersartige Zeit, diesen Lebensraum in der Welt. Je nachdem, wie wir persönlich dazu stehen, kann er als eine enorme Befreiung von den Mühen des Alltags erscheinen, als ein Tag des Lichts, der Freiheit und der Freude, oder als eine schwierige Zeit, voller scheinbarer Beschränkungen und Unannehmlichkeiten, ohne die man es leichter hat. Eine dritte Möglichkeit ist es, bei der Wahl der Dinge, die man einhält, selektiv vorzugehen –, was uns an die berühmte Antwort von Jesus erinnert, als er beschuldigt wurde, am Schabbat etwas zu tun, was nicht im Sinne des Gesetzes war: „Der Schabbat wurde für den Menschen gemacht und nicht der Mensch für den Schabbat." (Mk 2,27) Dieselbe Redensart kann man im Midrasch im Namen von Simon ben Menassja finden(Mechilta Ki Tissa

Schabbat 12), was darauf schließen lässt, dass beide einen Ausspruch zitierten, der schon lange bekannt war und dass Diskussionen darüber, wie der Schabbat begangen werden sollte, so alt sind wie der Schabbat selbst. Es erfordert viel Willenskraft und Phantasie, um den Schabbat durch persönlichen Einsatz zum Leben zu erwecken, einen Schabbat, der sich über unsere gängige Vorstellung von Freizeit hinwegsetzt. Denn *Kiddusch* bedeutet nicht nur „Trennung“ sondern auch „Freihalten“. In der jüdischen Hochzeitszeremonie, bekannt als *Kidduschin*, sagt der Bräutigam (und heute in nicht-orthodoxen Zeremonien auch die Braut): „Siehe, du bist *mekudeschet* („mir freigehalten“) (...)“ Indem wir den *Kiddusch* sprechen, reservieren wir diesen Tag für Gott, richten wir uns nach dem Einen aus, der gänzlich anders ist, und können in der Tat die Dimensionen von Schabbat erleben, die Solomon Goldman oben beschrieben hat. Der Schabbat ist nur im Kontrast zur Arbeitswoche „besonders“, und die Arbeitswelt soll in keiner Weise verachtet oder gering geschätzt werden, denn auch sie ist genauso ein Teil der göttlichen Schöpfung. Der Schabbat betont zwei verschiedenartige Blickwinkel auf diese Welt, die wir stets begreifen und in Erinnerung behalten müssen, wenn wir in ihr existieren und funktionieren wollen: erstens, dass die Welt Gottes Schöpfung ist, was unserem Streben, ob persönlich oder kollektiv, Grenzen setzt und uns hindert, die Welt auszubeuten. Eine Fülle biblischer Texte beschäftigt sich, ob gesetzlich, poetisch und prophetisch, mit unserer Verantwortung gegenüber der Erde, einschließlich ihrem Bedürfnis nach ihrem eigenen siebenjährlichen Schabbat. In diesem Sinne greift die Bibel bereits um drei Jahrtausende unseren verspäteten ökologischen Überlegungen vor. Zweitens wird durch den Verweis auf den Auszug aus Ägypten unserem Recht, uns gegenseitig auszunutzen und zu versklaven, eine Grenze gesetzt. Beide Ideen greift der Psychoanalytiker Erich Fromm auf:

Ziel des Menschen ist es, wieder in Frieden und Harmonie mit seinem Mitmenschen zu leben, mit den Tieren und mit der Erde. Diese neue Harmonie jedoch ist anders als die im Paradies. Sie kann heute nur erreicht werden, wenn sich der Mensch vollkommen entwickelt, um wahrhaft menschlich zu werden, indem er die Wahrheit kennt und gerecht handelt, indem er seine Verstandeskraft entwickelt zu einem Maße, das ihn aus der Sklaverei des Menschen und irrationaler Leidenschaften be-

freit (...) Am Schabbat, im Zustand der Ruhe, greift der Mensch dem Zustand der menschlichen Freiheit vor, der vielleicht einmal erfüllt sein wird, wenn der Messias kommt. Die Beziehung zwischen Mensch und Natur und Mensch und Mensch ist eine voller Harmonie, Frieden und Nichteinmischung. Ist die Arbeit ein Symbol für Konflikt und Disharmonie, so ist das Ruhen ein Ausdruck von Würde, Frieden und Freiheit (...) Darum ist das Schabbatgebot einerseits motiviert durch Gottes Ruhen und andererseits durch die Befreiung aus Ägypten. Beide bedeuten sie das gleiche und interpretieren einander. Ruhen ist Freiheit.[3]

Die theoretische oder intellektuelle Wahrnehmung von „Ruhen“ oder „Freiheit“ reicht nicht aus – ihr Erleben ist es, das Woche für Woche am Schabbat (zumindest im Idealfall) das Einfließen solcher Werte in die Welt zulässt. Aber dafür muss die Erfahrung von Ruhe und Freiheit bewusst hergestellt werden. Vorbereitungen müssen getroffen werden, der Tag muss eine bestimmte Ordnung haben, denn Muster, Gewohnheit und Vertrautheit schaffen den Rahmen, in dem Einzigartigkeit und Spontaneität ihren Platz finden. Der Schabbat verlangt ebenfalls seine „Arbeit“. Die Zehn Gebote in ihrer Fassung im Buch Exodus ermahnen uns, an den Schabbat zu „erinnern“, was zu der Sitte führte, während der Woche erlesene Speisen zu sammeln und sie für den Schabbat aufzubewahren – so blieb die Beziehung zwischen beiden stets gegenwärtig. Es ist also keine „Trennung“ zwischen zwei Absoluten, sondern ein Kontinuum von Erwartungen, umgrenzt von Zeremonien, die den besonderen Tag eröffnen und abschließen.

Dass der Rest der Woche ebenfalls seine spirituelle Bedeutsamkeit hat, wird durch das Gebetsleben der jüdischen Gemeinde hervorgehoben. Ich kann hier nur auf eins der drei täglichen Gebete eingehen. Weitere Informationen über jüdische Liturgie und Gebet bieten die am Ende des Kapitels angeführten Bücher.

An der Schwelle

Das zentrale Gebet in der jüdischen Liturgie trägt eine ganze Reihe von Namen. Zunächst einmal ist es vor allem *HaTefilla*, „das Gebet“, jenes Gebet, das man dreimal täglich sprechen soll, leicht variiert für

den Schabbat, die Feste und die verschiedenen Jahreszeiten. Es wird auch *Amida* genannt, „das stehende (Gebet)“, weil es stehend vor Gott gesprochen wird. Ja, es ist erwähnenswert, dass Juden im Allgemeinen stehen oder sitzen, wenn sie beten, und den Akt des Kniens oder Niederfallens für bestimmte Tage im Jahr reservieren: die Hohen Feiertage, also Neujahr und den Versöhnungstag, und selbst da tun sie es sehr selten.
Der dritte Name des Gebets ist eine jener hinreißenden Absurditäten oder Widersprüche, die uns daran erinnern, dass Liturgie ein Werk von Menschenhand ist. Es ist als das *Schmone Essre* bekannt, das ist das hebräische Wort für die Zahl 18 und meint 18 Bitten, obwohl das Gebet 19 gesonderte Lobsprüche enthält. Tatsächlich aber muss es einst nur 18 gehabt haben, entweder wurde einer geteilt oder ein anderer hinzugefügt – auf jeden Fall diskutieren die Gelehrten noch immer darüber.

Für unsere Zwecke bedeutsam ist weniger die Anzahl der einzelnen Bitten als die Art und Weise, wie sie angeordnet und strukturiert sind. Sie bestehen aus drei einleitenden und drei abschließenden Bitten, die über das Jahr relativ unverändert bleiben – obwohl kleinere Zusätze die Regenzeit der Natur und die Bußzeit des Jüdischen Neujahres berücksichtigen. Es sind die mittleren dreizehn Lobsprüche (Abschnitte), die Veränderungen unterliegen und am Schabbat als Ganzes durch einen einzigen Lobspruch ersetzt werden, mit einer oder mehreren Abwandlungen für die verschiedenen Feste. Während die dreizehn täglichen Bitten einzeln oder als Ganzes an Gott gerichtet werden, ist der Lobspruch am Schabbat speziell auf das Ruhen ausgerichtet. Es ist, als ob der Schabbat nicht nur ein Ruhetag für uns alle wäre, sondern auch ein freier Tag für Gott, an dem unsere beständigen Bitten um Aufmerksamkeit und Unterstützung enden müssen. Auch wenn dies verrückt erscheint, wurde es mir sehr lebendig, als mir mein Lehrer Raw Sperber es einmal so erklärte: „Denken Sie, sagte er, welche Selbstdisziplin es die Juden in Zeiten großer Not und Leiden gekostet hat, ihren Kummer und ihre Bitten an Gott um Hilfe am Schabbat zurückzuhalten.“ Im Lichte der heldenhaften Selbstbeherrschung betrachtet, nimmt die Veränderung dieses Lobspruchs an Schabbat eine unerwartete Bedeutung an.

Ich besuchte Sperber einmal in Jerusalem, und er erzählte von den schweren Zeiten im Londoner Osten vor dem Krieg. Einmal unternahm er am Nachmittag einen Schabbes-Spaziergang hinaus nach Whitechapel. (Schabbes ist die aschkenasische Aussprache von „Schabbat".) Da begegnete er einem Juden, der ihn fragte, wann Schabbes zu Ende sei. Sperber fragte ihn: „Wenn du an Schabbes arbeitest, warum willst du's denn wissen?" „Ich muss arbeiten, weil Samstag der Tag ist, an dem die Leute bezahlt werden, und wenn ich heute nicht arbeite, hat meine Familie nächste Woche nichts zu essen. Aber ich rauche nicht, weil Schabbes ist." „Du hältst Schabbes", sagte ich ihm, und wir weinten beide, erzählte Raw Sperber. Und an seinem Tisch weinten wir dann erneut.

Die erste der 13 Bitten der Amida ist in mancher Hinsicht ein Schlüssel zum jüdischen Selbstverständnis.

Du begabst den Menschen mit Verstand, das menschliche Wesen lehrst du Vernunft. Lass uns begabt sein mit Verstand, Vernunft und Klugheit. Gepriesen seist du, Ewiger. Du begabst den Menschen mit Verstand. (Seder ha-Tefillot I, S. 179)

Als erstes bittet die Gemeinschaft Israels um Verstand. Möglich, dass die Bemerkung, nach der Gott der Menschheit den Verstand in einem Akt der Gnade gegeben hat, eine rabbinische Behauptung ist und dass das Wissen, das Adam (das Wort, mit dem im Lobspruch der Mensch bezeichnet ist) durch das Essen vom Baum der Erkenntnis im Garten Eden (Gen 2,17) gewonnen hat, nicht negativ betrachtet werden sollte und sicherlich nicht als ein Fall aus der göttlichen Gnade. Der Verstand, wie auch immer wir ihn erlangt haben, ist eine Gegebenheit, etwas, was uns Gott zugeeignet hat, mit dem wir begabt werden, um in der Welt zu überleben. Das Wort „Verstand" ist dasselbe, das auch beim Baum im Garten Eden verwendet wird: „des Verstehens von Gut und Böse". Doch „Gut und Böse" scheint in biblischer Terminologie „alles" zu bedeuten und nicht nur eine moralische Unterscheidung zwischen Gut und Böse. Dasselbe Wort wird für das sexuelle „Erkennen" zwischen Adam und Eva verwendet, als sie zum ersten Mal empfängt. Es ist ein Verstehen, das intuitiv ist und durch Beziehung und Intimität wächst. Das Wort „Vernunft" entstammt einem

Wort, das „zwischen“ bedeutet und Unterscheidungsvermögen nahelegt. Es impliziert unsere Fähigkeit zur Differenzierung und Klärung in der intellektuellen und moralischen Sphäre. Der dritte Begriff „Klugheit“ scheint intellektuelle Fähigkeit zu bedeuten, obwohl es auch das Gespür für das passende und weise Verhalten einschließt, das zum Erfolg in der Welt im materiellen und spirituellen Sinne führt.

In den dann folgenden Lobsprüchen führt diese Klugheit zur Erkenntnis unseres Abstands zu Gott und der steten Notwendigkeit, zu bereuen und Vergebung und Gnade von Gott zu erbitten. Dieses führt wiederum zur Bitte um das Wohlergehen des Einzelnen und der Gemeinde und einer Abfolge von Bitten um die Wiederherstellung des jüdischen Volkes in seinem Land, mit all den messianischen Untertönen, die darin liegen.

Lassen Sie uns zu den einleitenden und abschließenden Lobsprüchen zurückkommen, die den Kontext herstellen, der all den verschiedenen täglichen Gebeten, den Schabbat- und Festgebeten gemeinsam ist.

Gepriesen seist du, Ewiger unser Gott und Gott unserer Vorfahren, Gott Abrahams, Gott Isaaks und Gott Jakobs. Du bist groß und mächtig. Dir gebührt unsere Ehrfurcht. Du bist über alles erhaben. Du vollbringst Wohltaten. Alles hältst du in deiner Hand. Du erinnerst dich an die Frömmigkeit unserer Vorfahren und bringst deshalb liebevoll ihren Enkeln Erlösung um deines Namens willen. Du regierst und hilfst, du bist Rettung und Schutzschild. Gepriesen seist du, Ewiger, unser Gott, Schutzschild Abrahams.

(Wir haben im 4. Kapitel gesehen, wie dieser Absatz in manchen neueren Liturgien geändert worden ist, um neben den Vätern auch die Mütter mit einzuschließen.)

Du bist die nie erschöpfende Kraft, du schenkst Leben angesichts des Todes. Vielfältig sind deine Wege, zu helfen. Die Lebenden ernährst du in großer Güte. In großem Erbarmen schaffst du Leben angesichts des Todes. Du stützt die Fallenden. Du heilst die Kranken. Du befreist die Gebundenen und hältst die Treue denen, die im Staube schlafen. Wer ist wie du, der solche Kraft hätte, und wer ist dir gleich? – Du, Gott, hast Macht über

Tod und Leben, und du lässt Hilfe sprossen. Du bist treu, Leben angesichts des Todes zu schaffen. Gepriesen seist du, Ewiger. Du schenkst Leben angesichts des Todes.

Der erste Lobspruch ist beinahe eine Anthologie der in der Bibel für Gott verwendeten Namen. Gott, der auch der Gott unserer Vorfahren ist, ist der „große, der allmächtige und der Ehrfurcht gebietende Gott" (Dtn 10,17). Der Name selbst, wie wir in Kapitel 1 bemerkt haben, wurde von Melchisedek eingeführt, dem König von Salem (Jerusalem), als er Abraham segnete (Gen 14,20). Von dem Satz „Der deine (Abrahams) Feinde in deine Hand geliefert (*migen*) hat" wird der abschließende Satz des Abschnitts „Schutzschild (*magen*) Abrahams" abgeleitet.

Der Abschnitt scheint eine Möglichkeit zu sein, diese Namen und damit alle Eigenschaften und Attribute Gottes, die den Israeliten und der jüdischen Tradition bekannt sind, zusammenzufassen. All diese Namen stehen für Aspekte desselben Gottes und werden im Moment seines Anrufens in Erinnerung gebracht.

Der zweite Abschitt konzentriert sich auf Gott als den Herrn über Leben und Tod, besonders mit Blick auf die Erweckung der Toten. Wie der erste Lobspruch sich auf die Beziehung von Israel und Gott in der Geschichte konzentriert, so erinnert der zweite an die tägliche Versorgung und Nahrung, die wir erhalten, im Leben und sogar darüber hinaus. Aber die Betonung auf der Erweckung der Toten ist auch ein Verweis auf eine alte innerjüdische religiöse Kontroverse über die physische Erweckung, die schließlich Teil des Konfliktes zwischen den Sadduzäern, den Erben der alten priesterlichen Traditionen, und den Pharisäern wurde, den Schöpfern des späteren normativen rabbinischen Judentums. Dies ist ein weiterer Hinweis darauf, dass Liturgien neben ihrem offensichtlichen spirituellen Inhalt immer auch einen gesellschaftlichen und politischen Zweck verfolgen.

Der dritte Abschnitt ist eng verbunden mit dem sechsten Kapitel des Buches Jesaja, in dem der Prophet eine Vision von Gottes Thron im Tempel hat und die Serafim sieht, feurige Engelwesen, die an der Seite Gottes stehen und Gottes Lob mit den Worten besingen: „Heilig,

heilig, heilig ist Adonai Zewaot, die ganze Erde ist erfüllt von seiner Ehre.“ (Jes 6,3) Dieser Lobspruch wird in den verschiedenen täglichen und festtäglichen Gottesdiensten beträchtlich erweitert und enthält dann den Abschnitt aus Jesaja und andere damit verknüpfte Textabschnitte. Er zwingt uns so, über unsere eigenen menschlichen Dimensionen und Bedürfnisse hinauszuwachsen, hin zu einer Anerkennung jener transzendenten Realität jenseits unseres eigenen Auffassungsvermögens, in der wir Gott zu begegnen suchen. Der Gott, dem wir uns gleich unseren Vorfahren nähern können, der da ist, um unsere menschlichen Bedürfnisse zu befriedigen, ist gleichzeitig gänzlich außerhalb unserer begrenzten Wahrnehmung und Kontrolle, ein Gott, der die kosmischen Kräfte der Natur und Myriaden von unkennbaren Welten und Wesen regiert. Wir müssen mit dieser doppelten Realität leben. In Anerkennung dessen entwickelte sich eine Tradition: Während wir die Worte „heilig, heilig, heilig“ sprechen, stellen wir uns auf die Zehenspitzen, so als wollten wir die göttlichen Höhen erreichen, wo die Engel Gottes Lob singen.

Behalten wir für einen Moment die drei Lobsprüche, die auch bekannt sind als *Awot* (Ahnen), *Gewurot* (Mächte – Gottes) und *Keduschot* (Heiligkeit) im Gedächtis, um uns den abschließenden drei Lobsprüchen zuzuwenden.

Habe Gefallen an deinem Volk Israel und höre seine Gebete. In großem Erbarmen finde Gefallen an uns und lass deine Gegenwart über Zion ruhen. Lass unsere Augen Ausschau halten nach deiner Rückkehr zum Zion in Erbarmen. Gepriesen seist du, Ewiger. Du lässt deine Gegenwart nach Zion zurückkehren. (Seder ha-Tefillot I, S. 181)
Wir danken Dir, denn Du bist der Ewige, unser Gott und der Gott unserer Vorfahren, seit eh und je. Wir danken dir, denn du bist unser Fels und das Fundament, auf dem unser Leben ruht. Deine Hilfe haben wir zum Schutzschild – Fels und Schutzschild bist du uns seit eh und je. Wir loben dich und erzählen von deinem Ruhm. Wir loben dich für unser Leben, das in deine Hand gegeben ist, und für unsere Seele, die dir anvertraut ist; für die Zeichen deiner Gegenwart, die uns täglich umgeben, für die Wunder und Wohltaten zu jeder Zeit, abends, morgens und mittags. Du bist gut, denn dein Erbarmen wird niemals aufhören. Du bist barmherzig, denn deine Gnade wird niemals versiegen. Von jeher hofften wir auf dich!

Für all dies preisen wir dich und erheben und rühmen deinen Namen, unser Herrscher, allezeit. Alles, was lebt, möge dir danken. Und man soll deinen großen Namen loben und preisen in Wahrhaftigkeit. Preisen soll man dich, Gott, unsere Hilfe und unsere Rettung. Gepriesen seist du, Ewiger. „Guter Gott" – das ist dein Name. Schön ist es, dich zu loben. (Seder ha-Tefillot I, S. 183)

Friede in Fülle verleihe deinem Volk Israel zu jeder Zeit, denn du hast die Macht, du bist der Ursprung des Friedens. Du mögest Freude daran haben, dein Volk Israel mit deinem Frieden zu segnen, zu jeder Zeit und zu jeder Stunde. Gepriesen seist du, Ewiger. Du segnest dein Volk Israel mit Frieden. (Seder ha-Tefillot I, S. 185)

Wieder geht ein klares Muster aus dieser Abfolge hervor. Der erste Lobspruch, *Reze,* ist eine Art zu sagen: „Bitte nimm alle Bittgebete an, die wir soeben vor dich gelegt haben." Besonders wird darin die Bitte eines Volkes im Exil laut, das Gott anfleht, zurückkehren und den Opfergottesdienst im Tempel wiederherstellen zu dürfen.

In Dankbarkeit für empfangene Wohltaten und offensichtlich in hoffnungsvoller Erwartung all der neuen, die in der Zukunft kommen sollen, ist *Modim* („wir danken") eine öffentliche Anerkennung von Gottes Güte durch Dankgebet und Lob. Es ist eine machtvolle Bestätigung der wunderbaren Natur des Lebens an sich und der ganz handfesten Realitäten der alltäglichen Existenz.

Der dritte Abschnitt ist eine Art Abschied. In der morgendlichen Version ist er etwas länger als in der hier zitierten Abendversion. Als Bitte um Frieden ist er tatsächlich eine liturgische Entsprechung zur Standardformel des hebräischen und arabischen „Friede sei mit euch", „Schalom Alejchem". In der kürzeren Version wird er *Schalom Raw* („großer Frieden") genannt, *Sim Schalom* („Gib Frieden") in der längeren.

Welches Bild oder welche gedankliche Voraussetzung steht hinter diesen sechs eröffnenden und abschließenden Abschnitten? Vielleicht das Eintreten einer Gruppe von Bittstellern am Hofe eines Königs. Beim Hereinkommen entbieten sie ihre Reverenz: „Wir sind die Kinder von Abraham, Isaak und Jakob, mit denen Du eine besondere Beziehung

hattest.“ Danach wird der König seiner vielen Eigenschaften wegen gepriesen und besonders dafür, dass er die Macht über Leben und Tod der Bittsteller in Händen hält. Um nicht zu fordernd oder opportunistisch zu erscheinen, anerkennen sie, dass der König „heilig“ ist, über jedes Lob erhaben, das sie ihm je darbringen könnten, und dass sie vollkommen abhängig sind von seiner Großzügigkeit, auf die sie keinen rechten Einfluss haben können. Welche Wirkung die Erfüllung eines solchen „höfischen Protokolls“ auf den König auch haben mag, es ist für die Bittsteller eine stete Mahnung, sich ihres eigenen Standes am Hofe bewusst zu bleiben.
Beim Hinausgehen erbitten sie, wobei sie sich nach hinten abtretend vor der Gegenwart Gottes verneigen, dass ihre Anfrage erhört werden möge. Sie danken dem König im Voraus für seine großzügige Antwort und verabschieden sich mit einem Friedensgruß.

In diesem Lichte betrachtet, wird nicht nur die Struktur des Gebets klar, sondern auch seine gesamte psychologische und theologische Untermauerung. Wir erscheinen als vollkommen abhängige Bittsteller vor unserem Herrn, der alle Macht über Leben und Tod in seinen Händen hält. Es ist kein Bild, das sich leicht akzeptieren lässt, zumal für uns, die wir in einer demokratischen Gesellschaft leben. Das Wort „König“, „Herrscher“ (*Melech*), das in dieser Liturgie von zentraler Bedeutung ist, ist für jemanden wie mich, der in Großbritannien mit einer nahezu machtlosen konstitutionellen Monarchin lebt, problematisch. Für ihn müsste es eher „Diktator“ als „König“ heißen. Das aber bringt zu viele Bilder von Grausamkeit und Willkür mit sich. Es ist nicht leicht, eine Beziehung zu solchen Gebeten zu entwickeln, wenn man sie einmal genauer durchdenkt. Stattdessen nehmen wir sie meistens als gegeben und füllen sie mit unserer eigenen Bedeutung, besonders, da sie gewöhnlich auf Hebräisch gebetet werden, was ihnen eine gewisse Entrücktheit, um nicht zu sagen etwas Mysteriöses verleiht.

Zurück zur Struktur des Gebetes:

Awot (Väter)
Gewurot (Machterweise)
Keduschot (Heilige Wesen)

Bitten	(dreizehn Bitten)
Reze	(Mögest Du bitte)
Modim	(Wir danken)
Schalom	(Friede)

Auch auf die Gefahr hin, etwas respektlos zu erscheinen, möchte ich diese etwas ungewohnte Struktur einer Liste gegenüberstellen, die man aus einer anderen Welt etwas besser kennt:

Awot (Väter)	Anwesenheitsprüfung
Gewurot (Machterweise)	Protokoll
Keduschot (Heilige Wesen)	TOPs (Tagungsordnungspunkte)
Bitten (dreizehn Bitten)	Zeitplan
Reze (Mögest Du bitte)	Verschiedenes
Modim (Wir danken)	Danksagungen
Schalom (Friede)	Beschluss

Unschwer lässt sich dieser Liste der Ablauf einer normalen Sitzung entnehmen. Aus jüdischer Perspektive liegt darin eine bestimmte Ironie – weil nach jüdischer Überzeugung das meiste im jüdischen Leben mit Sitzungen zu tun hat – das Gemeindeleben auf jeden Fall! Manche Menschen scheinen jedenfalls mehr Zeit in Sitzungen über das Gebet und Gemeindeleben zu verbringen als in der Synagoge selbst.

Doch worin besteht der Sinn eines solchen Vergleichs? Ganz einfach – in beiden Fällen werden wir durch eine bestimmte Struktur in eine andere Welt hineingebeten, eine Welt, in der eine andere Logik oder wenigstens ein anderes Gesetz herrscht. Die eine ist die Welt des göttlichen „Hofstaats" und der Gegenwart Gottes, die andere die der TOPs und Abstimmungen – dennoch, beide sind in sich geschlossene Welten, in die wir eingeführt werden müssen, indem wir eine Schwelle überschreiten. Ob es die rituellen Lobsprüche sind, die wir Gott entbieten oder die rituelle Verlesung des Protokolls: die „Übergangsriten" zwischen dieser Welt und der anderen sind unbedingt vonnöten, um uns auf die neue Realität vorzubereiten, zu der eine eigene Stimmung und ein bestimmtes Verhalten gehören – genauso wie die Rückführung in das „wirkliche" Leben, wenn die Gebete oder Sitzungen vorüber sind.

In gewisser Weise sind wir bereits in medias res, ohne dabei allerdings einigen Schwellen, die bereits überschritten sind, die gebührende Aufmerksamkeit geschenkt zu haben. Wir stehen im Palast des Königs – zumindest im Gebetbuch. Gleichwohl will uns ein alter Witz daran erinnern, dass die Welt der Gebete und die der Sitzungen nicht weit voneinander entfernt sind: Wenn sie schon so viel Zeit mit dem Besprechen ihrer Geschäfte in der Synagoge verbrächten, so schlug ein Rabbiner seinen Gemeindemitgliedern einmal vor, so sollten sie doch in ihren Bürostunden wenigstens die gleiche Zeit für Gott aufbringen.

Doch wie sind wir an den Hof des Königs gelangt? Wieder ist es hilfreich, ein bisschen auf die Struktur des Gebetes zu achten, in welche die *Amida* eingebettet ist. Juden sind sich dieser Strukturen entweder nicht bewusst, weil sie so sehr Teil ihres Lebens als Beter sind, dass sie nicht das Gefühl haben, darauf besonders achten zu müssen – oder aber sie sind sich ihrer nicht bewusst, weil sie sich von einem Leben mit regelmäßigem Gebet ganz entfernt haben. Die Aufmerksamkeit darauf zu lenken, ist bereits ein Hinweis darauf, dass ich als Außenstehender komme, der Einlass sucht. Es gibt einen hinreißenden Midrasch, der die beiden prophetischen Visionen Jesajas und Hesekiels miteinander vergleicht. Das erste Kapitel von Hesekiel ist eine hoch komplizierte und sogar verwirrende Beschreibung einer mystischen Vision von riesigen, vierköpfigen Kreaturen auf Rädern und schließlich der „Erscheinung der Gestalt der Gegenwart Gottes". Jesaja hingegen geht im 6. Kapitel in medias res und behauptet, er habe Gott auf seinem Thron geschaut, mit all den feurigen Serafim um sich versammelt. Die Rabbinen fragten: „Womit ist das zu vergleichen? Mit einem Mann aus der Stadt und einem Mann vom Land, die gekommen sind, den Palast des Königs aufzusuchen. Der Mann vom Land ist von der Palastarchitektur vollkommen überwältigt. Der Mann aus der Stadt trifft den König und hört die Botschaft." Doch als Besucher vom Lande müssen wir die Architektur und die Möbel etwas genauer betrachten.

Am Morgen haben wir den Gottesdienst mit zwei Gebeten begonnen: den „morgendlichen Lobsprüchen" (*Birkot haSchachar*) und den *Psuke deSimra*, den Sangesabschnitten. Wie der Name schon andeutet, wurden die Ersteren ursprünglich als Lobspruch beim Aufstehen in der Frühe gesprochen, manche Teile davon bei den morgendlichen Vorbereitungen, andere wurden aufgrund ihres Transfers vom Häuslichen zur Synagoge eher metaphorisch verstanden. Heute werden sie eher im übertragenen Sinne verstanden. Der Lobspruch Gottes, der „jene aufrichtet, die gebeugt sind", muss ursprünglich für den Zeitpunkt gedacht gewesen sein, da man sich im Bett streckt. „Der die Schritte der Menschen sicher macht" begleitete die ersten Schritte des Tages. Auf eine andere Zeit des Morgens verlegt, erhalten sie jedoch eine symbolische Bedeutung. Sie bereiten uns auf den Tag vor und erbitten den Lobspruch für das Torastudium, womit nicht nur der Pentateuch gemeint ist, sondern alle Aspekte religiöser Lehre und jüdischen Denkens, denn an jedem Tag sollte ein wenig Zeit dem Studium reserviert sein.

In demselben Abschnitt wie diese beiden Lobsprüche stehen Bibeltexte und spätere rabbinische Studientexte, dazu eine Auswahl ursprünglich privater Gebete und Meditationen von Rabbinern zur Vorbereitung auf die nachfolgenden liturgischen Gebete, so auch die *Psuke deSimra*, einschließlich Psalmen und anderer biblischer Abschnitte zum Lob Gottes, die die Einstimmung auf ein freudiges Gebet schaffen sollten, bevor der Gottesdienst richtig begann. Mit der Zeit erlangten die eingefügten individuellen Abschnitte, die ursprünglich persönliche Vorbereitungshilfen waren, größere Popularität, und irgendwann wurden sie in die Gebetbücher aufgenommen. Sie wurden so zu festen Teilen der Liturgie, durch die man „durch" muss, bevor man zu den zentralen Gebeten gelangt. Teil der Kontroverse zwischen orthodoxen und liberalen Juden ist auch die Bereitschaft der Letzteren gewesen, diese Teile beträchtlich zu kürzen oder zumindest eine Auswahl von Texten zu treffen, die nach wie vor gesprochen werden sollten.

Der Eindruck, den diese Teile hinterlassen, ist vielleicht am besten in den Bemerkungen des jüdischen Autoren Israel Zangwill zusammengefasst, der das Leben jüdischer Gemeinden in der Londoner Emigration zu Beginn des letzten Jahrhunderts beschrieben hat:

Sie beteten Metaphysik, Akrosticha, Angelologie, Kabbala (jüdische Mystik), Geschichte, Exegese, talmudische Kontroversen, Speisekarten, Rezepte, priesterliche Vorschriften, die kanonischen Bücher, Psalmen, Liebesge-

dichte (...) Wenn sie auch nicht immer wussten, was sie sagten, so war es doch immer ernst gemeint.

Wir erinnern uns: All diese Teile sind lediglich eine Vorbereitung für den Eintritt in das Reich des Königs. Wir haben sozusagen unsere Krawatte zurechtgezogen, unsere Schuhe geputzt und unsere innere Haltung geprüft, um auf die kommende Begegnung gut vorbereitet zu sein – alles im Vorhof des Palastes. Jetzt treten wir ganz formell in das Vorzimmer des Hofes. Ein Bote kündigt unser Kommen an. Der Vorbeter singt den Aufruf an die Gemeinde:

Preiset den Ewigen, der gepriesen ist!

Dies ist der Aufruf zum Gebet, mit dem der offizielle Gottesdienst beginnt. Um ihn überhaupt sprechen zu können, muss ein Quorum von Betern anwesend sein – herkömmlich ein *Minjan*, eine Gruppe von zehn erwachsenen Männern (wobei nicht-orthodoxe Gruppen entweder überhaupt von dieser Notwendigkeit absehen oder Frauen mit einbeziehen, damit die Zahl erreicht wird). Betont wird hier, dass eine „richtige" Gemeinde zugegen sein muss, um einen ordentlichen Gottesdienst stattfinden zu lassen – was jedem Gemeindemitglied Verantwortung auferlegt, besonders wenn die Gemeinden klein sind. Die Versammlung, die bis hierher gestanden und sich verbeugt hat, antwortet, indem sie sich erneut verbeugt:

Gepriesen ist der Ewige, der auf immer und ewig gepriesen sein soll.

Wir verlassen den Vorhof und schreiten Zimmer um Zimmer nach innen zu unserem vereinbarten Treffen mit dem König. Die verschiedenen Vorzimmer werden durch einzelne Lobsprüche repräsentiert, sie führen von weiten lichtdurchfluteten Hallen, die zum Himmel und zur Außenwelt offen sind, hin zu engeren Räumen, die nur einigen wenigen Ausgewählten bekannt sind. Dort wartet der König.

Das erste „Vorzimmer" ist ein Lobspruch, der morgens und abends in verschiedener Form gesprochen wird, aber immer von der Macht Gottes über die ganze Schöpfung spricht. Am Morgen folgen auf die übliche Eröffnungsformel „Gepriesen seist Du, Ewiger, unser Gott;

du regierst die Welt. Du lässt das Licht scheinen, aber schaffst auch die Finsternis, du bringst Frieden, du schaffst alles." Wir sind auf diese Formulierung schon in unserem ersten Kapitel über die Einheit Gottes gestoßen. Es ist eine rabbinische Abänderung des Textes von Jes 45,7. Der Originalsatz schloss mit „der Frieden schafft und das Böse erschafft". Wenn eine solche Beschreibung Gottes für den Propheten und als Denkmöglichkeit auch zulässig war, so war sie in einem Gebet nach rabbinischer Einschätzung zu problematisch. Also wurde sie durch die Formulierung „und alles erschafft" ersetzt. Dies nur als weiterer Hinweis darauf, dass die Rabbiner sich nicht unbedingt gegen eine Änderung in ihren heiligen Texten sträubten.

In diesem neuen Kontext eröffnet der Lobspruch ein Gebet, das zum Morgen passend vom Licht spricht, das Gott jeden Tag in die Welt bringt. „Wie zahlreich sind deine Werke, Gott. Sie alle hast du in Weisheit gemacht. Die Erde ist erfüllt mit deinem Eigentum." Der entsprechende Teil im Abendgottesdienst spricht von dem Gott, der am Abend die Dämmerung eintreten lässt, der die Dunkelheit vom Licht scheidet und den regelmäßigen Rhythmus von Tag und Nacht schafft und aufrechterhält. Beide feiern Gottes Schöpfung, die jeden Tag erneuert wird, und stimmen eine große universalistische Hymne auf die ganze Schöpfung an, auf Menschen und Tiere, Kosmisches (Staunen über die Sonne, den Mond und die Sterne an Gottes Firmament) und Mystisches (Engelsheerscharen, die gleichermaßen den Willen ihres Schöpfers ausführen; – allerdings haben die nicht-orthodoxen Strömungen mit ihrer Tendenz zu größerem Realismus den Himmel von Engeln leer geräumt). Kurz gesagt, sind wir in diesem ersten Vorzimmer noch immer in der weiten Welt, feiern ihren Reichtum und ihre Vielfalt, ihre Ordnung und Verlässlichkeit, den äußeren Hof des göttlichen Bereichs. Auch dies schafft den universalen Rahmen, in dem unser jüdisches Drama aufgeführt wird. Unsere Gebete erinnern uns stets an den großen Zusammenhang und die letztliche Bedeutung unserer Aufgabe als Juden – nicht zu unserem alleinigen Nutzen, sondern zum Nutzen der ganzen Welt.

Am Ende dieses Zimmers findet sich eine Tür mit der Aufschrift „Israel"; daneben gibt es separate Eingänge für andere Nationen und Religionen. Durch diese Tür betreten wir das zweite Zimmer, jenes, das uns Juden vorbehalten ist. Wieder gibt es Varianten zwischen Morgen- und Abendgebet, aber die Botschaft ist im Wesentlichen die gleiche:

Mit großer Liebe hast du uns geliebt, mit großer und überreichlicher Sanftmut hast du uns angenommen – um deines Namens willen und wegen unserer Vorfahren, die auf dich vertrauten. So wie du sie die lebenserhaltenden Satzungen gelehrt hast, damit sie deinen Willen tun sollten mit ungeteiltem Herzen, so erweise auch uns deine Gnade. Erleuchte unsere Augen durch deine Tora. Binde unser Herz an deine Gebote. Lass unser Leben von Liebe und von der Achtung vor Gott geprägt sein, damit wir niemals unsere Selbstachtung verlieren noch je beschämt sein müssen, denn du bist Gott, der uns Hilfe zuteil werden lässt.

Der Gedanke, der diesem Gebet zugrunde liegt, ist nicht einfach. Jeder kann Gott „fürchten" – das Wort für Furcht trägt hier die Bedeutung von „Ehrfurcht" und „Staunen" ebenso wie die von echtem „Schrecken". Aber es ist eine Furcht vor Gott, die wir „gelehrt" werden wollen – es soll eine gelernte „Furcht" vor Gott sein, die völlig in eins geht mit „Liebe". Eine Ehrfurcht und ein Staunen, die aus Wissen und Studium, aus Erfahrung und religiösen Taten erwächst. Es ist eine Furcht, die erlernt und verfeinert werden muss, und Gott selbst hat an diesem Prozess teil – teilweise bereits dadurch, dass man diese Gebete in der Gegenwart Gottes spricht. Das Ende des Gebetes lautet:

Uns hast du erwählt aus allen Völkern und Nationen, und aufgrund deiner Liebe hast du es uns ermöglicht, uns dir zu nahen, um dich zu loben, deine Einzigartigkeit zu bezeugen und dich zu lieben, Ewiger, unser Gott. Gepriesen seist du, Ewiger. Du hast dein Volk Israel in Liebe erwählt. (Seder ha-Tefillot I, S. 87)

Kerngedanke hier ist die Auserwähltheit Israels – jener Menschen, die Zutritt zu diesem inneren Raum haben. Dass wir erwählt sind, zeitigt jedoch eine besondere Aufgabe: Wir sollen die besondere Natur Gottes bezeugen, die göttliche Einzigkeit verkünden und über all dem unsere Liebe zu Gott aufrechterhalten – trotz jahrtausendelanger Bedrängnisse und Leiden. Dies alles als Antwort auf ein Gebot, das so alt ist wie die Hebräische Bibel, das den Kern von Israels Zeugnis bildet und als nächster liturgischer Teil des Gottesdienstes gesprochen wird: Es ist das *Schma*, „Höre, Israel (...)".

Höre Israel, der Ewige ist unser Gott, der Ewige ist Einer. Du sollst den Ewigen lieben, deinen Gott mit deinem ganzen Herzen, deiner ganzen Seele und deinem ganzen Vermögen. (Dtn 6,4-5)

Wir haben unseren Gott über alle Jahrtausende hinweg geliebt, und wir haben um die Stärke und die Einsicht gebeten, diese Liebe fortwähren zu lassen. Die Tür am Ende dieses Zimmers öffnet sich nun zu einem Gang, der in das Thronzimmer führt.

Seltsamerweise stehen wir in diesem Moment des Gottesdienstes nicht erwartungsvoll aufrecht, sondern sitzen. Es scheint gute Gründe dafür zu geben – gut im Sinne der „Politik" einer Religion. In den prägenden Jahren des rabbinischen Judentums, die auch die Zeit der Entstehung des Christentums und anderer sektiererischer Gruppen war, wurden verschiedene Kämpfe ausgetragen. Ein strittiges Thema war die Frage, was eigentlich *Tora* war, die offenbarte Lehre Gottes. Zum einen beinhaltete der reguläre jüdische Gottesdienst die öffentliche Lesung der Zehn Gebote, wobei man sich erhob – wie man es noch immer tut, wenn sie als Teil des wöchentlichen Lesezyklus aus der Torarolle am Schabbatmorgen und während des Schawuotfestes, Pfingsten, verlesen werden. Diese Gewohnheit wurde aufgegeben, als Sektierer behaupteten, die Zehn Gebote seien die Essenz der Tora und daher werde ihnen besonderer Respekt bezeugt. In rabbinischer Sicht war die gesamte Tora von gleicher Bedeutung. Keine „Essenz" sollte isoliert werden und besondere öffentliche Anerkennung erfahren. Ein ähnliches Problem entstand mit dem Sprechen des *Schma*, das tatsächlich oft als das „Glaubensbekenntnis" des Judentums schlechthin betrachtet wird, am ehesten einem Dogma vergleichbar. Aus diesem Grund wurde seine herausragende Stellung ebenfalls vorsichtig begrenzt. In traditionellen Kreisen wird es im Sitzen, in manchen liberalen und reformierten Gemeinden jedoch wird es eben wegen seiner Bedeutung stehend gesprochen.

Wie so oft fanden die Rabbinen eine gute Geschichte, um die Beibehaltung des Sitzens zu rechtfertigen. In Gen 18 sucht Gott Abraham

in Verkleidung dreier Männer auf, um Sarah das Versprechen zu überbringen, sie werde einen Sohn gebären. Warum aber wählte Gott gerade diesen Zeitpunkt für seinen Besuch? Die Rabbinen bemerkten schnell, dass das vorangehende Kapitel beschrieb, wie Abraham, um in den Bund einzutreten, sich selbst und auch alle Männer seines Hauses beschnitt. Was hätte Gott zu solch einem Anlass getan? Natürlich hätte Gott die *Mizwa*, das „Gebot" oder die „Pflicht" des *Bikkur Cholim* erfüllt, des Krankenbesuchs, und wäre gekommen, um Abraham eine rasche Genesung zu wünschen.
Als Abraham von seinem Bett aufzustehen versuchte, um seine Gäste zu begrüßen, bestand Gott darauf, dass er in seiner Gegenwart sitzen bliebe. So wie Abraham Respekt und Achtung vor Gott gezeigt hatte, indem er den Akt der Beschneidung ausführte, bewies auch Gott Respekt, und in Erinnerung daran gestattete er Abrahams Nachkommen, sitzen zu bleiben, wenn sie das *Schma* sprachen.

Ich wurde einmal in eine Diskussion zu diesem Thema verwickelt. Es handelte sich um eine neue liberale Gemeinde in Großbritannien, und wie so oft hatten die Menschen, die zu ihrer Gründung zusammengekommen waren, einen ganz unterschiedlichen jüdischen Hintergrund. Viele kamen aus der Orthodoxie oder genauer: einer gescheiterten Orthodoxie (Orthodoxie war die „etablierte Kirche" des britischen Judentums), während andere reformierten oder liberalen Gemeinden entstammten. Wie dem auch sei, als jedenfalls die Liturgie-Kommission zur Diskussion der Gottesdienstformen gelangte, entstand ein Problem. Jene mit orthodoxer Tradition wollten während des Sprechens des *Schma* sitzen bleiben. Die mit liberalem oder reformiertem Hintergrund waren es gewohnt, während eines Gebets, das sie als zentral und wichtig empfanden, zu stehen. Im Verlauf der Diskussion erzählte ich ihnen etwas über die Geschichte dieses Problems, erinnerte an die Geschichte Abrahams, und wir kamen überein, weiterhin zu sitzen, während das *Schma* gesprochen wurde – alle außer einer älteren Dame, die sich als langjähriges Mitglied des liberalen Judentums bezeichnete. Sehr entschieden und mit bemerkenswerter Würde wies sie darauf hin, dass sie persönlich nicht beschnitten sei und deshalb keinen Grund erkennen könne, weshalb sie nicht weiter stehen solle. So weit ich weiß, tut sie das noch heute.

Zurück zum Königshof: Mit dem Abschluss des *Schma* und seiner zwei begleitenden biblischen Abschnitte (Dtn 11,13-21 und Num 15,37-41) sind wir auf den letzten Flur gelangt, bevor wir den inneren Raum betreten. Auch das ist mit einem Lobspruch angezeigt. (Im Abendgebet wird hier in aschkenasischer Tradition ein zusätzlicher Lobspruch eingeführt, der um eine sichere Nacht bittet, obwohl er an dieser Stelle eindeutig störend ist und sich im sephardischen Ritus an anderer Stelle findet.) Dieser Lobspruch ist so etwas wie ein Glaubensbekenntnis: „Es ist wahr (...), dass der Gott des Universums unser Gott ist – dessen Herrschaft ewig dauert, auf dessen Wort Verlass ist." Der Lobspruch fährt fort, die vergangenen Rettungstaten Gottes an Israel zu erwähnen, insbesondere die Durchquerung des Roten Meeres nach dem Auszug aus Ägypten, als Israel erstmals seinen Glauben und sein Vertrauen auf Gott zum Ausdruck brachte (Ex 14,31). Es schließt:

Fels Israels, erhebe dich, um Israel zu helfen! Unser Erlöser, der alle Kreatur versorgt, Heiliger Israels, das ist sein Name. Gepriesen seist du, Ewiger. Du erlöst Israel.

Es ist, als ob an den Wänden dieses Flurs Bilder von Situationen in unserer Geschichte hingen, in die Gott eingriff. Sie geben uns Zuversicht und Mut, während wir uns auf die Begegnung mit dem König vorbereiten.

Auf die Stille nach den abschließenden Worten dieses Lobspruchs folgt ohne Unterbrechung die Eröffnung der *Amida*. Beides verschmilzt zu einem liturgischen Ereignis, denn hier, im Herzen des Palastes, ist zwischen den erlösten Kindern und dem Vater, zwischen dem geretteten Volk und dem Gott, der sie errettet hat, eine nicht zu übertreffende Nähe spürbar.

So wie es in der *Amida* selbst eine innere Reise zu bewältigen gilt, wenn die Bittsteller ihre Bitten vor dem König darlegen, hat eine vergleichbare Reise bereits zur Schwelle selbst stattgefunden. Viele Räume haben wir durchquert, um zu dieser inneren Gegenwärtigkeit zu gelangen. Zentral in dieser ersten Reise durch die Höfe des Palastes ist das Thema der Auserwähltheit Israels. Wie jüdische Apologeten es über die Jahrhunderte hinweg haben erklären müssen, geschieht diese Auserwähltheit nicht um der Macht oder um des Herrschens willen. Es handelt sich eher um eine spirituelle Macht und die Aufgabe, als Beispiel für andere zu dienen. Tatsächlich muss die Vehemenz, mit der Juden als „auserwähltes Volk" angegriffen wurden – ein Terminus, der sich nicht leicht in einen hebräischen Begriff rückübertragen lässt –, vielmehr als ein Problem jener erkannt werden, die ihn in polemischer Weise gegen das jüdische Volk verwenden, als dass er Juden selbst beschäftigt hätte. Es ist besonders das Christentum, dass seinem Zorn über Israels Sonderstellung Ausdruck verleiht; der Islam tut dies in weit geringerem Maße. Beide sind in gewisser Weise Tochterreligionen des Judentums, ersteres hat sich gar selbst als sein authentischer Nachfolger begriffen. Beide behaupten „universal" zu sein; man könnte aber argumentieren, dass sie stattdessen eine verstärkte Form des „Partikularismus" verkörpern, weil ihre Lehren kaum einen anderen Zugang zu Gott oder dem Himmel zulassen als durch sie –, obwohl in dieser Hinsicht der Respekt des Islam für die vorangehenden prophetischen Offenbarungen von Judentum und Christentum in der Beziehung zum „Volk des Buches" großzügiger ausfällt. Das Judentum hingegen besitzt eine seltsame Art von elitärem Universalismus: Jeder kann durch seinen eigenen Glauben in den Himmel kommen, vorausgesetzt, er folgt sieben grundsätzlichen moralischen Gesetzen („die sieben Gebote, die den Söhnen Noahs gegeben wurden"). Nur Juden haben eine schwerere Aufgabe, weil von ihnen mehr erwartet wird (die Erfüllung von 613 Geboten, um genau zu sein).

Zweifellos hat immer ein großer Teil der Ablehnung darin seine Ursache gehabt, dass die Juden sich weigern, die Tochterreligionen zu deren eigenen Bedingungen zu akzeptieren und ihnen Autonomie zuzugestehen. Dabei muss anerkannt werden, dass diese Religionen unfähig sind, den Juden irgendetwas Besseres zu bieten, als was diese bereits haben – , was besonders ärgerlich für Religionen sein muss, die von missionarischem Eifer erfüllt sind.

Was uns jedoch hier beschäftigt, ist die Tatsache, dass das Judentum die Realität der Spannung, die in ihm selbst zwischen universellen und partikularen Aspekten besteht, nicht nur anerkennt, sondern sie sogar noch unterstreicht, beim Namen nennt und dabei durch seine liturgischen Formen auch klärt. Wenn Gott der Schöpfer des gesamten Universums ist, wie es die obigen Lobsprüche tagtäglich bestätigen, muss es darin eine Rolle für alle Völker, Nationen und Religionen geben, nicht mehr und nicht weniger also auch für uns. Auch wenn wir dies bisher in unserer Reise nach innen nicht ausdrücklich gesagt haben, werden wir bei unserer Reise aus dem inneren Heiligtum hinaus in die äußere Welt besonders darauf achten.

Diese Rückkehr beginnt bereits mit dem Sprechen der Schlussworte einer kurzen Meditation, die der *Amida* angehängt ist. Während wir „Möge (Gott), der Frieden schafft in den höchsten Höhen, diesen Frieden zu uns und über ganz Israel bringen" sprechen, treten wir einen Schritt zurück und verneigen uns von einer Seite zur anderen –, genauso wie wir mit abschließenden Gesten des Respekterweisung aus der Gegenwart des Königs scheiden.

Wie immer gibt es bei unserer Reise einen Umweg. Nachdem wir gerade unsere Bitten vor Gott ausgebreitet haben, empfangen wir ein Wort für uns. An Schabbat, sowie am Montag und Donnerstag nehmen wir die Torarolle aus dem Schrank und lesen Abschnitte daraus in einem Zyklus, der es uns erlaubt, den Pentateuch im Verlauf des Jahres ganz zu lesen – eine symbolische Wiederholung der Offenbarung am Berg Sinai. Es ist dies die Erwiderung des Königs auf unsere Bitten, selbst wenn der Abschnitt, der an diesem Tag gelesen wird, unsere aktuellen Bedürfnisse nur indirekt anspricht.

Auch andere zusätzliche Texte werden in der traditionellen Liturgie hier gelesen, aber der wesentliche nächste Teil besteht aus einigen Abschnitten, die zusammengenommen als *Alejnu*-Gebet bekannt sind, dem Gebet, das eine Brücke zurück zur Außenwelt schafft – oder, um das ursprüngliche Bild beizubehalten, uns durch eine andere Folge von Türen zu den äußeren Toren des Palastes zurückführt.

Das *Alejnu* dramatisiert auf wunderbare Weise die partikular-universale Spannung, so sehr, dass es im letzten Jahrhundert für verschiedene jüdische Reformbewegungen zum Gegenstand umfassender Eingriffe wurde. Das Problem liegt in dem sehr stark partikularistischen Bekenntnis zu Beginn des ersten Abschnittes, von dem es eine Reihe traditioneller Fassungen gibt, wobei einige stärker sind als andere:

An uns ist es, den Herrn des Alls zu preisen, dem Schöpfer des Anfangs Größe zu geben, dass Er uns nicht geschaffen hat wie die Völker der Länder, uns nicht hat werden lassen wie die Völkerfamilien der Erde, unseren Teil und unser Los nicht mit dem ihrer ganzen Menge gleichgesetzt hat. Wir aber knien nieder; wir verneigen uns und danken der Gegenwart des allmächtigen Gottes, Gott regiert über alle Herrschenden in der Welt. Gottes Heiligkeit sei gepriesen! Denn Gott hat die Weite des Himmels geschaffen und die Erde gegründet. Gottes Ehre ist so umfassend wie der Himmel über uns, und Gottes Kraft reicht bis in die fernsten Höhen. Der lebendige Gott ist unser Gott – niemand sonst. Gott ist unser Leben anvertraut – niemandem außer Gott! So wie es geschrieben ist in der Tora: heute sollst du erkennen und dir zu Herzen nehmen: der Ewige ist der Gott im Himmel droben und auf der Erde unten, niemand sonst.

Im Mittelalter wurde der Vorwurf laut, dass die Verweise auf andere Völker, die „Eitelkeit und Leere" anbeten, anti-christliche Bemerkungen seien, obwohl sie wahrscheinlich in Babylon verfasst wurden, wo es keinerlei christlichen Hintergrund gab. Im Preußen des 18. Jahrhunderts wurden sie zwangsweise von den Behörden aus der Liturgie getilgt, und das Gebet musste laut verlesen werden, damit ihr Fehlen geprüft werden konnte. Es mag sein, dass die Erinnerung daran das Unbehagen der Reformer im Deutschland des 19. Jahrhunderts hervorrief. Sie entfernten sie aus, wie sie meinten, universalistischen Gründen.

Dieser erste Abschnitt des Gebets ist ein machtvolles Bekenntnis zu Israels Aufgabe, von Gott zu zeugen; und im Kontext des gesamten Gebets ist es eine Art abschließende Bestätigung dieser besonderen Beziehung, während die Betenden auf ihrem Weg zurück in die Außenwelt durch einen weiteren der innersten Räume gehen. Aber er steht nicht alleine, und der zweite Teil des Gebets, der äußere Raum, ergänzt ihn im Ton und in einer umfassenden Geste.

Darum hoffen wir auf dich, Ewiger, unser Gott, dass deine Stärke bald für uns sichtbar wird, dass die Anbetung des Geldes von der Erde verschwinden und dass Vorurteile und Aberglauben ausgerottet werden; dass die Welt von deiner Herrschaft geprägt ist und alle Menschen deinen Namen anrufen; dass alle Ungerechten der Welt sich dir zuwenden. Alle Bewohner der Erde sollen erkennen und wissen, dass sich vor dir jedes Knie beugt und jede Zunge bei dir schwört. Vor dir, Ewiger, unser Gott, wird man sich beugen und niederfallen, und man wird der Herrlichkeit deines Namens Achtung erweisen. Alle werden deine Herrschaft anerkennen, und du wirst bald über alle herrschen, von nun an bis in die Ewigkeit. Denn dir allein gebührt die Herrschaft, und du herrschst bis in alle Ewigkeit, wie es geschrieben steht in deiner Tora: „Gott regiert auf immer und ewig." (Ex 15,18) Und es ist gesagt: „Dann wird Gott über die ganze Erde herrschen. An jenem Tag wird Gott einzig sein und sein Name einzig." (Sach 14,9)

Wichtig erscheint in diesem Gebet, das beide Aspekte gleichermaßen betont werden – Partikularismus und Universalismus. Wenn ich mir in meiner Identität nicht sicher bin, wenn ich nicht mit Klarheit und Zuversicht sagen kann, wer ich bin, kann ich der Identität des Anderen nicht trauen. Ein einseitiger Partikularismus, der keinerlei Achtung vor dem Anderen besitzt, ist nicht weniger gefährlich als ein verschwommener Universalismus, dem die innere Selbstachtung fehlt. Hier verdeutlicht das Gebet wieder einmal die Pole, zwischen denen das jüdische Volk lebt, und es appelliert an uns, unsere Aufgabe als Juden und unsere gemeinsame Aufgabe als Menschen wahrzunehmen.

Wir kommen aus dem Gottesdienst zurück, haben soeben die Schwelle überschritten, die den Palast des Königs von der äußeren Welt trennt. Einige Gebete und Lieder stehen noch am Ende der Liturgie. Aber weil wir im Zentrum begonnen und den Weg zur Peripherie genommen haben, sollte ein weiterer Aspekt der Reise angesprochen werden.

Um zum Gottesdienst zu gelangen, haben wir erst in das Gebäude eintreten müssen, in dem er stattfindet. Das ist so selbstverständlich, dass wir es als gegeben betrachten. Doch der physische Akt, das Eintreten, das Ablegen und Aufhängen unserer Kleidung, die zur Außenwelt gehört, das Verlassen der Vorhalle, um in den Raum zu gelangen, in dem der Gottesdienst gefeiert wird, ist durchaus ein Teil der spirituellen Vorbereitung. Das Überschreiten der physischen Schwelle bereitet uns schon auf die besondere Natur des Ortes vor, den wir besuchen, ob es nun eine erhabene Kathedrale oder irgendwo ein winziger Raum ist, mit nichts als einem Schrank für die Torarolle, einer Lampe und ein paar Stühlen. In dieser Hinsicht ist der moslemische Brauch des Ausziehens der Schuhe ein wichtiger Aspekt der Vorbereitung auf das Gebet. Die jüdische Entsprechung ist vielleicht das Anlegen des *Tallit*, des Gebetsschals, der von Männern und Jungen nach dem dreizehnten Geburtstag zum Morgengebet getragen wird, in nicht-orthodoxen Gemeinden zunehmend auch von Frauen. Indem man einen *Tallit* anlegt, schafft man gleichfalls eine Art gesonderten Bereich, ein äußeres Zeichen für die Art der Reise, die man unternehmen wird. Das Ablegen des *Tallits* am Ende, der ungeschickte Versuch, ihn zusammenzulegen, während man anderen Betern die Hand schüttelt, und das allgemeine Lösen der Spannung in Bewegung und Aktivität, all das sind ausdrucksstarke Zeichen dafür, dass die Reise abgeschlossen ist und wir wieder in den äußeren Hof, in den Kreis unserer Familie und Freunde, zurückgekehrt sind. Die äußeren Schwellen müssen nicht weniger als die geistlichen überschritten und gekennzeichnet werden. Vielleicht erwarten uns nach dem Segen ein wenig Wein und Brot oder eine Tasse Tee und Kuchen. Nach der intensiven Erfahrung der Reise neben den anderen Betern entdeckt man die Gesellschaft aufs Neue. Und draußen wartet die Welt.

Literaturhinweise

A. Böckler, Jüdischer Gottesdienst. Wesen und Struktur. Jüdische Verlagsanstalt Berlin, Berlin 2002.

A. J. Heschel, Der Schabbat. Seine Bedeutung für den Menschen. Jüdische Verlagsanstalt Berlin, Berlin 2001.

Seder ha-Tefillot. Das jüdische Gebetbuch. Hg. von Jonathan Magonet in Zusammenarbeit mit Walter Homolka. Aus dem Hebräischen von Annette Böckler. Band 1: Gebete für Schabbat, Wochentage und Pilgerfeste; Band 2: Gebete für die Hohen Feiertage, Gütersloh, Gütersloher Verlagshaus 1997.

L. Trepp, Der jüdische Gottesdienst. Gestalt und Entwicklung. Stuttgart/Berlin/Köln 1992.

8

Acht Tage bis zur Beschneidung

Aspekte des rituellen jüdischen Lebens

Die Beschneidung

Der Akt der Beschneidung ist ein regelmäßig wiederkehrendes Konfliktthema für emotionsgeladene Diskussionen. Der hebräische Begriff für Beschneidung heißt *Mila*, während die Zeremonie selbst *Brit Mila* genannt wird, „Bund der Beschneidung". Der Terminus *Brit* (oder *Bris* in aschkenasischen Kreisen) steht im populären Sprachgebrauch dabei gelegentlich allein, was unterstreicht, dass der Sinn der Beschneidung darin besteht, das Kind symbolisch in den Bund mit Gott aufzunehmen, den *Brit*, dem erst Abraham und dann später, am Sinai, das ganze jüdische Volk beitrat.

Als Abraham als erster die Beschneidung bei sich selbst vornahm (nach der Bibel im Alter von 99 Jahren, Gen 17,24) und dann an Ismael, seinem dreizehnjährigen Sohn, war dieses Ritual in seiner Welt schon gebräuchlich. Der in der jüdischen Praxis dafür übliche Zeitpunkt leitet sich von Isaaks Beschneidung ab, die im Alter von acht Tagen vorgenommen wurde (Gen 17,10-14; 21,4). So ist es für Generationen jüdischer Männer bis heute geblieben.

Es ist ein außergewöhnlicher Vorgang, der als ein relativ schmerzloser kleiner operativer Eingriff betrachtet werden kann oder auch als massiver Angriff auf den Körper eines wehrlosen Kindes. Er bringt bestimmte medizinische Vorteile mit sich – ein geringeres Risiko für spätere Infektionen und Peniskarzinome –, weshalb er zeitweise auch für Nichtjuden zum Routineeingriff wurde. Ein berühmtes Beispiel dafür ist die britische Königsfamilie. Auch in der Medizin gibt es Moden, und heute neigt man eher dazu, unnötige chirurgische Eingriffe zu vermeiden. Ich erinnere mich, einmal einen jüdischen Psychotherapeuten gehört zu haben, der „Rebirthing-Therapien" durchführte,

und tatsächlich, so erzählte er uns, den Schmerz seiner Beschneidung aufs Neue erfahren habe. Wie immer ist es schwer, die Beweiskraft solcher „Erinnerungen" von Erwachsenen einzuschätzen. Tatsache ist jedenfalls, dass niemand weiß, wie das Kind diesen Akt erlebt. Empirische Beobachtungen der Prozedur machen allerdings Mut: Im Moment der Beschneidung ertönt ein Schrei, obwohl das Kind wahrscheinlich eher auf das Ablösen der Vorhaut als auf den eigentlichen Schnitt reagiert. Aber schon Sekunden später fällt das Kind mit einem Tropfen Wein auf seiner Zunge zufrieden in den Schlaf.
Es gibt Diskussionen darüber, ob die neuronalen Verknüpfungen überhaupt schon ausreichend entwickelt sind, um einen echten Schmerz entstehen zu lassen. Aber die große Zahl jüdischer Witze rund um den Vorgang, die zig Versuche, die Eigenschaften des jüdischen Mannes im Lichte dieses Angriffs auf den Penis zu analysieren (eine symbolische Kastration?), und die Mythen über die Sexualität jüdischer Männer weisen unter Juden wie Nichtjuden auf das nervöse Unbehagen hin, das durch diesen Akt hervorgerufen wird. Und tatsächlich kann man sagen: Wenn es Gottes Wille war, ein bestimmtes Volk durch diesen Akt von anderen zu unterscheiden, dann ist die Rechnung aufgegangen. (Dieses atemberaubende Selbstvertrauen der Juden – schneiden sich bereitwillig das Endstück des prominentesten männlichen Körperteils ab!) Obwohl auch Muslime beschnitten werden, wird die Beschneidung dennoch als Besonderheit von Juden angesehen. Es war ein Identifikationsmal, das jüdischen Männern manchmal sogar das Leben kostete. In der hellenistischen Zeit unternahmen einige Juden sogar chirurgische Eingriffe, um die Vorhaut „wiederherzustellen", damit sie nackt bei den olympischen Spielen auftreten konnten, ohne sich von ihren nichtjüdischen Mitbewerbern zu unterscheiden.

All diese Dinge überlagern die religiöse Bedeutung, die diese Zeremonie hat. Sie ist unweigerlich von der Furcht vor dem physischen Akt geprägt, doch auch von dem tiefen Bewusstsein, dass man das Kind in eine alte Traditionskette hineinnimmt und der kommenden Generation ein Erbe weiterreicht. Für den Vater ist es ein Akt der Bindung – er teilt ein grundlegendes physisches Merkmal mit seinem Sohn – , wie überhaupt ein Akt der Bindung an vergangene Generationen. Selbst Juden mit wenig spiritueller Verbindung zu ihrer Tradition bestärkt die schiere Irrationalität des Aktes und seine archetypische Kraft in ihrem Wunsch, ihn auszuführen – oder sich wild dagegen zu wehren. Es ist ein Initiationsritus und spricht als solcher zu einem tief liegenden Teil unserer Psyche.

Bei der Zeremonie spricht der Vater:

Ich lasse jetzt meinen Sohn beschneiden, um das Gebot meines Schöpfers zu erfüllen. In der Tora heißt es: „Gott sagte zu Abraham: Du sollst meinen Bund halten, Du und Deine Nachkommen in allen Generationen. Dieses ist mein Bund, den ich zwischen mir und Euch und Deinen Nachkommen schließe: Alles, was männlich ist, sollt ihr beschneiden." (Gen 17,12)

Die Beschneidung selbst wird von einem *Mohel* durchgeführt. Manchmal übernimmt der Vater selbst die Aufgabe, aber im Allgemeinen ist es ein frommes Gemeindemitglied, das dazu ausgebildet worden ist. Heute ist es oftmals auch ein Arzt. Interessanterweise lässt das jüdische Gesetz auch eine jüdische Frau in dieser Funktion zu, wenn kein geeigneter Mann zur Verfügung steht (Hilchot Mila 2,1). Das Kind wird zuerst auf einen Stuhl gelegt, den man als „Thron des Elias" bezeichnet. Jüdische Gemeinden haben oft einen besonders geschmückten Stuhl für diese Gelegenheit. Die Bezugnahme auf Elias geht auf die rabbinische Interpretation eines Bibelverses zurück: Nachdem Elias die Propheten des Baal geschlagen hatte, war er gezwungen, vor der Wut der Königin Isebel in die Wildnis zu fliehen (1 Könige 18-19). Verzweifelt beklagt er, dass nur wohl er allein nach Gott strebe und das gesamte Volk „Deinen Bund verlassen" habe. Weil hier das Wort *Brit* fällt, nimmt man an, dass er sich auf den Bund der Beschneidung bezieht, der vernachlässigt worden sei. Die Rabbinen waren sich allerdings uneinig darüber, was daraus zu folgern sei. Gott verfügte, dass Elias in Zukunft Zeuge jeder Beschneidung sein sollte. Allerdings ist nicht sicher, ob dies als Belohnung für seinen Eifer zugunsten der Beschneidung gedacht war, oder als Strafe für sein Zweifeln an der Loyalität des jüdischen Volkes!

Die Bibel beschreibt Elias als einen Hitzkopf, der gelegentlich sogar Gott in Verlegenheit bringt, indem er eine Hungersnot ausruft oder einen Wettstreit mit den Propheten des Baal veranstaltet und so Gott zwingt, auf seine Wünsche einzugehen, den Regen zurückzuhalten oder ein Feuer vom Himmel herabzusenden. Dass er die Welt in einem feurigen Wagen verlässt, ist seinem Temperament nur angemessen. In der jüdischen Tradition lebt Elias fort und kehrt zu Ereignissen wie Beschneidung und Pessachabend zurück, oder er begegnet Einzelnen. Weil Elias auch als Vorbote des Messias betrachtet wird, der noch kommen soll, ist klar, dass jedes dieser Ereignisse die Ankunft des lang versprochenen Heils ankündigt und dass gerade dieses Kind der *eine* Versprochene sein könnte. In diesem Sinne beginnen die Worte des *Mohel* mit Zitaten aus der Bibel:

Dies ist der Stuhl Elias, es sei seiner zum Guten gedacht! Auf Dein Heil habe ich gewartet, o Ewiger! (Gen 49,18) Auf Deine Rettung, Ewiger, habe ich gehofft. (Ps 119,166)

Der *Mohel* legt das Kind auf den Schoß des *Sendak* (oder *Sandek*, „Paten"), der es die gesamte restliche Zeremonie über halten wird. Der Begriff könnte vom griechischen Wort für „Patron" kommen. Es wird als eine große Ehre angesehen, das Kind zu halten. Oft ist es der Großvater des Kindes, der diese Rolle übernimmt.

Die Kunst besteht darin, sicherzustellen, dass das Kind während des entscheidenden Teils des Eingriffs stillhält. Seine Arme werden von den Ellbogen des *Sendak* unten gehalten, damit er die Hände frei hat, um die Knie auseinanderzuhalten, und der Penis frei ist. Dies kann ein bedeutsamer Moment sein, aber nicht aus einem religiösen Grund. Als ich das Privileg hatte, zum technischen Beirat des Films „König David" zu gehören, musste ich die „Beschneidung" von Davids Sohn Absalom überwachen. Ich zeigte dem Darsteller des David, Richard Gere, wie das vor sich geht, warnte ihn aber davor, dass in jenem Moment etwas passieren könnte: Und in der Tat – als die Knie auseinander waren, pinkelte das Baby himmelwärts, womit mein Ruf als eine Autorität in Sachen Beschneidung gefestigt war.

Bevor man die Beschneidung durchführt – ich erspare Ihnen die chirurgischen Details –, spricht der *Mohel* einen Lobspruch:

Gepriesen seist du, Ewiger, unser Gott; du regierst die Welt. Du hast uns durch deine Gebote geheiligt und hast uns die Beschneidung aufgetragen.

Wenn sie abgeschlossen ist, spricht der Vater:

Gepriesen seist du, Ewiger, unser Gott; du regierst die Welt. Du hast uns durch die Gebote geheiligt und uns aufgetragen, Söhne in den Bund Abrahams, unseres Vaters, einzubringen.

Die Zuschauer haben auch eine Aufgabe zu erfüllen und antworten auf den Lobspruch mit den Worten:

Wie er in den Bund eingetreten ist, finde er auch Zugang zur Tora, zur Chuppa (dem Hochzeits-Baldachin) und zu guten Taten.

Ein Becher Wein wird erhoben, der *Mohel* spricht einen Segen darüber und segnet auch das Ereignis selbst und schließt mit der Namensgebung des Kindes. Der *Sendak* trinkt den Wein, ein paar Tropfen werden dem Kind gegeben, und der Becher wird nach draußen zur Mutter gebracht. Was uns daran erinnert, dass die Mutter während der Zeremonie abwesend gewesen ist. In orthodoxen Kreisen sind nur Männer zugelassen, in nicht-orthodoxen Kreisen gibt es keine Einschränkung. Man kann argumentieren, dass es nur großes Feingefühl beweist, wenn man die Mutter von einem Akt fernhält, der für sie traumatisch sein könnte. Dennoch ist es immer ein Fehler, darüber zu spekulieren, wie eine Frau vielleicht reagieren könnte. Nach meinem Eindruck haben gerade Frauen heute die meisten Vorbehalte gegenüber der Beschneidung, aber dafür kann es vielerlei Gründe geben, auch das Mitgefühl für das Kind. Sicherlich gehört die Beschneidung an ihrem historischen Platz in der jüdischen Tradition zu den männlichen „Mysterien", ist ein Teil der männlichen Initiationsriten und eine Festlegung getrennter Rollen und Bereiche der Geschlechter. Tatsächlich bestärkt der Verlauf des Rituals in seiner traditionellen Form genau dies: Der Junge wird der Mutter von der *Sandeket*, der „Patin", genommen, dem *Mohel* gereicht und dann dem *Sendak* gegeben – und umgekehrt am Ende des Rituals. Es wird aus dem Reich der Geburt und der Frauen genommen, kommt in das Reich der Männer und kehrt in das erstere zurück.

Das Fehlen einer vergleichbaren „Eintrittszeremonie“ für Mädchen hat in den vergangenen Jahrzehnten schöpferisch werden lassen – wenngleich selbstverständlich ohne chirurgischen Eingriff.

Der Akt der Beschneidung ist an sich nicht notwendig, um dem Bund beizutreten. Ein jüdischer Junge oder Mädchen wird allein dadurch Teil des jüdischen Volkes, dass er oder sie von einer jüdischen Mutter geboren wird. Wenn der Junge aus medizinischen Gründen nicht beschnitten wird, beispielsweise weil des Risiko einer übermäßigen Blutung vererbt wurde, ist er darum nicht weniger Jude, trotz der Betonung, die die Tradition auf diesen Akt legt. Nach wie vor aber ist die Beschneidung die Norm, von der zumindest in der Vergangenheit nur selten abgewichen wurde.

Wie die Worte der Zuschauer bei der Zeremonie zeigen, ist dies lediglich der erste Schritt des Lebens im Bund mit seinen vielen Verpflichtungen. Im nächsten Kapitel werden wir noch weitere Ereignisse im Lebenszyklus und die Art und Weise, wie sie in jüdischen Gemeinden begangen werden, näher betrachten. Hier wollen wir dagegen noch einige wichtige Feste und ihre Bräuche vorstellen.

Wenn man die jüdischen Durchschnittsfamilien eines Mittelklassevorortes befragen würde, welches die jüdischen Feste seien, die ihnen noch immer wichtig wären, würden die meisten wohl lediglich zwei nennen: *Pessach* und *Jom Kippur* – letzteres eigentlich kein Fest-, sondern ein Fasttag, der Versöhnungstag. Weil ich hier keine systematische Beschreibung des Jüdischen Kalenders geben möchte, würde ich Sie gern auf die Literaturliste am Ende des Buches verweisen und eine weitergehende Lektüre empfehlen. Lassen Sie uns jetzt nur die beiden „Favoriten“, die heute noch Einfluss auf Herz und Seele des Juden haben, etwas genauer ansehen.

Pessach

So wie die Geburt eines Jungen mit der Beschneidung verknüpft ist, so ist die Geburt des Volkes an die Geschichte vom Auszug aus Ägypten gebunden und die alljährliche Feier des Ereignisses am Pessach-

fest. Es ist ein außerordentlich wichtiges Fest – oftmals die einzige Gelegenheit für eine jüdische Familie, außerhalb der Lebenszyklus-Feste zusammenzukommen.
Seit seinen frühesten Anfängen war Pessach, die feierliche Nacherzählung der biblischen Geschichte vom Auszug aus Ägypten, eine häusliche Zeremonie, um das Geschehen an die eigenen Kinder weiterzugeben:

Wenn du in das Land kommst, das der Ewige dir gibt, wie er versprochen hat, sollst du diesen Dienst beibehalten. Und wenn deine Kinder zu dir sprechen: „Was bedeutet dieser Dienst für dich?", sollst du antworten: Es ist das Pessachopfer für den Ewigen, der an den Häusern der Kinder Israels in Ägypten vorüberzog. (Ex 12,25-27)

Noch bei zwei weiteren Gelegenheiten wird in der Hebräischen Bibel auf die Vermittlung dieser Ereignisse an „die Kinder" verwiesen. (Ex 13,8-14; Dtn 6,20)
Die zweite symbolische Handlung der Pessachzeit ist das Verzehren von *Mazza*, von ungesäuertem Brot – Symbol der Eile, in der das Volk Israel Ägypten verlassen musste.

Mit der Gründung Jerusalems, dem Bau des Tempels und der damit verbundenen Zentralisierung der Opferhandlungen an diesem Ort wurde Pessach ein Pilgerfest neben *Schawuot* (Wochenfest) und *Sukkot* (Laubhüttenfest). Ursprünglich Erntefeste behielten sie diesen Charakter bei, erfuhren jedoch nach und nach eine historische Überlagerung, weil sie drei Schlüsselelemente in der Geburt des jüdischen Volkes zu vertreten begannen: Pessach erinnert an den Auszug aus Ägypten, *Schawuot* an die Offenbarung am Berge Sinai und den Eintritt in den Bund, *Sukkot* an die vierzig Jahre währende Wanderung durch die Wildnis. Pessach behielt seine Tradition als ein häusliches Zeremoniell bei und konnte deshalb auch dann noch seine Lebendigkeit im jüdischen Volk bewahren, als der Tempel zerstört war.

Die vier Verweise auf die Fragen, die „eure Söhne euch" in der Zukunft „stellen werden", sind ein Schlüssel zum gesamten *Sederabend*. (*Seder* bedeutet „Ordnung" und verweist auf die „Gebetsordnung" der häuslichen Liturgie.) Die Grundlage des Abends ist ein Buch, genannt *Pessach Haggada*, eine Variation des Wortes *Aggada*, das wir im Kapitel 5 kennen gelernt haben. Es bedeutet ebenfalls „Erzählung" und verweist auf die Wiedergabe der Geschichte vom Auszug aus Ägypten. Aber der Sederabend ist insofern eine paradoxe Form des Gottesdienstes, weil er einerseits auf einer festgelegten Liturgie basiert, andererseits dennoch spontane Fragen und Antworten verlangt. Weil die Bibelverse nahe legen, dass „eure Kinder euch an diesem Tage fragen werden", ist das Fragenstellen esssentiell. Mehr noch: Nach traditioneller Auffassung kann ohne das spontane Fragen der Kinder das Fest gar nicht stattfinden! Erinnert sei hier an die Geschichte eines Vaters, der die Notwendigkeit, an Pessach die Neugier seines Sohnes zu wecken, sehr ernst nimmt, so ernst, dass er zu Beginn des Abends allerlei ungewöhnliche Tricks vorführt, mit Gegenständen jonglierte, um den Tisch rennt u. s. w., nur um seinen Sohn zu der Frage zu verleiten, was denn das alles soll. Nach einer halben Stunde, in der alle etwas ungeduldig geworden sind, weil der Sohn noch immer nichts gefragt hat, stupst ihn seine Mutter schließlich an und meint: „Findest du nicht, dass dein Vater sich heute Abend etwas eigenartig verhält?" Worauf der Sohn antwortet: „Was ist daran so besonders – ich weiß doch, dass er spinnt."

Wie dem auch sei – mit der Eröffnung der Erzählung wird auf die Fragen, die das jüngste anwesende Kind, das *Ma Nischtana,* spricht oder singt, reagiert: „Warum ist diese Nacht anders als alle anderen?" Es folgen vier weitere Fragen, wovon eine nach der Zerstörung des Tempels abgeändert wurde. Bevor wir uns den einzelnen Fragen zuwenden, ist es sinnvoll, auf die zentrale Rolle hinzuweisen, die die Kinder während des gesamten Abends spielen. Sie sollen Fragen stellen, und es gilt, ihre Phantasie anzuregen. Die Kinder werden in der *Haggada* selbst in vier unterschiedliche Typen von „Sohn" eingeordnet. (Es muss hier betont werden, dass die Tradition von „vier Söhnen" spricht, obwohl Mädchen den Abschnitt oftmals gelesen haben und das heutige Streben nach Gleichheit betont, dass auch „Töchter" hierfür infrage kommen. Tatsächlich entstehen „Frauen"-*Haggadot*, die manchmal sogar Männer aus ihrer Runde ausschließen.) Ein Teil der *Mazza*, des ungesäuerten Brotes, wird im Laufe des Abends versteckt, und die Kinder müssen ihn suchen und finden, bevor die liturgischen Abläufe nach dem Essen beendet werden können. In einer Variante verstecken die Kinder die Mazza, und die Erwachsenen müssen sie finden – und ein Lösegeld zahlen, wenn es ihnen nicht gelingt! So oder so – sicher ist dies auch eine subtile Art, die Kinder (und einige Erwachsene sogar auch) den langen Abend über wachzuhalten.

Die Vorstellung von der Kontinuität der Generationen betont die zentrale Bedeutung der Kinder, die für diese Feier der Freiheit wesentlich sind, und sie betont auch sehr stark den Respekt, der ihnen als Mitgliedern der religiösen Gemeinschaft gezollt werden muss. Für die Kinder findet diese Zeremonie statt, sie spielen die entscheidende Rolle darin, und ihre Fragen sind es, die geachtet und beantwortet werden müssen (ein Recht, das ihnen von den Eltern so oft verwehrt wird).

Wegen der vier verschiedenen biblischen Verweise auf die Fragen, die von den Kindern gestellt werden können, entwickelte sich ein besonderer Teil der Sederliturgie, der davon ausgeht, dass vier unterschiedliche Typen „Söhne“ anwesend sind, die während der abendlichen Feier ihrem Charakter gemäß jeweils eine andere Frage stellen: der „weise Sohn“ will die „technischen Details“ des Festes erklärt bekommen; der „böse Sohn“ geht mit der ganzen Sache zynisch um (wenngleich er so böse nicht sein kann, denn sonst wäre er ja erst gar nicht erschienen!), der „einfältige Sohn“ kann nur fragen. „Was passiert hier?“ und der vierte Sohn ist zu jung, um überhaupt fragen zu können.

Diese vier Typen eröffnen eine Vielzahl an Möglichkeiten der Diskussion, denn sie können als Repräsentanten ganz verschiedenartiger Menschen innerhalb einer Gemeinde gesehen werden. Sie ermöglichen eine Vielzahl an Antworten und Auslegungsebenen, und vielleicht wichtiger noch: Sie bringen Figuren an den Tisch, Teilnehmer in dem sich vor unseren Augen entwickelnden Drama, durch die wir selbst unbewusst zu Spielern in unserem eigenen Historienspiel werden und uns dabei mit unserer kollektiven Vergangenheit identifizieren.

Um die vier Fragen zu verstehen, sollte man sie einmal ungekürzt hören:

Warum ist diese Nacht anders als alle anderen Nächte? In allen anderen Nächten essen wir gesäuertes und ungesäuertes Brot, in dieser Nacht aber nur ungesäuertes. In allen anderen Nächten essen wir allerlei Gemüse, in dieser Nacht aber nur bittere Kräuter. In allen anderen Nächten tauchen wir unser Essen nicht ein einziges Mal ein, in dieser Nacht aber zweimal. In allen anderen Nächten essen wir entweder sitzend oder angelehnt, in dieser Nacht aber essen wir alle angelehnt.

Als der Tempel noch stand, lautete die abschließende Frage stattdessen: „In allen anderen Nächten essen wir geröstetes, geschmortes und gekochtes Fleisch, aber in dieser Nacht nur geröstetes" Dies verweist auf das besondere Pessachopfer im Tempel. Mit der Zerstörung des Tempels und dem Ende der Opferhandlungen wurde dieser Satz durch die Frage nach dem angelehnten Sitzen ersetzt – Teil einer erstaunlich erfolgreichen Anpassung an diese schmerzliche Veränderung im äußeren und geistlichen Leben des Judentums.

Schon anhand dieser vier Fragen lassen sich einige Merkmale des *Seders* feststellen: Erstens die Bedeutung des Essens – eines Essens von symbolischer Kraft, so dass das Ritual nicht auf Worte und Gesten allein beschränkt ist, sondern Geruchs- und Geschmackssinn mit einbezieht. Wir erfahren in unserem Mund die Bitterkeit der Sklaverei, indem wir bittere Kräuter essen. Wir durchleben erneut die Hast des Auszugs aus Ägypten, indem wir das ungesäuerte Brot essen, wie es unsere Vorfahren gewohnt waren. Wir essen ein hart gekochtes Ei, in Salzwasser getaucht – die Tränen des Leidens. Ursprünglich steht das Ei möglicherweise für die Wiedergeburt von Frühling und Fruchtbarkeit. Nach einer weiteren Interpretation repräsentiert es jedoch auch das jüdische Volk selbst: Je länger man ein Ei kocht, umso härter wird es; je mehr das jüdische Volk leidet, umso gestärkter geht es daraus hervor.
Was das Essen betrifft, ist der vielleicht bekannteste Ritual-Teil des *Seders* das Trinken von vier Bechern Wein. Die vier Becher Wein stehen für die vier Verheißungen Gottes, das Volk zu befreien. (Ex 6,6-8) Einige Tropfen dieses Weins, dem Symbol der Freude, werden allerdings an ganz entscheidenden Momenten der Feier verschüttet, nämlich wenn wir von den zehn Plagen lesen, die die Ägypter heimsuchten. Unsere Freude muss sich abschwächen, wenn wir von ihren Leiden lesen. Deshalb wird der Wein vergossen.

Zwei der vier Fragen führen uns symbolisch zurück in das Leben in der Sklaverei, wie es für Pessach zentral ist: die bitteren Kräuter und das ungesäuerte Brot, auf das an anderer Stelle in der *Haggada* als „Brot des Elends“ verwiesen wird. Dagegen scheinen die anderen zwei Fragen die Freude über die Freiheit zu reflektieren. Das Eintauchen der Kräuter könnte beim Hors d'oeuvre eines feierlichen Festmahls üblich gewesen sein; das Anlehnen bei Tisch erinnert an das römischen Triklinium, jenes Speisesofa, auf der römische Bürger sich ausstreckten und in aller Ruhe Mahl und Unterhaltung genossen.
Während diese Fragen auf die äußere Freiheit zielen, geht es parallel dazu beim *Seder* auch um die geistliche, innere Freiheit. Die Geschichte des Auszugs selbst – sie zitiert Jos 24 – erinnert uns daran, dass unsere Vorfahren Götzendiener waren, bevor Gott Abraham erwählte. Also wird der Erzählung vom Auszug aus Ägypten das persönliche Ringen mit dem Gedanken vorangestellt, auch aus *innerer* Sklaverei befreit zu sein. So sehr die Erzählung in die Vergangenheit blickt, so sehr macht sie uns gleichzeitig auch die Gegenwart bewusst –, denn jeder wird angehalten, sich selbst so zu betrachten, als sei er persönlich aus Ägypten ausgezogen! Danach blickt die Erzählung nach vorn, in die messianische Zukunft am Ende der dunklen Nacht des Exils. Der unsichtbare Gast beim Seder, für den ein extra Becher Wein bereitgehalten wird, ist der Prophet Elias, der Vorbote des Messias. Die abschließenden Worte der *Haggada* schauen nach vorn, auf eine Rückkehr in ein wiederhergestelltes Zion: „Nächstes Jahr in Jerusalem!“ Wir durchleben diese Nacht in einer Zeit außerhalb der Zeit.

Obwohl der Seder zwei Jahrtausende älter ist als die Lehren der Befreiungstheologie und aufs Häusliche beschränkt und rituell erscheinen mag, ist seine Botschaft doch zutiefst subversiv, und zwar sowohl spirituell als auch politisch. Die Haggada-Erzählung berichtet von einem Seder in Bnei Brak, den fünf berühmte Rabbinen des 2. Jahrhunderts d. Z. besuchen, darunter Rabbi Akiwa, der mit dem jüdischen Aufstand gegen das römische Weltreich in Verbindung stand und später den Märtyrertod starb. Die Erzählung, nach der die fünf die ganze Nacht mit Diskussionen über den Exodus verbrachten, legt nahe, dass ihr eigentliches Vorhaben unmittelbar politisch war. Als ihre Schüler am Morgen zu ihnen kamen, um sie daran zu erinnern, dass es Zeit sei, das Morgengebet zu sprechen, bedeuteten sie ihren Lehrern auch, dass Gespräch allein nicht genüge, sondern auch Handeln vonnöten sei. Ob diese Erzählung nun historisch belegt ist oder nicht, die Tatsache jedenfalls, dass sie Teil des mündlichen Kommentars zur Haggada wurde, bestätigt die provozierende Seite der Zeremonie. In jeder Gesellschaft, in der Juden gelebt haben, ob als Sklaven oder als freie Menschen, ob von der Gesellschaft ihres Gastlandes verfolgt oder toleriert, haben die Nuancen des Sederrituals sich auf außergewöhnlicher Weise auf ihr Leben ausgewirkt und sie beständig an das Wesen und die Notwendigkeit menschlicher Freiheit unter Gott erinnert.

Wie vieles in der jüdischen Tradition steht Pessach im Spannungsfeld partikularistischer und universalistischer Merkmale. Wer soll durch die Ereignisse des erzählten und erneut durchlebten Exodus in jener Nacht befreit werden? Die biblische Erzählung im Buch Exodus hebt bereits die doppelte Zielrichtung hervor. Es wird durchweg unterstrichen, dass der Exodus dem Zweck dient, Gottes Versprechen an Abraham zu halten, nämlich seine Nachkommen in das gelobte Land zu bringen. Nicht weniger betont wird jedoch die Tatsache, dass auch die Ägypter die Wirklichkeit und Macht Gottes durch all diese Ereignisse erkennen werden. Die Bedrängnis des Pharao, des „Gottes" der Ägypter, und alle Plagen mit ihren subtilen Attacken gegen andere ägyptische Gottheiten sind ein entscheidender Teil des Plans. Zum Seder sollten immer auch Gäste kommen, die sonst nicht feiern könnten. In den Worten der *Haggada*: „Lasst alle Hungernden kommen und essen. Lasst alle Notleidenden kommen, damit sie Pessach feiern."

Die Sederfeier wird heute oft durch Lesestücke zu aktuellen Problemen von Sklaverei und Freiheit erweitert, um Solidarität mit den Unterdrückten zu zeigen. Es sind besondere *Haggadot* verfasst worden, um die Nähe zur Bürgerbewegung in Amerika, zur Anti-Apartheid-Bewegung in Südafrika, zur Frauenbewegung und zum Elend der Palästinenser auszudrücken.

Umgekehrt ist die Sederfeier in Zeiten der Unterdrückung für Juden immer eine Gelegenheit gewesen, ihr eigenes Sehnen nach Freiheit auszudrücken. Ich habe einmal in den späten Siebzigern in Moskau einen Seder unter „Refuseniks" geleitet – Juden, die um Erlaubnis, nach Israel auszuwandern, ersucht und deshalb ihre Arbeit und ihre Rechte verloren hatten. Viele von ihnen hatten Familienmitglieder, die im Gefängnis waren. Einer von ihnen wurde später wegen des Verbrechens, Hebräisch zu lehren, festgenommen. Während Pessach zu dieser Zeit geschah in einer Moskauer Schule etwas Merkwürdiges: Eins der Kinder erschien mit einer *Mazza* zum Mittagessen, worauf ein paar andere Kinder gleichfalls eine aus der Tüte zogen. Keines von ihnen hatte gewusst, dass die anderen auch Juden waren; keine der Familien hatte je zuvor Pessach gefeiert, und nur wenige hatten mehr als eine entfernte Vorstellung von Sinn und Bedeutung der Pessach-Bräuche und -Speisen. Doch dieser Moment des Erkennens gab dem ungesäuerten Brot eine neue Bedeutung. Es war ein Ausdruck der Verbundenheit mit dem jüdischen Leben trotz der zu diesem Zeitpunkt sechzig Jahre währenden Unterdrückung.

Im Leben eines Volkes sind Religion und Politik, geistige und physische Befreiung ineinander verwoben. Der Text der *Haggada* erinnert uns: „Dieses Versprechen hat unsere Vorfahren und uns am Leben erhalten. Denn nicht nur ein Feind ist gegen uns aufgestanden; in jeder Generation wenden sich Völker gegen uns, um uns zu zerstören. Aber der Heilige, der gepriesen ist, rettet uns aus ihrer Hand." Pessach hat ein Eigenleben, kann immer neue Bedeutungen hervorbringen und auch nach mehr als dreitausend Jahren immer wieder eine neue Antwort auf Unterdrückung geben.

Den Pessachabend in rein theologischen Begriffen zu beschreiben, ist legitim und hat dennoch etwas Verfälschendes. Denn er ist auch schlicht ein Familientreffen, bei dem die religiöse Zeremonie oft den zweiten Platz hinter der menschlichen Interaktion einnimmt. Das muss man nicht bedauern. Es herrscht Freude über das Zusammensein, man denkt an die Menschen, die nicht teilnehmen können, trauert wegen jener, die im vergangenen Jahr gestorben sind, und freut sich über die Kinder, die da sind. Was die Form der Feier und der rituellen Erzählung angeht, herrscht oft Ungeduld, bei manchen sogar Unverständnis. Daneben fordert die Feier normalerweise der Frau des Hauses enorme, oft nicht anerkannte Anstrengungen ab und bedeutet für alle mitunter eine große Belastung. Abgesehen davon können Familientreffen, wenn die Anfangsfreude erst mal verflogen ist, mit altem Groll und negativen Gefühlen, mit Rivalitäten und Eifersüchteleien aufgeladen sein, kurz: mit den kleinlichen menschlichen Reaktionen und Konflikten des Familienlebens. Die wird es auch in der Nacht des ersten Exodus gegeben haben.

Wir feiern hier also erstaunliche Paradoxien. Die Pracht des Tempelrituals mit seinen kosmischen Anklängen ist nach und nach zu einem gemütlichen und doch tiefgründigen Ritual und Mahl domestiziert worden. Umgekehrt aber lässt dieses einfache Familientreffen einen entscheidenden Moment in der Geschichte der Menschheit wiederaufleben: das Eingreifen Gottes in das Leben eines Volkes, seine Rettung aus der Sklaverei. Es ist deshalb ein zutiefst bedeutsames Ereignis, ein Ereignis, das Gottes weitere Versprechen real und unmittelbar macht: das Ende aller Sklaverei und die Errettung der Menschheit. Die Banalität eines Familientreffens nimmt eine weltumspannende Dimension an, ohne jemals seine allzumenschlichen Schranken zu überschreiten, seine Absurdität, seine Wärme und Liebe. Dieses Zusammenwirken von Banalität und Transzendenz, Häuslichem und Kosmischem ist auch Charakteristikum der Liturgie. Es ist das besondere Genie des jüdischen Volkes, dies erreicht zu haben und dabei die Realität des Familienlebens mit einzuberechnen, den Kindern eine wichtige Rolle zu geben und die Herausforderung zu meistern, über persönliche Interessen, die eigene Bequemlichkeit und Selbstgefälligkeit hinauszublicken. Die Pessachliturgie ist gleichzeitig auch ein öffentliches Bekenntnis des Glaubens an Gott und der Hoffnung in der Dunkelheit, in der zu leben so viele jüdische Generationen verdammt waren. Als Ritual ist es eine Erinnerung an das jüdische Sehnen nach nationaler Wiedergeburt und Erlösung und zugleich ein aktiver Schritt auf dieses Ziel hin. Denn manchmal ist auch das Abhalten eines Seders selbst ein Akt des Ungehorsams gewesen, und immer ist es Übung einer Aufgabe, die es noch zu erfüllen gilt. Gleichzeitig aber ist der Seder ein Ruf zu universeller spiritueller und physischer Befreiung.

All dies und mehr ist in einem simplen Stück flachen, trockenen Brotes symbolisiert, das mit außerordentlicher Bedeutung und Kraft ausgestattet wird. Wie es in der *Haggada* heißt:

Siehe, dies ist das Brot des Elends, das unsere Vorfahren im Lande Ägypten aßen. Lasst alle Notleidenden kommen und Pessach begehen. Dieses

Jahr sind wir hier, im nächsten Jahr mögen wir im Lande Israel sein. Dieses Jahr sind wir Sklaven, im nächsten Jahr freie Menschen.

Jom Kippur – der Versöhnungstag

Es ist ein seltsamer Sprung von Pessach zu Jom Kippur. Ersteres spricht von der Befreiung eines Volkes und drückt sich in einem häuslichen Ritual aus, in dem der Küche, symbolisch und kulinarisch, eine dominante Rolle zukommt. Wenn die Menschen etwas mit Jom Kippur in Verbindung bringen, dann ist es die Tatsache, dass gefastet wird und man den Tag nicht zu Hause, sondern in der Synagoge verbringt. Und anstatt Freiheit in einer kollektiven Form zu feiern, prüfen wir individuell die Verantwortung, die mit dieser Freiheit einhergeht und werden uns unseres Scheiterns bewusst, all dem gerecht zu werden, was uns gegeben worden ist. Es ist eine einsame Erfahrung und weniger eine in der Familie. Doch liegt vielleicht das Geheimnis der Anziehungskraft dieses Feiertages gerade eben in dem Gefühl, dass er ernst ist, dass wir einmal im Jahr angehalten sind, einen ernsthaften Blick auf uns selbst zu werfen. Dabei helfen uns all die Gebete und das Fasten, die diesem Tag seinen Charakter geben.
Zugegeben, viele Juden haben ein recht loses Verhältnis zu Jom Kippur. Manche kommen ihren Eltern zuliebe in die Synagoge oder weil es ihnen Unbehagen bereiten würde, falls sie fernblieben. Doch der Reichtum dieses Festes ist überwältigend – vorausgesetzt, die Menschen finden die Brücke zwischen dem großen mittelalterlichen Überbau aus Glauben, Sprache und Metaphorik, der diese Bußzeit prägt, und unserer eigenen agnostischen und weitgehend säkularen Welt.

Die Bußzeit beginnt im Monat *Elul*, der *Rosch Haschana*, dem Neujahrstag und Hohen Feiertag, vorausgeht. Den ganzen Monat wird am Ende des Morgengottesdienstes das *Schofar*, das Widderhorn, geblasen – ein Ruf, unser Leben zu überprüfen und uns auf die Buße vorzubereiten. *Rosch Haschana* hat mehrere Bedeutungen. Er wird in der jüdischen Tradition als Geburtstag der Welt betrachtet und ist daher der Tag, an dem die gesamte Welt vor Gott zum Gericht gerufen wird. Darum auch der Name *Jom HaDin*, „Tag des Gerichts". Er ist auch als *Jom HaSikaron* bekannt, als „Tag der Erinnerung", an dem

Gott sich der Taten eines jeden Menschen im vergangenen Jahr erinnert und sie überdenkt. Das Buch des Lebens wird geöffnet, in dem unsere Taten eingeschrieben sind, und Gott entscheidet, wer leben und wer im kommenden Jahr sterben soll. Die vollkommen Guten werden zum Leben eingeschrieben, die vollkommen Bösen zum Tode, aber die meisten von uns fallen in die „Zwischenkategorie“, und während der kommenden „zehn Tage der Einkehr und Buße“ haben wir Gelegenheit zu versuchen, für den Schaden oder den Schmerz geradezustehen, den wir verursacht haben, und uns mit denen, die wir verletzt haben, zu versöhnen. Das Buch wird dann an Jom Kippur (dem zweiten Hohen Feiertag) versiegelt. Obwohl der Tag ernst ist, ist er paradoxerweise als „weißer Fasttag“ bekannt, als festliche Angelegenheit, weil wir wissen, dass Gott unser Bitten um Vergebung erhört. Zu diesen grundlegenden Motiven der Bußzeit ergänzen die Elemente des Gottesdienstes viele weitere inhaltliche Aspekte.

Die beste Art und Weise, Jom Kippur eine besondere Bedeutung zu verleihen, liegt in der Lektüre des folgenden Abschnitts, der jedoch ein wenig nach Erklärung verlangt. Ursprünglich wurde er als Erzählung über jene „innere Reise“ geschrieben, die am Versöhnungstag stattfindet, und im „Jewish Chronicle“ veröffentlicht. Eine revidierte Fassung in Form einer Reihe von Vorworten zu den verschiedenen Gottesdiensten an Jom Kippur habe ich dem „Gebetbuch für die Hohen Feiertage“ beigefügt, das ich gemeinsam mit Rabbiner Lionel Blue für die britische Reformbewegung herausgegeben habe und das auch auf Deutsch erschienen ist. Es ist ein Lesestück, das versucht, aus dem Herzen der jüdischen Tradition zu einer Gemeinschaft betender Juden zu sprechen. Indem ich es an dieser Stelle einfüge, lade ich Sie dazu ein, in diese innere Auseinandersetzung hineinzuhorchen. Zu viele eingefügte Erklärungen würden den Text auseinanderreißen. Also hoffe ich, dass es auch so seinen Widerhall bei denen findet, die sich darauf einlassen.

Die Reise

Es gibt eine Geschichte, die in jedem Kulturkreis und in jeder Religion, in folkloristischen Erzählungen, in Legenden und in unseren Träumen er-

zählt wird. Es ist die Geschichte über die Reise eines Helden oder einer Heldin auf der Suche nach einem Schatz. Alle Versionen dieser Geschichte sind unterschiedlich, und dennoch sind sie sich im Grunde alle gleich. Der Held wird aus seinem normalen Leben herausgerufen – er sieht einen brennenden Dornbusch, er hört eine Stimme, die ruft: Lech lecha! – „Geh! Um Deiner selbst willen, geh!"

Vor einem solchen Menschen liegen viele Abenteuer. Auf dem Weg trifft er einen Feind, der versucht ihn aufzuhalten, und einen Freund, der versucht ihm zu helfen. Am Ende erreicht er den Eingang zur Unterwelt oder zur Welt der Götter – Jona wird von einem Fisch verschlungen, Mose steigt in den Himmel hinauf, um die Tora zu empfangen. Mit Glück, Geschick oder mit Hilfe überschreitet er die Schwelle und betritt dieses geheimnisvolle Land voller Dunkelheit oder Schönheit, wo der Schatz gefunden wird. Es ist ein Land, in dem die allgemeinen Regeln keine Geltung mehr haben, wo er entdeckt, dass der Feind und der Freund, denen er unterwegs begegnet ist, in Wirklichkeit ein und derselbe sind, und manchmal entpuppen sich beide auch als Wächter des Schatzes, den diese geheimnisvolle Welt birgt. Der Schatz wird gegeben oder muss geraubt werden, und es beginnt die Rückreise in die vertraute Welt.

Am Ausgang gibt es einen Moment des Widerwillens: Warum sollte man das Paradies oder die Unterwelt wieder verlassen? Warum zurückkehren in eine beschränkte menschliche Realität? Aber irgendetwas drängt oder zieht einen zurück, denn dieser Schatz muss der Menschheit gebracht werden, dieses Geheimnis, das durch so viel Arbeit und Mühe erworben wurde. Die Reise des Helden ist abgeschlossen, und das Leben beginnt von neuem – in gewisser Weise verändert durch die Erfahrungen, die er gemacht hatte. Ob als mittelalterliche Ballade gesungen, ob als Indianergeschichte erzählt, ob dargestellt in einem religiösen Fest oder, wie in unserer Tradition, aus Bibel und Midrasch zusammengesetzt, es ist in irgendeiner Weise eine Geschichte über die Reisen eines jeden und einer jeden von uns, die wir unterwegs sind, zu entdecken, wer wir sind und was dem Leben Sinn gibt.

An einem Tag im Jahr unternehmen wir diese Reise in Gemeinschaft mit der gesamten Gemeinde Israels – wir alle zusammen, und doch jede und jeder von uns allein. Dieser Tag ist der Tag, der Versöhnungstag, der Todestag mitten im Leben. Es ist der Tag, an dem wir den Kittel tragen, jenes weiße Gewand, das eines Tages unser Totenhemd sein wird. Es ist der Tag, an dem Essen, Trinken, Schmecken und Ausscheiden aufhören. Es ist

ein Tag, an dem alles Weltliche weicht und wir frei dafür sind, uns auf unsere persönliche Entdeckungsreise zu machen.
Es gibt fünf Hauptgottesdienste während des Versöhnungstages. Sie sind wie fünf Sätze in einer Symphonie oder fünf Etappen auf der Reise hin zu dem Ort, wo unser Schatz zu finden ist und zurück in die Alltagswelt.
Die Reise beginnt mit einem Ruf – nicht von solch einer Dramatik wie der brennende Dornbusch des Mose oder mit solch einer Klarheit wie Gottes Ruf an Abraham. Er ist eher so etwas wie ein quälendes Unbehagen, ausgelöst durch lästige Neujahrskarten oder vielleicht durch das Anbrechen dieser Jahreszeit, vielleicht durch eine Erinnerungsnotiz der Synagoge, durch die plötzliche Flut von Spendenaufrufen jüdischer Wohltätigkeitseinrichtungen oder durch sonst irgendeinen von den vielen möglichen formellen oder informellen Hinweisen darauf, dass die Hohen Feiertage nahe sind, dass es Zeit ist für den jährlichen Synagogenbesuch, oder vielleicht auch nur durch ein vages Bewusstsein über die Bedeutung dieser Jahreszeit. Da immer noch jüdische Menschen während dieser Tage in der Synagoge erscheinen, aus welchen Gründen auch immer, zeigt in seiner eigenen, versteckten Art, dass der Ruf, der aus dem alltäglichen Leben herausruft, immer noch die Kraft besitzt, uns in Bewegung zu setzen, für wie kurze Zeit auch immer, wie nebensächlich auch immer und wie widerwillig auch immer.
Wir werden zu einem Gerichtshof gerufen. Wir sitzen auf der Anklagebank, wir stehen unter Eid. „Gott spricht Recht und legt Zeugnis ab, klagt an und wird den Urteilsspruch fällen." Im Gerichtshof Gottes „gibt es kein Unrecht und kein Vergessen, kein Ansehen der Person", denn „Gott nimmt kein Bestechungsgeschenk an". Wir werden herausgerufen aus unserem Alltag mit seinen Kompromissen und Halbwahrheiten, seinen Ausflüchten und Heucheleien, dem Überlebenskampf in der Hackordnung und dem Versuch, irgendwelche Werte zu bewahren in einer verirrten und irreführenden Welt – , wir werden herausgerufen, um einen Augenblick lang die Gelegenheit zu haben, die Wahrheit zu sprechen. Wir können anfangen, uns selbst zu sehen, ohne Angst davor, belächelt oder missverstanden zu werden und ohne dass wir uns entschuldigen oder etwas vorgeben müssen, was wir in Wirklichkeit nicht sind.
Kol Nidre *[der Abendgottesdienst des Versöhnungstages] sagt uns, dass „die Worte unserer Münder" nicht immer mit den „Gedanken unserer Herzen" übereinstimmen. Er erinnert uns daran, dass die Kluft zwischen unserem inneren Sein und unseren äußeren Worten und Taten von Be-*

deutung ist. Sie hat eine Bedeutung über unsere privaten Belange hinaus, denn sie spiegelt eine grundsätzliche Spannung in der Struktur unserer Gesellschaft wider. Unser persönliches Leugnen der Wahrheit über uns selbst weitet sich zu öffentlicher Heuchelei aus. Bevor wir um Gottes Urteil über die Gesellschaft bitten können, müssen wir zuerst Gottes Urteil über uns selbst suchen. Zu Beginn des Jom Kippur unternehmen wir den ersten Schritt dazu, die Schichten der Gleichgültigkeit, Teilnahmslosigkeit und der Selbsterhaltung abzulegen, die wir Tag für Tag zu tragen gelernt haben. (Seder ha-Tefillot, a.a.O., II, S. 282-284)

Wie wichtig ist die Nacht von Jom Kippur, die Zeit der Stille zwischen den Gesängen und Gebeten? Es ist ein seltsamer Zeitabschnitt, in dem die Zeit lang wird. All die gewöhnlichen Zerstreuungen, Kaffeetrinken mit Freunden, Fernsehen oder andere Weisen, sich zu unterhalten, fallen aus – sei es aus Überzeugung oder sei es aufgrund eines gewissen Unbehagens, die Regeln oder vielleicht auch die Stimmung zu brechen. Das ist der Beginn dieses intensiven Unbehagens darüber, allein auf die eigenen Möglichkeiten und Reserven zurückgeworfen zu sein – eine fremde Erfahrung in einem ausgefüllten Lebensalltag. Es ist der Augenblick der Versuchung auf der Reise – der Versuchung, die Zeit zu füllen oder sich von der Zeit füllen zu lassen; voller Ungeduld kehrt zu machen oder weiterzugehen, vorbei an dem Fremden, der Langeweile, der Stille.

Im Morgengebet dringen wir tiefer in die innere Sprache dieses Tages ein. Dies ist der Punkt, an dem sich unsere eigene, individuelle Persönlichkeit mit der Persönlichkeit Israels verbindet. Die äußere Welt tritt noch stärker in den Hintergrund. Wir erleben das Drama unseres Volkes an seinem Tag der Begegnung mit Gott, und gleichzeitig stellen wir es selbst dar. Wir stehen vor Gericht. Aber es ist eine eigenartige Sprache, die wir hören: Es ist die symbolische Sprache der Opfer, der Böcke, der Priester, der Rituale, der weißen Kleider und des roten Blutes. Es ist die symbolische Sprache einer fernen vergangenen Welt, und doch birgt sie ein Geheimnis über unsere Existenz als Volk, über unsere Werte, unsere Bestimmungen und die Erneuerung unserer Aufgabe.

Abraham wurde berufen, ein Beispiel für eine neue Menschheit zu sein: fürsorgend, mitfühlend und gerecht. So wie er auf die Probe gestellt und geläutert wurde, so sind auch seine Nachkommen, die zu einem Volk werden sollten, selbst ein Beispiel für den Willen Gottes in einer gleichgültigen oder feindlichen Welt. Es wurde ihnen ein Land gegeben, ein Mikrokosmos auf der Erde, mit der Verantwortung, ihm zu dienen und es zu schüt-

zen, für es zu sorgen, füreinander zu sorgen und für alle, die dort wohnen. Wenn uns dies gelingt, werden wir die Welt retten. Wenn wir daran scheitern, dann droht der Welt Gefahr. An diesem Tag wird für klare Verhältnisse gesorgt. Was also an diesem Tag von uns erwartet wird, ist sehr einfach und doch die schwierigste aller Aufgaben. Es wird von uns erwartet, dass wir ehrlich sind mit uns selbst als Volk: Inwieweit sind wir dieser Aufgabe nachgekommen? Wie gut haben wir einander behandelt? Wie gut haben wir die behandelt, mit denen wir freundschaftlich verbunden sind? Inwieweit haben wir versucht, die zu gewinnen, die uns feindlich gesonnen sind?

Unsere Geschichte scheint aus immer neuen Überraschungen zu bestehen. Jedes Mal, wenn wir gerade den Willen Gottes oder Gottes Gegenwart festgestellt haben, dann ist es plötzlich etwas völlig anderes, etwas völlig Neues. Gott fordert uns heraus. Wenn die Wolkensäule sich bewegte, mussten wir ihr folgen. Wer zurückblieb, war in der Wüste verloren. Die Wolke war im Tempel, doch die Wolke bewegte sich weiter. Die Wolke war für kurze Zeit in Jerusalem, doch Jerusalem wurde zerstört. So laufen wir immerzu hinter der Wolke her, und wir erkennen immer erst im Nachhinein, dass wir versagt haben, die neue Herausforderung wahrzunehmen, vor die wir gestellt wurden. Und dafür bitten wir um Vergebung: dafür, dass uns unsere Gewohnheiten gefangen gehalten haben; dass wir religiös waren in allen unwichtigen Punkten; dass wir vergessen haben, wer wir sind.

So tragen wir die Gedichte vor, singen die Hymnen und rezitieren die Bekenntnisse, ob sie uns etwas bedeuten oder nicht, und versuchen, die Schutzschichten zu durchdringen, die wir um unsere Seele herum aufgebaut haben. Sie sind zwar unser täglicher Schutz gegen eine gefährliche Welt, gelegentlich aber wird dieser Schutzschild wirklicher für uns als die Seele, die dahinter verborgen ist. Wenn wir also Dinge bekennen, die wir niemals getan haben, reicht es nicht aus, zu betonen, dass wir für ganz Israel sprechen und dass vielleicht jemand anderes diese Dinge getan haben könnte.

Wir sagen zu viele Worte an Jom Kippur; Tausende, vielleicht Hunderttausende von Worten kommen von unseren Lippen. Und je mehr Worte wir sagen, umso weniger bedeuten sie uns. So wie die Sprache des Tempelkults ein Geheimnis für uns ist, so verlieren die Worte des Jom Kippur ihre Bedeutung. Es ist geradezu so, als versuchten wir, einen Punkt jenseits der Worte zu erreichen, wo plötzlich etwas in uns selbst auf seine eigene

Weise zu Gott zu sprechen beginnt. All die Rituale und Rezitationen dienen nur dazu, unsere Hindernisse der Gewohnheit, der Konvention und der Furcht, die uns im Wege stehen, abzuschütteln. (Seder ha-Tefillot, a.a.O., II, S. 362f.)

Im Mussafgebet *[dem zweiten Gottesdienst am Morgen] erreichen wir den intensivsten Moment des Tages. Er ist das Zentrum des Geheimnisses, in das wir reisen, und vieles weist darauf hin: Hier lesen wir von den Handlungen des Hohenpriesters in der Vergangenheit, von seinen Gebeten für sich selbst und seine Familie, die Priester und die ganze Familie Israels. Es war in diesem Augenblick, dass der Gottesname laut ausgesprochen wurde – der heiligste Name, gesprochen von dem heiligsten Menschen, am heiligsten Tag, am heiligsten Ort.*

Dieses Geschehen besiegelt die Bedeutung des Mussafgebets, doch gibt es auch persönliche Hinweise, die in unseren eigenen Erfahrungen und in unserem Leben widerhallen. Denn wir begegnen darin äußerst direkt und auf unmissverständliche Art und Weise unserer eigenen Sterblichkeit:

„Aus Staub wurde der Mensch geschaffen und zum Staub kehrt er wieder zurück. Die Tage seines Lebens verbringt er mit der Sorge um sein Brot. Er gleicht einem Tongefäß, das leicht zerbricht. Er ist wie das Gras, das schnell verdorrt, wie eine Blume, die bald verwelkt, ein Schatten, der vorübergeht, eine Wolke, die schwindet, ein verwehender Wind, Staub in der Luft, fliehender Traum."

Und in einer deutlichen, kompromisslosen Sprache werden sogar verschiedene Todesarten angesprochen, wenn wir an einer Stelle sagen: „für die, die durch Feuer oder durch Wasser sterben werden, durch die Gewalt von Menschen oder durch Tiere, durch Hunger oder durch Durst, durch Katastrophen, Seuchen oder Hinrichtung."

Wir, die wir uns vor dem Tod verstecken und ihn in die Stationen der Krankenhäuser abschieben, wir, die wir nicht über den Tod sprechen können und keine Worte für das Sterben finden, gerade uns wird aufgetragen, uns mit unserem eigenen Ende zu beschäftigen.

Doch das ist noch nicht alles. Noch einmal lässt uns die Symbolik des Rituals keine Ruhe. Zwei Böcke werden nach dem Zufallsprinzip ausgesucht, der eine dazu, in die Wüste geschickt zu werden, der andere dazu, zu Gott zu kommen, der eine zum Tod, der andere zum Leben. Die Hände, die auf ihre Köpfe gelegt werden, zeigen, dass sie stellvertretend für uns stehen; sie repräsentieren uns, sie erinnern uns erneut daran, dass wir herausgefordert werden zu wählen. Indem wir unserem Tod ins Auge sehen, sind wir herausgefordert, Rechenschaft über unser Leben zu geben. Alle Entschuldigungen sind nun fern von uns. Unsere Errungenschaften und unser Versagen wurden festgehalten und notiert; sie stehen nun für sich selbst oder vergehen von selbst, sie sind Geschichte. Einzig die Seele bleibt. Und das ist noch nicht alles. Seit dem Mittelalter gibt es ein Gedicht in der aschkenasischen Liturgie, das vom Tod der zehn Märtyrer spricht, die zur Zeit der römischen Verfolgung starben, weil sie Tora lehrten. Es ist ein großer Aufschrei der Angst über die Verwirrung der Grausamkeit des jüdischen Geschicks während der Kreuzzüge. Es ist eine Erinnerung an den Preis, den zahllose Generationen für ihr standhaftes Festhalten an ihrem Glauben zahlen mussten. Es ist ein Gedenken an das Schicksal der sechs Millionen, die ermordet wurden, und ein schreiender Protest dagegen. Es ist eine kompromisslose Erinnerung daran, dass wir unter Umständen selbst einen Preis für unsere eigenartige Berufung bezahlen müssen, selbst, wenn sie uns nur einmal im Jahr zu dieser Zeit und an diesem Ort zusammenbringt. Denn hierin liegt die letzte Frage, die das Wesen unseres Lebens und seinen Sinn durchdringt: Wofür sind wir bereit zu sterben?

Der Tag wird vorübergehen. Der Augenblick kann nicht festgehalten werden, und wir bewegen uns langsam wieder von diesem Geheimnis fort nach draußen in die Welt. (Seder ha-Tefillot, a.a.O., II, S. 472f)

Wir lassen den Gedanken an den Tod noch nicht ganz hinter uns, denn im Jizkor werden wir uns an unsere eigenen Familienangehörigen erinnern, die nicht mehr unter uns sind.

Aber die Tendenz des Gottesdienstes ist nun eine andere. Denn wir feiern die großartige Sturheit, die mutwillige Blindheit, die kindischen Wutanfälle und die unübertreffliche Selbstsüchtigkeit des größten jüdischen Propheten: Jona. Er ist der Größte, denn er ist der Einzige, der tatsächlich bewirkt hat, dass seine Zeitgenossen umkehrten; er ist der Größte, denn sein Verhalten ist uns allzu vertraut: Es ist besonders unsinnig, besonders menschlich, besonders jüdisch – er ist einer von uns!

Gott sagt: „Geh nach Ninive!“, er rennt los, aber zum anderen Ende der Welt. „Erzähle deinen größten Feinden, dass Gottes Liebe sie erreicht.“ – Jona bestreitet Gottes Recht, so großzügig zu sein. Er gibt fünf widerwillige Worte der Warnung Gottes von sich – und Welten geraten in Bewegung. Die Dinge werden unbequem, als sein Schatten verschwindet, da beschäftigt er sich plötzlich mit der Natur, mit ihrer Erhaltung, und mit der Ökologie. Er ist ärgerlich und unmöglich und herrlich – und er ist einer von uns.

Warum wird im Mincha-*Gottesdienst [dem Nachmittags-Gottesdienst] über Jona gelesen? Die Lehren, die er uns bringt, geben uns einige Antworten: Da ist die Kraft der Entscheidung, zu Gott umzukehren. Und da ist die Warnung, dass das Fasten allein bedeutungslos bleibt, wenn es nicht von der Absicht begleitet wird, unsere Wege zu ändern. Aber Jona sagt uns auch etwas über die Welt draußen, in die wir bald zurückkehren werden, mit ihren Ninives, jenen, die uns schon von weitem Angst machen, und jenen, die wir selbst aufbauen helfen. Er reißt uns von uns selbst los hin zu der Welt, für die wir Verantwortung tragen. Während wir am Vormittag in unser jüdisches Gewissen eingetaucht sind, werden wir am Abend wieder neu erfahren, was wir mit der ganzen Menschheit teilen, denn wir sind dazu berufen, mit zwei Identitäten zu leben und mit zwei Aspekten unserer Berufung.*
Es ist nicht leicht für uns, diese beiden Pole unserer Existenz zusammenzuhalten, unserer jüdischen Existenz treu zu bleiben und unseren Gefühlen für unsere Mitmenschen. Allzu oft wählen wir das eine auf Kosten des anderen. Entweder lassen wir unsere jüdische Identität auf der Strecke, vielleicht unbewusst, vielleicht, weil wir den Eindruck haben, sie schränke unser Menschsein oder unsere Angelegenheiten in irgendeiner Weise ein. Sicherlich kann ein engstirniges Judentum so auf uns wirken. Oder aber wir begeben uns in ein äußerliches oder auch rein innerliches Ghetto, teilweise als Antwort auf die feindliche äußere Welt, teilweise ist es aber auch ein Maßstab für unsere eigene innere Unsicherheit.
Die beiden Enden in der Mitte zusammenzuhalten, ist eine große jüdische Kunst, und eine, die wir in vielen Bereichen unseres Lebens ausüben, indem wir die Spannung zwischen unseren persönlichen Bedürfnissen und den Bedürfnissen der Gesellschaft aushalten, zwischen den Forderungen unserer eigenen Tradition und den ebenso drängenden Herausforderungen der modernen Wirklichkeit.
Im Mincha-Gebet werden wir aufgerufen, uns wieder mit diesem steilen Balance-Akt zu beschäftigen, der unser Volk prägt: immer am Rande zu gehen, gleichzeitig nach innen und nach außen orientiert zu sein, stets hin- und hergerissen zu sein und doch einen inneren Frieden zu suchen, der nicht auf den äußeren Erfolgen in der Welt beruht oder auf unserer Anerkennung innerhalb des Ghettos. Irgendwo in uns ist der Ort, an dem wir Gott begegnet sind, und dies ist der Bezugspunkt, zu dem wir an diesem Tag zurückkehren. Es ist der Drehpunkt, der Welten verändern kann. Es ist der stille Mittelpunkt, der die Welt trägt und erhält. (Seder ha-Tefillot, a.a.O., II, S. 554f.)

Die Welt mit ihren Aufgaben wartet auf uns. Nun ist es an der Zeit, dieses stille Zentrum zu finden, bevor wir die Welt erneut betreten. Jetzt ist die Zeit der Versöhnung.

Neïla *[der Abschluss-Gottesdienst, wörtlich: „das Schließen der Tore] ist voller Bilder der Entgültigkeit: Die Tore, die geschlossen werden, das Buch, das gesiegelt wird, das Urteil, das Israel und der Welt ausgehändigt wird. Alle äußeren Bilder im Neïla-Gottesdienst umschreiben eine Dringlichkeit, eine Entscheidungssituation, eine letzte Chance, in eine Sicherheit zu fliehen. Es ist, als sähen wir Tausende von Seelen, die zu den sich schließenden Türen strömen und verzweifelt versuchen, noch hineinzukommen, bevor die Türen zuschlagen.*

Dies ist ein Teil der Wahrheit dieser letzten Momente des Jom Kippur – und doch gibt es auch noch eine andere, eine innere Dimension. Denn da gibt es auch ein Gefühl von Erleichterung, von Ruhe und Gewissheit. Denn wenn Israel seine Aufgabe heute erfüllt hat, wird auch Gott das tun, was Gott durch die Jahrhunderte hindurch immer wieder neu verheißen hat: „Auf dein Wort hin habe ich vergeben." (Num 14, 19-20) Denn dies ist der weiße Fasttag, nicht der schwarze. Es ist eine Zeit der Freude über die Gewissheit der Versöhnung und des Nach-Hause-Kommens.

Für wie viele Menschen gibt es keine Erleichterung, keine Linderung des Leids, kein Gefühl, eine Reise gut hinter sich gebracht zu haben und jetzt nach Hause zu kommen. Wir sind von unserem inneren Leben, von dem inneren Leben unserer Tradition so entfremdet, dass diese jährliche Inszenierung zu wenig bringt und zu spät kommt. Vielleicht ist es wahr, dass es mehr darauf ankommt, was du mitbringst, als darauf, was du mitnimmst. Aber dabei wird oft vorausgesetzt, was man mitbringen solle, seien die formalen Maßstäbe der Beachtung der Regeln, der Glaubenspraxis und die Beachtung jüdischer Formen, und allein diese machten die Reise erst möglich.

Es ist wahr, dass sie für viele der Weg sind, aber es gibt kein Leben ohne seine Verpflichtungen, ohne seinen Kampf um Werte und seine Suche nach Sinn. In der heutigen, bruchstückhaften Welt, wo wir von den Resten unserer Tradition leben, als Teil des Restes unseres Volkes, ist es nicht leicht zu wissen, worin die Wahrheit unserer jüdischen Aufgabe besteht. Doch wir sollten uns nicht von Gefühlen des Augenblicks betrügen lassen – oder sogar von der Abwesenheit solcher Gefühle.

Denn die Reise durch den Jom Kippur war eine wirkliche Reise, eine Rei-

se, die wir nicht danach beurteilen dürfen, was wir an ihrem Ende fühlen, sondern danach, wie wir unser Leben in den folgenden Tagen, Wochen und Jahren führen, nachdem der letzte Schofar-Ton nicht nur die höchsten Höhen des Himmels durchdrungen hat, sondern auch die tiefsten Tiefen unserer Seele. (Seder ha-Tefillot, a.a.O., II, S. 648f.)

Literaturhinweise

I. M. Lau, Wie Juden leben. Glaube, Alltag, Feste. Gütersloher Verlagshaus, Gütersloh 1993 (3. Auflage).
K. Olitzky/R. H. Isaacs, Kleines 1 x jüdischen Lebens. Jüdische Verlagsanstalt Berlin, Berlin 2003 (2. Auflage).
M. Strassfield, The Jewish Holidays. A Guide and Commentary. Harper and Row, New York 1985.

9

Neun Monate bis zur Geburt

Augenblicke des Lebenszyklus

Es gibt eine Vorstellung, die sich hartnäckig hält, nämlich dass es der jüdischen Familie gelingt, irgendwie den Tendenzen in der modernen Gesellschaft zu widerstehen und in besonderer Weise als Einheit zusammenzuhalten, statt wie andere auseinanderzubrechen. Es ist ein tröstlicher Mythos, für Nichtjuden genauso wie für Juden. Wie viele andere Mythen auch muss er jedoch im Licht erschreckender Statistiken hinterfragt werden. Die Scheidungsrate jüdischer Familien ist in Großbritannien fast ebenso hoch wie der nationale Durchschnitt – in den USA sind beide schon seit langem identisch. Dinge wie Gewalt in der Ehe und Kindesmissbrauch, die „niemals in einer jüdischen Familie passieren könnten", haben sich mittlerweile in jüdischen Familien als genauso wahrscheinlich wie überall erwiesen. Früher geschahen solche Dinge im Verborgenen oder wurden nicht diskutiert, oder man tolerierte sie sogar, aus Angst davor, „was die Nachbarn oder die *Goijm*, die Nichtjuden, dann sagen könnten". Juden leben in der modernen Welt mit all den Möglichkeiten und Belastungen, die diese für den Einzelnen und die Familie bedeuten. Es dauert noch immer neun Monate, bis ein Kind geboren wird, aber alles, was danach kommt, sollte neu überdacht werden.

Der jüdischen Tradition zufolge lautet das erste Gebot, das den Menschen gegeben wurde (Gen 1,28): „Seid fruchtbar und mehret euch." Es wird als ein Gebot verstanden, das dem Mann, nicht aber einer Frau, auferlegt, Kinder zu haben – mindestens einen Jungen und ein Mädchen –, um die elterliche Einheit durch eine neue Generation zu ersetzen. In biblischer Zeit bestimmte die Zahl der männlichen Mitglieder einer Familie oder eines Stammes die eigene Überlebensfähigkeit. Gesunde Männer bearbeiteten das Land und verteidigten Besitz, Stamm oder Nation. Wenn Kämpfe ausgetragen wurden – meistens Mann gegen Mann –, konnte die Zahl der Krieger von entscheidender Bedeutung sein. Der hohen Sterblichkeit von Säuglingen und Kindern wegen erhöhten mehr Schwangerschaften und Geburten die Chance, dass wenigstens ein paar Kinder überlebten, um für die Zukunft der Familie Sorge zu tragen. Aus demselben Grund galt innerhalb dieser Gesellschaft eine unfruchtbare Frau als persönliche Tragödie. Dass ein Mann unfruchtbar sein könnte, wurde nur selten in Betracht gezogen. In biblischer Zeit konnte ein Mann eine zweite Frau nehmen, aber als in der rabbinischen Zeit die Akzeptanz der Vielehe schwand, gingen die Rabbinen so weit zu verlangen, dass ein Mann sich von seiner Frau scheiden lassen solle, wenn sie ihm nach zehn Jahren Ehe keine Kinder geschenkt hatte. Ein Mann jedoch, der bereits seine Pflicht, eine Familie zu gründen, erfüllt hatte und nun Witwer war, konnte eine Frau heiraten, von der bekannt war, dass sie keine Kinder bekommen konnte – in diesem Fall diente die Ehe dem gemeinsamen Leben.

Übrigens wurde die Polygamie, obwohl ohnehin selten, bei aschkenasischen Juden erst im 10. Jahrhundert durch einen Bann abgeschafft, den man Rabbejnu Gerschon zuschreibt. Für sephardische Juden galt dieser nie, und da ein solcher Bann außerdem lediglich für tausend Jahre wirksam ist, ist er inzwischen außer Kraft. Allerdings würden wohl auch nur wenige diese Möglichkeit nutzen wollen.

Die Notwendigkeit sich zu mehren, wurde in biblischer Zeit unter anderem damit begründet, dass der Erhalt des Familiennamens gesichert werden musste; von ihm war die Zuweisung von Familien- und Stammesgebieten im Land Israel abhängig. Eine ganze Bandbreite von gesellschaftlichen, örtlichen und religiösen Faktoren trug dazu bei, große Familien zu stärken.

Die Gefahr, die Schwangerschaft und Geburt bedeuteten, schuf gemeinsam mit anderen Faktoren eine psychische Grundhaltung, die bis in die Zeit des jüdischen Exils und über eine Vielzahl von verschiedenen gesellschaftlichen Bedingungen hinweg fortbestand. Bis vor hundert Jahren war in Osteuropa die Großfamilie mit zehn oder mehr Kindern die Regel. Sie war Teil einer Überlebensstrategie, die man mit der Kultur, in der man lebte, teilte.

Erst im Laufe der letzten Jahrhunderte haben sich die sozialen Realitäten grundlegend gewandelt. Die Industrialisierung führte zu starker Abwanderung in die Städte und ließ dabei die traditionellen geschlossenen Gesellschaften zurück, die die althergebrachten Lebensformen fortführten. Neue Faktoren, die das jüdische Leben nicht weniger als das Leben anderer beeinflusst haben, sind die Emanzipation der Frau, ihr Eintritt in das Arbeitsleben – ein Prozess, den u. a. der Bedarf des Arbeitsmarkts nach den beiden Weltkriegen schuf –, Verbesserungen im Gesundheitswesen, die zu einer drastischen Verminderung der Kindersterblichkeit führten, und natürlich das Aufkommen neuer Verhütungsmethoden, besonders der „Pille", mit der daraus folgenden Freiheit, sich für oder gegen ein Kind entscheiden zu können. Hinzu kam das allmähliche Auftreten eines neuen Freizeit- und Freiheitethos, das das Arbeitsethos der vorangehenden Generationen in Frage stellte. All diese Faktoren haben zu einer niedrigeren Geburtenrate geführt und zu einer bewussten Familienplanung in Abstimmung mit finanziellen, sozialen und individuellen Bedürfnissen und Wünschen.

Als einzige Gruppe innerhalb des Judentums, die diesem Trend widersteht, verzeichnen die Ultraorthodoxen eine weiterhin hohe Geburtenrate. Manche betrachten dies sogar als ihre wichtigste Aufgabe: Zumindest zahlenmäßig soll die von der Schoa zerstörte jüdische Welt wiederhergestellt werden. Ein früherer Oberrabbiner Großbritanniens hat diese Haltung einmal fast triumphierend als Beweis für den möglichen Sieg der Ultraorthodoxen über progressive und weltliche Juden angeführt. Ein Reformjude, so meinte er, könne drei Kinder haben, von denen eins vielleicht zum Christentum übertrete, eins einen Nichtjuden heirate und gleichfalls „verschwinde", und nur eins in der Welt des Judentums bleibe. Bei einem orthodoxen Juden mit seinen zehn Kindern jedoch würde, selbst wenn ein Kind konvertiere und eins nach außen heirate, der Rest „toratreu" bleiben! (Selbstverständlich sind auch Reformjuden aus der Orthodoxie hervorgegangen, so dass diese durchaus auch „beide Märkte bedienen" könnten.) Die Zeit allein wird zeigen, ob diese Vorhersage stimmt.

Aus dieser neuen Situation ergibt sich eine Reihe von Fragen: Ist das Gebot, ohne jede Einschränkung fruchtbar zu sein und sich zu mehren, in unserer heutigen Gesellschaft noch immer gültig? Ist Familienplanung im religiösen Sinne gutzuheißen? Liegt es noch immer in der Verantwortung des Mannes, über solche Dinge zu entscheiden, wenn die Weitergabe eines Namens oder Landbesitzes über die männliche Linie nicht länger eine Rolle spielt? Es versteht sich von selbst, dass

Frauen nicht länger als Besitz betrachtet werden, als passive Wesen, die von männlicher Unterstützung und Autorität abhängig sind.
Diese und viele andere Fragen, wie sie sich aus Genforschung und Leihmutterschaft ergeben, stellen sich der heutigen jüdischen Welt nicht weniger als allen anderen religiösen Gemeinschaften. Zudem hat uns die Frauenbewegung gezwungen, die Rolle der Frau neu zu überdenken und zu fragen, ob die Familie in der Form, wie wir sie heute kennen, eine unvermeidliche, durch die Biologie bestimmtes Beziehungsgeflecht ist – oder nicht in Wirklichkeit vielleicht etwas, das uns männliche Macht aufgezwungen hat. Solche Themen werden durch die Frage „Wer hat das Recht, über den Körper der Schwangeren zu bestimmen?“, – die Debatte über die Rechte der schwangeren Frau und ihres noch ungeborenen Kindes – , noch zugespitzt, zumal eine medizinisch fast risikolose Abtreibung leicht möglich ist.
Inwieweit stellen diese und ähnliche Fragen eine säkulare Herausforderung der Tradition dar, die im Namen der Religion angenommen und durchfochten werden muss, und in welchem Maß sind sie lediglich Teil der unvermeidlichen Spannung zwischen unterschiedlichen Entwicklungsstadien der menschlichen Gesellschaft? Nehmen wir das Beispiel Geburtenkontrolle: Ist sie ein antireligiöses Phänomen, ein Angriff auf den göttlichen Auftrag, fruchtbar zu sein und die Erde zu bevölkern, oder ist sie lediglich die neue Variation eines alten Themas, das die Rabbinen auch in der Vergangenheit schon bedacht haben, und das lediglich nach Neuinterpretation oder Neuentdeckung älterer Meinungen und Antworten verlangt? Bekanntlich sind Verhütung und Abtreibung in der jüdischen Tradition als spezieller Fall der Geburtenkontrolle erlaubt, wenn das Leben der Mutter in Gefahr ist. Der Talmud hat kein Problem damit, Verhütungsmittel anzusprechen. Doch müssen sie von der Frau und nicht vom Mann angewandt werden, weil der Mann noch immer in der Pflicht steht, fruchtbar zu sein. Seit frühester Zeit haben die Rabbinen diskutiert, wie weit die Frage der „Gefährdung für das Leben“ zu fassen sei. Heute sind die Grenzen weiter geworden. Einige rabbinische Autoritäten erkennen inzwischen das Risiko einer schweren psychischen Störung der Mutter als Grund für eine Beendigung der Schwangerschaft an. Was aber, wenn die Belastung der Mutter eher gesellschaftlich denn psychisch begründet ist oder einfach persönliche Wahl oder Bequemlichkeit? Und wer sollte das Recht haben, darüber zu entscheiden? Religiöse Autoritäten oder

die Frau selbst als die direkt Betroffene? In dieser Frage divergieren orthodoxe und progressive jüdische Auffassungen, wobei letztere eher auf die persönliche Entscheidung der Betroffenen setzen.
Jeder dieser einzelnen Fälle muss von den Lehrern der Tradition untersucht werden. Tiefergehend als die einzelnen Fragen ist jedoch das Unbehagen, das traditionelle Gemeinschaften vor dem Hintergrund einer säkularen Gesellschaft angesichts dieser neuen oder neu zum Ausdruck gebrachten Probleme empfinden. Soll jede Veränderung als Gefahr für religiöse Werte gesehen werden, so dass sich mit dem Begriff „säkular" trefflich alles Neue dämonisieren lässt? Oder sollten wir nicht eher ein an sich neutrales Universum denken, teils natürlich entstanden, teils von Menschenhand gemacht, innerhalb dessen wir versuchen müssen, den Willen unseres Schöpfers im Neuen und im Alten gleichermaßen zu entdecken und auszudrücken? Und überhaupt: Wer in der heutigen zersplitterten jüdischen Welt hat die Autorität, derartige Entscheidungen zu treffen – und für wen?
Wenn die Erde gegenwärtig nach Gottes Gebot „erfüllt" ist, so dass ernste Fragen nach Ernährung und Erhaltung ganzer Völker entstehen, müssen wir dann nicht das globale Bevölkerungswachstum aus religiöser Verantwortung, wenn nicht gar aus religiösem Pflichtgefühl, kontrollieren? Von welchem Augenblick an ersetzt das Gebot der Lebensqualität das der Quantität? An dieser Stelle könnte die jüdische Welt wieder ein hoch partikularistisches und nur für sie geltendes Argument anführen: nämlich, dass wir die Verluste, die wir durch den nationalsozialistischen Angriff auf unser Volk erlebt haben, ausgleichen müssen. In solch einem Kontext könnte tatsächlich argumentiert werden, dass Geburtenkontrolle für den Rest der Welt durchaus gerechtfertigt sein kann – nicht aber für das jüdische Volk!
Was geschieht, wenn eine dogmatische Religion auf pragmatische, menschliche Lösungen trifft? Wie lange dauert es, bevor das häretisch Neue zur Konvention wird? In der Vergangenheit passten sich die jüdischen religiösen Gemeinschaften den veränderten Situationen so allmählich an, dass sie selbst oft kaum wahrnahmen, dass sie sich überhaupt verändert hatten und dass das, was sie taten, neu war. (Ausnahmen gab es, wenn die Gemeinschaften einem starken Druck von außen ausgesetzt waren.) Heute sind wir uns zu sehr der Geschichte bewusst, um uns selbst vorzugaukeln, dass es nicht wir selbst sind, die Veränderungen herbeiführen.

Es ist immer schwieriger geworden, in diesen kritischen Bereichen das „Religiöse“ vom „Weltlichen“ zu unterscheiden. Teilweise deshalb, weil humanistische, lebenserhaltende und lebensverbessernde sakuläre Wertvorstellungen mittlerweile sehr viel von dem Territorium einnehmen, das ursprünglich von der Religion besetzt war. Die Sozialberufe, fast per definitionem agnostisch, leben von der Sorge um die Verbesserung der Lebensqualität der Menschen. Religionen, die sich in einer säkularen, materialistischen Gesellschaft bedroht fühlen, neigen dazu, sich in die Tradition zurückzuziehen, denn es fehlt ihnen an innerer Selbstsicherheit, um das Neue an der Stelle zu akzeptieren, wo es einen religiösen oder spirituellen Impuls ausdrückt, und weil sie über die säkulare Ausdrucksform dieses Novums nicht hinausblicken können. Wir alle müssen lernen, unsere Wahrnehmung zu verfeinern.

In der Familie

Nachdem wir einige eher gesamtgesellschaftliche Herausforderungen der jüdischen religiösen Familienwerte betrachtet haben, möchte ich noch einen eher privaten Aspekt des Themas ansprechen. Es geht hier um eine Frage, die alle jüdischen Familien beschäftigt: Welche Art Schulerziehung soll man seinen Kindern angedeihen lassen? Als Eltern von zwei Kindern haben auch wir uns diese Frage gestellt. Die Lösung, die wir gefunden haben, veranschaulicht die Schwierigkeiten, vor denen im Grunde alle Minderheitsgruppen in der modernen offenen Gesellschaft stehen.

Die religiöse Bewegung, der ich angehöre, die „Reform Synagogues of Great Britain“, ist das Produkt einer Vielfalt religiöser Antworten auf die Aufklärung und die Emanzipation der Juden. In ihren verschiedenartigen Formen haben all diese Bewegungen versucht, das Beste aus der traditionellen Religion, wie sie sie verstanden, mit dem Besten aus dem modernen Wertekanon zu vereinen. Während diese Bewegungen in der Vergangenheit zutiefst kritisch mit der Tradition umgingen und vieles von ihr verwarfen, macht sich seit dem Zweiten Weltkrieg ein wachsender Konservativismus bemerkbar, vergleichbar dem Trend nach „rechts“, wie er im gesamten Spektrum traditioneller Gemeinden offenkundig ist.

Ein Kennzeichen der frühen Reform war die Betonung universalistischer Elemente im Judentum; sicher ist dies auch eine Form der Assimilation, durch welche die Juden ihren Platz in ihrer Umgebung fanden. Dabei wurden diejenigen Werte in der jüdischen Tradition betont, die denen der christlichen Gastgesellschaften am stärksten ähnelten und ermöglichten so eine größere Akzeptanz. Dieser Logik folgend wurde jede separate Schulerziehung für jüdische Kinder abgelehnt. Sie akzeptierten die moderne humanistische, säkulare Ethik westlicher Gesellschaften, die bestrebt sind, sowohl die nationale Einheit im eigenen Land zu fördern als auch demokratische Formen zu schaffen, wie mit Unterschieden zwischen Einzelnen und Gruppen tolerant umgegangen werden kann.

In Großbritannien, einer dem Anspruch nach christlichen Gesellschaft, fühlte sich die jüdische Minderheit besonders verpflichtet, der Gesellschaftsnorm zu entsprechen und die eigene Andersartigkeit und Besonderheit wenig zu betonen. (Ob dies eine gute Strategie war oder ist, steht noch zur Debatte.) Der Zustrom von Einwanderern in der Nachkriegszeit, die wachsende Anerkennung der pluralistischen Realität und das Recht, ethnische Besonderheiten auszuleben, haben Juden in den letzten Jahren dazu ermutigt, „aus der Kiste zu steigen" und verstärkt öffentliche Anerkennung ihres Andersseins und der damit einhergehenden Bedürfnisse einzufordern.

In meinen Augen kommt dies besonders schön im „Gebet für die königliche Familie" zum Ausdruck, das in den orthodoxen Synagogen im ganzen Land gesprochen wird. Die Version, mit der ich aufgewachsen bin und die sich im „autorisierten" Singer-Gebetbuch fand, las sich so:

Möge Er (Gott) den Geist der Weisheit und Einsicht in ihr (der Königin) Herz und in das Herz all ihrer Berater legen, auf dass sie den Frieden im Reiche aufrechterhalten, das Wohlergehen der Nation vorantreiben und gütig und wahrhaft mit ganz Israel handeln mögen.

Die jüngste Ausgabe des Gebetbuchs spiegelt dagegen die Veränderung im Selbstbewusstsein der Gemeinde wider. Der Schlusssatz lautet inzwischen: „(...) und gütig und gerecht mit ganz Israel umgehen möge,", d. h. wir wollen nicht länger das Objekt besonderer *Güte* sein, sondern mit der gleichen *Gerechtigkeit* behandelt werden, die allen Staatsbürgern zusteht!

Aber zurück zu unserem Thema. In den Jahren seit dem Krieg sind eine ganze Zahl jüdischer Primary und Secondary Schools in Großbritannien geschaffen worden, häufig mit zionistischer Förderung. Heute allerdings stehen sie aufgrund des Engagements einiger Oberrabbiner zunehmend unter orthodoxem Einfluss. Die Reformbewegung hat nur sehr zögernd Schulen gegründet, was an den oben erwähnten Ursachen liegt. Aber vor einigen Jahren weihten auch sie ihre erste liberale Grundschule ein, *Akiwa* genannt; inzwischen sind zwei weitere gegründet worden und weitere Schulen sind geplant.
Für unsere Familie besaßen die bestehenden jüdischen Schulen wenig Reiz, mit der Gründung der *Akiwa*-Schule jedoch rückte das Thema wieder in den Vordergrund. Ich selbst war Schüler einer britischen Privatschule und zuvor einer privaten Vorschule. Obwohl meine Eltern dem Namen nach orthodox waren, waren sie nie auf den Gedanken gekommen, mich auf eine jüdische Schule zu schicken. Die Privatschule verhieß bessere Ausbildung und bessere Berufschancen im späteren Leben, bedeutete aber auch, dass am Samstag Unterricht stattfand, folglich also den Schabbat zu brechen. Das Streben nach materiellem Erfolg, Sicherheit und Bildung einer „britischen Identität", einer Heimat, waren vorrangige Ziele der Emigranten dieser zweiten Generation, für die traditionelle jüdische Werte an die zweite Stelle rückten. Es waren andere Zeiten angebrochen. Die jüdische Gemeinde unmittelbar nach dem Krieg fühlte sich besonders unsicher und verletzbar. Angesichts der neuen Wahlmöglichkeiten herrschte eine gewisse Lähmung innerhalb der jüdischen religiösen Welt, die damals vornehmlich orthodox war. Viele aus meiner Generation werteten die „doppelte Botschaft" – nominelle Zugehörigkeit zur orthodoxen Synagoge, gekoppelt mit säkularen und assimilatorischen Bestrebungen – als Heuchelei und trafen in ihrem späteren Leben radikale Entscheidungen: entweder jüdisch oder gar nichts. Es bedarf einer großen inneren Sicherheit, um anzuerkennen, dass auch ein Kompromiss eine gute Lösung sein kann.

Was nun die Erziehung unserer Kinder anging, so half uns am Ende bei der Entscheidungsfindung die Diskussion mit einem jungen jüdischen Paar. Er war britischer Jude, sie Jüdin aus Südafrika. Er war in einer sehr ähnlichen Form assimilierter Existenz groß geworden wie ich, ohne besondere jüdische Erziehung mit Ausnahme des BarMizwa-Unterrichts, den man sein ließ, sobald der Ritus bei Vollendung des dreizehnten Lebensjahrs vollzogen war. Der junge Mann fühlte sich in seinem Judentum nicht wohl, und es hatte für sein tägliches Leben keinerlei Bedeutung. Die junge Frau hatte die südafrikanische Laufbahn von Grund- und höherer Schule durchschritten, besaß eine gute jüdische Bildung und fühlte sich, was wichtiger war, in ihrer jüdischen Identität wohl. In einem gewissen Maße spiegelte das die Andersartigkeit der südafrikanischen Gesellschaft und der jüdischen Erfahrung dort wider, zumindest in jenen Jahren. In der Unterhaltung mit diesem Paar wurde uns klar, dass unseren Kindern nur eine Grundschulzeit in jüdischer Umgebung zu einer eindeutigen Identität verhelfen könnte. Dort wurden ihnen die Anfänge einer jüdischen Erziehung vermittelt, die für ihre spätere Entwicklung wesentlich sein würden. Wenn sie im Anschluss auf eine höhere Schule im staatlichen System überwechselten, würden sie in die Gesellschaft integriert werden, aber wenigstens mit einem gewissen Maß an Selbstvertrauen in den jüdischen Teil ihres Lebens, einem Selbstvertrauen, das ich als Kind nie erwerben konnte.

An dieser Stelle muss ich auf einige Fragen aufmerksam machen, die die Lösung, die wir gefunden haben, begleiten und wiederholt auch in unserer Diskussion des heutigen Judentums auftauchen. Ein Jude kann nicht mehr in einem ausschließlich religiösen Sinne definiert werden. Juden haben für ihre Identität und Motivation nationale, kulturelle, ethnische, religiöse und andere Quellen. Stärken wir also unser religiöses Bewusstsein mit der Wahl einer jüdischen Schule, oder sind wir eher mit dem menschlichen Problem einer Minderheit in einer westlichen Demokratie befasst, die versucht, ihre persönliche Identität in einer positiven (oder wenigstens neutralen oder weniger negativen Weise) aufrechtzuerhalten? Bewahren wir eine Kultur oder einen Glauben – und kann man beides trennen? Als religiöser Jude, der sozusagen auch von Beruf Jude ist, nehme ich recht deutlich wahr, dass wir um einer umfassenden Persönlichkeitsentwicklung willen versuchen müssen, all diese Aspekte zu vereinen – und tatsächlich scheint die Schule, für die wir uns entschieden haben, dies erfolgreich getan zu haben; sie war für unsere Kinder ausgezeichnet. Aber ist sie auch in der durchschnittlichen jüdischen Familie förderlich und erfolgreich? Versuche ich als Enkel von Einwanderern lediglich, in meiner Vergangenheit eine kulturelle Identität zu finden, die Werte,

Glaubensvorstellungen und Praktiken wiederzufinden, die meine eigenen Eltern weitestgehend abgelegt haben? Oder ist es ein echter Versuch, meiner eigenen Familie *religiöse Werte* in einer säkularen Welt anzubieten, im Vertrauen darauf, dass die Tradition des Judentums in unserer Zeit noch immer etwas zu sagen hat?

Das Judentum ist traditionell eine allumfassende Lebensweise gewesen, die keine Trennung zwischen den spirituellen und alltäglichen Aspekten des Lebens kannte. Wir haben zwei Jahrhunderte der Spaltung und des Zerbrechens jener ganzheitlichen jüdischen Identität durchlebt. Können wir heute eine solche Einheit neu schaffen, indem wir die verschiedenen kulturellen Elemente in ein neues Ganzes verschmelzen, dabei aber auch die Werte, besonders die der Toleranz, mit einbeziehen, die aus unserem säkularen kulturellen Leben stammen?

Unsere wesentliche Aufgabe heute ist, wie für so viele andere auch, die unterschiedlichen Komponenten unserer intellektuellen und spirituellen Identität zu sehen, anzuerkennen und einen Weg zu finden, beide zusammenzuhalten, trotz aller oder gerade wegen der Spannungen, die dabei spürbar werden.

Abschiede

Kommen wir nun zu einen anderes Ereignis im Lebenszyklus und zur Frage, wie das Judentum damit umgeht.

In Kohelet steht eine Bemerkung, die offenbar die Rabbinen verwirrt hat: „Ein guter Name ist besser als kostbares Öl, und der Tag des Todes (ist besser) als der, an dem man geboren wird." (Koh 7,1) Es ist die zweite Behauptung, die als Herausforderung empfunden wurde, vielleicht wegen ihres offensichtlichen Pessimismus in den Augen einer religiösen Tradition, die so lebensbejahend ist. Also fanden die Rabbinen zur Erklärung eine Parabel:

Wird ein Mensch geboren, jubeln alle; wenn er stirbt, weinen alle. So sollte es nicht sein. Es ist, als wären da zwei hochseetaugliche Schiffe. Eines, das den Hafen verlässt, und eines, das in den Hafen heimkehrt. Einer, der das sah, sprach: „Ich nehme den gegenteiligen Standpunkt zu dir ein. Es besteht kein Grund zur Freude über das Schiff, das den Hafen verlässt, weil keiner weiß, was mit ihm geschehen, welch schwerer See und welchen

Stürmen es auf seiner Reise begegnen wird. Wenn es jedoch in den Hafen einläuft, sollten alle sich freuen, denn es ist wohlauf wieder zurückgekommen."
Genauso sollten alle sich freuen, wenn ein Mensch stirbt, und Dank sagen, dass er die Welt mit einem guten Namen und in Frieden verlassen hat. (Kohelet Rabbah 7,4)

Vielleicht liegt es einfach in der menschlichen Natur, Anfänge zu feiern und die Schlusspunkte in gewisser Weise zu vernachlässigen, sie zu ignorieren oder vor ihnen gar zurückzuschrecken. Doch ist das Ende genauso wichtig wie der Anfang und in vielerlei Hinsicht sogar wichtiger – wie bei den Geschichten, die mit den Worten schließen „(...) und sie lebten glücklich bis an ihr seliges Ende." Da fragt man sich, was denn wirklich geschah, als der Vorhang hinter Aschenbrödel fiel und das wunderschöne Mädchen seinen hübschen Prinzen heiratete. Hatte sie Probleme mit ihren Kindern, mit der Abzahlung der Hypothek, mit der gelegentlichen Untreue des Prinzen – vielleicht waren die „garstigen" Schwestern Aschenbrödels am Ende gar nicht einmal so garstig? Das wirkliche Leben setzt in dem Augenblick ein, da der Anfang gefeiert ist und wir mit der bestehenden Realität umgehen müssen. Schlimmer noch: Wenn irgendetwas in unserem Leben zu einem Ende kommt, beispielsweise durch Scheidung oder Tod, können diejenigen, die einen solchen Verlust erfahren haben, vor einer unendlichen Menge ungelöster Fragen stehen, können von einer Sturzflut von Wut, Schuldgefühl oder dem Gefühl, versagt zu haben, umgeworfen werden – zusätzlich zu den materiellen Problemen und den damit verbundenen Zukunftsängsten, die sowieso über sie hereinbrechen.
Ein richtiger Schluss, eine ritualisierte Anerkennung dessen, dass etwas vorbei ist, kann diese Probleme zwar nicht lösen, aber, auf kurze Sicht betrachtet, dem Trauernden helfen, die Übergangszeit zu erleben, und auf längere Sicht dem Geschehenen eine Bedeutung und eine Perspektive geben.
Vielleicht liegt es an unserem Unbehagen mit Ritualen im Allgemeinen, wie auch an unserer mangelnden Vertrautheit mit diesen Dingen, dass sie uns fern und unerreichbar scheinen, wenn wir sie brauchen. Angesichts unbekannter oder seltsam anmutender Bräuche und Praktiken kann unsere Unsicherheit noch steigen. Die wohl jämmer-

lichste Erfahrung, die ein Rabbiner machen kann, ist deshalb die, den Sohn oder nahen Verwandten eines Verstorbenen mit dem transliterierten Text des aramäischen *Kaddisch* kämpfen zu sehen – jenem Gebet, das bei der Beerdigung gelesen wird und dem eine starke symbolische Kraft zukommt, weil es die Realität des Todes anerkennt und zugleich das Andenken des Toten würdigt. Oft umringt von der Familie oder Freunden aus einer älteren Generation, die das *Kaddisch* auswendig können, sind solche Momente des Zögerns und fehlerhaften Lesens oft überaus schmerzhaft, nicht allein wegen der Unbeholfenheit des Dargebotenen, sondern weil es einiges über die Verhältnisse in der heutigen jüdischen Welt sagt.
Zu Beginn des 20. Jahrhunderts konnte der Chafetz Chaim (Israel Meir HaKohen Kagan, 1838-1933), ein einflussreicher jüdischer orthodoxer Denker jener Zeit, in einem Kommentar zu Dtn 8,14 noch bemerken:

„(...) dass dein Herz sich erhöhe (dass du übermütig würdest) und du den Ewigen, deinen Gott, vergäßest (...)" Wenn es aber, was Gott behüte, zu dem Moment kommt, da die Tora vergessen wird und die Menschen ohne Tora aufwachsen und keiner sie sich zu Herzen nimmt und sich nur noch zufrieden gibt mit BarMizwa-Feiern und dem Aufsagen des Kaddisch, – dann heißt das: „die Tora vergessen".

Wenn die heutige durchschnittliche BarMizwa -Feier und das soeben beschriebene ungeschickte Sprechen des *Kaddisch* Zeichen sind, nach denen man sich richten kann, befinden wir uns sogar bereits jenseits von Chafetz Chajims pessimistischer Prophezeiung.

Es ist viel über den Wert jüdischer Trauerrituale geschrieben worden, nicht zuletzt aus einem größeren Wissen über die psychischen Stadien der Trauer heraus. Die abgestufte Reihe der Rituale sieht wie folgt aus: Sieben Tage *Schiw'a* (das hebräische Wort für die Zahl sieben), zu Hause sitzend mit täglichen Besuchen von Familie und Freunden; elf Monate lang tägliches *Kaddisch*-Sprechen; danach wird jeweils zum Jahrestag des Todes und zu verschiedenen Festen im Jahreszyklus eine Gedenkkerze entzündet. Außerdem wird das Grab in der Zeit der Hohen Feiertage besucht. Während der entscheidenden ersten Wochen des Schocks ist der Trauernde also mit Aktivitäten und Hilfestellungen vollkommen beschäftigt, gleichzeitig aber auf eine seltsame Weise der Verantwortlichkeiten und Realitäten des Lebens enthoben. Es wurde sogar vermutet, dass der Trauernde dadurch in gewisser Weise die „Andersartigkeit" des Toten teilt und so etwas wie einen eigenen kleinen Tod erfährt. Die allmähliche Rückkehr ins Leben mit fortgesetzten rituellen Verpflichtungen kennzeichnet und anerkennt die Wirklichkeit des Verlustes, bietet aber zugleich eine Möglichkeit, sich von den Pflichten gegenüber dem Toten zu entlasten. Schließlich erlaubt eine formale Grenze, die der Trauerperiode gesetzt wird, dem Trauernden, sein normales Leben wieder aufzunehmen, ja, zwingt ihn sogar dazu. Wer länger als elf Monate trauert, beklagt sich bei Gott über den Verlust. Während dieser Zeit wähnt die jüdische Volksfrömmigkeit den Verstorbenen im Purgatorium, wo er geprüft und für sein vormaliges Leben gemaßregelt wird. Danach aber ziehen alle in den Himmel ein. Länger zu trauern, hieße zu vermuten, dass der Verstorbene es nicht verdient, dorthin zu gelangen!

Inwieweit diese Rituale heute praktiziert werden, ob in vollständiger, traditioneller oder in abgeänderter Form, ist schwer einzuschätzen, ebenso wie das Maß, in dem Menschen Trost und Stütze darin finden. Wichtig ist jedoch, dass ein Übergangsritus formal durch die Liturgie angezeigt wird, und zwar in einer privaten und kollektiven Art und Weise. Die Tradition hat unser menschliches Bedürfnis, zu trauern und irgendwann das Trauern zu beenden, erkannt und dafür eine passende Form gefunden. Wir müssen unsere Toten begraben. Wir müssen weiterleben.

Auch denen, die nicht trauern, wird in der Liturgie am Versöhnungstag (Jom Kippur) wenigstens einmal im Jahr die Möglichkeit eingeräumt, die Bedeutung ihres eigenen Todes zu bedenken. Der Tag selbst ist ein vollkommener Fastentag, und traditionell tragen wir weiße Gewänder, die später als unsere Totenkleider verwendet werden. Während der 24 Stunden dieses Tages sind wir symbolisch tot und aufgefordert, unser Leben aus der Distanz des Grabes zu betrachten. In einem solchen vorgegebenen und klar begrenzten Rahmen ist es möglich, etwas von der Arbeit zu leisten, die uns darauf vorbereitet, dass wir eines Tages mit dem Tod derer, die wir lieben, und mit unserem eigenen Tod konfrontiert werden. Noch einmal: Indem sich viele Menschen ihren religiösen Traditionen entfremden, ganz unabhängig von ihrem vorhandenen oder fehlenden Glauben an Gott, verlieren sie eine Quelle der Hilfe und Stärke in schweren Zeiten. Vielleicht erlaubt es uns die Welt der Therapie und Beratung, die sich uns im vergangenen Jahrhundert durch Freud und seine unzähligen Nachfolger eröffnet hat, diese Quellen der Weisheit über einen annehmbareren und weniger belasteten Weg wieder zu entdecken.

Hochzeit und Scheidung

Neben dem Tod als endgültigstem Abschied gibt es im Laufe des Lebens viele andere Verluste und Übergänge, die eines angemessenen Rituals bedürfen. Nicht bei allen ist dies in einer liturgischen Form notwendig oder auch möglich, obwohl in den vergangenen Jahren vor allem in Amerika und am schöpferischschsten in feministischen Kreisen großer Einfallsreichtum darauf verwendet worden ist, eine kollektive religiöse Ausdrucksform für viele dieser Situationen zu finden. So zum Beispiel auch für den Beginn der Menopause. Tatsächlich gibt es ein altes jüdisches Ritual dazu, das wie andere Rituale sicher nicht nur durch ein psychologisches Bedürfnis zustande kam, sondern durch die praktischen Notwendigkeiten einer Gesellschaft, die die ehelichen Verhältnisse ihrer Mitglieder rechtlich regeln musste. Obwohl keine ausführliche Trauerzeremonie für den Fall einer Trennung existiert, anerkennt die Art der Scheidung nach traditionellem jüdischen Brauch die Notwendigkeit, das Ende einer Beziehung zu verdeutlichen und so den Weg für etwas Neues zu schaffen. Die jüdische Ehe ist ein gesetzlicher Vertrag, der zwischen zwei erwachsenen Partnern geschlossen wird. Gleichzeitig ist es ein religiöser Akt, der das Fortbestehen des jüdischen Lebens feiert und auch auf die messianische Erlösung blickt. Die sieben Lobsprüche, die *Schewa Brachot*, die dabei gesprochen werden, überschütten das Paar geradezu mit Verweisen auf die Schöpfung, den Garten Eden und die versprochene Wiederherstellung des jüdischen Lebens im Land Israel. Bis auf zwei beginnen alle Lobsprüche mit der Standardformel: „Gepriesen seist du, Ewiger, unser Gott; du regierst die Welt." Sie fahren dann der Reihe nach fort:

(...) Du hast die Frucht des Weinstocks geschaffen.
(...) Du hast alles zu deiner Ehre geschaffen.

(...) Du hast den Menschen geschaffen.

(...) Du hast den Menschen nach deinem Bild geschaffen. Im göttlichen Bild und in der Form göttlicher Gestalt hast Du aus ihm ein Wesen zur Erhaltung der Welt gebildet. Gepriesen seist du, Ewiger. Du hast den Menschen geschaffen.

Die Unfruchtbare (Zion) wird sich freuen und jubeln, wenn ihre Kinder sich froh in ihrer Mitte versammeln. Gepriesen seist du, Ewiger. Du erfreust Zion mit Kindern.

Erfreue die, die sich lieben, wie du damals dein Geschöpf im Garten Eden erfreut hast. Lass es diesem Paar gelingen, ein jüdisches Haus zur Ehre deines Namens zu gründen. Gepriesen seist du, Ewiger. Du erfreust Braut und Bräutigam.

(...) Du hast Freude und Fröhlichkeit geschaffen, den Bräutigam und die Braut, Liebe und Geschwisterlichkeit, Friede und Freundschaft. Ewiger, unser Gott, lass in den Städten Judas und in den Gassen Jerusalems Freudengeschrei und Jubel erschallen, die Stimme des Bräutigams und die Stimme der Braut. Gepriesen seist du, Ewiger. Du lässt Bräutigam und Braut sich aneinander erfreuen.

(Birkat ha-Mason. Tischdank. In der Übertragung von Franz Rosenzweig und der Übersetzung von Annette Böckler. Jüdische Verlagsanstalt Berlin, Berlin 2002, S. 39)

Interessanterweise fehlt dem jüdischen Akt der Hochzeitszeremonie gänzlich die Unwiderruflichkeit der christlichen, besonders der katholischen Hochzeitszeremonie. Im Judentum bleibt die Ehe ein Vertrag zwischen zwei Menschen, der ordnungsgemäß unterschrieben und in einer öffentlichen Zeremonie bestätigt wird. Wenn beide Vertragspartner sich in gegenseitigem Einvernehmen trennen wollen, müssen sie die Freiheit haben, dies zu tun. Und tatsächlich: Je schneller und klarer die Trennung durchgeführt wird, desto besser, damit beide dazu übergehen können, ihr Leben neu zu gestalten.
Während das biblische Gesetz dem Mann erlaubt, seine Frau scheinbar willkürlich zu verstoßen, traf das rabbinische Gesetz eine Anzahl

Vorkehrungen, um die Frau zu schützen. Die Rabbinen waren jedoch nicht imstande (oder nicht willens), die grundsätzliche Prämisse umzukehren, dass der Mann den Scheidungsvorgang einleitet. Daher muss, obwohl „gegenseitiges Einvernehmen“ das Ideal ist, formal der Mann den Akt einleiten. Wenn er aus irgendeinem Grunde nicht will, steckt die Frau in der Klemme. Sollte sie später, selbst nach einer zivilen Scheidung, mit jemandem zusammenleben und wieder heiraten, ist sie nach jüdischem Recht eine Ehebrecherin, und ihr Kind wäre ein *Mamser* (ein Kind aus einer unerlaubten Beziehung), könnte also keinen „normalen“ Juden heiraten, nur wieder einen anderen *Mamser*. (Erstaunlicherweise hat dies in der Vergangenheit im Judentum kein Kastensystem geschaffen, wohl mangels schriftlicher Unterlagen und der stets vorhandenen Möglichkeit, an einen anderen Ort zu ziehen und dort eine neue Existenz aufzubauen. Heute ist das Thema durch computergestützte Verwaltung zu einem Problem geworden, das es für die orthodoxen Gemeinden früher niemals war. Für die Reformbewegung spielt die Kategorie *„Mamser“* keine Rolle, was sie selbstverständlich noch weiter von orthodoxen Juden entfernt.)

In den geschlossenen jüdischen Gemeinschaften der Vergangenheit wurden Scheidungsverfahren durch rabbinische Gerichte geregelt. Enorme Probleme erwachsen erst heute, in einer offenen Gesellschaft, in der Juden einander in bürgerlichen Zeremonien ehelichen und auch Andersgläubige heiraten können. Deshalb klingen in Sachen jüdische Scheidung angesichts der gegenwärtigen Machtkämpfe zwischen orthodoxen und nicht-orthodoxen religiösen Gruppen nicht nur religiöse, sondern auch politische Untertöne mit.
Der Scheidungsvorgang selbst ist ein eindrückliches Ritual, dass das Ende einer Beziehung kennzeichnet und einen Moment im Leben bewusst begeht. Solange es noch eine Möglichkeit gibt, die Ehe zusammenzuhalten, sind die Rabbiner, die im *Bet-Din* (Rabbinergericht) fungieren, in der Pflicht, eine Versöhnung herbeizuführen. Ist jedoch deutlich, dass der Bruch irreparabel ist, werden die Dinge in bemerkenswerter Kürze vollzogen. Die folgende Beschreibung Jenni Frazers von Beginn und Ende dieser Prozedur gründet sich auf ihre Beobachtung zweier Fälle am Londoner *Bet-Din*, das für einen großen Teil der britischen Orthodoxie zuständig ist:

Herrn A wird genau mitgeteilt, was geschehen wird und wie er als seinen Stellvertreter ein Mitglied aus den Reihen des Bet Din *zu benennen hat. „Deine Hände sollen sein wie meine", soll er zu seinem Gesandten sprechen.*

Der Stellvertreter, auf den als Schaliach *(Gesandter) verwiesen wird, ist verpflichtet, das Blatt in aramäischem Wortlaut, das Zeichen der jüdischen Scheidung, in die offene Hand von Frau B fallen zu lassen.*

Herr A erteilt dem Schaliach *die Erlaubnis, einen Delegierten zu benennen, wenn er den* Get *(die Scheidungsurkunde) nicht persönlich überbringen kann. Diesem Delegierten ist wiederum gestattet, einen Delegierten zu ernennen, und so weiter bis zu hundert Delegierten.*

Dann richtet sich Herr A an die Zeugen, zwei andere Mitarbeiter des Bet Din*: „Ihr Zeugen, seid Zeugen vor mir vor dem Bet Din." An den* Sofer *(den Schreiber, der das Dokument geschrieben hat) gerichtet, spricht er: „Du, Schreiber (...)"*

Herr A, die Dajanim *(Richter), der Schreiber und die Zeugen verschwinden, bevor Frau B erscheint. Sie ist gekommen, um ihren* Get *aus den Händen des* Schaliach, *den das* Bet Din *ernannt hat, entgegenzunehmen.*

Der Inhalt des Get *wird Frau B erklärt. Jedes Dokument nennt Mann und Frau, ihre Väter und London, „am Fluss, der als Thamesis bekannt ist" (...)*

Der Dajan *(Richter) sagt Frau B, dass ihr Mann einen Stellvertreter ernannt hat, der den* Get *überbringen soll. An den* Schaliach *gewendet, sagt er: „Was führt dich hierher in diesen Raum an diesem Nachmittag?" „Ich bin der* Schaliach *von Herrn B, bekannt als (...)"*

Der Schaliach *wird dann befragt, wie er als Herrn Bs Stellvertreter ernannt wurde. Hat Herr B Anweisungen an den Schreiber gegeben? War der* Schaliach *anwesend, als der* Get *geschrieben wurde? War er vom Beginn der Unterzeichnung bis zu deren Ende anwesend?*

Wenn all diese Fragen zufriedenstellend beantwortet sind, wird der Get *Frau B übersetzt.*

Herr B (sagt ihr der Dajan*) hat Anweisung gegeben, „dich freizulassen, dich zu entlassen und zu scheiden, damit du in der Zukunft über dein eigenes Schicksal herrschen sollst. Es ist ein Brief zur Entlassung, eine Freiheitsbulle."*

Frau B wird angewiesen, ihre Ringe abzuziehen – damit keine Trennung zwischen ihren Händen und dem Get *besteht – und ihr Haar zu bede-*

cken. Das Dokument wird gefaltet und vom Schaliach *in ihre Hände fallen gelassen.*
„Nimm den Get *und tue ihn unter deinen Arm", (sagt der* Dajan*), „um zu zeigen, dass er dir gehört." Frau B tritt ein paar symbolische Schritte vom* Schaliach *zurück.*[1]

Obwohl die beschriebene Szene eindeutig ein juristischer Vorgang ist und tatsächlich in vielerlei Hinsicht ein formalisiertes Ritual, hat sie ihren Platz im Zentrum der Spiritualität des Judentums. Sie erinnert uns daran, dass das Judentum eine *Lebensweise* ist, die alle Aspekte unseres Daseins umfasst. In einer Gemeinschaft, die durch einen Bund aneinander und an Gott geknüpft ist, fließen alle menschlichen Verhaltensweisen, alle Beziehungen, alle rituellen Handlungen, alle Frömmigkeit ineinander, ohne sich voneinander deutlich zu unterscheiden. Die korrekte Durchführung eines solchen Vorgangs ist deshalb nicht mehr als ein rechtlicher Akt der Auflösung einer Partnerschaft, die selbst einmal in der Vergangenheit durch einen religiösrechtlichen Akt geschaffen wurde. So wie die Ehe durch die Gegenwart zweier Zeugen gültig wurde, erfolgt auch die Scheidung. Die Symmetrie von Eröffnung und Abschluss wird beibehalten, selbst wenn Stimmung und Umstände gänzlich verschieden sind.
Hilft eine solche Prozedur dem einzelnen Partner, mit dem Scheitern des gemeinsamen Lebens fertig zu werden? Wahrscheinlich nicht. Es kennzeichnet das formale Ende und das Entlassen in einen neuen Anfang – mehr nicht. Die Trauer über einen solchen Verlust, das Gefühl des Versagens und der Unzulänglichkeit, die Wut und Bitterkeit in der Zeit des Auseinanderbrechens und der Auflösung können sehr wohl bleiben. Sie brauchen, um gelöst zu werden, Zeit oder Hilfe durch Berater oder Therapeuten oder das Vorstoßen in eine weit tiefere Glaubensdimension, als dieser Akt sie anspricht.
Viel kreative Arbeit ist in die Liturgie geflossen, um diese Themen anzugehen, meistens von Frauengruppen, wie wir im vierten Kapitel gesehen haben. In der Vergangenheit muss die jüdische Tradition einige dieser Funktionen unterstützt haben, selbst wenn die Rabbiner es nicht bewusst darauf anlegten. Traditionen wachsen durch lebenstaugliche Weisheit und ihre Praktizierbarkeit im persönlichen und gesellschaftlichen Bereich, unabhängig von ihrer „ideologischen" Untermauerung. Heutzutage richten wir uns erst nach unseren Bedürfnis-

sen und schauen dann auf die Tradition, ob sie eine befriedigende Antwort zu geben vermag. Kann sie es nicht, sehen wir uns nach anderen Quellen in der uns umgebenden Kultur oder unserer eigenen Phantasie um. Nur die Zeit wird klären, welche der Liturgien, die für die neuen Situationen geschaffen wurden, breitere Akzeptanz erhalten und welche den privaten oder persönlichen Bereich nicht überschreiten. Sicherlich wird gerade rund um die Schwellensituationen oder Abschiede viel experimentiert, aber auch das leistet einen Beitrag zu allen Formen des Judentums, die gegenwärtig entstehen.

Literaturhinweise

K. Olitzky/R. H. Isaacs, Kleines 1x 1 jüdischen Lebens. Jüdische Verlagsanstalt Berlin, Berlin 2003 (2., durchgesehene Auflage).

J. A. Romain/W. Homolka, Progressives Judentum. Leben und Lehre. München 1999.

10

Zehn Worte ließ Gott Israel hören

Jüdisches Gesetz und jüdisches Leben heute

Vielleicht ist die folgende Geschichte frei erfunden, aber soweit ich weiß, ist sie wahr. (Weil es um die Synagoge meiner Jugend geht, die leider schon lange nicht mehr steht, bin ich jedenfalls geneigt, sie zu glauben.)

Es ist Jom Kippur, Versöhnungstag, der heiligste Tag des Jahres. Die Synagoge ist rappelvoll mit Menschen, die ihren jährlichen Besuch abstatten. Irgendwann am Morgen gibt die Polizei eine Nachricht durch, dass sie dringend mit dem Rabbiner sprechen möchte. Natürlich ist dieser darüber verärgert, dass er herausgerufen wird, aber der Gottesdienst ist beim *Chasan*, dem Kantor, in guten Händen. Was die Polizisten wünschten? Ob der Rabbi ihnen bitte etwas Seltsames erklären könne: Vor der Synagoge befinde sich ein Parkplatz, der vollkommen leer sei. Dafür stehe die gesamte High Street voller Autos, die allesamt zur Gemeinde gehörten. Sie stünde so voll, dass der Verkehr behindert sei.

Natürlich kann der Rabbiner dies erklären, obwohl er dies nur sehr ungern getan haben wird. Wir stoßen hier auf ein seltsames Phänomen, an das ich mich aus meiner Kindheit erinnere und das ich damals mit einigem Zorn wahrgenommen habe: Juden dürfen am Schabbat oder den wichtigen Feiertagen nicht Auto fahren, weil dies Ruhetage sind. Auto fahren stellt, weil Energie verwendet wird, eine Arbeit dar. Als Juden in kleinen Städten oder Dörfern lebten, in bequemer Entfernung zur Synagoge, war das alles kein Problem – man lief. Aber in London leben nur wenige Menschen nahe an der Synagoge, es sei denn, sie achten bei der Wohnungssuche bewusst darauf. (Als ich *BarMizwa* war und im Alter von dreizehn Jahren formal dem Bund beitrat, besuchte mich meine *Bubbe*, meine Großmutter väterlicherseits aus Kanada. Sie war richtig fromm, nach alter Schule, und bestand darauf, zu Fuß zur Synagoge zu gehen, ein paar Meilen. Leider war sie sehr schlecht zu Fuß, und wir mussten eine gute Stunde früher losgehen, damit sie, mit vielen Unterbrechungen, dorthin humpeln konnte und rechtzeitig ankam.) Es fahren also viele Menschen mit dem Auto zur Synagoge, es sei denn, sie sind *frum*. Damit man sie beim Brechen des Schabbat nicht entdeckt, parken sie um die Ecke. Oder blockieren, wenn es, wie in diesem Fall, eindeutig keine Ecke mehr zum Parken gibt, eben die High Street.

Ich weiß nicht, wie weltumspannend dieses Phänomen ist. Mit der wachsenden Polarisierung innerhalb der jüdischen Welt zwischen jenen, die sich kompromisslos der Tradition verpflichten, und jenen, die zunehmend bereit sind hinzunehmen, dass sie lax sind, verliert sich das Problem vielleicht. Wenn man zu einer Reform- oder liberalen Synagoge gehört, fährt man am Schabbat frohgemut zum Gottesdienst und parkt auf dem Parkplatz, während die ältere Generation, vielleicht in einer orthodoxen *Schul* aufgezogen, nach wie vor einen Anflug von Schuld empfindet. Dazu gibt es die folgende Geschichte: Ein britischer Oberrabbiner machte ein paar unglückliche Bemerkungen über die religiöse Aufrichtigkeit der neu in Erscheinung getretenen Massorti oder Konservativen Bewegung in Großbritannien. Prompt liefen dort die Telefone heiß, weil viele Menschen nach mehr Information verlangten und der Bewegung beitreten wollten. Dabei handelte es sich um Abtrünnige der United Synagoge (der gemäßigten Orthodoxie), die selbst kaum praktizierten, aber das Bedürfnis nach Veränderung verspürten, obwohl sie noch immer an den Formen des Gebets festhielten, die ihnen geläufig waren. Ich vermutete damals, dass sie sicher gern beitreten würden, aber ihr neu gefundener Enthusiasmus keine Zukunft hätte, weil ihnen die Schuldgefühle fehlen könnten.

Was ich hier erzählt habe, reflektiert, wenngleich ein wenig unschön, ein eigentlich seltsames Phänomen, das besonders ein Merkmal des anglosächsischen Judentums ist, obwohl es auch andernorts nicht völlig fehlt. Es findet seinen Ausdruck natürlich auch in einem jüdischen Witz: Ein schiffbrüchiger Jude strandet auf einer einsamen Insel und ist dort fünf Jahre lang auf sich gestellt. Endlich entdeckt ihn ein Schiff; der Schiffbrüchige führt den Landetrupp über die Insel und zeigt ihm alle Dinge, die er geschaffen hat. Schließlich führt er sie auch zu einem Gebäude und verkündet stolz, dass dies die Synagoge sei, in der er beten gehe. „Und was ist das Gebäude da drüben?“, fragt daraufhin einer der Besucher. „O, das ist die Synagoge, in die mich keine zehn Pferde brächten!“

Haltungen wie diese entstammen einer Art religiös-hierarchischem Denken, das Menschen und Institutionen nach ihrem Grad des Festhaltens an einer bestimmten Norm einteilt. In der fragmentierten jüdischen Welt von heute halten Menschen an ihrer persönlichen Auswahl jüdischer Praxis und jüdischer Werte fest, mal als Einzelne, mal als Teil einer bestimmten Gemeinde, und das nicht immer konsequent. An manchen Orten gestattet ein Laissez-faire den Juden, recht großen Unterschieden zum Trotz nebeneinander zu leben. Aber allzu oft, und das scheint heute zunehmend der Fall zu sein, entsteht eine Polarisierung, die es erforderlich macht, innerhalb bestimmter Ausdrucksformen der jüdischen Praxis „Position zu beziehen". Daher gibt es Synagogen, denen man schlichtweg *nicht* angehört.

Natürlich können solche Ansichten und Gefühle ganz einfach eine Folge persönlicher Streitigkeiten sein, aber es sieht immer besser aus, wenn wir unseren Gefühlen eine Art ideologischer Rechtfertigung geben. Solche Differenzen, ob aufgrund echter religiöser Meinungsverschiedenheiten oder einfach aus *Broiges* (ein wundervolles jiddisches Wort, das „Zorn" oder „Verstimmung" bedeutet), sind oft der Grund, weshalb neue Synagogengemeinden entstehen. Schließlich braucht man keinen Rabbiner, um Gottesdienste abzuhalten, und auch kein besonderes Gebäude. Jeder Raum taugt dafür. Notwendig sind nur ein paar Menschen (zehn erwachsene Männer in orthodoxen Kreisen), die bereit sind, mitzugehen, wenn man beleidigt abzieht. (Manchmal denke ich bei mir: Es müsste eigentlich ein jüdisches Brettspiel mit dem Namen „Trivial Disputes" geben. Sicher wäre es ohne weiteres auch für Nichtjuden spielbar.) Tatsächlich gibt es Rabbiner, die aus persönlichen Gründen neue Gemeinden ins Leben rufen, nach einem Streit gehen und ihre Anhänger mitnehmen. Bilder vom jüdischen Leben brechen oft zusammen, wenn sie auf die menschliche Irrationalität treffen, die unser Tun so stark bestimmt.

Aber das Problem, vor dem die jüdische Welt heute steht, ist nicht die Vermehrung der Synagogen. Eher das Gegenteil. Ob nun als amüsante Überempfindlichkeit betrachtet oder als traurig und bedrohlich für die Zukunft der jüdischen Gemeinschaft: Es gibt viele Juden, die nach wie vor zu einer Synagoge gehören, sie jedoch wenig bis gar nicht besuchen, weil sie den Gottesdienst weder verstehen noch schätzen.

Seltsamerweise bleiben sie dennoch Mitglied, anstatt einfach zu gehen oder einer Reform- oder liberalen Synagoge beizutreten, wo sie wenigstens verstehen könnten, was geschieht, und es vielleicht sogar genießen würden. Vermutlich kämen sie in arge Bedrängnis, wenn sie erklären müssten, warum sie bleiben; wahrscheinlich würden sie mit der viel beschworenen „Authentizität" der orthodoxen Synagoge argumentieren, in der ihr Großvater gebetet hat. Und obwohl es der jüdischen Selbstachtung und der Moral liberaler religiöser Gruppen schadet: Man kann die starke emotionale Anziehungskraft des Althergebrachten verstehen, selbst wenn die Argumente dafür gelegentlich etwas hohl klingen.

In größerem Maßstab ist dieses Phänomen auch im Staat Israel sichtbar, wo einer breiten Mehrheit der extrem rechten Orthodoxie nicht nur de facto eine politische Macht zugestanden, sondern diese sogar zähneknirschend gebilligt wird. „Sie sind zwar vielleicht unmöglich, aber sie sind wenigstens authentisch", so sagt man, während die Reform-Gemeinschaften innerhalb des Judentums dies nicht seien. Diese Loyalität dem Mythos der Tradition gegenüber, wenn schon nicht der Tradition selbst, haben sich orthodoxe Führer zur Selbstrechtfertigung zunutze gemacht. Im Fall der nicht-religiösen, aber nominell orthodoxen Beter wird argumentiert, dass diese, obschon sie sündigen, wissen, dass sie sündigen, was letztlich ihren Respekt gegenüber der Tradition zeige. Ehrlicher ist vielleicht die Erkenntnis, dass sie als zahlende, aber anspruchslose Mitglieder beim Fortleben der orthodoxen Strukturen helfen. Um das Wiederaufleben von eher „rechtsgerichteten", also ultra-orthodoxen Gruppen zu entschuldigen, die vor allem jungen Menschen attraktiv erscheinen, argumentiert man gern, dass diese Menschen so wenigstens etwas hätten, woran sie sich halten könnten. Es scheint jedoch so zu sein, dass ab einem gewissen Punkt der Abstand zwischen Theorie und Praxis so groß ist, dass eine neue Generation dies einfach nicht mehr tolerieren will und geht, ohne überhaupt richtig zu wissen, wovon sie sich verabschiedet.

In Großbritannien ist die Bewegung des Reformjudentums seit dem Krieg gewachsen, was zu großen Teilen an der Bereitschaft lag, die ungeklärten Probleme der orthodoxen Gemeinde zu lösen (Mischehen, Übertritte, das Gefühl, Jude zweiter Klasse zu sein). Dennoch bleibt

die Refombewegung eine Minderheit, verglichen mit der Mehrheit der „United Synagogue", den gemäßigten orthodoxen Gemeinden. In Amerika ist das Gegenteil der Fall. Dort bedienen Reformer und Konservative die Mehrheit der jüdischen Gemeinschaft, neben einer kleinen, aber wachsenden orthodoxen Minderheit. Weil in Amerika de facto Pluralismus herrscht, ist es für die Menschen leicht, verschiedene religiöse Bewegungen anzuerkennen, und es ergeben sich auch beträchtliche Wechselwirkungen untereinander. Nicht so in Großbritannien, wo orthodoxe Versuche, die Reformbewegungen zu diskreditieren, ebenso kritisch und mit scharfen Antworten und Selbstrechtfertigungen pariert werden. Die Beziehungen „hinter der Bühne" sind oft ein wenig besser, aber die beiden großen Gruppierungen betrachten einander als Konkurrenten.
Es passiert allerdings, dass ein orthodoxer Rabbiner jemanden mit einem Problem, das er nicht innerhalb seines eigenen Systems lösen kann, privatim dahingehend berät, dass er ihn „nach unten", in die Reform- oder liberale Synagoge, schickt. Der Bedarf an unterschiedlichen Umgehensweisen in der jeweiligen Situation wird privat also durchaus anerkannt; öffentlich werden die nicht-orthodoxen Bewegungen und ihre ganze Arbeit jedoch leider strikt verleugnet. Was als komplementärer Teil eines komplexen jüdischen Lebens verstanden werden sollte, tritt heute als Konkurrent im Wettstreit um die jüdische Seele auf.

Der Wunsch, einer jüdischen Gemeinde „ein klein wenig anzugehören", ohne an deren religiöse Formen gebunden zu sein, ist schon aufgrund der doppelten Natur der jüdischen Identität verständlich: Sie bedeutet Volkszugehörigkeit und religiöser Glaube. In einem formalen Sinn ist die jüdische Identität weitgehend durch die Eltern bestimmt, besonders durch den jüdischen Status der Mutter. Das bedeutet, dass die meisten Juden als Juden geboren werden und glücklich (oder unglücklich) Juden sind, ohne sich je mit dem Judentum als Religion befassen zu müssen. Dies sagt aber nichts darüber aus, was sie, wenn überhaupt, an jüdischem Erbe an die nächste Generation weitergeben werden. Letzteres ist in orthodoxen Kreisen wohl auch mit ein Grund dafür, dass man jene angreift, die das Gefühl haben, ihr „kulturelles Judentum" sei ihnen genug. Und tatsächlich spüren manche jüdische ErzieherInnen, dass ihre Aufgabe, weil es an einem reichhaltigen, rituellen Leben in der Familie vieler Jugendlicher fehlt, darin besteht, die Chancen der „Sonntagsschule“ oder anderer jüdischer Erziehungformen zu nutzen, um eine positive Erfahrung mit dem Judentum zu ermöglichen, die ins Erwachsenenleben hineinreicht. Ohne diese Hilfe ist es ungleich schwerer, sich als Teil des jüdischen Volkes zu fühlen und dazu noch das Bedürfnis zu haben, an seinem religiösen Leben Anteil zu nehmen. Distanzierungsmuster können auch zyklisch verlaufen; vielleicht folgt eine jüngere Generation nach, die das Bedürfnis zur Rückkehr hat.

In diesen Zusammenhang gehört das Phänomen des „Stellvertreterjudentums“. Jene, die die Religion ausüben – je sichtbarer, desto besser –, bieten jenen, die nicht praktizieren, die Sicherheit, dass „es“ dennoch weitergeht, auch wenn sie nicht aktiv daran teilhaben. Die Religion selbst wird so zu einer Art „heiliger Kuh“ . Wir zollen der Institution Respekt, den Gebäuden, den Anhängern und besonders den geistigen Führern, selbst wenn das alles nicht zu uns passt. Sie springen für uns ein und mindern die Schuld, die wir uns aufladen, weil wir selbst nicht praktizieren. Deshalb werden Menschen, die zum Judentum übertreten, oft von denen, die nur nominell jüdisch sind, als ungeheure Bedrohung betrachtet. Das primäre Interesse von Konversionskandidaten, mit Ausnahme jener, die einen jüdischen Partner heiraten, ist ganz klar das Judentum als religiöse Lebensweise. Und selbst jene, die aus Heiratsgründen konvertieren, begeistern sich oft für jüdische Traditionen, Werte und Gedanken, wenn sie guten Unterricht erhalten. Manchmal ist dies ihre erste Erfahrung einer religiösen Erziehung und ganz anders als die Ammenmärchen, die sie als Kinder gehört haben. Das religiöse Engagement der Konversionskandidaten kann jedoch von jenen, die in ihrer jüdischen Identität selbst unsicher sind und nicht gezwungen werden wollen, sich bestimmten Fragen zu stellen, als eine Art Provokation empfunden werden. Nirgendwo ist dies klarer zu erkennen als bei Konversionskandidaten, für gewöhnlich Frauen, die einen jüdischen Mann heiraten wollen, der selbst wenig jüdisches Wissen oder Interesse besitzt. Um des Wohls der Familie willen oder aus irgendeinem Restgefühl von Loyalität erwartet der Mann, dass die Frau übertritt, und sie betrachtet dies oftmals als eine vernünftige und faszinierende Option. Solch ein Arrangement ist innerhalb der orthodoxen Gemeinde nicht akzeptabel,

wird aber in nicht-orthodoxen jüdischen Gemeinden durchaus als legitimer Grund toleriert. Wichtig ist nicht, von wo aus jemand seine Reise ins Judentum antritt, sondern wo er ankommt.
Nicht-orthodoxe Bewegungen bestehen normalerweise darauf, dass der jüdische Partner dasselbe Vorbereitungsprogramm wie der Konversionskandidat durchläuft – d. h. regelmäßiger Synagogenbesuch nebst Studienkurs zum Judentum. Hier kann der „nicht-jüdische Jude“ sich durchaus in einer höchst prekären Lage wiederfinden. Haufig wird er protestieren: „Ich bin doch jüdisch. Ich muss doch das ganze Zeug nicht wissen!“
Angesichts dieser Haltung ist es nicht weiter überraschend, immer wieder auf ein Paradox zu treffen: Je mehr sich diejenigen Juden, die „unsere Gebete für uns sprechen“, auf traditionelle Weise kleiden und verhalten, je schwärzer ihre Hüte sind und je grauer ihre Bärte, desto einfacher können wir sie als „nicht wirklich wir“ abtun! So würden wir uns nie verhalten, und wenn das das Judentum sein soll, dann ist es nichts für uns! Genauso gut kann man sich Gott als alten Mann mit weißem Bart vorstellen. Weil es ganz und gar unmöglich ist, an solch ein kindisches Bild zu glauben, kann man Religion dann bequem als Märchen abtun. Und gerade jüdische Männer, die seit ihrer *BarMizwa* nichts mehr mit Religion zu tun hatten, führen oft noch immer einen „dreizehnjährigen“ Gott im Gepäck. Menschen, die entweder zum Judentum übergetreten sind oder dank einer konservativen, reformerischen oder liberalen jüdischen Prägung eine Möglichkeit der Identifikation gefunden haben, stellen für solch bequeme Phantasievorstellungen eine Bedrohung dar: Ganz normale Menschen können Juden sein!

Dies alles hat eine neue Brisanz angesichts der besonderen politischen Struktur im Staat Israel gewonnen, wo es Parteien der religiösen orthodoxen Minderheit gelungen ist, einen Einfluss auszuüben, der weit über die Größe ihrer Wählerkreise hinausgeht, einfach weil man sie braucht, um Koalitionen an der Macht zu halten. Je mehr diese Parteien jedoch versuchen, ihren Willen in der ganzen Gesellschaft durchzusetzen, umso wütender werden säkulare Israelis – was zu noch mehr Distanz in ihrem Verhältnis zum Judentum als solchem führt. Es müsste theoretisch eine Zeit kommen, in der die politischen Forderungen der Orthodoxen die psychologischen Vorteile der Stellvertreterreligion, die sie bieten, sogar noch übertreffen – was sich als explosiver Wendepunkt in der politischen Aufstellung des Staates herausstellen könnte. Je extremer die Positionen einiger Ultra-Orthodoxer werden, umso lauter werden die Stimmen der moderateren orthodoxen Individuen und Gruppen, die den Schaden erkennen, der an den traditionellen Werten des Judentums entsteht, die sie doch hochhalten. Es bleibt eine hoch komplexe und prekäre Situation.

Ich möchte an dieser Stelle von allgemeinen Beobachtungen zu eher autobiographischen Anmerkungen überwechseln, weil ich denke, dass sie einige der Spannungen illustrieren können, mit denen wir uns heute als Juden konfrontiert sehen. Ich erlebe mich selbst als ein Produkt verschiedener jüdischer Welten. Ich fühle mich beim Gebet in einer italienischen Synagoge in Jerusalem ebenso zu Hause wie in der St. Johns Wood Liberal Synagogue. Ich ringe genauso gern um das Verständnis eines Tora-Kommentars von Raschi oder Ibn Esra wie mit einer biblischen Parabel von Kafka oder einem gelehrten Bibel-Artikel eines säkularen Professors der Hebräischen Universität. Ich finde religiöse Wahrheit und Infragestellung in Diskussionen mit orthodoxen Rabbinerfreunden genauso wie mit Vertretern des Reform- oder liberalen Flügels. Gleiches trifft auch für säkulare jüdische Psychotherapeuten oder gläubige christliche oder muslimische Lehrer zu. Sie alle sind auf gewisse Weise Teil meiner religiösen Landschaft; es wäre verrückt, ihre Bedeutung für mich zu leugnen. Daher bin ich qua Temperament und persönlicher Geschichte ein Pluralist, das Produkt einer Vielzahl jüdischer und nichtjüdischer Welten und Erfahrungen. Und mit allen muss ich leben, alle muss ich anerkennen und schätzen. Die meisten Widersprüche, die in der jüdischen Welt bestehen, existieren auch in mir selbst. Dies zu leugnen, hieße, die Wahrheit über mein Leben zu leugnen, und einen Teil davon abzutrennen, wäre ein Akt der Selbstverstümmelung.

Lassen Sie mich einige der Widersprüche erwähnen, die sich aus diesem Pluralismus ergeben. Ich bin durch Intuition und Erfahrung ein religiöser Gläubiger, gleichzeitig aber bin ich intellektuell säkular und kritisch. Ich bin das Kind einer zweitausend Jahre alten jüdischen, rabbinischen und einer sogar noch älteren biblischen Tradition. Genauso aber bin ich das Kind einer zweihundert Jahre währenden Aufklärung. Die Wahrheit jener jüdischen religiösen Traditionen und des Märtyrertums des jüdischen Volkes, das diese wahren wollte, zu leugnen, wäre für mich ein großer Verrat. Es wäre jedoch nicht weniger Verrat, die intellektuellen und wissenschaftlichen Einsichten der letzten zweihundert Jahre zu leugnen, einschließlich der kritischen Herausforderungen, die sie für die Grundfesten der jüdischen Tradition bedeuten. In dieser Hinsicht bin ich zutiefst schizophren. Aber ich denke, dass jeder von uns, die wir uns heute für ein jüdisches Leben einsetzen, auf dieselbe Weise schizophren ist – nur finden wir unterschiedliche Strategien, mit diesem tiefen inneren Konflikt zurechtzukommen. Ich kann kein aufgeschlossener intellektuell Suchender in meinem beruflichen oder akademischen Leben sein und einen Teil meines Verstandes abstellen, sobald ich mich den jüdischen Studien zuwende. Ich kann im gesellschaftlichen und politischen Leben kein liberaler Demokrat sein und doch in meinem jüdischen religiösen Leben Autokratie und Autoritarismus akzeptieren. Ich kann nicht in einer Gesellschaft leben, die von sich sagt oder zumindest zu sagen versucht, sie sei offen, pluralistisch und multikulturell, und gleichzeitig die pluralistische jüdische Welt, die ich kenne und erfahre, auf eine enge, monolithische Sicht reduzieren, mag das jeweilige Etikett nun „orthodox" oder „progressiv" heißen. Um Rabbiner Dr. Leo Baeck zu zitieren: „Das Judentum ist mein Zuhause, nicht mein Gefängnis." Als Mann kann ich nicht die Dinge schätzen, die ich aus den Kämpfen der Frauenbewegung gelernt habe, und dann diese hart erkämpften Fortschritte in meinem jüdischen Leben leugnen. Ich kann nicht die Einsichten von einem Jahrhundert Tiefenpsychologie zur Natur von Vorurteil und Projektion, zu sexuellen Ängsten und Unsicherheiten der Menschen wahrnehmen und dann die Einstellung gegenüber sexuellen und gesellschaftlichen Minderheiten in unserer eigenen Tradition mit einem Achselzucken abtun. Ich kann nicht Pessach feiern und damit die jüdische Sache unterstützen und auf der anderen Seite das Leiden der Palästinenser im Einflussbereich jüdischer Macht ignorieren. Ich kann nicht die außerordentliche religiöse Entwicklung anerkennen, die ich durch den interreligiösen Dialog mit Christen und Muslimen während eines Großteils meines Erwachsenenlebens erfahren habe, und dann Engstirnigkeit und sogar Vorurteile gegenüber anderen akzeptieren, wie ich sie in vielen Teilen der religiösen jüdischen Welt heute antreffe, in meiner nicht weniger als in anderen. Ich mag zwar schizophren sein, aber ich kann wenigstens versuchen, konsequent zu sein.

Noch einer weiteren Gegensätzlichkeit muss ich an dieser Stelle nachgehen: Anstelle eines theozentrischen Universums, wie es meine Urgroßeltern bewohnten, lebe ich heute in einem anthropozentrischen Universum, wo anscheinend menschliche Werte und Errungenschaften im Mittelpunkt stehen. Die bloße Existenz eines jüdischen säkularen demokratischen Staates ist ein Gradmesser dafür, wie hoch die Bereitschaft des jüdischen Volkes war, sein eigenes Schicksal in die Hand zu nehmen und nicht weiter allein der messianischen Hoffnung zu vertrauen, die darauf verwies, dass wir auf Gottes eigene Zeit warten müssten. Während das Judentum immer ein seltsames komplexes Zusammenwirken von religiösem Glauben und Volkszugehörigkeit war, ein *Mamlechet Kohanim weGoj kadosch*, „ein Königreich der Priester und eine heilige Nation" (Ex 19,6), sind heute auch diese beiden Aspekte voneinander getrennt und beide auf ihre Weise einer tiefgreifenden Infragestellung und Neubewertung unterworfen.

Dieser Konflikt zwischen Tradition und Moderne findet sich in den Worten eines der führenden orthodoxen jüdischen Denker unserer Zeit gut ausgedrückt. Der verstorbene Raw Soloveitchik schreibt über den „einsamen Glaubenden":

Lassen Sie mich diese leidvolle Erfahrung des Glaubenden in der Moderne verdeutlichen. Er blickt auf sich als Fremder in einer Gesellschaft, die technisch gesinnt, auf sich selbst bezogen und selbstverliebt ist, die in fast krankhaft narzisstischer Manier Ehre um Ehre nachjagt, die Sieg auf Sieg häuft, nach fernen Galaxien greift und in der fasslichen Welt des Hier und Heute die einzige Manifestation des Seins erblickt. Was kann ein Glaubender wie ich, der nach einer Doktrin lebt, die keinerlei technisches Potenzial besitzt, nach einem Gesetz, das nicht im Labor untersucht werden kann, unerschütterlich in seiner Loyalität zu einer eschatologischen Vision, deren Erfüllung mit keinem Maß der Wahrscheinlichkeit, geschweige denn Gewissheit selbst der komplexesten Berechnungen der höheren Mathematik vorhergesagt werden kann – was kann ein solcher Mann einer funktionalen, utilitaristischen Gesellschaft sagen, die auf Weltlichkeit ausgerichtet ist und deren praktische Verstan-

desüberlegungen schon vor langer Zeit die empfindsame Raison des Herzens ersetzt haben?[1]

Es gibt dennoch eine Reihe von Strategien, um mit diesen Widersprüchen umzugehen und unsere geistige Gesundheit zu erhalten. Da gibt es extreme Positionen, beispielsweise, indem man die Tradition vollkommen ablehnt und versucht, ein völlig säkulares, neutrales jüdisches Leben zu führen. Oder indem man das Säkulare verleugnet und eine religiöse Welt erschafft, die so tut, als ob die weltlichen Herausforderungen nicht existierten. Und es gibt eine Unzahl von Schattierungen dieser beiden Lebensweisen. Im religiösen Bereich erkennen wir sie in einem Kontinuum von Synagogen und Bewegungen, die als progressiv, liberal, reformerisch, rekonstruktionistisch, konservativ und modern oder zentral und ultra-orthodox bezeichnet werden. Im Bereich der Volkszugehörigkeit steht uns eine Vielzahl an Wegen offen, um uns als Juden in der Diaspora zu identifizieren. Es mag sein, dass wir im Sinne der klassischen jüdischen Parameter eine Abkehr von herkömmlichen Normen praktizieren –, aber in einer Situation revolutionärer Unruhe kann keiner vorhersagen, ob nicht eventuell mit der Zeit neue Formen entstehen werden. Und was ist der Staat Israel, wenn nicht eine Alternative, um eine Zugehörigkeit zum jüdischen Volk geltend zu machen, ohne sich notwendigerweise mit einer religiösen Richtung identifizieren zu müssen? Aus einer bestimmten religiösen Sicht mag dies negativ erscheinen, aber aus der begrenzten Perspektive der Absicherung einer jüdischen Kontinuität und einer umfassenden Neudefinition jüdischer Einheit ist Israel fraglos von enormer Bedeutung.

Ich habe dieses Thema bisher aus einem recht persönlichen Blickwinkel betrachtet, um es nun in einem größeren historischen und kulturellen Kontext zu analysieren. Wir haben bereits die Natur des „Bundes“ zwischen Gott und Israel betrachtet. Wenn „Gesetz“ ein zentrales Element im Judentum ist, dann deshalb, weil es die Grundlage unserer Verfassung als Volk bildet; es regelt unser Verhalten untereinander, zu anderen und zu Gott. Der Schlüsselbegriff hierbei ist *Halacha*, von der Wurzel *h-l-ch*, die „gehen, wandeln“ bedeutet, wie wir es schon im Kapitel 5 gesehen haben. *Halacha*, übersetzt normalerweise mit „jüdisches Gesetz“, meint auch „Verhalten“ und „Lebensführung“, also die

Tatsache, wie der Einzelne und die Gemeinschaft sich verhalten sollen. Natur und Rolle der *Halacha* haben sich mit der Zeit verändert. Ich vermute einmal, dass es, über die ganze Welt verteilt, nur eine relativ kleine Anzahl orthodoxer Gemeinden gibt, die sich ihrem eigenen Ermessen nach strikt an die *Halacha* halten. Es gibt beträchtlich mehr Bewegungen, die sich als „orthodox" begreifen, obwohl ein besserer Begriff wohl „orthoprax" wäre, weil es eher ihr Verhalten ist, das ihre Position definiert, als ihr Glaubenssystem. Manche haben sich als bemerkenswert unverwüstlich erwiesen und sich in der Nachkriegszeit schnell regeneriert. Dennoch akzeptieren sie, dass viele ihrer Mitglieder nur teilweise gesetzestreu oder sogar nicht gesetztestreu sind. Es gibt „Conservative", „Reconstructionist", „British Reform" oder kontinentaleuropäische liberale Gemeinden, die von sich behaupten, in unterschiedlichem Maße der Lehre nach halachisch zu sein, aber dennoch auf ihrer eigenen, gelegentlich radikalen Neuinterpretation der *Halacha* beharren. Selbst Juden aus der amerikanischen Reform und in gewissem Maße auch aus der britischen liberalen und progressiven Bewegung, die in der Vergangenheit eine ideologische Haltung gegenüber der *Halacha* eingenommen haben, verspüren das Bedürfnis, sich an den Praktiken und Glaubensprinzipien der *Halacha* zu messen, wenn auch nur, um sie zu kritisieren oder ihnen zu widersprechen. Die *Halacha* wird diskutiert, zu ihr bekennt man sich, über sie wird sich der Mund zerrissen, mit ihr wird geprahlt, geflirtet, man missbraucht sie zu politischen Zwecken. In gewisser Weise ist sie eine einende Kraft im jüdischen Leben. Ganz sicher war sie der Zement, der seit der Zeit der Zerstörung des Zweiten Tempels bis zur Zeit der Emanzipation die jüdische Gesellschaft im Exil zusammenhielt. Dennoch ist sie auch heute eine kontroverse Kraft von zerstörerischer Macht und in den Händen mancher Juden eine Waffe, die sich gegen andere einsetzen lässt. Aber für die meisten Juden dieses Erdballs stellt sie eine Nebensächlichkeit dar, die fast ohne Bedeutung für ihr Leben ist.

Lassen Sie mich deutlich sagen, dass ich nicht den Primat oder die Legitimität der *Halacha* in Frage stelle. Doch die konventionelle Sicht der *Halacha* ist ein sehr enger, legalistischer Blick. Ich ziehe die tolerantere Auffassung vor, wie sie in dem folgenden Zitat von Rabbi David Hartmann aufscheint, ein orthodoxer Rabbiner, der sich, ursprünglich aus Kanada stammend, in Israel niedergelassen hat. Er versucht eine aufgeschlossenere orthodoxe Position zu einer Reihe von Fragen zu beziehen. Die Spannung, die er in der *Halacha* wahrnimmt, ist jener nicht ganz unähnlich, die wir oben von A. J. Heschel als eine Beziehung zwischen *Halacha* und *Haggada* beschrieben gesehen haben:

Die Halacha kreist um zwei Pole: um den des Gesetzes, also um spezifische und detaillierte Verhaltensregeln, und den der Beziehung, also um die Sehnsucht, einer innigen Bundesbeziehung zwischen Gott und Israel Ausdruck zu verleihen. Beide Pole haben das halachische Denken und die halachische Praxis geformt. Der gesetzliche Pol, die Neigung, Verhaltensregeln festzulegen, mag das Sehnen und das Bedürfnis der Menschen nach Ordnung und Vorhersagbarkeit in ihren Beziehungen widerspiegeln. Der Weg ist klar vorgegeben. Die Aufgabe des dem Bund verpflichteten Juden besteht lediglich darin, zu folgen. Auf der anderen Seite betont der Pol der Beziehung, dass Halacha nicht nur ein formales System von Verhaltensregeln ist, sondern in der Liebesbeziehung gründet, die symbolisiert ist in Gottes Einladung an Israel, eine Gemeinschaft des Bundes zu werden. Das Verständnis von Halacha als Erfahrung einer Bundesbeziehung bewahrt vor der irrtümlichen Vorstellung, eine dynamische Beziehung mit Gott könne ausschließlich mit festgelegten und dauerhaften Regeln strukturiert werden. Das Bedürfnis nach Ordnung darf nicht auf Kosten der Spontanität, der persönlichen Leidenschaft, der Neuheit und Überraschung gehen. Auch ein Mensch, der am halachischen System festhält, kann Gott auf neuen Wegen begegnen. Das ewige Problem in einem Leben mit der Halacha heißt: Wie schützt man die Bundesbeziehung davor, von dem massiven, scheinbar sich selbstgenügenden Gesetz überdeckt zu werden?[2]

Doch das Paradox bleibt – warum ist die *Halacha* so wichtig und gleichzeitig so marginal im Leben vieler Juden?
Das Problem scheint im Unterschied zwischen Theorie (oder Lehre) und Wirklichkeit zu liegen. Die *Halacha* als ein rechtliches System ist heute im modernen Leben nahezu folgenlos. Juden haben einst fraglos ein gemeinsames System von Glauben und Praxis geteilt, sie lebten in relativ geschlossenen Gemeinschaften und hatten ihre eigenen Gerichtshöfe, die über alle Aspekte des öffentlichen und privaten Lebens urteilten; diese konnten ihre Entscheidungen durchsetzen, entweder

per Gesetz oder durch öffentlichen Druck. All diese Faktoren haben sich in einer offenen Gesellschaft radikal verändert. Wenn man ein Gesetz nicht durchsetzen kann, wie bedeutsam es in der Theorie auch sein mag, besitzt es keine Macht oder Wirkung.

Ob ein Jude heute *Kaschrut*, die Speisegesetze, oder Schabbat achtet oder nicht, seine Geschäfte gemäß jüdischen Prinzipien führt, den Gesetzen der Familienreinheit oder des Schabbatjahres folgt oder überhaupt einer der *613 Mizwot*, hängt fast ausschließlich von seinem persönlichen Gewissen ab. Niemand sonst wird ihn bedrängen. Eine Strafe als Ausdruck des göttlichen Missfallens hat nur für denjenigen Bedeutung, der daran glaubt, und die Sanktionen der Gemeinschaft (Ächtung oder öffentliche Kritik) funktionieren nur, wenn eine Gruppe Menschen eine eigenständige Gemeinde bildet, sich über Werte und Regeln einig ist, bestimmte Autoritäten als ihre Führer anerkennt und jene bestraft, die dem nicht entsprechen – sei es eine Gruppe Chassiden im Norden Londons, eine liberale Synagoge in Holland oder eine konservative Gemeinde in New York.

Bis zur Emanzipation war die *Halacha* die wichtigste Quelle jüdischer Zusammengehörigkeit. Seit der Aufklärung haben Juden die Autorität großer Bereiche der *Halacha* an das Rechtssystem der jeweiligen Gastländer abgetreten und suchen seitdem noch immer nach alternativen Wegen, um zu einer gemeinsamen Basis jüdischer Identität und Einheit zu finden. Deshalb wird die *Halacha* in der Frage, ob wir zu einer Gruppe gehören, die streng an ihr festhält, nur Lippenbekenntnisse abgibt oder sie komplett ablehnt, nach wie vor als wichtig erachtet. Sie ist der Prüfstein für eine gemeinsame jüdische Identität trotz ihrer begrenzten Anhängerschaft oder Akzeptanz durch die Juden. Die Frage ist, ob sie wie zuvor zu einem bestimmenden Faktor für die Widerherstellung der jüdischen Einheit gemacht werden kann oder ob wir nicht in einer Übergangsphase sind, auf dem Weg zu etwas anderem.

Trotz alledem gibt es noch immer einen Bereich der *Halacha*, der öffentliche Relevanz besitzt, weil er Sanktionen beinhaltet. Es ist der Bereich des „Status“; der klärt, wer zum „Club“ gehört und wer nicht, wer Jude ist und wer nicht, wer wen heiraten darf und wer die Autorität besitzt, in solchen Fragen zu entscheiden. Es ist der Bereich, dessentwegen sich orthodoxe und nicht-orthodoxe Gruppen bekriegen und über den beide Gruppen immer dann streiten, wenn eine Gruppierung die Legitimität der anderen bezweifelt. Darüber hinaus ist hier – und nur hier – der Punkt, an dem Rabbiner Macht über andere Juden haben. Also finden in diesem Bereich die erbittertsten Kämpfe statt. Und weil dies der letzte Bereich ist, in dem die Macht der *Halacha* im jüdischen Leben geprüft wird, geschieht es sehr leicht, dass der Kampf um Wert und Autorität der *Halacha* zum Kampf um Macht und Autorität der religiösen Autoritäten selbst wird, die darum streiten.

Die Frage nach der korrekten halachischen Prozedur für den Übertritt ist ein Thema, über das ein größerer „politischer" Kampf ausgefochten wird, weil *Halacha* Politik reflektiert, genauso wie sie Gesetze in Kraft treten lässt. Darum können die meisten halachisch korrekten nicht-orthodoxen Übertritte von orthodoxen Autoritäten nicht anerkannt werden, und darum wird auch jede angebotene Kompromisslösung, selbst von Seiten orthodoxer Rabbiner, von anderen abgeschmettert. Die Frage lautet nicht: „Wer ist Jude?", sondern: „Wer ist Rabbiner?" (Man sagt, dass in Amerika, wo es keinen Oberrabbiner gibt, der solche Verfahren regelt, im Grunde die Soziologen darüber entscheiden, wer Jude ist!)

Fragen nach dem Übertritt zum Judentum und dem jüdischer Status sind zu großen polarisierenden Faktoren im heutigen jüdischen Leben geworden. Man sorgt sich um Juden, die einander aufgrund „sektierischer" Gruppierungen nicht heiraten können. Wird es am Ende womöglich zwei jüdische Völker geben? Oder werden wir jüdische Enkel haben?

Warum treten solche Themen jetzt zutage? Angeblich sind sie hervorgerufen durch die Sorge über eine Entscheidung der amerikanischen Reformbewegung, wonach eine patrilineare statt der traditionellen „matrilinearen" Auffassung eingeführt werden sollte. Dies würde bedeuten, dass jemand, der einen jüdischen Vater hat, aber keine jüdische Mutter, vorausgesetzt, er wurde jüdisch erzogen, automatisch als Jude anerkannt werden sollte. Aber jeder Blick auf die jüdische Welt heute zeigt sofort, in welchem Maße sich die unterschiedlichen jüdischen Gemeinschaften von den halachischen Kriterien zur Identifikation eines Menschen als Juden entfernt haben. Die Gründe dafür sind vielzählig. Um nur einige davon zu nennen: ein Jahrhundert Mischehen, Scheidungen und Wiederheiraten in den westlichen Gesellschaften; siebzig Jahre staatliche Kontrolle über jüdische Identität im

Ostblock (danach waren alle Männer Juden, die einen entsprechenden Vermerk im Pass hatten, die Kinder ebenfalls, unabhängig davon, ob die Ehefrau jüdisch war); die unterschiedlichen Kriterien für einen Übertritt zum Judentum, wie sie von vielen Formen des nicht-orthodoxen Judentums weltweit entwickelt wurden; die orthodoxen „Übertritte", die auf dem „Schwarzmarkt" erhältlich waren; ungeklärte Statusfragen von Flüchtlingen und Überlebenden nach der Shoa; die Annahme des patrilinearen Status durch die amerikanische Reformbewegung, der übrigens bereits seit dem 19. Jahrhundert auf ihrer Tagesordnung steht; die Kluft zwischen religiösen und zivilen Autoritäten im Staat Israel, wenn es darum geht, zu bestimmen, wer nach dem Rückkehrgesetz zum jüdischen Volk gehört. All dies ist eine massive Herausforderung an die halachische Grundlage der jüdischen Identität.

Es gibt heute eine wachsende Anzahl von Menschen, die überzeugt sind, sie seien Juden, die als Juden zum jüdischen Leben beitragen, aber nicht in die klassischen Kategorien des jüdischen Gesetzes hineinpassen. Einzelfälle können zwar von den verschiedenen Zweigen des Judentums reguliert werden, auch wenn er von anderen nicht anerkannt wird, das Kollektiv aber kann es nicht. Trotz vielfältiger Proteste ist kein Wille erkennbar, das Problem in einer einheitlichen Weise zu lösen. Was die Situation schwierig macht, ist die zunehmend zentrale Rolle des Staates Israel in allen jüdischen Belangen, der innere Machtkampf zwischen orthodoxen und zivilen Autoritäten und die damit verbundenen Folgen für die ganze jüdische Welt.

Mit seiner Gründung ist der Staat Israel potenziell zum neuen, einenden Faktor des jüdischen Volkes geworden. Er signalisiert die Abkehr von zweitausend Jahren jüdischer Diaspora-Existenz. Wir bewegen uns zurück zu einem biblischen Modell, so dass in kommenden Generationen die in der Diaspora Lebenden zunehmend als im Ausland lebende Israelis betrachtet werden – ein Teil der jüdischen Nation, die in der Mehrheit außerhalb des Landes lebt. Immer wenn jüdische Politiker oder Rabbiner über die „Zentralität" Israels sprechen, gehen wir einen weiteren Schritt auf diese mögliche Realität zu. Die Juden erkennen heute bereitwillig den enormen Einfluss an, den Israel auf unser Leben in der Diaspora hat. Wir bewegen uns auf eine Situation zu, in der Israel auch die Autorität über unsere jüdische Identität haben könnte. Das kann man bereits an Fragen zum Status und besonders zum Übertritt erkennen. Die Macht Israels, Dinge für das jüdische Volk als Ganzes zu bestimmen, hat dem Thema „Identität" neue Bedeutung verliehen. Nach dem Rückkehrgesetz, das während und unmittelbar nach dem Zweiten Weltkrieg als Antwort auf die verzweifelte Not der Juden geschaffen wurde, hat ein jeder Jude automatisch das Recht auf Staatsbürgerschaft im Staat Israel. Dieses Recht gilt für die ganze Familie, selbst wenn sie nicht jüdisch ist. Es gilt auch für Menschen, die durch jüdische religiöse Autoritäten zum Judentum übergetreten sind und die ihre eigene Diasporagesellschaft anerkennen, einschließlich der „nicht-orthodoxen" Bewegungen. Das Recht auf Anerkennung ihrer Konvertiten genießen letztere Bewegungen im Staat Israel selbst jedoch nicht – eine Angelegenheit, die neben anderen „Behinderungen" ständig vor israelischen Gerichten angefochten wird. Seit 1958 haben orthodoxe Gruppen in Israel versucht das Rückkehrgesetz zu ändern, um in dieser Frage selbst die Kontrolle über den Status zu erlangen, weil er in ihrer Sicht ein wesentliches Element des toratreuen Judentums darstellt. In diesem Punkt kollidieren sie, gelegentlich brutal, mit den zivilen Autoritäten Israels und auch mit dem seit langem etablierten religiösen Pluralismus der Diaspora-Gemeinden, zum Beispiel in den Vereinigten Staaten.

Wir befinden uns als Volk eindeutig in einem Prozess der Neuorientierung, mit „exklusiven" und „inklusiven" Lösungen, die auf beiden Seiten des religiösen Spektrums geboten werden. Obwohl wir an die Folgen nie so recht glauben mochten, wissen wir schon seit geraumer Zeit, dass man sehr wohl ethnisch jüdisch sein kann ohne eine Spur von Religiosität. Andererseits kann man sich spirituell hundertprozentig mit dem Judentum identifizieren und wird in bedeutsamen Teilen der jüdischen Welt trotzdem nicht anerkannt. Noch nie wies der Pluralismus in der jüdischen Geschichte ein so breites Spektrum auf wie heute. Was also ist der Faktor, der dieses geteilte Volk trotz allem zusammenhält?

Es ist möglich, dass der Staat Israel, der genauso ein Teil des Problems wie der Lösung ist, mit der Zeit der Brennpunkt einer neu entstehenden jüdischen Identität wird. Sicherlich wird er demographisch betrachtet einige Generationen weiter die größte jüdische Gemeinschaft sein, vorausgesetzt, es gibt keine weiteren Katastrophen. Deshalb sollten wir uns eher um Qualität und Inhalt jener entstehenden Identität

sorgen, als uns in Streitigkeiten zu ergehen und einer ohnehin praktisch nicht mehr existierenden Vergangenheit hinterherzuweinen.
Was den Weg dorthin verbaut, ist ein Glaube bzw. eine Wunschvorstellung, die man im orthodoxen und liberalen Judentum finden kann, nämlich dass einer von beiden den anderen besiegen und am Ende gewinnen wird: die Progressiven dank der besseren Lehre, die Orthodoxen, indem sie alle anderen „geburtentechnisch" überbieten. Beide Richtungen glauben, dass sie die Wahrheit gepachtet haben, ob sie es nun unverhohlen oder vorsichtig ausdrücken oder mit schriftlichen Beweisstücken oder Zeugnissen. (Rabbi Lionel Blue weist darauf hin, dass er noch nie jemanden getroffen habe, der „wild vor Liberalismus" sei, weshalb die „Traditionalisten" streitlustiger zu sein scheinen und die „Progressiven" moderater. Die Führung beider Seiten ist jedoch gleichermaßen stur.) Der wirkliche Streit geht um Autorität und Stolz und die Frage, wer die Verteilung des schrumpfenden jüdischen Kuchens bestimmt. Während sich die verschiedenen jüdischen Bewegungen und Richtungen weiter zanken, votiert das jüdische Volk mit den Füßen und geht fort oder schafft sich seine persönliche Auswahl jüdischer Praxis oder tut ganz überraschend neue Dinge und überlässt es den verschiedenen „Autoritäten" nach deren Vermögen aufzuholen.
Wenn es um die grundlegenden Statusfragen geht (Wer gehört zum jüdischen Volk und wer ist mit wem verheiratet), scheint heute etwas ganz Untraditionelles die Antwort zu bestimmen. Wie Peter Oppenheimer in seinem gut durchdachten Aufsatz darlegt, hilft letztlich das zivile und nicht das religiöse Gesetz, das jüdische Volk zusammenzuhalten.

Angesichts von multipler Glaubenszugehörigkeit heute müssen rabbinische Urteile (in der Mehrheit) zwangsläufig kontrovers sein. Also wird das Zivilrecht zu Hilfe gerufen: das Zivilrecht der nichtjüdischen Staaten und das Zivilrecht (das Rückkehrgesetz) in Israel selbst. (...) Die Gründung Israels und die gegenseitige Abhängigkeit (oder Ausbeutung) des Zivilrechts in Israel und in den Diasporaländern hat dem Zivilrecht seine neue herausragende Bedeutung als allerletzter Einigungsmechanismus für die jüdische Welt verliehen. Die Frage ist, ob diese Situation sich in den vor uns liegenden Jahrzehnten und Jahrhunderten als dauerhaft erweisen wird.[3]

Aber vielleicht reicht es nicht aus, die Fragen einfach offen zu lassen. Denn es gibt Fragen, mit denen sich die jüdische Gemeinschaft auseinandersetzen muss, ob sie dies will oder nicht. Sie betreffen genau den Bereich, wo die Tradition hilflos ist, aber unverzüglich gehandelt werden muss. Am offensichtlichsten ist dies beim Thema der männlichen und weiblichen Homosexualität. Ein Teil der jüdischen Gemeinde, vielleicht über fünf Prozent, wird seiner sexuellen Orientierung wegen benachteiligt, eine Minderheit inmitten der Minderheit.

Die biblische Kritik an der männlichen Homosexualität wird in zwei Versen in Levitikus deutlich: „Einer männlichen Person sollst du nicht auf weibliche Weise beiwohnen. Es ist ein Gräuel." (Lev 18,22) Die Strafe hierfür ist der Tod (s. Lev 20,13). Aber in der jüdischen Geschichte ist keine entsprechende Bestrafung bekannt, lediglich der zweifelhafte Fall einer Todesstrafe wegen Ehebruchs, obwohl auch dieser in Levitikus verdammt wird. Interessanterweise gingen die Rabbinen mit diesen beiden Gesetzen recht unterschiedlich um. Im Fall des Ehebruchs stellten sie so viele Bedingungen auf, dass eine Bestrafung nahezu unmöglich wurde. Beim ehebrecherischen Akt zum Beispiel müssen zwei Zeugen zugegen sein, die zuvor das zuwiderhandelnde Paar vor den Folgen ihres Tuns gewarnt haben müssen – genug, um selbst den lüsternsten Ehebrecher aus dem Konzept zu bringen. Der Homosexualität wurde hingegen eine ganz andere Behandlung zuteil, und zwar durch eine eigenartige rabbinische Formel, mit der die Frage praktisch zurückgestellt wurde, bis neuere Zeiten es notwendig machten, die Haltung erneut zu überprüfen: „Israeliten werden weder der Sodomie noch der Bestialität verdächtigt." (b. Kidduschin 82a) Heißt das, dass Juden so etwas nicht tun oder man es bei ihnen nicht vermutet? Ganz gleich, welche Interpretation stimmt, diese Haltung setzte sich durch, selbst im „Goldenen Zeitalter" Spaniens, als jüdische Dichter nicht nur Hymnen auf die Herrlichkeit Gottes verfassten, sondern auch Liebesgedichte auf ihre männlichen Liebhaber, ganz nach Art arabischer Vorbilder.
Lesbische Liebe wird in der Hebräischen Bibel nicht explizit thematisiert oder gar verdammt, aber für die Rabbinen gehörte sie zu den „Handlungen im Land Ägyptens" (Lev 18,3), denen nicht nachgeeifert werden sollte. Da sie ein kleineres Vergehen darstellte, erhielt sie weniger „rabbinische Prügel".

Mit dem Auftauchen der „Gay Liberation“ ist die Frage der Homosexualität in den Mittelpunkt der Aufmerksamkeit gerückt und hat zu vorhersagbaren Antworten geführt. In strikt orthodoxen Kreisen bleibt das Thema ein Unthema. Tatsächlich zählt man es zur Liste frevlerischer Gräueltaten, wie sie die Bewegungen des „progressiven“ Judentums verüben, die deshalb auch versuchen, diese Frage anzusprechen oder schwule Menschen zu integrieren. In der modernen Orthodoxie reichen die Anschauungen von glatter Verdammung (manchmal, indem AIDS als göttliche Strafe verstanden wird) bis hin zu einer interessanten Laissez-faire-Attitude: Juden sündigen ständig, aber das hindert sie nicht daran, im Wesentlichen gute Juden zu sein, die in die Synagoge kommen dürfen. Warum sollte Schwulsein in irgendeiner Form anders sein als das Nichteinhalten von Schabbat oder der *Kaschrut* (Speisegesetze)? Manche behandeln Homosexualität einfach als eine Sünde, die man unter Kontrolle bekommen sollte. Andere sehen darin eine Art Krankheit, ob körperlichen oder psychologischen Ursprungs, die behandelt oder still ertragen werden muss, wobei der beste Rat wäre, ein enthaltsames Leben zu führen.
Nicht-orthodoxe Gemeinden, die grundsätzlich nicht weniger homophob sein können als orthodoxe, haben dennoch versucht, weibliche und männliche Homosexualität als Lebensweisen zu akzeptieren, die jenseits des Einflusses des Einzelnen liegen und nach ihren eigenen Gesetzen verstanden werden müssen. Dieser Ansatz hat sich nur langsam entwickelt, wobei die amerikanische Westküste richtungsweisend war. Die Führung übernommen haben dabei vor allem Rabbiner, denen die Frage der sozialen Gerechtigkeit wichtig war. Aber wie weit kann man in eine solch radikale Richtung gehen, und wann riskiert man die Missbilligung von Seiten „normaler“, zahlender Gemeindemitglieder? Eine erste Antwort auf das langsame Tempo, in dem Veränderung vonstatten ging, war die Gründung von Schwulen-Synagogen in Amerika („Gay Temples“ genannt, wobei „Temple“ der Begriff der amerikanischen Reformbewegung für Synagoge ist), die später zur Mitgliedschaft in der „Union of American Hebrew Congregations“ zugelassen wurden, der Reform-Bewegung. Diese Gründungen wurde natürlich als Scheitern der Mainstream-Gemeinden betrachtet, ihre eigenen schwulen Mitglieder zu integrieren. In der Folge entwickelte sich eine größere Offenheit.

Dass es auch schwule Rabbiner gab, war seit langem bekannt, obwohl sie entweder wegen der rechtlichen Strukturen oder aus persönlicher Vorsicht „im Kämmerlein blieben". Aber es gab sie, und zwar in allen religiösen Gruppierungen des Judentums, ob orthodox oder nicht-orthodox. Sie hatten in unterschiedlichem Maße mit Schwierigkeiten zu kämpfen, manche litten schwer unter ihrer Homosexualität, weil sie praktisch ein Doppelleben führten. Mit dem Auftreten von „Gay Lib" gab es Coming-outs. Schwule wurden ausdrücklich zur Rabbinerausbildung zugelassen – eine erhebliche Herausforderung an die Seminare. Das Reconstructionist Rabbinic College in den Vereinigten Staaten und das Leo Baeck College in Großbritannien, beide zufällig Institutionen, die in der Nachkriegszeit geschaffen wurden, haben dabei auf eine stille, unspektakuläre Weise die Führung übernommen. Unter den „klassischen" Seminaren, die im 19. Jahrhundert entstanden, folgte ihnen das Hebrew Union College in Amerika. Seither wurden offen schwule und lesbische Rabbiner und Rabbinerinnen von den Gemeinden in den USA und Großbritannien eingestellt, andernorts gibt es jedoch wenige Gemeinden, die sich ihrer Lehre oder der Toleranz ihrer Mitglieder so sicher sind, dass sie einen solchen Schritt wagen.
Eine heftige Debatte ist darüber entbrannt, ob das Bedürfnis eines homosexuellen Paares, in einer festen Beziehung miteinander zu leben, in einer religiösen Zeremonie ausgedrückt werden darf. Darf dies angesichts der stark antagonistischen Linie der Tradition erlaubt werden? Wenn ja: Sollte eine solche „Treuezeremonie" einer traditionellen Hochzeit ähneln oder eine ganz andere Form haben? Es gibt einzelne Rabbiner in den USA und in Großbritannien, die solche Zeremonien durchführen, weil sie von der Richtigkeit und dem menschlichem Wert dieser Haltung überzeugt sind, obwohl es ein heikles Thema bleibt. Es ist schwer möglich, die *Halacha* zum gegenwärtigen Zeitpunkt einem solchen Akt anzupassen – ein weiteres Beispiel für die Herausforderung, dem sich das Judentum als Ganzes durch Aufklärung und Emanzipation gegenübersieht. Kein menschliches Problem kann auf lange Sicht umgangen oder aufgeschoben werden. Die Rabbiner, die den Talmud schufen, hatten die Offenheit, den Mut und vielleicht auch die Neugier, sich in den Grenzen ihrer Zeit und Tradition auch den intimsten menschlichen Fragen zu stellen. Heute dagegen können selbst die Menschen in der orthodoxen Welt (oder

besser in den orthodoxen Welten), die bereit sind, solche Themen mitfühlend zu erwägen, wenig ausrichten, und es wird zum größten Teil den nicht-orthodoxen Bewegungen überlassen, sich damit auseinanderzusetzen, ob sie es wollen oder nicht.

Ich würde gern noch eine weitere Bemerkung dazu anführen, was ein zeitgenössischer Zugang zur *Halacha* bedeuten könnte. Sie gründet auf meiner Erfahrung als Rektor des Leo Baeck College in London. In der Nachkriegszeit neu geschaffen, war das College imstande, unverstellten Blicks auf die jüdischen Bedürfnisse und die notwendigen Fähigkeiten einer neuen Generation von Rabbinern zu sehen, also einige der Probleme anzugehen, die wir am Ende von Kapitel 6 untersucht haben. Dadurch wuchs die Ausbildung über ein klassisches Studium der jüdischen Tradition hinaus; sie schließt heute ein fünf Jahre dauerndes Studienprogramm „Seelsorge und Gemeindeleitung" mit ein. Dies umfasst eine einjährige Einführung in die Grundlagen der Beratung sowie kurzzeitige externe Kurse, beispielsweise zum Thema Trauerbegleitung.

Zunehmend durchlaufen Studenten auch eine begleitende Psychotherapie als Teil der Ausbildung. Dieses Programm hat seinen Ursprung in der Erfahrung vieler unserer ersten Absolventen. Sie fühlten sich nur unzureichend auf die Probleme vorbereitet, mit denen die Menschen zu ihnen kamen. Die heutigen Rabbinerstudenten lernen, richtig zuzuhören, einfühlsam zu reagieren und zu erkennen, wann sie einen Menschen an jemanden mit professioneller therapeutischer Ausbildung verweisen müssen. Anders als der autoritäre „Rabbi", der noch immer als Klischee den Blick auf den modernen Rabbiner verstellt, versuchen wir die Menschen darin zu bestärken, selbst Verantwortung für ihr Leben zu übernehmen.

Aber eine solche Ausbildung hilft dem Rabbiner auch dabei, seine eigenen Bedürfnisse zu erkennen. Wie wir bereits gesehen haben, werden enorme Ansprüche an seine Arbeit gestellt. Er soll mit allem fertigwerden, angefangen mit den auf ihn projizierten Phantasien der Gemeindemitglieder bis hin zur Arbeit an den tiefen Verletzungen, wie sie Überlebende der Shoa und manchmal auch ihre Kinder davontragen.

Ganz offensichtlich zeigt diese Form der Ausbildung, die mittlerweile über zwanzig Jahre praktiziert wird, ihre Wirkung. Ich habe jedenfalls den Eindruck, dass unsere Rabbiner mit der Art und Weise, wie sie zeitgenössische Fragen angehen, diese neuen Einsichten und Fähigkeiten zur Anwendung bringen. Das Zusammenwirken von Offenheit und Sympathie für menschliche Realitäten mit einem gestiegenen Bewusstsein für die eigenen Motive und Vorurteile hat positive Auswirkungen darauf, wie sie Entscheidungen in Gemeindefragen treffen. Dabei geht es im Wesentlichen um halachische Fragen in neuer Verkleidung. Wir sehen hier etwas von Freuds Erbe und dem seiner vielen Anhänger, das in ein klassisches jüdisches Bewusstsein eingebunden wird. Ob es sich auf lange Sicht als sinnvoll erweist oder nicht, – wichtig ist, dass wir hier etwas finden, das der alten Spannung zwischen jüdischem Gesetz und jüdischem Leben eine neue Dimension verleiht.

Literaturhinweise

A. A. Cohen, P. Mendes-Flohr (eds.), Contemporaray Jewish Religious Thought. Original Essays on Critical Concepts, Movements and Beliefs. The Free Press, New York 1972.

J. Magonet (ed.), Jewish Explorations of Sexuality. Berghan Books, Providence and Oxford 1995.

J. A. Romain/W. Homolka, Progressives Judentum. Leben und Lehre. Übersetzung und Redaktion: A. Böckler, München 1999. (Zu Homosexualität s. S. 247ff.)

11

Elf Sterne sah Josef im Traum

Jüdische Träume und Visionen

Josef ist ein Träumer. Wir begegnen ihm in der Hebräischen Bibel zuerst als jungem Mann, Liebling seines Vaters und deshalb von seinen Brüdern isoliert. Er macht die Dinge nicht gerade besser, wenn er ihnen von seinen Träumen erzählt, in denen er sich als der Führer seines Volkes sieht, dem seine Brüder und selbst Vater und Mutter ihre Reverenz erweisen müssen.
Träume waren für die biblischen Autoren genauso geheimnisvoll wie für uns. Mit ihrer seltsamen Mischung aus Vertrautem und Surrealem deuten sie auf Möglichkeiten und Erfahrungen hin, die sich innerhalb und auch außerhalb unseres Einflussbereichs befinden. Sie können jedoch auch grausam in die Irre leiten.

Wenn ein Hungriger träumt, dass er isst, und er erwacht, und sein Hunger ist nicht gestillt, oder wenn ein Dürstender träumt, dass er trinkt und matt erwacht, und sein Durst ist nicht gestillt (...) (Jes 29,8)

Träume können der Ausdruck von Hoffnungen sein, die einmal verwirklicht werden könnten:

(...) und es werden weissagen eure Söhne und Töchter, eure Alten werden Träume haben, und eure Jungen werden Visionen schauen (...) (Joël 3,1)

Aber sie können ebenso missbraucht werden, um Menschen falsche Hoffnungen zu machen:

Ich habe gehört, was die Propheten sprachen. Wer in meinem Namen prophezeit, lügt, wenn er sagt: „Ich habe geträumt, ich habe geträumt!“ (...) Sie hegen im Sinn, mein Volk Meinen Namen vergessen zu lassen durch ihre Träume, die sie einander erzählen. (Jer 23,25.27)

Und natürlich ist es Kohelet, der in der für ihn typischen, schwer verständlichen Weise auf die Unglaubwürdigkeit von Träumen hinweist:

Denn so wie ein Traum daherkommt mit viel Geschäftigkeit, kommt die Stimme eines Toren mit viel Worten daher. (Koh 5,2)

Dass Träume schlummernde Gedanken ausdrücken, wurde von den Rabbinen erkannt und sogar genutzt:

Der römische Kaiser sprach zu Rabbi Joschua ben Chananja: „Du sagst, du seist weise. Dann sage mir, was ich in meinem Traum sehen werde." Der Rabbi erwiderte: „Du wirst sehen, wie die Perser dich zum Frondienst verschleppen, dich ausrauben und dich unreine Tiere mit goldenem Stabe weiden lassen." Der Kaiser dachte darüber den ganzen Tag nach und sah in der Nacht all dies in seinem Traum. (b. Brachot 56a)

Im Mittelalter nahm Abraham Ibn Esra, Rationalist sowie Arzt, Philosoph, Grammatiker, Bibelkommentator und vieles mehr, eine pragmatischere Haltung ein:

Wenn ein Traum so viele Inhalte vermengt, wissen wir, dass dies vom Vermischen der Nahrung kommt, wobei die eine der vier „Wurzeln" übermächtig ist. Es gibt weder eine „Lösung" für den Traum, noch kannst du von ihm Gutes oder Schlechtes lernen, denn er ist Vergänglichkeit.

Ob nun Träume der Beweis göttlicher Offenbarung sind oder einfach das Ergebnis einer Verdauungsstörung – über alle Zeiten hinweg haben „alte jüdische Männer und Frauen" geträumt und junge jüdische Männer und Frauen Visionen einer besseren Welt gehabt. In der Vergangenheit waren diese mit der Hoffnung auf das Ende des Exils, die Rückkehr in das Heilige Land und die Ankunft des Messias verbunden.
Der Begriff Messias verlangt nach ein wenig Erklärung. Wörtlich bedeutet das hebräische Verb *m-sch-ch* „salben" und verweist auf die Praxis, Öl auf das Haupt jener Menschen zu gießen, die besonderer Aufgaben für würdig befunden wurden – Priester, Propheten und Könige. David wurde vom Propheten Samuel gesalbt, um an die Stelle Sauls zu treten und König zu werden. Als erster erfolgreicher Herrscher über

die jüdische Nation war er der Prototyp eines künftigen Königs, der den einstigen Ruhm Israels eines Tages wiederherstellen würde. (Die vielen persönlichen Schwächen Davids wurden argumentativ aus dem Weg geräumt oder von der späteren rabbinischen Tradition gerechtfertigt. Diese erhob ihn auch zu einem Toragelehrten nach ihrem Ebenbild, denn sonst hätte sich die unten zitierte Formulierung von Maimonides, wem seiner Ansicht nach der Messias ähneln solle, als problematisch erweisen können.)Die rabbinische Tradition weiß eigentlich von zwei „Messiassen": der eine wird als *Ben Josef*, „Sohn des Joseph", bezeichnet, der andere als *Ben David*, „Sohn Davids". Ersterer werde einen Krieg gegen die Mächte des Bösen führen und im Kampf umkommen, um von Letzterem gefolgt zu werden, der das messianische Zeitalter einleiten werde. Die Existenz der beiden messianischen Figuren folgt wahrscheinlich aus der biblischen Tatsache, dass sowohl Saul wie auch David gesalbt worden sind. Erzvater Jakob hatte zwei Frauen, Rachel und Lea, die ihm (mit Unterstützung zweier Konkubinen) zwölf Söhne gebaren. Die Unterscheidung zwischen den Rachel- und den Lea-Stämmen ist ein wiederkehrendes Thema in der biblischen Erzählung. Saul stammte von den Rachelstämmen ab (zu denen Joseph gehörte), David von den Lea-Stämmen (Juda). Also wurden zwei messianische Linien begründet, obwohl die erste abgebrochen wurde. Dennoch wird ein Nachkomme aus Sauls Familie, *Ben Joseph*, noch immer eine Rolle im messianischen Drama zu spielen haben. Wie immer in der jüdischen Tradition finden solche Sehnsüchte und Erwartungen ihren Ausdruck in konkreter halachischer, gesetzlicher Form. Maimonides formuliert es in seinem Kodex wie folgt:

Sollte ein König aus dem Hause Davids hervorgehen, einer der der Tora kundig ist und die Mizwot, die Gebote, erfüllt wie David, sein Vorfahre, gemäß der geschriebenen und mündlichen Tora, und er dafür Sorge trüge, dass ganz Israel der Tora folgt und ihr anhängt, und er die Kriege des Ewigen führt – siehe, so ist all dies ein Zeichen, dass er Messias sein könnte. Wenn er dies tut und erfolgreich ist und siegreich gegen alle Nation um ihn herum und den Tempel an seinem Platz errichtet und die Menschen in den Exilen Israels sammelt – dann ist dies bestimmt der Messias! Wenn er aber nicht in solcher Weise erfolgreich ist oder getötet wird, dann ist es klar, dass er nicht derjenige ist, den die Tora versprochen hat. (Hilchot Mlachim [Gesetze der Könige] 11,4)

Die messianischen Visionen in der Bibel beinhalten noch viel mehr, hier aber ist Maimonides sehr vorsichtig:

Man darf nicht denken, dass in den Tagen des Messias irgendeins der Naturgesetze außer Kraft gesetzt oder dass die Schöpfung in irgendeiner Weise erneuert würde. Die Welt wird weitergehen, wie sie ist. Was in Jesaja (11,6) geschrieben steht, „Der Wolf wird mit dem Lamm liegen und der Leopard mit dem Zicklein", ist nur ein Bild, das bedeutet, dass Israel sicher unter den bösen Nationen der Welt leben wird, die man mit dem Wolf und dem Leoparden vergleicht. (Hilchot Mlachim 12,1)

So sollten nach Maimonides alle derartigen Bilder gedeutet werden. Wenn Sie mir am Rande eine kleine Bemerkung gestatten: Man erzählt sich, dass es im Jerusalemer Zoo tatsächlich einen Käfig gibt, in dem ein Leopard mit einem Zicklein zusammenliegt. Ein Tourist, der beide sah, war ziemlich erstaunt und fragte den Wärter, wie dieses Wunder zustande käme. „Ganz einfach," antwortete dieser, „Sie müssen das Zicklein nur jeden Tag ersetzen."

Wie wird nun die messianische Zeit sein? Hierzu wieder Maimonides:

Die Propheten und Weisen sehnten nicht die Tage des Messias herbei, um die Nationen der Welt zu dominieren oder über sie zu herrschen oder auch über sie erhöht zu werden oder um einfach zu essen, zu trinken und fröhlich zu sein, sondern um die Freiheit für das Studium der Tora zu haben, ohne dass sie jemand dabei unterdrückte oder daran hinderte, auf dass sie sich das Leben in der kommenden Welt verdienen konnten (...)
In jener Zeit (der des Messias) soll kein Hunger herrschen, kein Krieg, keine Eifersucht und keine Zwietracht. Wohlstand soll es allerorten geben, und aller Luxus wird so üblich sein wie Staub, und die ganze Welt wird nur mit der Kenntnis des Ewigen beflissen sein. Daher wird Israel ein großer Weiser sein, und jedwedes Ding, das jetzt voller Geheimnis ist und tief verborgen, wird allen Menschen offenbart werden, und sie werden das Wissen ihres Schöpfers nach vollstem menschlichen Vermögen erhalten, so wie es heißt: „Die Erde will voll des Wissens über den Ewigen sein, so wie die Wasser das Meer bedecken." (Jes 11,9) (Hilchot Mlachim 12,4-5)

Solche messianischen Träume sind schon in der Bibel zu finden und waren Teil der komplexen, stets sich verändernden Situation des jüdischen Lebens in den Jahrhunderten nach Abschluss des biblischen Kanons. In diesen unruhigen Zeiten entstanden das rabbinische Judentum und das Christentum, eine verblüffenden Umkehrung der messianischen Hoffnung. Jesus, der „König der Juden", starb an einem Kreuz wie so viele Tausende anderer Juden auch, die damals von den Römern getötet wurden, aber sein scheinbares Scheitern in weltlicher Hinsicht wurde in einen spirituellen Erfolg umgewandelt. Das Judentum kennt sowohl den „evolutionären" Ansatz von Maimonides wie auch apokalyptischere Versionen. Die „Versuchung", eher im apokalyptischen Zusammenhang an den Messias zu denken, war besonders in Zeiten der Not sehr groß. Die Wirklichkeit verlangt nach einer vorsichtigen Einschätzung der messianischen Erwartungen wegen der Gefahr, die sie selbst für Ordnung und Weiterbestehen der Gesellschaft darstellen können. Rabbi Jochanan ben Sakkai, der zur Zeit der Zerstörung des Zweiten Tempels lebte, als sich die messianischen Hoffnungen nur so häuften, konnte raten: „Wenn eine Pflanze in deiner Hand wäre, und sie dir sagten: ‚Da kommt der Messias!', dann geh und pflanze die Pflanze, und nachher geh hinaus, um ihn zu begrüßen." (Awot de Rabbi Nathan II, Version 31 q).[1]

Die Sehnsucht nach dem Messias verführte jahrhundertelang viele Menschen dazu, zumindest zu versuchen, diese Rolle selbst auszufüllen. Der erfolgreichste Versuch, was die Werbung vieler Anhänger betraf, führte dabei die jüdische Welt unweigerlich in eine Katastrophe. Der große Rabbi Akiwa unterstützte Simon Bar Kochba, dessen Aufstand gegen die Römer um 132 bis 135 d. Z. schließlich zum Verlust von Jerusalem und zu massiver Zerstörung führte. Militante, selbsterklärte Messiasse fanden sich auch nach dem Auftreten des Islam im siebten, achten und neunten Jahrhundert. Gerüchte über einen kommenden Messias folgten dem Kreuzzug von 1096, und im zwölften Jahrhundert riefen sich Menschen in Bagdad und Fez selbst zum Messias aus, – einer von ihnen sogar mit Billigung von Maimonides, obwohl der eine ähnliche Figur, die im Jemen auftauchte, stark kritisierte.

Ich habe keine Geduld mit Menschen, die sich mit dem Gedanken trösten, dass der Messias bald erscheinen wird, um sie nach Jerusalem zu führen.

Die im Land bleiben und auf den Messias warten, bringen andere dazu, das Gesetz zu brechen. Abgesehen davon existiert kein definierter Zeitpunkt, für den das Erscheinen des Messias vorhergesagt wird. Es ist nicht bekannt, ob diese Ankunft in der nahen Zukunft sein wird oder in einer fernen Zeit. Ein ernsthafter Wunsch, das jüdische Gesetz einzuhalten, hat keinerlei Bezug zum Erscheinen des Messias.

Gegen Ende des 13. Jahrhunderts sah sich in Spanien der Kabbalist Abraham ben Samuel Abulafia in dieser Rolle, und der Philosoph Chasdai Crescas verkündete, dass der Messias im Königreich Kastilien geboren sei. Juden, die gezwungen worden waren, zum Christentum überzutreten, und dennoch dem Judentum treu blieben, glaubten, dass ein messianisches Eingreifen zu ihrer Rettung kurz bevorstand. Priester im 16. Jahrhundert sahen seine unmittelbare Ankunft, während das 17. Jahrhundert den vielleicht berüchtigtsten Anwärter auf die Rolle erblickte – Schabtai Zwi. Begeisterte Juden aus der ganzen Welt verließen ihre Heimat, um ihm auf seinem Weg nach Konstantinopel zu folgen, wo Schabtai Zwi den Thron des Sultans für sich beanspruchen wollte – und anschließend zum Islam übertrat, nur um sein Leben zu retten! Er selbst berief sich dabei auf kabbalistische Lehren. Seit seinem Abfall scheint sich die jüdische Welt gegen offen zur Schau getragene, gefährliche mystische Aktivitäten verwahrt zu haben. Manche argumentieren, dass der Aufstieg des Chassidismus, einer populären pietistischen Bewegung, angeführt von charismatischen Lehrern, eine Art in sich gekehrte Antwort auf den Sabbatianismus war. Der Kampf um die Erlösung wird nicht mehr in der äußeren Welt, sondern in der Seele jedes Einzelnen ausgetragen.

Im 19. Jahrhundert wandte sich die Reformbewegung von der Idee einer Messias-Gestalt ab und konzentrierte sich stattdessen auf das prophetische Versprechen universeller Harmonie, das „messianische Zeitalter". Nach der Emanzipation übersetzten viele Juden alle messianischen Hoffnungen in säkulare Äquivalente. Im Grunde kann der Zionismus mit seinem zentralen Thema vom Wiederaufbau des jüdischen Volkes im eigenen Land als Versuch gewertet werden, die messianische Hoffnung zu erfüllen – allerdings vermittelt durch menschliche Anstrengungen, statt auf Gottes eigene Zeit zu warten. Es gibt Gleichungen der Form: Messianische Idee minus Gott ist gleich (...) (Diese messianische Mathematik habe ich von meinem Kollegen Rabbi Lionel Blue gelernt.) So werden die biblischen Vorstellungen von universeller Gerechtigkeit, Brüderlichkeit und Frieden in Sozialismus und Kommunismus übersetzt – beides wurde von den Juden begeistert angenommen. Statt ihr Leben dem Torastudium zu widmen, dienten Juden mit ihren intellektuellen Fähigkeiten in allen Bereichen des akademischen und intellektuellen Lebens.

Inwieweit diese Gleichung eine legitime Erklärung dessen ist, was in der jüdischen Welt geschah, ist schwer zu sagen. Sicherlich hat zum Beispiel die Art und Weise, Pessach als Befreiung zu feiern, manche Juden dazu veranlasst, sich Freiheitsbewegungen anzuschließen. Es war eine unverhältnismäßig große Zahl amerikanisch-jüdischer Teenager, die nach Alabama kam, um mit Martin Luther King zu marschieren. Zwei von ihnen wurden dabei getötet. Doch die meisten jüdischen Jugendlichen, die mitmarschiert waren, leugneten, dass ihr Jüdischsein irgendetwas mit ihrer Teilnahme zu tun hatte. Es gibt Stimmen, die behaupten, dass die jüdische Kampagne für das Recht, die Sowjetunion zu verlassen, viel dazu beigetragen habe, den Zusammenbruch dieser Macht herbeizuführen. Manche Juden Südafrikas standen an der Spitze des politischen Kampfes gegen die Apartheid. Das bedeutet nicht, dass einzelne Juden nicht auch reaktionären Gruppen und Bewegungen angehören – obwohl sie dort nur selten willkommen sein dürften. Nichts illustriert die faszinierenden Divergenzen in Ideologie und Praxis, die im jüdischen Volk nebeneinander existieren können, besser als die Geschichte von den beiden Pionieren „moderner Sprachen". Um 1859 wurde ein Ludwik Lazar Zamenhof in Bialystok, Polen, geboren. Er unternahm ein paar frühe Studien des Jiddischen, verfolgte aber dann die Idee, eine universelle Sprache zu schaffen, damit alle Menschen unmittelbar miteinander kommunizieren könnten. Seine Forschungen wurden 1887 in seinem Buch „Lingvo Internacia" veröffentlicht, das er unter dem Namen Doktoro Esperanto – Doktor Hoffnung – auf den Markt brachte. Der Name der Sprache, Esperanto, ist von diesem Pseudonym entlehnt.

Bereits ein Jahr früher wurde Elieser Jitzchak Perelman in Lushky, Litauen, geboren. Schon früh Zionist gelangte er zu der Überzeugung, dass das alte Hebräisch wiedererweckt werden müsse, um als Sprache des jüdischen Volkes in seiner neuen Heimat zu dienen. Er nahm den Namen Elieser Ben Jehuda an, verfasste ein sechzehnbändiges Hebräisch-Hebräisch-Wörterbuch und wurde bekannt als Vater des modernen Hebräisch. Zwischen Zamenhof und Ben Jehuda liegen die Parameter des Universalismus und Partikularismus des Juden, der in die moderne Welt eintritt.

Moshiach now!

Obwohl man eigentlich glauben sollte, dass wir aus den vielen Desastern in unserer Vergangenheit gelernt haben, ist die Messias-Idee nicht tot. In jeder Generation könnte er (heute sollten wir „sie" hinzufügen) kommen, und jeder fromme Weise könnte sich für diese Rolle eignen. In unserer Zeit war es nach den Schrecknissen und den Zerstörungen der Shoa unvermeidlich, dass messianische Hoffnungen und Spekulationen wieder aufflackerten. Die Wiederansiedlung der Juden im Land Israel hat der Flamme zusätzliche Nahrung gegeben, auch wenn der Zionismus selbst erklärtermaßen nicht religiös, vielleicht sogar anti-religiös war. (Christen sind übrigens nicht weniger empfänglich für derartige Heilserwartungen, und manche Gruppen, zumeist aus den USA, unterstützen in der Erwartung einer zweiten Ankunft von Jesus enthusiastisch den Staat Israel, jetzt, da die Juden wieder in ihrem Land sind. Für Juden bedeutet dies eine recht unglückliche Allianz, weil die christliche Erwartung die Annahme einschließt, dass Juden dann in Scharen zum Christentum übertreten.)

Die stärksten messianischen Hoffnungen in der jüngsten jüdischen Geschichte waren wohl unter den Lubawitscher Chassiden, der aktivsten und stärksten missionarischen Bewegung, lebendig. Missionarisch waren sie insofern, als sie versuchten, Juden zu ihrer Tradition zurückzuführen. In ihrem Anführer, den amtierenden Lubawitscher Rebben Menachem Mendel Schneersohn, einem Mann von außergewöhnlicher Autorität und Charisma, erkannten sie im 20. Jahrhundert all die Merkmale jenes Messias wieder, auf den die Welt so lange gewartet hatte. Während der langen Zeit seiner tödlichen Krankheit ging in ihrer Welt das Gerücht um – und die Lubawitscher haben Gesandte an wirklich allen Orten dieser Welt, wo es jüdische Gemeinden gibt –, dass er sich bald offenbaren werde. Autoaufkleber versprachen und proklamierten: „Moshiach now!" Selbst sein Tod scheint den Enthusiasmus mancher (wenn nicht gar vieler) Lubawitscher Chassiden nicht beeinträchtigt zu haben; sie behaupten, seine Wiederauferstehung stehe unmittelbar bevor. Dabei zitieren sie eines der dreizehn Glaubensprinzipien von Maimonides, um ihren Anspruch zu untermauern. Die Annonce einer Gruppe innerhalb von Lubawitsch, die sich „Project Moshiach Awareness" nennt, liest sich in Ausschnitten so:

Wir erwarten mit Spannung die Erfüllung von Rebbes unmissverständlichen Worten, die mit der Klarheit einer prophetischen Vision verlautbaren, dass der Moschiach unmittelbar vor der Tür steht. Es ist offenbar, dass es in unserer Zeit niemand Geeigneteren gibt, um die Rolle auf sich zu nehmen, uns als Moschiach zu erlösen, als den Rebbe. Wir sind daher eins im Ausdruck von Treue und Glauben an die kommende Erlösung.[2]

Die Feierlichkeit dieser Botschaft wird etwas durch den folgenden Schlussparagraphen untergraben, obwohl die Kombination aus Frömmigkeit, Appell an den jüdischen „Intellekt" (vorausgesetzt, man ignoriert bestimmte Fragen) und außerordentlicher PR den Reiz und Erfolg der Bewegung bei einem bestimmten Publikum zusammenfasst:

Glauben verursacht manchmal Probleme. Der Intellektuelle zweifelt und braucht in diesem Bereich des Judentums Hilfe. Der Rebbe hat uns gelehrt, wie man euch einen „FAITH-LIFT" gibt. Mit unserer über 50-jährigen Erfahrung garantieren wir Euch Zufriedenheit. Wenn Ihr einen „Faith Lift" braucht, kommt zu uns. Unsere Türen sind offen – und auch unsere Herzen. Wir garantieren Zufriedenheit. Probiert uns aus, bei uns wird es Euch gefallen!

Die Vorstellung von der „Erweckung der Toten" ist ein alter jüdischer Glaube, der in nachbiblischer Zeit den Machtkämpfen zwischen Sadduzäern und Pharisäern vorangeht. Sie verheißt eine physische Erweckung aller Menschen am Ende der Zeiten – wie dies geschehen würde, wurde Jahrhunderte lang heiß debattiert. Der einzige religiöse Erbe des Judentums, der noch heute an der Auferstehung des Einzelnen festhält und dazu an der des Messias, ist das Christentum. Wie verständlich die Treue der Lubawitscher zu diesem außergewöhnlichen Mann auch ist, so scheint dies doch eine bizarre Übertragung christlicher Glaubensvorstellungen in die jüdische Ultraorthodoxie zu sein. Ein Vorgang, den frühere Generationen von Lubawitscher Rebben, einschließlich des bis vor kurzem amtierenden Rebbe, grotesk gefunden hätten. (In einem Witz, der gegenwärtig die Runde macht, heißt es, man habe Wächter am Grab des Rebbe aufgestellt, um Mordversuche zu verhindern!)

Kabbala und jüdische Mystik

Wieder sind wir auf ein aktuelles Thema gestoßen, das seine Ursprünge in der fernen Vergangenheit hat. Die Chassidim sind die letzten populistischen Erben einer jüdischen mystischen Tradition, deren Anfänge unklar sind, weil der Zugang zu dieser Tradition in der Vergangenheit nur einigen wenigen vorbehalten war. Die Kabbala erfährt gerade eine Art Revival, und zwar in einer populären Form, die für die früheren Generationen Eingeweihter ein Graus gewesen wäre. Dass die Texte sogar in westlichen Sprachen zum Studium zur Verfügung stehen, ist ironischerweise das Ergebnis der höchst rationalen, antimystischen Bewegung der „Wissenschaft des Judentums", die im letzten Jahrhundert mit dem Ziel antrat, das Judentum als historisches Phänomen zu erforschen. Zu Beginn war sie in höchstem Maße wertend in dem, was sie als zur „reinen" Essenz des Judentums zugehörig empfand und was abergläubische oder korrupte „Zusätze" sein sollten. Es bedurfte schon des Genies eines Gershom Scholem (1897-1982), um eine ganze Disziplin zu etablieren, die dem Studium dieser bedeutsamen, wenngleich verborgenen Tradition des Judentums gewidmet war. Seit seiner bahnbrechenden Untersuchung „Die jüdische Mystik in ihren Hauptströmungen" reflektieren ganze Bibliotheken gelehrter Forschung die Breite und Komplexität dieser Tradition und kämpfen mit der Schwierigkeit, sie in ihren eigenen Begriffen und in ihrem historischen Kontext zu erklären. Hier können wir nur auf einige wenige Strömungen und Figuren schauen und den Leser ansonsten auf die empfohlene Literatur am Ende des Kapitels verweisen.

Bei der Definition des Begriffs „mystisch" gibt es beträchtliche Probleme. Das Bedürfnis, Gott zu dienen, von Gott erhört zu werden und Gott nahe zu kommen, beschäftigt alle Gruppierungen des „normalen" Judentums. Wo also endet das „Normale" und beginnt das „Mystische"?[3] Wie weit ist das Mystische ein Versuch, sich über die Grenzen hinwegzusetzen und den üblichen Formen des Judentums zu widersprechen, die alle anderen praktizieren – wobei das oberflächliche Erscheinungsbild für die Masse der Unkundigen ist und die Eingeweihten es durchdringen? Der Begriff, der hier verwendet wird, ist *Kabbala* und stammt von einem Wort ab, das „empfangen" bedeutet. Es meint die geheime Tradition, die mündlich vom Meister an den Schüler weitergegeben wird. So entstand neben der *offenbarten* Tora, der Hebräischen Bibel, neben Talmud, jüdischer Philosophie und Gesetzeskodizes eine *verborgene* Tradition, die auf dem *Sohar* (Hauptwerk der Kabbalistik) und nachfolgenden kabbalistischen Werken fußte. Nicht die gesamte Kabbala ist jedoch notwendigerweise mystischer Natur. Außerdem hinterließen jüdische Mystiker, anders als die zur gleichen Zeit sich entwickelnden Traditionen in Christentum und Islam, selten Beschreibungen ihrer Erfahrungen. Für manche war ihr Studium eine rein intellektuelle Übung, andere vertieften ihr Wissen, weil sie die Macht erlangen wollten, das materielle Universum selbst zu verändern, denn schließlich wurde die Tora als Blaupause für die Schöpfung der Welt betrachtet. Dieses Gespür von Macht, das seinen Ausdruck auch in späteren alchimistischen Praktiken fand, beförderte die Idee, dass nur bestimmten Menschen, deren Streben rein genug war, Zugang zur Kabbala gestattet werden sollte. Dies alles schürte die oben beschriebene Art verheerender Messiaserwartung.

Mystische Erfahrungen können immer und überall gemacht werden. Das erste Kapitel des Buches Ezechiel mit seiner geheimnisvollen Beschreibung des Thronwagens, der vom „Bild der Erscheinung der Herrlichkeit des Ewigen" gelenkt wird, ist die Wiedergabe einer solchen Erfahrung. Es ist naheliegend, dass dieses Kapitel zur Grundlage früher mystischer Spekulationen wurde, genau wie die Schöpfungsgeschichte in Genesis 1. Bereits im 2. Jahrhundert d. Z. rät die Mischna zur Vorsicht beim Studium dieser Texte:

Das „Werk der Schöpfung" (Gen 1) darf nicht gelehrt werden in der Gegenwart zweier Studenten und auch das „Werk des Thronwagens" (Ez 1) nicht in der Gegenwart eines Einzelnen, es sei denn, er ist ein Weiser und vermag kraft seines eigenen Verstandes zu folgen. Wer über diese vier Dinge spekuliert, er wäre besser nie geboren worden: Über das, was darüber ist, was darunter, was davor, was danach. (Chagigah 2,1)

Der Talmud weiß von wundertätigen Rabbinern und solchen mit einer besonderen Beziehung zu Gott. Eine Geschichte macht die Anziehungskraft und Gefahren mystischer Aktivität besonders deutlich. Sie erzählt von den „vier, die in den Pardes eintraten“. „Pardes“ ist ein persisches Lehnwort für „Obstgarten“, ein Wort, das nur einmal in der Hebräischen Bibel auftaucht, im Hohelied (4,13). Daher stammt wohl auch das Wort „Paradies“, hier allerdings erscheint es als Ausgangspunkt für mystische Spekulationen. Alle vier in der Geschichte genannten Rabbinen waren wichtige Lehrer des zweiten Jahrhunderts: Ben Asai, Ben Soma, Elischa ben Abuja und Rabbi Akiwa. Ben Asai schaute und starb; Ben Soma schaute und verlor den Verstand; Elischa ben Abuja „zerstörte die Triebe“ – er fiel vom Judentum ab und wurde später als „Acher“, „der Andere“ bekannt. Nur Rabbi Akiwa „trat in Frieden ein und ging im Frieden“.

Obwohl verschiedene Bewegungen und Schriften über Jahrhunderte hinweg als zur Kabbala gehörig ausfindig gemacht werden können, war das Buch, das die Kabbala veränderte und den größten Einfluss hatte, der *Sohar*, der praktisch eine weitere Heilige Schrift neben der Hebräischen Bibel und dem Talmud wurde. Das Wort bedeutet „Licht“ oder „Pracht“. Es ist ein esoterischer Kommentar zur Tora, der der Tradition nach auf Schimon bar Jochai zurückzuführen sein soll, einem Rabbiner des 2. Jahrhunderts, und dessen Kreis. Dennoch verraten Stil und Inhalt, dass der Hauptteil wohl eher im 13. Jahrhundert von Mose ben Schem Tow aus Léon geschrieben worden ist, von einem Mann also, der sich in die bereits existierende mystische Literatur seiner Zeit versenkt hatte. Wieder ist an dieser Stelle nicht der Ort, um seinen Inhalt oder Einfluss mit gebotener Gründlichkeit zu behandeln, aber der folgende Abschnitt verrät etwas vom Geist dieser Schrift:

Die Tora ist wie ein Mädchen, das hübsch, anmutig und umworben ist, aber in einem verschlossenen Palast lebt. Es gibt einen heimlichen Liebhaber, niemand kennt ihn, niemand weiß von ihm. Dieser Liebhaber kommt aus Liebe zu ihr zu den Türen des Palastes. Er sieht sich überall nach ihr um, und sie weiß, dass ihr Liebhaber vor der Tür ihres Hauses auf und ab geht. Was wird sie nun tun? Sie öffnet eine kleine Tür an dem verborgenen Ort, an dem sie lebt, und zeigt ihrem Liebhaber ihr Gesicht. Dann zieht sie es wieder zurück und verschwindet. Niemand von denen,

die um den Liebhaber herum standen, hat diese Handlung bemerkt oder verstanden außer ihm selbst, und von ganzem Herzen, mit seiner ganzen Seele verlangt er nach ihr. Denn er weiß: Aus Liebe zu ihm hat sie sich ihm einen Moment lang gezeigt, um so seine Liebe zu wecken.
So ist es auch mit der Tora. Sie offenbart sich nur dem Menschen, der sie liebt. Die Tora weiß, dass der Weise täglich an der Tür ihres Hauses auf und ab geht. Was wird sie tun? Sie zeigt ihm ihr Gesicht aus dem Palast, und ihre Gesichtszüge spiegeln ihre Liebe wider. Dann zieht sie sich wieder zurück und verbirgt sich. Niemand von den sonst Anwesenden bemerkt es oder versteht es. Nur er allein weiß es, und er beginnt von ganzem Herzen, mit seiner ganzen Seele nach ihr zu verlangen. So also ist die Tora: Offenbart und verborgen. Und liebevoll geht sie mit dem um, der sie liebt, um seine Liebe zu wecken. (Sohar Mischpatim 99a)

Im Herzen des kabbalistischen Unterfangens stand die Frage, wie man das Paradox lösen sollte, dass Gott ein unendliches Wesen außerhalb der Welt von Zeit, Raum und Kausalität ist, völlig transzendent und doch gleichzeitig vollkommen immanent, im materiellen Universum gegenwärtig und für das einfache menschliche Wesen begreifbar. Die erste Auffassung von Gottes Existenz ist bekannt als *En Sof*, „ohne Ende", ein Aspekt des Göttlichen, über den nichts bekannt oder gesagt sein kann. Damit überhaupt ein materielles Universum entstehen kann, wird Gott durch zehn aufeinanderfolgende „Emanationen" manifest, über *Sefirot*, „Sphären". „Als (der Ewige) erstmals die Form (der ersten *Sefira*) annahm, ließ Er neun herrliche Lichter entstehen, die hiervon ausstrahlten, die, indem sie hindurchschienen, ein helles Licht in alle Richtungen von sich gaben." (Sohar Idra Suta zu Haasinu 288a)
Ein weiteres Bild ist das vom Wasser, das in verschiedenfarbige Flaschen gefüllt wird, von denen jede eine andere der *Sefirot* repräsentiert. Sie heißen: 1. *Keter* („Krone"), 2. *Chochma* („Weisheit"), 3. *Bina* („Verstand"), 4. *Chessed* („Barmherzigkeit"), 5. *Gewurah* („Kraft"), 6. *Tiferet* („Schönheit"), 7. *Nezach* („Sieg"), 8. *Hod* („Pracht"), 9. *Jessod* („Fundament") und 10. *Malchut* („Herrschaft"). Zu jeder dieser „Emanationen" gehören unzählige Interpretationen, und das Muster ihrer Beziehung wird selbst zur Quelle weiterer Spekulationen. Eine entscheidende Entwicklung im kabbalistischen Denken ereignete sich im Palästina des 16. Jahrhunderts bei jenen Mystikern, die in der

Stadt Safed lebten. Der wichtigste von ihnen war Isaak Luria (1534-1572), der Ari, „Löwe“, genannt wurde, ein Asket, der jene Lehren weitergab, die er durch den Propheten Elias erhalten hatte. Er führte die Vorstellung des *Zimzum* ein, der „Selbstkonzentrierung des göttlichen Wesens“: Gott „zog sich von sich selbst auf sich selbst zurück“, um der materiellen Welt Raum zu geben. In diesen „Raum“ traten die *Sefirot* ein. Louis Jacobs fasst dieses hoch komplexe System wie folgt zusammen:

> *In diesen „leeren Raum“ dringt ein dünner Strahl von* En Sof. *Dies ist die erhaltende Kraft von all dem, was nachfolgend entstand. Hieraus entwickelte sich, was in der lurianischen Kabbala als* Adam Kadmon *(„Erster Mensch“) bekannt ist. (...) Feines Licht erstrahlte von „Ohr“, „Nase“ und „Mund“* Adam Kadmons. *Diese brachten in potentia die „Gefäße“ hervor, mit denen man das Licht der Sefirot sammeln sollte, das später daraus hervorströmen sollten. Lichtstrahlen gingen dann von den „Augen“* Adam Kadmons *aus, und während die „Gefäße“ der drei höheren* Sefirot – Keter, Chochma *und* Binah – *dieses Licht fassen konnten, waren die „Gefäße“ der sieben niedrigeren* Sefirot *dazu nicht in der Lage. Das Ergebnis war eine kosmische Katastrophe, die in der lurianischen Kabbala als* Schewirat HaKelim *bekannt ist, als ein „Zerbrechen der Gefäße“. Letztlich war dieser Bruch unabdingbar, damit die „andere Seite“* (Sitra Achara) *zutage treten konnte. Dies ist die dämonische Seite der Existenz und notwendig, wenn die Welt zum Ort werden sollte, in der der Mensch frei das Gute wählen und das Böse ablehnen konnte. Denn nur so konnte er sich das Gute zu eigen machen. ((...))Indem die Gefäße zerbrachen, zersplitterte das Licht des* En Sof. *„Heilige Funken“ unendlichen Lichtes zerstäubten weithin, um die Lebenskraft zu bilden, die das Reich der* Sefirot *und die Welten „darunter“ am Leben erhält. Jetzt aber, da die Gefäße zerbrochen sind, ist alles in einem Zustand der Unordnung. Nichts ist an seinem angestammten Platz. Die riesige Aufgabe, die dem Menschen aufgebürdet wird, ist die, den „heiligen Funken“ „zurückzufordern“ und zu „erlösen“, indem er ihn an seiner Quelle wiederherstellt: ein Prozess, der als* Tikkun, *als „verbessern“, „vervollkommnen“ bekannt ist. Wenn die Aufgabe der Vervollkommnung abgeschlossen ist, wird die Erlösung nicht nur Israel und der ganzen Menschheit zuteil werden, sondern dem gesamten kosmischen Prozess, ja, Gott selbst in seinem Aspekt der Manifestation.*[4]

Wenn man dieser Vorstellung folgt, wird jedes menschliche Tun Teil einer Suche nach Erlösung, dem „Erlösen der Funken“. Eine popularisierte Form dieser Idee wurde Bestandteil der Lehren der chassidischen Bewegung, wie sie Rabbi Israel ben Elieser, der Baal Schem Tow, entworfen hat, der „gute Meister des Namens (Gottes)“, der Bescht (1700-1760). Diese Bewegung breitete sich im 18. Jahrhundert schnell über ganz Polen aus, trotz oder wegen der Gegnerschaft traditioneller Rabbinen. Sie existiert noch heute, wenngleich relativ klein und voller innerer Spaltungen und Rivalitäten, die sogar einmal zu Schlägereien auf den Straßen von New York führten. Die chassidischen Juden führen die auffälligste Art jüdischer Existenz, und sei es auch nur ihrer Kleidung wegen, die jener gleicht, die der polnische niedere Adel des 18. Jahrhunderts trug. Legenden umgeben die Führer, die *Zaddikim*, die „Gerechten“ (Chassidim, die „Frommen“, ist der Begriff für die Schüler). Ihre Wirkung auf das jüdische Denken verdanken sie den populären Schriften Martin Bubers. Tatsächlich ist Buber von Gershom Scholem kritisiert worden, weil er sich auf die folkloristischen Aspekte konzentrierte und die dahinterstehenden komplexen philosophischen und theologischen Schriften zu ignorieren schien. So oder so fand die frühe Bewegung bei einer verarmten, Not leidenden jüdischen Bevölkerung Widerhall, die wenig jüdische Bildung genossen hatte und in der populären Mystik des Chassidismus eine Möglichkeit fand, ihre spirituellen Bedürfnisse in einer einfachen und direkten Art auszudrücken.

In einer berühmten Geschichte steht ein Jude an Jom Kippur, dem Versöhnungstag, ganz hinten in einer Synagoge, totunglücklich, weil er die hebräischen Gebete nicht lesen kann. Schließlich beginnt er damit, das hebräische Alphabet wieder und wieder aufzusagen und betet zu Gott: „Hier sind die Buchstaben. Ich überlasse es dir, die Gebete richtig zusammenzusetzen.“ In einer Variante beginnt in einer ähnlichen Situation, ähnlich verzweifelt, plötzlich ein Junge am Ende des Fast- und Bettages laut zu pfeifen. Empört und voller Wut darüber, dass er die Frömmigkeit des Tages gestört hat, wenden sich die anderen Beter zu ihm um. Aber der Rabbiner macht der Gemeinde deutlich, dass nur das Gebet dieses Jungen die einfache Ernsthaftigkeit besäße, die Gott sich wünsche, und dass es in die höchsten Himmel vorgedrungen sei.

Eine Geschichte, die dem Baal Schem Tow zugeschrieben wird, illustriert etwas von der Überzeugungskraft solcher Lehren:

Ein König hatte einen herrlichen Palast voller Flure und Wände, er selbst aber lebte im innersten Raum. Als der Palast fertiggestellt war und seine Diener kamen, um ihm Ehre zu bezeugen, bemerkten sie, dass sie dem König wegen des verwinkelten Labyrinths nicht nahetreten konnten. Während sie noch so da standen und sich wunderten, kam der Sohn des Königs und zeigte ihnen, dass es keine richtigen Wände waren, sondern nur Illusionen, und dass der König in Wahrheit leicht zugänglich war. – Strebt tapfer nach vorn, und ihr findet kein Hindernis!

Der Chassidismus fand seine Gegner in traditionellen Kreisen, aber auch bei jenen, die durch die *Haskala*, die „Aufklärung", in die Moderne eintraten. Für ihre Anhänger hatten die chassidischen Meister jedoch etwas von Wundertätern, ja sogar von Fürsprechern bei Gott. Der damit verbundene Personenkult stieß außerhalb ihrer Kreise jedoch auf Misstrauen. Es muss hier daran erinnert werden, dass die chassidische Betonung der Freude, die spontanen Gebete, der Gebrauch des *Niggun* (einer Melodie) als Möglichkeiten, sich außerhalb konventioneller religiösen Formen Gott zu nähern, sie schon vom ersten Tag an für andere suspekt machte – nicht zuletzt, weil die Erinnerung an das sabbatianische Debakel noch lebendig war. Die Chassidim, so wie wir sie heute normalerweise von der Lubawitscher Bewegung her kennen, haben längst eine Kehrtwendung um 180 Grad vollzogen; paradoxerweise werden sie nun als die Wahrer der authentischen orthodox-jüdischen Praxis angesehen. Juden hatten schon immer ein sehr selektives historisches Gedächtnis.

Bubers chassidische Geschichten und andere Sammlungen halfen, in westlichen Kreisen ein Interesse am Chassidismus zu wecken, und seine Nacherzählungen haben große spirituelle Kraft. Sie stellen uns außergewöhnliche Gestalten vor, beispielsweise Rabbi Nachman von Bratzlaw, den Großenkel des Baal Schem Tow und einzigen großen Meister, der keine eigene Dynastie begründet hat. Stattdessen befassen sich seine Anhänger mit seinen Schriften und besonders mit einer Serie von Geschichten, die er kurz vor seinem Tod geschrieben hat. (Weil sie keinen noch lebenden Lehrer haben, sind sie als „die toten

Chassidim" bekannt.) Auch die chassidische Welt bietet ein weites Feld jüdischer spiritueller Entdeckungen, dem eine weitaus vollständigere Behandlung gebührt, so dass ich ein weiteres Mal auf die Literaturauswahl am Ende dieses Kapitels verweisen möchte.
Gerade wegen der Popularität der chassidischen Meister und des Streits unter ihren Anhängern über die Meriten ihres jeweiligen *Zaddik* entstanden zahlreiche Geschichten über deren Fähigkeiten. Während manche der Feder frommer Schreiber entstammen, sind andere eindeutig Parodien, welche die Gegner der Bewegung verfasst zu haben scheinen. Nicht immer ist es leicht zu entscheiden, was ernst gemeint und was parodiert ist. Ich habe keine Ahnung, aus welcher Quelle beispielsweise folgende Geschichte stammt, aber sie verdeutlicht in einer besonderen Weise sowohl die offensichtliche Absurdität wie auch die grenzenlose Selbstsicherheit derer, die sich unter dem unmittelbaren Schutz des Göttlichen glauben.

Zwei Chassidim reisen mit dem Zug. Als der Schaffner nach ihrer Fahrkarte verlangt, erwidern sie, dass sie keine bräuchten. „Aber jeder braucht eine Fahrkarte!", meint der Schaffner. „Nein," entgegnet einer von ihnen, „du brauchst keine Karte, und auch der Zugführer braucht keine." „Aber ohne den Zugführer würde der Zug doch nicht fahren!", entgegnet der Schaffner. „Eben!", antwortet der Chassid.

Es gibt noch eine andere Erzählung, die die Spannung zwischen den Werten der frühen chassidischen Bewegung und der traditionellen rabbinischen Welt verdeutlicht. Ich habe sie auch als eine Sufi-Geschichte von dem verstorbenen Umar von Ehrenfels gehört, einem deutschen Anthropologen, der zum Islam konvertierte, und mit dem ich ein paar frühe jüdisch-muslimische Dialog-Veranstaltungen bestritten habe. Zuerst die chassidische Version, in der Form, wie ich sie gehört habe – ohne Zweifel gibt es noch andere:

Ein Rabbi geht eine Landstraße entlang und sieht einen jüdischen Bauern auf dem Feld. Der Mann betet: „Lieber Gott, Dank dir für dieses wunderbare Leben. Wenn ich könnte, würde ich umsonst für dich arbeiten, denn ich liebe dich." Der Rabbi ist entsetzt über diese Worte und ermahnt den Bauern. „So richten wir uns aber nicht an Gott! Es ist die Zeit für das Nachmittagsgebet." Er macht sich daran, ihm die Amida, das Achtzehn-

gebet, beizubringen und auch alle anderen Teile, die zum Nachmittagsgebet gehören. Am Ende dankt ihm der Bauer, und der Rabbi zieht zufrieden von dannen. In der Nacht hat er einen Traum. Gott erscheint ihm und sagt wütend: „Schau, was du angerichtet hast! Der Bauer hat die Gebete schon vergessen, die du ihn gelehrt hast, und kann sie nicht mehr sprechen. Aber er weiß auch, dass das Gebet, das er zuvor gesprochen hat, nicht richtig ist. So habe ich eins meiner Gebete verloren!"

In einer anderen Version dieser Geschichte ist der Rabbi so entsetzt, dass er auf der Stelle tot umfällt. In einer weiteren Variante kehrt er am nächsten Tag zum Bauern zurück, entschuldigt sich für seine Einmischung und erteilt ihm die Erlaubnis, sein ursprüngliches Gebet wieder aufzunehmen.

Die Sufi-Version hat einen anderen Schluss und kommt dem, was man heute für einen angemessenen jüdischen Schluss halten würde, weitaus näher. Doch bleiben wir beim Rabbi und dem Bauern.

Als der Rabbi zum Bauern zurückgekehrt ist und sich entschuldigt hat, dankt ihm der Bauer, sagt aber: „Jetzt, da ich weiß, was Tradition ist und wie ich beten soll, kann ich nicht zurück zu dem, was ich früher gesagt habe. Stattdessen muss ich lernen, die traditionellen Gebete zu sprechen, aber mit der gleichen Ernsthaftigkeit, die ich zuvor empfunden habe."

Der Traum von Jerusalem

In nichts haben Juden mehr Träume hineingelegt als in das Land Israel und besonders Jerusalem. Nach fast zweitausend Jahren Exil ist das Versprechen und die Hoffnung auf Rückkehr praktisch in jedem Aspekt unseres religiösen Lebens gegenwärtig. Dreimal täglich sprechen wir in der *Amida*:

Und nach Jeruschalajim, Deiner Stadt, kehre in Barmherzigkeit zurück, und throne in ihr, wie Du es versprochen hast, und erbaue sie bald in unseren Tagen zum ewigen Bau, und richte in ihr bald Davids Thron auf. Gelobt seist Du, Ewiger, Erbauer Jeruschalajims.

Zu jeder Mahlzeit spricht der Schlusssegen von der Wiedererrichtung Jerusalems. Bei jeder traditionellen Hochzeitszeremonie sprechen wir, die wir Zeugen gewesen sind:

Die Unfruchtbare (Zion) wird sich freuen und jubeln, wenn ihre Kinder sich froh in ihrer Mitte versammeln. Gepriesen seist du, Ewiger. Du erfreust Zion mit Kindern.

Zu Pessach und zum Ende der Neujahrsfeiern sagen wir: „*Leschana Haba'ah Bijruschalajim* – Nächstes Jahr in Jerusalem!" In jedem Hause werden Juden angewiesen, einen Teil der Zimmerdecke unverputzt zu lassen, als Erinnerung und Zeichen der Trauer darüber, dass der Tempel zerstört ist. Es gibt keinen Bereich unserer religiösen Rituale, unseres Kalenders oder unseres praktischen Lebens, der nicht in irgendeiner Weise ein Echo Jerusalems wäre bzw. unser Sehnen nach Rückkehr und Wiederaufbau ausdrückt. Und all unsere Gebete, wo immer wir in der Welt leben, sind nach Jerusalem gerichtet, eine Tradition, die auf die Hebräische Bibel selbst zurückgeht. (Dan 6,11)

Die Rückkehr der Juden nach Jerusalem ist in unserer Tradition immer an Ereignisse von universeller, sogar kosmischer Bedeutung gebunden. Denn Jerusalem ist im rabbinischen und später im mystischen Denken das Zentrum der Welt, der Standort des Tempels, wo die Schöpfung begann, wo Himmel und Erde sich begegnen, wo göttliche Energie in die Welt fließt und wo das messianische Zeitalter beginnen wird. Das irdische Jerusalem hat sein spirituelles Gegenstück im Göttlichen: Was unten geschieht, hat oben seine Folgen. Der Tempel und seine Opfer halten die kosmische Ordnung aufrecht. Das Schicksal Jerusalems, das Schicksal des jüdischen Volkes und das der gesamten Welt sind vollkommen miteinander verwoben und treffen sich am Kristallisationspunkt jüdischen Denkens und jüdischer Erfahrung. Dies muss der Grund dafür sein, dass selbst der säkularste Jude sein ganz besonderes Verhältnis zu Jerusalem hat.

Die jüdische Sehnsucht nach der Wiederherstellung Jerusalems mit allen ihren Folgen wird wunderschön in einer Geschichte veranschaulicht, die man sich von Nachman von Bratzlaw erzählt, jenem chassidischen Meister, von dem schon die Rede war. Er versandte die Einladung zur Hochzeit seiner Tochter mit folgendem Wortlaut: „Die Hochzeit meiner Tochter wird an diesem und jenem Tag in der Heiligen Stadt Jerusalem stattfinden.“ Ein Sternchen neben dem Wort Jerusalem wies auf eine Fußnote am Ende der Einladung hin, die lautete: „Wenn in der Zwischenzeit der Messias nicht gekommen ist, wird die Hochzeit in Bratzlaw stattfinden.“

Das Spirituelle ist im Judentum stets mit dem Physischen gepaart, mit dem Realen, Greifbaren. Das jüdische Gesetz macht es für Juden zur wichtigsten Aufgabe, nach Israel zurückzukehren und sich dort niederzulassen. Mit Ausnahme der Jahrhunderte unmittelbar nach der Zerstörung des Zweiten Tempels durch die Römer, als Juden durch offizielles Dekret das Betreten der Aelia Capitolina – diesen Name hatten die Römer der Stadt gegeben – verwehrt war, sind die Juden quer durch die Geschichte hindurch nach Jerusalem zurückgekehrt: besuchsweise oder um dort zu leben. Es gibt Dokumente aus fast jedem Jahrhundert, die dies belegen, Gedichte der Sehnsucht, Briefe nach Hause und Geschichten Reisender. Ich habe einmal versucht, in einem Gedicht etwas von dieser Sehnsucht einzufangen, die dazu geführt hat, dass seit der Gründung des Staates Israel jüdische Exilanten aus allen Teilen der Welt in Jerusalem zusammenleben. Ich habe das Gedicht in den späten sechziger Jahren verfasst, als die Post verlorene Gegenstände zu versteigern pflegte.

Und das Wort Gottes von Jersalem

Ja, so groß ist die Heiligkeit Jerusalems,
dass das Postamt sie versteigert,
en gros, in regelmäßigen Abständen.

„Heilige Bücher“,
die aus irgendeinem Versehen göttlicher Voraussicht
(und des bereits erwähnten Postamts)
ihr vorbestimmtes Ziel nicht erreicht haben,
können als anonyme Päckchen erlöst werden
von Leuten mit einem Sinn fürs Heilige
oder Einrichtungen, in denen sie zum Wiederverkauf
zu einem Preis ausliegen, der ihrem Wert eher entspricht.

Zerstreut unter Kisten
mit gemischter Unterwäsche,
mit zwanzig identischen Teilen einer nicht identifizierbaren Maschine,
mit Schuhen und Zahncremetuben,
Sardinen, Kinderspielen und einer Kaffeedose,
ungezählten Kleidungsstücken,
einer unvollständigen französischen Shakespeare-Gesamtausgabe,
einer vollständigen Gesamtausgabe von etwas Polnischem
finden sich diese Juwelen jüdischer Weisheit,
dieser scharfsinnige Kommentar,
diese Widerlegung und Polemik,
diese heiligen Träume,
diese frommen Ermahnungen,
diese Gebete des heiligen Volkes,
in altbekannter Schmach hineingeworfen
in ein weiteres vorübergehendes Exil.
Zum ersten.
Zum zweiten.
Und zum dritten!

In den letzten zweitausend Jahren, während die verschiedenen Regimes und Religionen in Jersalem regierten, sind die Juden dort meist nur geduldet worden. In den zweieinhalbtausend Jahren seit dem Jahr 587 v. d. Z., als das Königreich Juda fiel, wurde die Stadt mehr als zwanzig Mal erobert. Der Historiker Sir Martin Gilbert weist darauf hin, dass Jerusalem von Babylon, Schuschan, Theben, Alexandria, Antiochia, Rom, Byzanz, Damaskus, Bagdad, Kairo, Aleppo, Konstantinopel, London und Amman aus regiert worden ist. Dieser Ort, *Ir Schalom*, „die Stadt des Friedens", genannt, ist wohl das ultimative Paradox. Die Stadt hat wahrscheinlich mehr blutige Auseinandersetzungen erlebt als irgendein anderer Ort auf Erden.

Ein befreundeter orthodoxer Rabbiner fragte einmal: „Warum ist Jerusalem voll von Verrückten?" (Ein Eindruck, den jeder, der einmal dort gewesen ist, leicht bestätigen kann.) Seine Antwort: „Weil Jerusalem wie ein Heilbad ist, ein Ort, der für die Heilkräfte seines Wassers bekannt ist. Wenn man ein Heilbad besucht, erwartet man gesunde Menschen, stattdessen aber findet man es voll Kranker, die auf Heilung hoffen. Genauso zieht Jerusalem, bekannt als heiliger Ort, jene an, die Heiligkeit suchen oder irgendeine wunderbare Heilung ihrer spirituellen Gebrechen. Aber während sie darauf warten, stellen sie ihre mitgebrachten Krankheiten zur Schau."

Es scheint, als ob auf der persönlichen Ebene, genau wie auf der Ebene der Religionen oder großen Reiche, Menschen versuchen, Jerusalem für sich einzunehmen, weil sie dort die ersehnte spirituelle Heilung zu finden glauben. Aber statt in dieser Stadt Gott zu suchen, starren sie auf den Ort, werden darin gefangen und gehen unweigerlich verloren in den Machtspielen um seine Besitznahme. Der Kampf sollte darum gehen, Gott zu finden, doch wir streiten uns um Gottes Liegenschaften. Je tiefer die Spiritualität, die errungen werden soll, je größer der Traum, der geträumt werden soll, desto mehr Blut wird darüber vergossen, desto größer sind Gier und Hybris. Das ist die Tragödie und Schande Jerusalems, und doch zeigt es gleichzeitig die Größe. Wenn Streit und Kampf unauflösbar zu diesem Ort gehören, dann sollte es nicht ein Streit um Besitz sein, sondern darum, einander in Taten der Güte und Großzügigkeit zu übertreffen.

Trotz alledem gibt es unzählige Erzählungen von der tiefen Spiritualität, die sich mit Jerusalem verbindet. Israel Abrahams gibt die folgende wunderbare Anekdote wieder:

„Nächstes Jahr in Jerusalem" – so haben wir's seit Kinderzeiten gesprochen. Und so hörte ich es einen alten Graubart in Jerusalem selbst sprechen. „Bitte?", sagte ich. „Sie sind hier, und ich bin hier. Also sagen wir besser: Nächstes Jahr wieder in Jerusalem." „Nein", entgegnete der vergnügte Neunzigjährige. „Nächstes Jahr im wiedererstandenen Jerusalem (Habnuja)." Der Alte hoffte fest darauf, dass bis zum folgenden Frühling der Tempel wiedererrichtet wäre und er mit einer freudigen Schar zum „Berg des Hauses" aufsteigen könnte. Zwei Pessachfeste sind seither vergangen. Der Alte lebt immer noch, und noch immer hofft er. Er schrieb mir letzte Woche: „Ich habe keine Lust, Gott anzutreiben; schließlich bin ich erst 92."

Heute, wie immer in der Vergangenheit, wenn es um Jerusalem ging, sind die politischen, sozialen und geistigen, die tief religiösen und die ganz und gar säkularen Fragen hoffnungslos ineinander verknäuelt. Zu viele Wahrheiten, zu viele legitime Rufe nach Gerechtigkeit, zu viel Habgier, zu engstirnige Visionen liegen miteinander im Streit. Alle benötigen für sich eine Klärung und Lösung. Jeder Anspruch verdient seine Beachtung und Anerkennung, indem man verhandelt und Kompromisse schließt. Angesichts der Geschichte Jerusalems als eines Ortes in einem umkämpften Streifen Land scheinen die Aussichten auf eine friedliche Lösung äußerst gering. Angesichts der Geschichte des geistigen Jerusalems müssen Juden, Christen und Muslime dennoch gleichermaßen zusammenarbeiten und an ihrer Hoffnung festhalten.

Es lag schon einige Zeit zurück, dass ich zuletzt die Stadt besucht hatte, und ich kehrte an einen Ort zurück, der beträchtlich gewachsen, noch politisierter als zuvor und voller Emotionen und Spannungen war. Doch ich musste einfach schreiben:

Jerusalem wieder und wieder

Und doch,
noch immer kann man sich in Jerusalem verlieben.
Ganz von neuem.
Trotz allem.
Trotz der Angst in den Straßen des alten Jerusalems.
Trotz der Wut in den Straßen des neuen Jerusalems.

Denn jeder versteckte Hof,
jeder Blick,
jeder überfüllte Winkel
kann einem den Atem rauben
durch seine schiere ...
Dichte.

Es ist nicht die Heiligkeit,
die zu sehr Schaden genommen hat,
noch allein ihr Alter.
Es ist etwas anderes:
ein trauriges Spotten über eure hochfliegenden Träume
und ein Wundern über eure Träume.
So viel investiert zu haben
in ein paar Hügel und Täler,
so viel gelitten zu haben, um sie zu besitzen,

und so viel Leid verursacht zu haben, um sie zu halten,
im Namen so vieler Götter,
solch großer Hoffnung und Gier.

Darum brüstet euch nicht mit der Einheit,
versprecht keine Ewigkeit,
wenn es um Jerusalem geht,
denn Jerusalem überdauert unser Gerede
verliert gar die Erinnerung an den Augenblick unserer Existenz –
ein weiteres Relikt,
über das Antiquare sich den Kopf zerbrechen
und das Archäologen sorgsam rekonstruieren werden.

Nein,
betretet die Stadt sachte,
umwerbt sie mit zärtlicher Sorge
und gebt die Liebe, die wir empfinden,
all ihren vielen Kindern.

In der Hebräischen Bibel findet sich eine prophetische Vision, nach der sich in einem wiedererbauten Jerusalem und einem wiedererrichteten Tempel alle Völker, die an Gott glauben, versammeln können. Es ist ein Traum, Josephs würdig.

Ki Weiti beit Tefilla jikkarej lechol haAmim – Denn Mein Haus soll ein Haus des Gebets genannt werden für alle Völker. (Jes 56,7)

Literaturhinweise

Kabbala, Jüdische Mystik und Chassidismus

Die Geschichten des Rabbi Nachman. Nacherzählt von Martin Buber. Mit einem Nachwort von Paul Mendes-Flohr. Gütersloher Verlagshaus, Gütersloh 1999.

L. Jacobs, Jewish Mystical Testimonies. Schocken Books, New York 1976.

Gershom Scholem, Die jüdische Mystik in ihren Hauptsströmungen. Suhrkamp Verlag, Frankfurt/M. 1980.

Ds., Ursprung und Anfänge der Kabbala. de Gruyter, Berlin 2001.
Ds., Von der mystischen Gestalt der Gottheit. Suhrkamp, Frankfurt/M. 1977.
Ds., Sabbatai Zwi. Der mystische Messias. Jüdischer Verlag, Frankfurt/M. 1992.
A. Steinsaltz, The Thirteen Petalled Rose. A Discourse on The Essence of Jewish Existence an Belief. Basic Books, New York 1980.
H. Wiener, Nine and a Half Mystics. The Kabbalah Today. Macmillan, New York 1969, 1992.

Jerusalem
K. Armstrong, Jerusalem. One City, Three Faiths. Alfred A. Knopf, New York 1996.
M. Gilbert, Jerusalem. Illustrated History Atlas. Macmillan, New York 1977.
M. Grindea, Jerusalem. The Holy City in Literature. Kahn and Averill, London 1968.
E. Gundersson-Traylor, Jerusalem. 5000 Jahre Geschichte der Heiligen Stadt. Leuchter Edition, Erzhausen 1996.
Jerusalem. Wege in die Heilige Stadt. Belser, Stuttgart 2000.

12

Zwölf Stämme gibt's in Israel

Das jüdische Volk heute

Seltsam, dass ich an diesem Punkt des Buches angelangt bin, ohne dargestellt zu haben, was das jüdische Volk heute ist. Vielleicht ist daran die Struktur des Liedes schuld, das als Grundlage für die Kapitel dieses Buches dient, aber es hat sicher auch seine Vorteile. Denn es ist eine Sache, theoretisch über die Natur, die Merkmale und Qualitäten eines bestimmten Volkes zu diskutieren. Eine ganz andere ist es, dem Einzelnen in Fleisch und Blut zu begegnen, mit Menschen aus Fleisch und Blut eine Mahlzeit zu teilen, ihr Zuhause zu besuchen, heftige Auseinandersetzungen zu führen, sich womöglich in einen von ihnen zu verlieben. Auf unserer Reise durch das Buch sind wir einer Reihe Juden begegnet, haben einige ihrer persönlichsten Erfahrungen geteilt, einige ihrer Auseinandersetzungen belauscht. Wenn wir schon nicht von Liebe sprechen, so hoffe ich doch, dass manche sich als anziehend und faszinierend erwiesen haben.

Was nun das jüdische Volk von heute ist – und womöglich das von morgen –, mag sich jeder selbst ausdenken. Wir haben gesehen, dass mindestens zwei Komponenten die jüdische Identität bestimmen – die ethnische und die religiöse. Wir haben die klassischen Definitionen betrachtet, die zur Entscheidung herangezogen werden, wer Jude ist: jemand mit einer jüdischen Mutter oder jemand, der durch eine anerkannte religiöse Autorität zum Judentum konvertiert ist. Was sogleich die Frage aufwirft, durch welche Autorität und in welchen Teil der jüdischen Welt man ihm Zugang gewährt hat. Wir haben einiges über die Spaltungen unter den Juden in Vergangenheit und Gegenwart erfahren. Einige führten zur dauerhaften Trennung, andere wiederum wurden mit der Zeit überwunden wurden.

Nach wie vor kämpfen wir mit den Schatten der Vergangenheit. Sind die Juden eine Rasse? Der bloße Begriff ist heute schon ein Tabu – nach der nationalsozialistischen Diktatur und ihrer Rassenideologie, die erst zu Einschüchterung und dann zum Völkermord führte.

Die Bibel spricht von siebzig Nationen, die von Noah abstammen, eine angenehm runde Zahl, die auf menschliche Vielfalt trotz gemeinsamen Erbes schließen läßt. Der gesunde Menschenverstand unterscheidet rassische Gruppen nach ihrer Hautfarbe und gemeinsamen physiognomischen und gelegentlich noch subtileren biologischen Merkmalen. Die Frage, ob man innerhalb jeder Gruppe ausreichend Charakteristika ausmachen und verallgemeinern kann, überschreitet den Rahmen dieses Buches. Unstrittig scheint zumindest, dass Gruppen, die innerhalb eines abgegrenzten Bezirks leben und über einen längeren Zeitraum untereinander heiraten, irgendwann einmal gemeinsame Merkmale teilen. Doch genau das ist bei Juden nicht der Fall. Anders gesagt: Unterschiedliche jüdische Gruppen haben zur gleicher Zeit über viele Jahre hinweg an unterschiedlichen Orten existiert und sich durch Mischehen und Übertritte in hohem Maße der örtlichen Bevölkerung angeglichen. Auch Willkürakte haben den Genpool erweitert – marodierende Soldaten waren nie besonders wählerisch, wenn sie Frauen vergewaltigten und überließen es ihren Opfern und der jeweiligen Gesellschaft, ihre Nachkommen zu integrieren. Manche meinen, dass dies der Grund dafür ist, weshalb die Matrilinearität seit dem Zweiten Exil für die jüdische Gesellschaft zum Gesetz erhoben wurde; schließlich weiß man, wer die Mutter ist, selbst wenn der Vater unbekannt bleibt.

Natürlich vollzog sich die Assimilation stets in beiden Richtungen, wobei alles eher für ein Aufgehen der jüdischen Gemeinde in der sie umgebenden Bevölkerung sprach als umgekehrt. Manchmal führte dies zu sonderbaren Erscheinungen: Juden, die lange Zeit über als verloren galten, können ein paar Generationen später auf einmal wieder auftauchen. Klassisches Beispiel dafür sind die Marranen, jene Juden, die im Spanien der Inquisition gezwungen wurden, zum Christentum überzutreten, insgeheim jedoch ihre jüdische Identität bewahrten. Manche kehrten zu ihrem alten Glauben zurück, sobald das politisch möglich war; andere waren über die Jahrhunderte für das Judentum verloren, bis sie, oftmals aus Zufall, entdeckten, wo ihre Wurzeln waren. So etwas konnte durch die Entdeckung ausgelöst werden, dass Großmutters Marotte, ausgerechnet am Freitagabend die Kerzen anzuzünden und auf einem gemeinsamen Familienessen zu bestehen, nicht irgendeiner katholischen Tradition entsprach, sondern die Erinnerung an den Schabbat bewahrte.

Noch erstaunlicher ist der Massenauftritt „verlorener" jüdischer Gruppen im Zuge der Gründung des Staates Israel und aufgrund des Rückkehrgesetzes. Der dramatischste und am meisten diskutierte Fall sind die „schwarzen Juden Äthiopiens", die so genannten Falaschas, die sich auf eine Ahnenschaft berufen, die bis zur legendären Affäre zwischen König Salomo und der Königin von Saba zurückreichen soll. Kontrovers diskutiert wurde dies deshalb, weil vieles in ihrer Tradition zwar erkennbar jüdisch ist, anderes sich aber auch unterscheidet, und ein vorsichtiges orthodoxes Rabbinat in Israel darum auf einen „Übertritt" nach eher halachischen Kriterien bestehen wollte – was als Beleidigung der Falascha-Traditionen empfunden wurde.
Manche Juden tauchen nach einiger Zeit wieder auf, manche nicht. Vielleicht am berühmtesten, weil in vieler Hinsicht am weitesten von dem entfernt, was normalerweise als jüdisch angesehen wird, sind die chinesischen Juden von Kai Feng. Ende des 11. Jahrhunderts gelangten sie, wahrscheinlich aus Persien oder Indien kommend, nach Kai Feng, um mit Baumwollstoffen zu handeln. Im Lauf der Zeiten wurde ihre Synagoge zweimal durch Naturkatastrophen zerstört. Ab dem 17. Jahrhundert verschwand die Gemeinde nach und nach – bis auf die wenigen, die auch im 19. Jahrhundert noch eine vage Kenntnis von ihrem Judentum besaßen. Längst hatten sie chinesische Namen angenommen. Da sie kaum Kontakt mit anderen jüdischen Gemeinden unterhielten, heirateten sie untereinander. Die Photographie eines „chinesischen Juden" findet sich im Philo-Lexikon, auf das wir noch zurückkommen werden.

Wie viele Juden gibt es überhaupt auf der Welt? Eine Frage, die ich oft bei Vorträgen stelle. Die Antworten reichen für gewöhnlich von 5 Millionen an aufwärts – ein aufschlussreicher Hinweis darauf, was für eine Vorstellung sich Menschen von der Größenordnung der jüdischen Gemeinschaft machen. Vor dem Zweiten Weltkrieg wurde die Gesamtzahl der Juden auf etwa siebzehn Millionen geschätzt. Auch wenn die Zahlen ungenau sind und von Apologeten des nationalsozialistischen Regimes immer wieder in Zweifel gezogen werden, wurden zwischen 1933 und 1945 sechs Millionen Juden ermordet – etwas mehr als ein Drittel des Volkes also, vor allem jene, die in Osteuropa lebten. Die jüdische Bevölkerung von heute wird auf gerade mal knapp vierzehneinhalb Millionen geschätzt, von denen fünfeinhalb in

Amerika leben, etwas mehr als dreieinhalb in Israel und ungefähr dreieinhalb in Europa, davon etwa zwei Millionen in den Ländern der ehemaligen Sowjetunion. In den neunziger Jahren des 20. Jahrhunderts wanderten ca. 70.000 Juden nach Deutschland aus. Die Zahlen für Mittel- und Osteuropa sind etwas ungenau, weil viele ihre jüdische Identität unter kommunistischen Regierungen aus Sicherheitsgründen verborgen hielten. Umgekehrt behaupten heute viele, jüdisch zu sein, oder möchten sich als Juden betrachten, auch wenn die traditionellen halachischen Kriterien dieser Identifikation widersprechen.
Dies alles zeigt, wie schwierig es ist, darüber zu befinden, wer heute jüdisch ist und wer nicht. Wo anfangen und wo enden, wenn es darum geht, Juden zu zählen – was ohnehin von der Tradition nur mit Stirnrunzeln gesehen wird? (Um zu bestimmen, ob ein *Minjan*, ein Quorum von zehn erwachsenen jüdischen Männern, anwesend ist, mit dem der traditionelle Gottesdienst erst beginnen kann, sprechen die Menschen manchmal einen Vers aus der Liturgie, der zehn Worte enthält, während ihre Blicke über die Anwesenden schweifen. Angesichts der wenigen, die am Samstagmorgen in die Synagoge kommen, ist es für einen Rabbiner manchmal tröstlich, sich einfach mal wieder die Tatsache ins Gedächtnis zu rufen, dass Gott die Frommen nicht *zählt*, sondern *wägt*.)

Die Juden unter den Berühmten und Berüchtigten auszumachen, ist ein alter jüdischer Zeitvertreib, bei Filmstars bietet er sich besonders an. Der Londoner „Jewish Chronicle“ eignet sich ganz vorzüglich für eine solche Übung, wenn er unter den neu ins Parlament gewählten Mitgliedern jene „outet“, die jüdische Vorfahren haben. Leider bringt diese Erkenntnis der jüdischen Gemeinde nur selten Nutzen, denn der Eintritt ins Parlament ist oft mehr ein Ausdruck einer Anpassung an das Leben in Großbritannien, als dass er von dem Wunsch beseelt wäre, jüdische Werte in die Öffentlichkeit zu tragen oder Themen zugunsten der jüdischen Gemeinde anzusprechen. Ganz nebenbei irrt sich der „Jewish Chronicle“ auch gelegentlich, und ich erinnere mich an einen würdevollen Brief des Jazzpianisten Dave Brubeck, in dem er erklärte, dass er geschmeichelt sei, für einen Juden gehalten zu werden – wahrscheinlich seiner Wohltätigkeitsarbeit wegen –, er sei jedoch der Sohn eines christlichen Geistlichen.

Wenn schon Juden fasziniert davon sind, wohin es versteckte Juden verschlagen konnte – Nichtjuden sind es erst recht. Manchmal spiegelt dieses Interesse antisemitische Haltungen wider, manchmal illustriert es aber einfach nur das alte Sprichwort: „Jews is news!" In seinem Roman „Les Juifs" (erschienen 1969) – eine Art Who's who – suchte Roger Peyrefitte zu beweisen, dass die meisten Mitglieder der französischen Aristokratie heute jüdisches Blut in sich haben – weil verarmte Adlige in der Vergangenheit jüdisches Geld ehelichten.

Ich weiß nicht, inwieweit es in den Bereich der Fiktion hineinspielt, aber in seinem hinreißenden Buch ging Philip José Farmer der Geschichte von Lord Greystoke nach, besser bekannt als Tarzan[1], und entdeckte unweigerlich eine jüdische Familienverbindung. Es gelang ihm auch, eine familiäre Beziehung zu Sherlock Holmes herzustellen, was sehr viel wahrscheinlicher ist und für die jüdische Gemeinde sicher viel akzeptabler. Der Science-Fiction-Autor Harlan Ellison erzählt von einem blauhäutigen, vieläugigen, elfarmigen, Jiddisch sprechenden Juden auf dem Planeten Theta 996-VI, der der Geschichte von Abraham nachgeht.

Überleben

Was bewegt Juden heute? Die einfache Antwort, in tausenden Varianten gegeben, wo immer Juden leben, heißt: „Überleben." Dieses „Überleben" ist ein Prinzip, das tief im Judentum verwurzelt ist. So erfüllen wir die Rolle, die uns Gott zugedacht hat. „Überleben" gehört aber auch zu jenen Übungen, die wir uns in einer jahrtausendealten Existenz als Minderheit angeeignet haben, immer bemüht, unsere einzigartigen Traditionen, unsere Werte und unsere Identität vor einer fortwährenden Bedrohung von außen zu schützen. Die Art und Weise, wie Juden in der Vergangenheit überlebt haben, ist ebenso Stoff für Phantasien wie für Theorien, die von darwinistischer Selektion bis zu göttlicher Intervention reichen. Aber das Judentum arbeitet auch auf der Grundlage eines „Wirklichkeitsprinzips", das uns im Lauf der Zeit dazu gebracht hat, passende Überlebensstrategien oder -techniken zu entwickeln.

Dieses „Wirklichkeitsprinzip" beinhaltet zwei Aspekte. Der erste liegt – zumindest in der Vergangenheit – in der Kraft der *Halacha*, das jüdische Leben pragmatisch zu regeln, wobei diese sich ständig veränderte, um den jeweiligen neuen Situationen zu entsprechen. Rechtliche Entscheidungen waren erforderlich, um praktische Probleme zu lösen wie die Frage nach den Grenzen der Kompromissbereitschaft gegenüber den herrschenden Mächten. Unter welchen Umständen und in welchem Maße war es Juden gestattet, die Regeln ihres Glaubens zu brechen, wenn sie vor der Alternative Zwangskonversion oder Tod standen? Das Prinzip, das der rabbinischen Entscheidung zugrunde lag, war ihre Lesart von Levitikus 18,5: „Du sollst Meine Gebote und Meine Rechtssatzungen befolgen, und wenn ein Mensch dies tut, so soll er durch sie leben." Gott gab also die Gesetze, damit die Menschen leben können – indem sie sie ausführen, statt ihretwegen zu sterben. Manchmal, beispielsweise während der Verfolgungen nach dem Scheitern des Bar Kochba-Aufstandes gegen Rom, war es notwendig, den Eifer jener zu bändigen, die unbedingt als Zeugen ihres Glauben sterben wollten. Mit dem Vers aus Levitikus wurde versucht, das Märtyrertum auf jene Situationen zu beschränken, in welchen man von der herrschenden Macht gezwungen wurde, eine der drei Todsünden zu begehen: Mord, Götzendienst oder verbotene sexuelle Verbindungen. Beim Götzendienst war entscheidend, ob er nur privatim geschah, denn da war er erlaubt. Öffentlich war er unzulässig, weil er andere fehlleiten konnte. Der gesunde Menschenverstand der jüdischen Herangehensweise an solche Dinge wird in der folgenden Geschichte wunderschön deutlich:

Als der Tempel zerstört war, wuchs die Anzahl von Naziriten (jener Menschen, die besondere Eide schworen), die fortan weder Wein trinken noch Fleisch essen wollten. Rabbi Joschua ging zu ihnen und fragte sie nach dem Grund. Sie sprachen: „Wie können wir Fleisch essen? Es war doch der Altar, der das Fleisch durch das Gottesopfer heiligte, und jetzt ist er zerstört! Wie können wir Wein trinken, wenn Wein während des Rituals ausgegossen wurde, jetzt aber der Tempel zerstört ist!" Rabbi Joschua erwiderte: „Wenn das so ist: Wie könnt ihr dann Brot essen, denn auch die Mehlopfer des Tempels gibt es nicht mehr?" Sie sprachen: „Dann leben wir eben von Früchten." Rabbi Joschua antwortete: „In dem Falle können wir auch keine Früchte essen, denn auch die Erstlingsopfer (an Schawuot) sind nicht mehr." Sie sprachen: „Vielleicht können wir uns mit Früchten ernähren, die nicht im Tempelritual verwendet wurden." Da sagte Rabbi

Joschua: „Wir dürfen aber auch kein Wasser trinken, denn Wasser wurde als Teil des Tempel(gottes)dienstes verwendet." Da schwiegen sie. Rabbi Joschua fuhr jedoch fort: „Meine Söhne, gar nicht zu trauern, ist uns unmöglich. Aber zu sehr zu trauern, ist uns auch nicht möglich. Keine religiöse Pflicht ist einer Gemeinde auferlegt, die die Mehrheit der Gemeinde nicht ertragen kann." (b. Baba Bathra 60b)

Die hier ausgedrückte Sorge hat einen zweiten Aspekt, der noch tiefer gründet – den des unbewussten Willens zu existieren, weiterzugehen, zu überleben, komme, was wolle. Wie viele Male wurden Gemeinden dezimiert, gingen ihre Besitztümer verloren, waren flüchtende Juden gezwungen, wieder einmal anderswo eine zeitweilige Bleibe zu finden. Und wie so oft, kaum dass sie sich niederließen, regelte sich das tägliche Leben von neuem. Juden brauchen einen Ort fürs Gebet, einen Raum zum Studium und einen Platz, um sich zu treffen – diese drei Dinge machen die Synagoge aus. Sie brauchen einen koscheren Schlachter und ein Ritualbad, soziale Fürsorge für die Lebenden und einen Friedhof für die Toten. Wenn die Gemeinde eine nennenswerten Größe erreicht hat, sind Wohlfahrtsorganisationen, Hospitäler und Schulen unerlässlich. So wächst die Gemeinde organisch, ohne lange zu fragen, warum oder wie. Das Leben muss schließlich weitergehen.

Gleichermaßen für Juden und Nichtjuden schier unglaublich ist wohl auch die Existenz einer jüdischen Gemeinde in Deutschland nach den Erfahrungen während des Nationalsozialismus. Die Existenz eines organisierten jüdischen Lebens hier hat über viele Jahrzehnte Juden außerhalb Deutschlands verstört und verstört sie noch heute, und es wurde theologisch begründet oder rein gefühlsmäßig heftig darüber gestritten. Aber es ist, wie es ist. Manche Juden kehrten zurück, nachdem sich der Versuch, anderswo heimisch zu werden, als zu schwierig herausgestellt hatte. Andere machten auf ihrer Flucht vor Verfolgung in anderen Ländern in Deutschland Station und beschlossen zu bleiben. Ein paar überlebten den Krieg, irgendwo vor den Nationalsozialisten versteckt. Zu allen Zeiten haben Juden in Deutschland gelebt, hat es eine Gemeinde gegeben. Vor wenigen Jahren noch als eine Gruppe alter Leute ohne Zukunft abgeschrieben, hat inzwischen eine junge Generation damit begonnen, für die Zukunft der jüdischen Gemeinde Verantwortung zu übernehmen. Seit dem Zusammenbruch der Sowjetunion hast sich die Gemeinde durch den Zustrom von Juden aus dem Osten verdoppelt, an einigen Orten vervierfacht. Ein älterer Jude sagte mir einmal: „Ich habe unter den Nationalsozialisten gelitten. Ich habe unter Stalin gelitten. Hier in Deutschland habe ich ein Zuhause gefunden. Sagen Sie mir also nicht, wo ich zu leben habe!"

Diese Hartnäckigkeit, dieser Wille, als ein Volk zu überleben, ist heute aber von einer anderen Art, als er vor der Emanzipation war. Die Vorstellung, dass unsere gesamte jüdische Existenz in Gottes Hand liegt, konnte in einer Welt bestehen, die kein historisches Bewusstsein im modernen Sinne besaß – in einer Welt, in der die Juden noch einen klaren Begriff von ihrer göttlichen Berufung besaßen. Es lag in Gottes Hand, mit uns nach seinem Willen zu verfahren. Das Judentum wie auch der Staat würden dahinschwinden, wenn sein Auftrag erfüllt wäre. Wann immer Schwierigkeiten auftraten, war das Überleben der Tora, des Gotteswortes, wichtiger als das des jüdischen Volkes. Natürlich bedingte eins das andere, aber Elemente nationaler und ethnischer Identität gingen mit der Religion Hand in Hand – die Juden waren gleichsam das Gefäß, in dem die Botschaft weitergereicht wurde. Wenn die Botschafter ihrem Auftrag gemäß lebten, standen sie unter Gottes Schutz.

Inzwischen sind seit der Revolution, welche die Emanzipation für uns Juden bedeutete, zwei Jahrhunderte vergangen. Sie führten uns nicht bloß aus den äußeren Ghettos heraus, sondern auch aus der Begrenztheit der alten Tradition und dem Glauben, der sie untermauerte. Dann kam der Holocaust, die Shoa, und ein Drittel des jüdischen Volkes wurde in nur einem Jahrzehnt ermordet. Sechzig Jahre später ringen wir noch immer darum, diese Katastrophe und ihre Folgen für das jüdische Leben und Selbstverständnis zu begreifen. Einen Widerhall dieser Frage haben wir durch das gesamte Buch hindurch gehört, denn sie steht im Innersten der tiefsten jüdischen Sorge: unserem Überleben als Volk. Wie weit können wir anderen Völkern vertrauen, wenn unsere Sicherheit auf dem Spiel steht? Dieser Zweifel rührt auch an die Grundfesten des Staates Israel.

Wenn ich hier eine persönliche Bemerkung einfügen darf: Ich erinnere mich an ein Gefühl völligen Verlassenseins in den Wochen vor dem Sechs-Tage-Krieg, nachdem die UNO sich zurückgezogen hatte. Ich war damals gerade in Jerusalem und hatte den Eindruck, als ob die Nationen der Welt einfach auf die Zerstörung Jerusalems warteten, auf dass sie wieder einmal bittere Tränen beim Anblick einer jüdischen Tragödie vergießen könnten. Wie weit dies lediglich ein paranoider Zustand der Verzweiflung war, den ich mit vielen Israelis teilte, mag ich nicht beurteilen. Aber der unglaubliche militärische Erfolg dieses Krieges, zumindest aus der Sicht Israels, sollte nicht die Fragen verdrängen, mit der uns jene Zeit konfrontierte.

Eine dritte Frage, die von der Shoa aufgeworfen wurde und keineswegs nur Juden betreffen sollte, ist der grundlegende Zweifel an der Natur und Zukunft der westlichen Zivilisation. Juden hatten sie enthusiastisch begrüßt, nur um sie später mit mörderischer Brutalität und Effizienz gegen sich gerichtet zu sehen. In welchem Maße, wenn überhaupt, haben wir uns mit den Voraussetzungen und Bedingungen auseinander gesetzt, die etwas Derartiges geschehen lassen konnten? Die Auseinandersetzung hiermit hat in unserer Zeit nicht ein, sondern viele Judentümer geschaffen – vom frömmsten, traditionellen bis zu einem Judentum, das sich zynisch in Frage stellt. Allen gemeinsam ist das atavistische Gefühl, dass das Überleben an sich der miteinander geteilte Wert ist – mit oder ohne Gott. Emil Fackenheim, der kanadisch-israelische jüdische Philosoph und Theologe, postulierte seit etwas 1967 die Notwendigkeit eines „614. Gebotes“ für das jüdische Volk (613 Gebote ist die Anzahl positiver und negativer Gebote, die Juden befolgen müssen): Hitler darf keine posthumen Siege haben.

Juden ist es verboten, Hitler zu einem posthumen Erfolg zu verhelfen. Ihnen obliegt das Gebot, als Juden zu überleben; andernfalls geht das jüdische Volk unter. Es ist ihnen geboten, sich der Opfer von Auschwitz zu erinnern, sonst geht das Gedächtnis an sie verloren. Es ist ihnen verboten, am Menschen und seiner Welt zu verzweifeln und in Zynismus oder Weltferne zu flüchten, sonst tragen sie dazu bei, die Welt den Kräften von Auschwitz zu überlassen. Schließlich ist ihnen versagt, am Gott Israels zu verzweifeln, sonst vergeht das Judentum.[2]

Mit seinem „Manifest“ hatte Fackenheim eindeutig mehr im Sinn als das bloße Überleben um seiner selbst willen. Aber zu seinem persönlichen Leidwesen wird von allem, was er darlegte, einzig und allein eine Sache erinnert und zitiert, nämlich, dass Juden nicht zuletzt deshalb überleben müssen, damit Hitler nicht posthum doch noch der Sieg zufällt – eine Auswahl, die sehr genau die Stimmungslage der gegenwärtigen Generation widerspiegelt.

Der Zustand des Staates Israel

Ein neuer Faktor in der gegenwärtigen Existenz der Juden hat unsere Lage radikal verändert: Es gibt einen Staat Israel. Das Exil ist vorbei. Juden sind wieder in die Geschichte eingetreten. Rabbiner Dov Marmur schreibt zur Notwendigkeit eines neuen Modells jüdischer Existenz:

Die alte Weise, jüdische Existenz wahrzunehmen – Juden, die in Beziehung zu Gott stehen, während sie vom Gelobten Land träumen, darauf hoffen und darüber in Büchern lesen –, hat sich überholt. Eine der Verwirrungen des modernen jüdischen Lebens wurzelt in dem Mythos (genährt von Propagandisten, die Diaspora-Frömmigkeit mit zionistischer Realität zu vereinbaren suchen), dass das neue Israel die pure Erfüllung der alten Sehnsucht ist. Vieles von der ungerechtfertigten Kritik an israelischen Aktionen und israelischem Leben entsteht aus dieser Verwirrung heraus. Wahr ist, dass Israel heute in vielfacher Hinsicht ein Negativbild der alten Sehnsucht ist. Es hat somit einem neuen Paradigma des jüdischen Lebens Auftrieb gegeben, das nicht angemessen betrachtet werden kann, wenn es mit den Kriterien des alten beurteilt wird.[3]

Der Staat Israel setzt Juden der Notwendigkeit aus, sich der Moderne in allen ihren Aspekten zu stellen. In einem eigenen Staat gibt es keinen Bereich des Lebens, den wir umgehen können, gibt es keinen Ort, wo wir uns vor unseren Fehlern verstecken können; wir müssen volle Verantwortung übernehmen für das, was wir tun. Was das bedeutet, beschreibt Moshe Greenberg so:

Bis zum heutigen Tag müssen Juden als Volk nur im Staat Israel mit den Problemen, Institutionen und Versuchungen der Macht – wirtschaftlicher, politischer und militärischer Macht – umgehen. Die Fragen, die sich im Innern moderner Gesellschaften stellen, können nur hier jüdisch angegan-

gen werden. Jüdische Gemeinden der Diaspora überlassen sie der säkularen, nichtjüdischen politischen Ordnung. (...) Ich nenne drei Beispiele:
1. Das Problem eines demokratischen politischen Systems – Menschen mit Macht und Verantwortung ausstatten und die Minderheit vor der Tyrannei der Mehrheit schützen (...)
2. Pluralismus – die Koexistenz und Legitimität einer Vielzahl von Lebensformen und Werten akzeptieren (...)
3. Die Forderung nach Gleichheit vor dem Gesetz, sowohl für die Geschlechter als auch für die verschiedenen Glaubensrichtungen und die unterschiedlichen ethnischen Gruppen in der Bevölkerung. Der große Wert von Land und Staat liegt darin, dass sie das ultimative Experiment mit dem Judentum zulassen und prüfen, ob das Judentum Einsicht und Weisheit aufzubringen vermag, um sich der Moderne zu stellen.[4]

Greenberg warnt vor den Versuchungen der neuen Situation, denn die Gründung des Staates hat messianische Hoffnungen wiederbelebt. Er ruft

nach einer strengen Zurücknahme des Messianismus, das heißt, jener Sicht, nach welcher der Staat Israel der Beginn des Eschaton ist, der Beginn der Endzeit (...) Diese messianische Sicht des Staates ist in Wirklichkeit ein Mandat, nationalen Egoismus zu verfolgen, weil ja alle Regeln aufgehoben sind, wenn wir am Beginn der Endzeit leben (...) Wir können nicht sagen, was die gegenwärtige Geschichte bedeutet, wir können sie nicht in Begriffen von Belohnung und Bestrafung interpretieren, im Sinne eines wörtlich verstandenen Bundesgedankens. Militärische Erfolge sind nicht einfach Boten eines göttlichen Einverständnisses oder eine Lizenz, das zu tun, was uns nationaler Egoismus gebieten würde. Niederlagen sind nicht das Omen göttlichen Missfallens oder die Aufforderung, uns noch einseitiger, um nicht zu sagen fanatischer an die Tora zu halten (...)[5]

Israel und die Diaspora(s)

Was in Israel geschieht, hat Auswirkungen auf Juden in aller Welt. Rabbi David Hartman ruft deshalb nach einer Einmischung der Diaspora in alle Angelegenheiten Israels.

Es ist eine Flucht (...) aus Israels großer Verantwortung gegenüber der jüdischen Welt, wenn es der Diaspora nur eine einzige Botschaft zuruft: „Kommt nach Israel, um eure Enkel vor der Assimilation zu bewahren!" (...) Israel ist eher das große Vehikel für die Konfrontation des Judentums mit der Moderne. Die moralischen und spirituellen Themen, die in der israelischen Gesellschaft aktuell an die Oberfläche kommen, fordern die Grundfesten des Judentums heraus und bieten womöglich neue Möglichkeiten für seine Renaissance. Die Form der jüdischen Gesellschaft, die wir in Israel schaffen, wird paradigmatisch sein für die Weise, wie sich das Judentum überall sonst in der modernen Welt entwickelt. Für die Ziele der israelischen Gesellschaft sollten sich daher nicht nur Juden, die in Israel leben, interessieren und engagieren. Die ganze jüdische Welt muss eingebunden werden und in den großen moralischen und politischen Fragen, die täglich in Israel auf der Tagesordnung sind, ein politisches Mandat haben.[6]

Dieser Sicht der Beziehung Israels zur Diaspora widerspricht Jacob Neusner:

Wo wir als Ausländer nicht in die Gestaltung israelischer Politik eingreifen können, sollten wir sie stützen, soweit wir können, und im übrigen die Israelis ihre eigenen Fehler machen lassen. Ihr politischer Prozess, ob demokratisch und gerecht oder dilettantisch und korrupt, muss frei sein, sein Werk zu tun, und er wird sein Werk tun. Wir, die wir weit entfernt leben, müssen unser Prophetenkleid ablegen, müssen damit aufhören, beim kleinsten israelischen Regelverstoß aufgrund unserer erhöhten und selektiven Sensibilität aufzuspringen. Zu lange ist die „Heiligkeit" Israels mit dem Verhalten des Staates Israel im weltlichen Bereich verwechselt worden, und das selbstgerecht – und selektiv – entrüstete Gerede über die Mängel in der öffentlichen Politik Israels lässt das Missverständnis erkennen, was Israel überhaupt ist. (...)
Die Israelis müssen jetzt begreifen, dass die Kosten ihrer besonderen Beziehung mit der jüdischen Gemeinschaft in aller Welt ihre Vorteile übersteigen. Indem sie darauf bestehen, das Zentrum des Judentums in der Welt zu sein, und sich anschicken, die Juden der ganzen Welt zum Erreichen ihrer nationalen Ziele zu missbrauchen, unterwerfen sie den Staat Israel einer Politik, die er nicht erfüllen kann. (...) Im gleichen Maße, wie die Israelis einen normalen Staat errichtet haben, müssen sie auch die Not-

wendigkeit einer Normalisierung der Beziehungen mit den Juden außerhalb ihres Staates überdenken.[7]

Neusners Sicht ist verstörend. Israel hat als Staat seine Eigeninteressen, national und international, und Diasporajuden, die nicht dort leben, haben kein Recht einzugreifen. Und auch umgekehrt können die Bedürfnisse und Sichtweisen der Diaspora für Israel nur sekundär sein. Lässt sich aber im Judentum Realpolitik überhaupt von Ideologie und religiösen Werten vollkommen trennen? David Elazar argumentiert, dass der Zionismus die Weltanschauung des Staates bleibt, räumt aber gewisse Einschränkungen ein.

Es ist nicht weit hergeholt, wenn man behauptet, dass der Zionismus de facto ein weiterer Zweig des Judentums geworden ist – parallel zu Orthodoxie, Konservativismus, Reform oder Rekonstruktionismus in der Diaspora. Wie der Kommunismus ist er in seinen Grundfesten eher eine säkulare denn theistische Religion (...), (was) als Grundlage für die Selbstdefinition einer Mehrheit der jüdischen Bevölkerung in Israel dient (...)[8]
Mit ein paar wenigen Ausnahmen krankt die Theorie des Zionismus an einigen sehr realen Mängeln. Sie rühren daher, dass er im späten 19. Jahrhundert entstand, in einem bestimmten Umfeld jener Zeit. Er krankt zusätzlich daran, dass er primär eine Polemik gegen die Assimilation war, dazu gedacht, das politische Bewusstsein der Juden wiederherzustellen. Zum politischen Leben hatte er indes wenig beizutragen, sobald ein jüdisches politisches Selbstbewusstsein entstand. Beide Mängel machen es heute schwer, auf der klassischen zionistischen Theorie aufzubauen. Wir brauchen eine wahrhaft politische Theorie und keine nationalistische Polemik, und es muss eine Theorie sein, die im umfassendsten Sinne des Wortes mit der jüdischen Tradition übereinstimmt (...)[9]

Für Elazar muss eine authentische jüdische politische Vision auch eine theologische Basis haben.

Zuerst einmal bedarf es der Erneuerung der Bedeutung des jüdischen Bundes (Brit)*(...), (der) die Dimensionen des gegenseitigen Einvernehmens weiterführt, die ursprünglich die Stammesfamilie in ein Volk umwandelten. Mehr noch: durch ihn wird die bloße Verwandtschaft zu einem Streben nach einer gemeinsam gefundenen Vision. (...) Aus dem Konzept des*

Brit *heraus führt ein zweiter Weg,* Chessed *oder das Gefühl liebevoller Verpflichtung, das echte Partner miteinander teilen müssen, und welches durch herkömmliche Bande geschaffen ist. (...) In der zionistischen Dimension der jüdischen Vision steht* Chessed *für die Sorge um das Fortbestehen und die Einheit des jüdischen Volkes. (...) Ein dritter Pfad ist die beständige Notwendigkeit, als Juden mit Gott zu ringen. (...) Also liegt die religiöse Dimension des Lebens für Juden nicht in der Suche nach irgendeiner Orthodoxie, sondern darin, mit Gott in der richtigen Weise zu ringen. Die Verantwortung für Frieden führt zum vierten und fünften Pfad,* Zedek uMischpat *(„Gerechtigkeit und Gesetz"), der alle Juden verpflichtet, nach der Errichtung einer gerechten Gesellschaft zu streben.*[10]

Auf der Suche nach einem erneuerten jüdischen politischen Denken verwendet Elazar hier hebräische (biblische) Terminologie und Strukturen. Louis Jacobs zählt die Versuchungen auf, die in unserer neuen Situation vermieden werden sollten:

1. Gott allein muss gehuldigt werden, nicht dem jüdischen Volk.
2. Jüdischer Nationalismus ist kein Ersatz für eine Religion.
3. Gott ist der Vater aller Menschen.
4. Es darf keine undifferenzierte Interpretation des Begriffs vom „geheiligten Boden" geben.
5. Hebräische Kultur ist nicht gleich Tora.[11]

Während dies die klassischen theologischen Themen sind, gibt es aktuelle Probleme, vor denen der Staat steht und die dringend der Aufmerksamkeit bedürfen. Hier muss die jüdische Theologie die öffentliche Arena betreten. Klar und kompromisslos weist Marc Ellis in seinen Schriften auf das Elend der Palästinenser als Prüfstein für jüdische Werte hin:

Wenn jemand glaubt, wie ich es tue, dass der konkrete Akt der Solidarität mit dem palästinensischen Volk – was unter anderem das sofortige Ende der Besatzung, die Errichtung eines palästinensischen Staates neben Israel und eine Buße für vergangene und gegenwärtige Verstöße gegen das palästinensische Volk mit einschließt – nicht bloß eine Sache politischer Zweckdienlichkeit, sondern ein notwendiges Element des modernen jüdischen Glaubens ist, dann ist eine ausdrückliche theologische Stellungnah-

me zum miteinander verwobenen Schicksal von Juden und Palästinensern von absoluter Wichtigkeit. (...)[12]

Ellis Sichtweisen sind in jüdischen Kreisen nicht immer gern gesehen, zum Teil deshalb, weil dem Akademiker, der die meiste Zeit seines Lebens in einem nichtjüdischen Kontext zugebracht hat, die Glaubwürdigkeit als Jude abgesprochen wird. Darüber hinaus verwendet er eine theologische Sprache, die der „Befreiungstheologie" entlehnt ist, einer Theologie, die Juden nicht problemlos akzeptieren. Auch wenn die Terminologie anders sein mag, treffen seine Gedanken auf Zustimmung in und außerhalb Israels, denn viele sehen die Notwendigkeit einer gerechten Lösung für den israelisch-palästinensischen Konflikt, auch ohne religiös motiviert zu sein. Das beständige Gefühl des Belagerungszustandes, von dem das Leben in Israel schon lange Zeit vor der Gründung des Staates geprägt war, hat ein Dialogdenken verhindert, das in unseren pluralistischen westlichen Gesellschaften längst üblich geworden ist.
In einer kleiner werdenden Welt mit größerer gegenseitiger Verantwortung ist das Konzept des „Dialogs" ein neuer Modus, mit anderen in Beziehung zu treten, in eine Beziehung, in der beide Partner durch die Begegnung innerlich wachsen. Wie im Westen lebende Juden im Christentum selbstverständlich ihren religiösen Dialogpartner sehen, muss auch im Nahen Osten der Islam Dialogpartner werden.

Jeder Dialog hat seine eigenen Schwierigkeiten, aber er hilft uns, unseren typischen Versuchungen und Fallen ins Auge zu sehen: dem uneingeschränkten jüdischen Nationalismus, der ständigen Wahrnehmung unserer selbst als Opfer, ohne Verantwortung für unsere Situation, des Götzendienstes in Gestalt einer neuen jüdischen Selbsthuldigung, einer Selbsthuldigung, die aus einem tiefen Überlebensinstinkt heraus erwachsen ist, aber nun dazu führt, die Verbindungen zum Rest der Menschheit zu kappen. Mit der Wiederentdeckung unserer Besonderheit als Nation und Staat laufen wir Gefahr, den Universalismus aus dem Auge zu verlieren, jenen komplementären Teil unserer religiösen Berufung. In unserer politischen Existenz können wir vielleicht gleichwertige Partner anderer Nationen und Glaubensrichtungen werden und menschliches Teilen und gegenseitige Hilfe üben.
Es gibt eine Reihe anderer Themen, die es anzugehen gilt, wenn man

die neuen Lebensformen des jüdischen Volkes bedenkt. Was machen wir mit den vielen Israelis, die ein Leben außerhalb des Staates Israel wählen und sich doch der jüdischen Gemeinde des Westens entfremdet fühlen? Und was bedeutet eigentlich jüdische „Diaspora", wenn Israel nur mehr eine Flugreise weit entfernt ist und diejenigen, die nicht dort leben, die Diaspora aus freien Stücken wählen? Wie Zwi Verblowsky es ausdrückte: „Das Leben ist ein Kampf. Die Frage ist nur: Welche Arena wählt man?"[13]

Wo liegt die Verantwortung des progressiven, nicht-orthodoxen Judentums im Staat Israel selbst? Vermag es ein ideologisches Mittelfeld zu besetzen zwischen den extremen Polen, denen man in Israel in allen Lebensbereichen begegnet? Um einen gemeinsamen Ort im israelischen Leben zu finden, können die progressiven Bewegungen durchaus gezwungen sein, auch in die politische Arena einzutreten. Bedeutet dies einen Verlust der Unschuld und Authentizität, weil unweigerlich Kompromisse erforderlich werden, oder ist dies eine notwendige Erprobung ihrer hohen Ziele und Werte an der harten Wirklichkeit des nationalen Lebens?

Die Fragen sind einfacher als die Antworten. Egal, ob wir nun von der „Zentralität Israels" im jüdischen Leben heute als ideologischem Wert oder als einfachem und klarem Fakt sprechen: das gesamte Judentum ist vom „Wiedereintritt in die Geschichte" zunehmend beeinflusst und herausgefordert.

David Elazar drückt es so aus: „Israel ist der einzige Staat, den wir haben (und in Zukunft haben werden). Daher bildet er den Focus unserer Vision. Wie im Falle eines jeden anderen Experiments, das auf einer Vision beruht, ist keinesfalls sicher, ob der jüdische Staat erfolgreich sein wird. Ohne jedoch den Erfolg zu wagen, wären wir keine echten Juden."[14]

Die Grenzen jüdischen Lebens

Die jüdische Welt ist hoffnungslos geteilt zwischen religiösen und weltlichen Juden, zwischen Juden mit unterschiedlichen religiösen Überzeugungen, zwischen Zionisten und Nichtzionisten, zwischen engagierten und gleichgültigen Juden, und sie leidet auch sonst unter einer Unzahl teils privater Uneinigkeiten.

In religiöser Ansicht dominiert noch immer das Thema *Halacha*, wie wir gesehen haben. Hier existieren Konflikte, die von den verschiedenen miteinander konkurrierenden rabbinischen Autoritäten herrühren: Welche Konvertiten sind akzeptabel und für wen – in der Diaspora und im Staat Israel? Wie werden Hochzeit und Scheidung gesehen? Welche Identität haben Kinder aus Mischehen? Aber die klassischen Festlegungen geraten zunehmend durcheinander, da die Zahl der Scheidungen, Wiederheiraten und Mischehen wächst. In Patchworkfamilien leben Kinder aus früheren Ehen der neuen Ehepartner. Manche sind von jüdischen Partnern, andere nicht. Und wer eigentlich Jude ist, ist vielleicht schon seit zwei und drei Generationen nicht mehr ganz klar.

Eine rein soziologische Betrachtung der Fragen nach der Kontinuität jüdischen Lebens in der Diaspora führt zu weiteren Unsicherheiten. Einige der Analysen und Prognosen, abgeleitet zumeist von demographischen Studien in den Vereinigten Staaten, haben zu bedenken gegeben, dass gemischte Paare und ihr Nachwuchs als Juden schlicht verschwinden werden. Andere behaupten jedoch, dass sie zu einem Teil der neu wachsenden ethnisch-jüdischen Kultur werden, die mit Widersprüchen lebt. Bleibt die Frage, wie weit diese Menschen in den folgenden Generationen erkennbar jüdisch bleiben werden. Vielleicht wird es schon bald einfach unmöglich sein, das halachische Durcheinander zu entwirren und die alten Kategorien wiederherzustellen.

Die schlimmsten Szenarien halten die Auflösung von zweitausend Jahren jüdischer Diasporageschichte für denkbar. Um diesem Trend entgegenzuwirken, sind in den religiösen Bewegungen zwei völlig entgegengesetzte Strategien entstanden: Die eine ist „exklusivistisch“, die andere „inklusivistisch“. Die orthodoxe Richtung möchte die Reihen schließen und einen ergebenen Kern toratreuer Juden bewahren. Die amerikanische Reformbewegung schützt gemischte Ehen und möchte durch eine patrilineale Auffassung die Kinder integrieren. Rabbi Irving Greenberg, ein amerikanischer orthodoxer Rabbiner und Begründer einer Bewegung für innerjüdische Versöhnung, hat jedoch dargelegt, dass beide Strategien einen zweifelhaften Erfolg hätten:

Der orthodoxe Rechtsruck, durch den das Image von einer erstarkten selbstsicheren, aggressiven Orthodoxie entstanden ist, hat die orthodoxe Mitte vernichtet und nichtreligiöse orthodoxe Juden verjagt. Dieses Ergeb-

nis läßt eine Schwächung des orthodoxen Einflusses und eines stärker polarisierten jüdischen Volkes erahnen. Es stellt auch die nostalgische, magische Vorstellung infrage, der zufolge eine zurückgezogene, rechtsgerichtete Orthodoxie der Überrest des jüdischen Volkes wäre, der ein Überleben garantiert.

Eine weitere Gruppe, die schlaflose Nächte verbringen dürfte, ist die der amerikanischen Reformer. Die gute Nachricht für die Reform: Eine Studie zeigt, dass sie zur Nummer Eins in der konfessionellen Wahl der amerikanischen Juden geworden ist und dabei besonders unter jungen amerikanischen Juden der vierten Generation die Führung übernimmt. Die schlechte Nachricht: die Gründe für den Erfolg der Reform. Schlecht ausgebildeten Kindern konservativer Juden ist sogar das eingeschränkte Hebräisch in der Liturgie zu viel, also wechseln sie zu einem Gottesdienst, der ganz und gar englischsprachig ist oder nur einige wenige hebräische Worte enthält. (...)

Die Studie zeigt eine geringe Übertrittsrate in Mischehen (5 Prozent). Frühere Studien sprachen noch von einem Drittel. Also wächst der Verdacht, dass die patrilineale Lösung für die Abstammungsfrage den Druck zum Übertritt verringert hat. Dies ist deshalb eine schlechte Nachricht, weil einige kleinere Studien vermuten lassen, dass die Konversion die Zahl der Kinder, die jüdisch aufwachsen und sich auch weiter als Juden identifizieren, stark wachsen lässt.

Rabbi Irving Greenberg schließt: „Keine jüdische Gruppe sollte sich über eine andere erheben."[15] Greenberg gründete in Amerika die Organisation des National Jewish Center for Learning and Leadership (CLAL). *Klal* ist auch ein hebräisches Wort, ein Teil des Ausdrucks *Klal Israel*, „ganz Israel", das jüdische Volk als Ganzes. Es verweist auf die Suche nach der Einheit der Juden, trotz der vielen innerjüdischen Unterschiede. Die Frage ist, welche Einheit angestrebt oder gewünscht wird und zu welchem Preis. Sicherlich kann der Dialog zwischen den verschiedenen Parteien nur zum Guten sein, denn sobald man versucht, Taktiken anzuwenden oder Koalitionen zu bilden, treten separatistische Tendenzen mit aller Macht zutage.

Der Historiker David Biale äußert in dem amerikanischen Zeitschrift *Tikkun* recht offen zu den Fragen jüdischer Einheit seine Meinung:

Die Wahrheit ist, dass das jüdische Volk nicht ein Volk ist. Mit dem Zusammenbruch der mittelalterlichen rabbinischen Vorherrschaft ist die jüdische Welt auseinandergebrochen und in gewisser Hinsicht zu dem Pluralismus zurückgekehrt, der das jüdische Volk auch in der Spätzeit des Zweiten Tempels ausmachte, vor dem Auftreten der Rabbinen als alleinigen jüdischen Autoritäten. Der Zionismus hat versucht, die Fragmentierung des modernen Judentums zu überwinden, indem er eine neue Form der nationalen Identität bot, aber wie der Umgang mit der Frage „Wer ist Jude?" zeigt, ist diese neue Identität unklar und illusionär. (...) Man mag dieses Fehlen einer jüdischen Einheit beklagen oder als gesunden Pluralismus feiern, aber der Weisheit Anfang liegt in der Anerkennung dieser modernen Realität.[16]

Wenn also Einheit in der pluralistischen jüdischen Welt von heute nicht länger möglich ist, zumindest nicht in der bekannten Formen der Vergangenheit –, was hält dann die Zukunft für das jüdische Volk bereit? Statistisch oder spirituell begründete Vermutungen anzustellen, scheint geradezu tollkühn zu sein, wenn man bedenkt, wie unvorhersehbar sich die jüdische Vergangenheit entwickelt hat. Jüdische Historiker schätzen ein Buch, das in den dreißiger Jahren des 20. Jahrhunderts von einem führenden amerikanischen jüdischen Historiker publiziert wurde. Darin prophezeite dieser zuversichtlich der jüdischen Gemeinde Deutschlands eine erfolgreiche Zukunft, sobald die vorübergehende Verirrung des nationalsozialistischen Faschismus erst einmal überwunden wäre! In solchen Fällen bin ich versucht, die Worte des Hollywood-Drehbuchautors William Goldman zu zitieren, der die Frage, wie erfolgreiche Filme zu machen seien, so abschließend beantwortete: „Nobody knows anything."

In diesem Zusammenhang entsinne ich mich eines Gesprächs mit einem orthodoxen Rabbiner, der beklagte, dass gerade jüdische junge Leute in Amerika offenbar besonders häufig Sekten und fernöstlichen Religionen beitreten. (Eine Geschichte, die in New York spielt, lässt vier Gruppen an einer Straßenecke aufeinandertreffen: Moonies (Vereinigungskirche), Hare Krishnas, Jews for Jesus und Chassidim – und alle sind sie Juden!) Der Grund für dieses Phänomen ist zum Teil eine gesunde (oder, wenn man es nicht mag, ungesunde) jüdische Neugier für „das Andere" und eine Faszination für das Spirituelle, sofern es keine jüdische Spiritualität ist, die als einengend empfunden wird.

Außerdem florieren solche Sekten besonders an Universitäten, und eine unverhältnismäßig große Anzahl jüdischer junger Leute, prozentual zur Gesamtbevölkerung gesehen, besucht die Universität. Ich äußerte im Gespräch mit dem Rabbiner die Vermutung, dass es doch gut möglich wäre, dass gerade die Kinder oder Enkel solcher Entdeckungsreisenden wieder neugierig auf ihre jüdische Herkunft werden und ein paar faszinierende Einsichten ins Judentum einbringen könnten. Er war nicht gerade beeindruckt von diesem Argument.

Es kann durchaus sein, dass wir uns – denken wir an die Situation der Diaspora und die komplexen Veränderungen im Staat Israel – schon mitten in einer Periode jüdischer Transformation befinden, die genauso revolutionär ist wie die am Ende der biblischen Zeit, als das rabbinische Judentum geschaffen wurde. Es mag ein Jahrhundert dauern oder zwei, bevor wir die Natur des neuen Judentums erkennen, das zur Zeit entsteht: mit neuen Strukturen, religiösen Leitern und sogar neuen Schriften, die dem bisherigen Korpus der Tora hinzuzufügen sind. In der Zwischenzeit müssen wir mit diesem Durcheinander leben und, soweit wir können, Strategien entwickeln, um das Gespräch zwischen den verschiedenen jüdischen Gruppen und Institutionen zu fördern.

Dank der Existenz des Staates Israel und gut organisierter jüdischer Gemeinden in der Diaspora haben wir viele Modelle für Gemeinschaft, für politische Führung und Autorität. Trotz aller Vernichtung während der Zeit der Nationalsozialisten, ist es uns als jüdischem Volk gelungen, an den Fundamenten festzuhalten, die unser Überleben und die Kontinuität unserer Kultur möglich machen.

Im breit gefächerten Panorama miteinander konkurrierender religiöser Bewegungen gibt es Liberale, Reformer, Konservative, Rekonstruktionisten, moderne Orthodoxe, Ultraorthodoxe und Chassiden, die als jüdische Antwort auf Aufklärung und Emanzipation entstanden, mal ganz abgesehen von Gruppierungen wie „Jewish Renewal“, die New-Age-Ideen in die jüdische Praxis hineintragen. Sie alle sind Beispiele einer spirituellen Führung, die die Bewahrung der Tradition als lebendige Kraft im jüdischen Leben betont. Denn alle versuchen auf ihre Art, die Bundesbeziehung mit Gott durch liturgische und religiöse Formen zu bewahren. Dabei steht weiter die Frage im Raum, ob die religiösen Autoritäten allein über die jüdische Identität gebieten oder nicht. Sie birgt ein wachsendes Konfliktpotential, da der

Staat Israel an Macht gewinnt und sein Recht geltend macht, das jüdische Volk als nationale Einheit neu zu definieren.
Jüdischer Intellekt, jüdische Vorstellungskraft und jüdische Träume sind in diesem säkularen Zeitalter in Künste, Naturwissenschaften und Geisteswissenschaften eingeflossen und haben radikal neue Einsichten ermöglicht. Doch wo fließen Visionen und die einzigartige prophetische jüdische Spiritualität in das jüdische Leben selbst ein? Manifestiert sich diese Kraft noch immer in den alten Stimmen der Tradition und Auslegung? Oder muss sie in den neuen Einsichten gefunden werden, die unsere säkulare Kultur in diesem Jahrhundert geformt haben? Ist unsere gegenwärtige Verwirrung Zeichen einer Auflösung oder der Beginn einer weiteren einzigartigen jüdischen Synthese von Altem und Neuem?
Statistiken sagen nicht genug aus über die Weite und die Natur der jüdischen Welt heute. Eher schon erfahren wir etwas, wenn wir auf die jüdische Tradition und die verschiedenen Gemeinden der Vergangenheit blicken. Die Vielfalt heute macht es sehr schwer, auszumachen, was der innerste Kern dieses seltsamen Volkes ist. Wie bei jeder Entdeckungsfahrt ist es am Ende einfacher, missglückte Versuche aufzuzählen als tatsächliche Erfolge.
Im Jahr 1934 wurde in Berlin das Philo-Lexikon veröffentlicht. Auf 800 Seiten versuchte es, die großen Persönlichkeiten und Bewegungen der jüdischen Vergangenheit ebenso zu würdigen wie die bedeutsamen Menschen der Gegenwart mit ihrem jeweiligem besonderen Beitrag. Indem man den außergewöhnlichen Beitrag von Juden zur deutschen Kultur im Allgemeinen und im Besonderen hervorkehrte, wollte man insgeheim die Angriffe der Nationalsozialisten auf die Juden und das Judentum kontern. Unter Literatur führte das Lexikon 240 Persönlichkeiten auf, beginnend mit Moses Mendelssohn. Es folgten Dichter wie Heinrich Heine, Richard Beer-Hoffmann, Kurt Tucholsky, Karl Wolfskehl, Else Lasker-Schüler, Schriftsteller wie Alfred Döblin, Jakob Wassermann, Stefan Zweig, Lion Feuchtwanger, Joseph Roth, Franz Werfel, Franz Kafka, Leo Perutz, Philosophen wie Hermann Cohen, Franz Rosenzweig, Martin Buber, Dramatiker wie Arthur Schnitzler, Erich Mühsam, Ernst Toller, Kritiker und Essayisten wie Karl Kraus, Alfred Kerr, Emil Ludwig, Max Brod, Ernst Bloch, Walter Benjamin, Sigmund Freud. Andere Artikel galten Künstlern, Kunsthistorikern, Komponisten, Musikern, Philosophen,

Nobelpreisträgern, von Juden herausgegebenen Zeitungen samt ihren Redakteuren sowie Schauspielern und Schauspielerinnen, Athleten, Wissenschaftlern und Gelehrten, jiddischen Dichtern und Romanciers.

Die Listen waren endlos. Rückblickend betrachtet war die vielleicht ergreifendste Liste die der jüdischen Soldaten, die im Ersten Weltkrieg für Deutschland, ihr Vaterland, gefallen waren. Aber irrationalem Hass mit der Auflistung von intellektuellen und künstlerischen Errungenschaften oder sogar Zeugnissen nationaler Treue zu begegnen, erwies sich als unmöglich – allenfalls den Juden selbst mag es möglicherweise ein wenig Stolz verliehen haben zu Beginn dieser dunklen Zeit.

Wie viele der Genannten waren „praktizierende" Juden? Relativ wenige, und doch haben diese Juden große geistige Beiträge zum 20. Jahrhundert geleistet, wie weit auch immer dieser Beitrag vom klassischen jüdischen Denken entfernt sein mag. Ich, der ich im Nachkriegseuropa aufgewachsen bin, möchte meine eigene Liste jener Juden hinzufügen, die ihre Wirkung auf meine Kultur und meine persönliche Spiritualität gehabt haben. Die meisten von ihnen waren Kinder von Immigranten, die zu Beginn des 20. Jahrhunderts aus Osteuropa nach Amerika einwanderten. Sie waren hungrig und ehrgeizig und trugen noch immer Erinnerungen an Speise, Musik, Geist und Schmerz aus jener Welt in sich – vielleicht hallte darin ein Echo der Tora nach, welche die Generation ihrer Eltern aufrechterhalten hatte.

Es ist dies mein eigenes, sehr subjektiv gefärbtes „Philo-Lexikon" von Juden, die die Sprache der populären Kultur sprachen und sprechen: die Lieder der Gershwin-Brüder, Irving Berlin, Rogers und Hart und später Hammerstein, Jerome Kern, Yip Harburg. Oder aus einer jüngeren Generation: Bob Dylan, Leonard Cohen, Paul Simon oder einer der unzähligen anderen jüdischen Komponisten und Liedermacher, die von Allen Ginsberg ihre neue Grammatik des amerikanischen Lebens gelernt haben. Dann gab es die außergewöhnlichen hintergründig-witzigen Humoristen, Komödianten und Entertainer, die sich über Vaudeville bis zum Broadway und den „Silver Screen" durchgearbeitet haben: Jack Benny, George Burns, die Marx Brothers, Al Johnson, Milton Berle, Eddie Cantor, Phil Silvers, Fanny Brice, Sophie Tucker, Danny Kaye, gemeinsam mit Hollywoodproduzenten, Regisseuren und Komponisten, die eine Phantasiewelt schufen, die realer war als vieles in unserer banalen Wirklichkeit. Auch sie hatten ihre zornigen Kinder, wie Lennie Bruce, der das versteckte Judentum jener Generationen aufs Korn nahm und seine Wut über die Bühne des Nachtklubs in die Welt hinausschrie und einer neuen Generation amerikanischer Juden aus ihrer eigenen bequemen Begrenztheit half. Und dann die Romanciers und Dramatiker, die über Jahrzehnte hinweg unser Bild des urbanen Amerika, seiner Kultur und seiner Härte prägten: Saul Bellow, Norman Mailer, Bernard Malamud, Arthur Miller, Clifford Odets, Philip Roth, um nur einige zu nennen und nur einen kleinen Teil des amerikanisch-jüdischen Reichtums anzusprechen.

Nebenbei bemerkt: Die folgende Geschichte, die man sich über den ersten Amerika-Besuch von Rabbiner Dr. Leo Baeck erzählt, der die Entbehrungen und Schrecken des Konzentrationslagers Theresienstadt überlebt hatte, muss wahr sein. Ich erinnere mich nicht mehr daran, wo ich sie gehört habe. Einmal trat der Herausgeber des „Commentary", des gefeierten intellektuellen jüdischen Magazins, mit einer grandiosen Idee an Leo Baeck heran: Er wolle die größten jüdischen Dichter und Schriftsteller zusammenbringen und eine ganz neue amerikanisch-jüdische Liturgie verfassen. Baeck erwiderte, dass diese Idee tatsächlich grandios sei und dass, vorausgesetzt, man bekäme sie alle zusammen, aus den Bemühungen jener gesegneten Generation tatsächlich ein einziges neues jüdisches Gebet entstehen könnte! Die „alte Welt" träfe auf die „neue Welt".

Die Liste ist unvollständig all der fehlenden Europäer wegen, die ich hinzufügen könnte – und hier beginne ich auch meine Grenzen zu spüren. Wie kann ich angemessen die Welten Nordafrikas, des Mittelmeers und des Nahen Ostens würdigen, in denen jüdische Traditionen tief wurzeln und die doch ganze Kulturwelten entfernt sind von meiner eigenen jüdischen Erfahrung, aber lebendig und tief bedeutsam sind für andere? Das Jiddisch-Revival der vergangenen Jahre hat uns auf die enorme Kraft des Klezmer, der Lieder und Gedichte derer, die in den Ghettos von Wilna und Warschau starben, aufmerksam gemacht. Aber auch andere Welten wie die Kultur des Ladino und anderer jüdischer Sprachen wie Judenpersisch oder Judenarabisch sind sämtlich Teil einer reichen Tapisserie jüdischer Kreativität, traditionell und modern in Form und Denken, innerhalb und außerhalb der religiösen Welt. Die enorme kulturelle Vielfalt, deren Echos man heute in Israel findet, ist ein Teil dessen, worum es im Judentum im Glauben wie im Volk eigentlich geht.

Ist es lediglich ein geschichtlicher Zufall, dass jene Denker, die zwei oder drei Generationen vor uns zu Rabbinern ausgebildet worden wären, stattdessen ihren Beitrag zur Welt in Wissenschaft, Kunst und Philosophie lieferten? Heute erkennen wir die einstige jüdische Blütezeit, die uns Mahnung ist, wie die innere Welt des Judentums verarmte ohne den intellektuellen Stimulus durch Menschen vom Format eines Freud oder Einstein oder ohne die politischen Herausforderungen einer Emma Goldman oder Rosa Luxemburg. Wenn sich heute ein Großteil des modernen religiösen jüdischen Denken allzu gewohnt, müde und seltsam belanglos anfühlt, dann deshalb, weil es nicht länger der Ort zu sein scheint, an dem der Kampf um die menschliche Seele ausgefochten wird. Das heißt nicht, dass moderne Rabbiner und religiöse Denker innerhalb der verschiedensten Richtungen des Judentums nicht phantasievoll und integer mit solchen Themen ringen. Nur scheint die gesamte Übung zu beschränkt oder apologetisch und an ein zu kleines innerjüdisches Publikum gerichtet zu sein. Möglicherweise ist das jüdische Volk als Ganzes auch einfach des Kämpfens müde. Wir haben in diesem einen Jahrhundert mehr Geschichte erfahren, mehr Tragödien und mehr Zerstörung und seltsamerweise auch mehr Triumphe als in den vergangenen zwei Jahrtausenden zuvor, und dafür zahlen wir den Preis. Tatsächlich wollen wir eher in Ruhe gelassen werden und unsere „Schäflein hüten". Nur weil sich unser neuer jüdischer Staat in ständiger Bedrohung befindet und wie in Kriegszeiten unsere Ohren noch immer auf das Heulen der Wölfe hören, können wir uns die Ruhe, die wir brauchen, nicht gönnen. Also kämpfen wir weiter, ganz wie wir sind und immer gewesen sind: zerstritten, manchmal in uns selbst gefangen, manchmal in geradezu absurdem Maße offen und verletzbar gegenüber der Welt um uns herum.

Kämpfen – und dies bedeutet der Name Israel – mit Gott und für Gott mit dem Menschen, selbst wenn wir nicht mehr sicher sind, wer oder was Gott sein mag. Was uns zum letzten Kapitel des Buches führt.

Literaturhinweise

Über den Staat Israel

M. Krupp, Die Geschichte des Staates Israel. Von der Gründung bis heute. Gütersloher Verlagshaus, Gütersloh 1999.

Über jüdische Diaspora

H.-P. Katlewski, Judentum im Aufbruch. Von der neuen Vielfalt jüdischen Lebens in Deutschland, Österreich und der Schweiz. Jüdische Verlagsanstalt Berlin, Berlin 2002.

G. S. Rosenthal/W. Homolka, Das Judentum hat viele Gesichter. Die religiösen Strömungen der Gegenwart, München 1999.

13

Dreizehn Eigenschaften hat Gott

Die Zukunft Gottes

Die Überschrift dieses Kapitels entstammt einem weiteren Beispiel für die rabbinische Weiterführung eines Bibeltextes. Um sie zu verstehen, müssen wir einen kurzen Blick auf einen Abschnitt im Buch Exodus werfen, der zu einer Quelle religiöser Spekulation wurde – in der Bibel selbst und auch später. Nachdem das Volk Israel dem goldenen Kalb gehuldigt hat, sucht Mose die Beziehung zu Gott wiederherzustellen. Erst als er Gott überzeugt hat, das Volk nicht an Ort und Stelle zu vernichten, versucht er sicherzustellen, dass Gott selbst die Israeliten auf ihrer Reise durch die Wüste begleiten wird. Im Verlauf des Gesprächs bittet er Gott darum, ihm die göttliche „Herrlichkeit" zu zeigen, wobei das hebräische Wort *kawod* so etwas wie „Präsenz", wörtlich Gottes „Gewicht" in der Welt, bedeutet (siehe Kapitel 1). In seiner berühmten Antwort spricht Gott: „Niemand kann Mich sehen und leben." Dies meint nicht unbedingt, dass jeder, der Gott erblickt, auf der Stelle des Todes stirbt, denn es kann auch anders übersetzt werden: „Niemand kann mich zeit seines Lebens sehen." Es geht also um einen prinzipiellen Unterschied zwischen den Menschen und Gott, der nicht aufgehoben werden kann. Stattdessen bietet Gott Mose an, an ihm vorüberzuziehen, um ihn „Meinen Rücken" schauen zu lassen. Dies führte später zu allerlei Spekulation über die Natur der göttlichen Offenbarung: Können wir die Handlungen Gottes nur nach dem Ereignis erkennen, nicht aber im Augenblick ihres Geschehens? Der Text fährt fort: Gott geht an Mose vorüber und ruft einige Worte aus, die die göttlichen Qualitäten beschreiben. Es ist ein komplizierter Satz, der Stück für Stück untersucht werden muss. (Ex 34,6f)

Und der Ewige zog vorüber an seinem Angesicht und rief: Ewiger, Ewiger, Gott barmherzig und gnädig, langmütig und reich an Huld und Treue; bewahrend die Huld ins tausendste Geschlecht, vergebend Schuld, Misse-

tat und Fehl; doch straflos hingegen lässt er nicht; er ahndet die Schuld der Väter an Kindern und Kindeskindern, am dritten und am vierten Geschlecht.

Was eher harmlos mit der Beschreibung Gottes als „barmherzig und gnädig“ beginnt, nimmt eine schreckliche Wendung und endet schließlich in der Vorstellung von Bestrafung unschuldiger Generationen für die Sünden der Eltern bis in die weite Zukunft hinein. Vielleicht ist es am besten, dass wir uns mit diesem letzten Teil zuerst befassen, um ihn aus dem Weg zu haben, bevor wir sehen, wie die Rabbinen mit diesem Textabschnitt umgegangen sind.

Wie so oft in den Gesetzestexten der Bibel müssen wir uns zunächst einmal bewusst machen, an wen sie sich richten. Wir haben hier eine patriarchale Gesellschaft, also ist der Partner Gottes in Israels Bund der autonome männliche Erwachsene. Dieser „Vater“ „besaß“ eine Frau, manchmal Frauen und Nebenfrauen, Kinder, Diener, Tiere, Ländereien und Früchte des Feldes. Aber er war auch derjenige, der die Verantwortung für das Wohlergehen aller trug, die ihm anvertraut waren. Wir sollten noch einen kleinen Hinweis anfügen, den der große Philosoph und Bibelgelehrte Martin Buber gegeben hat. Wie wir in Kapitel 3 festgestellt haben, dachte der biblische Mensch historisch in drei Generationen: zurück in die Vergangenheit – wie mit „Abraham, Isaak und Jakob“ und in die Zukunft hinein – „bis ins dritte und vierte Glied.“ Das heißt, dass ein Einzelner darauf hoffen konnte, zu seinen eigenen Lebzeiten vier Generationen seiner Familie zu sehen. In dieser Lesart bedeutet die Warnung an den „Patriarchen“, dass alle seine lebenden Kinder, Enkel und Großenkel gefährdet wären, wenn er seinen Pflichten gegenüber Gott unter dem Bund nicht nachkäme. Es handelt sich also nicht um eine Strafe, die in die Zukunft ungeborener Generationen hineinreicht, sondern um eine Erinnerung an seine aktuelle Verantwortung.

Die von den Rabbinen aus diesem Text herausgearbeiteten „dreizehn Eigenschaften“ Gottes lassen allerdings den Schlussteil aus und halten in der Mitte des Satzes inne, wie wir noch sehen werden. Aber zunächst einmal sollten wir etwas detaillierter betrachten, wie Gott beschrieben wird.

Es scheint, als ob im biblischen Text Gott den göttlichen Namen zweimal erwähnt. Die möglichen Bedeutungen dieses Namens haben wir bereits im ersten Kapitel erörtert. In der Wiederholung entdeckten die Rabbinen zwei unterschiedliche Eigenschaften. Den Namen selbst verstanden sie als Referenz an die Gotteseigenschaften Liebe und Gnade im Gegensatz zu strenger Gerechtigkeit. Daher vermutet Raschi, der jüdische Kommentator des Mittelalters, dass die erste Verwendung des Namens bedeutet, dass Gott Erbarmen mit dem Sünder hat, bevor er oder sie sündigt, und die Wiederholung, dass Gott Erbarmen hat mit dem Sünder, nachdem er oder sie gesündigt und bereut hat. Was einen anderen Kommentator zu der Frage führte: „Warum muss Gott Erbarmen mit jemandem haben, der noch gar nicht gesündigt hat?" Die Antwort lautete: „Ein Gerechter sprach einmal zu seinen Schülern: ‚Wenn Ihr ganz ohne Sünde wärt, hätte ich Sorge, dass etwas in Euch wohnt, das schlimmer ist als Sünde.' Sie fragten ihn: ‚Was ist schlimmer als Sünde?' Er antwortete: ‚Stolz und Heuchelei.'" Was auch immer die Bedeutung dieser Wiederholung sein mag, sie ergibt jedenfalls Nummer eins und zwei der dreizehn Eigenschaften.

Das nächste Wort ist *El,* ein weiterer alter biblischer Name Gottes, der hier mit dem Ausdruck *Rachum weChanun* verbunden ist. Hört man diese beiden Worte, fällt selbst ohne Kenntnis des Hebräischen aus der Wiederholung der Vokale in beiden Wörtern auf, dass sie ein Paar bilden. Und tatsächlich, obwohl jedes seine eigene Bedeutung hat, scheinen sie in eine Art gemeinsames Konzept eingebunden zu sein. *Rachum* verweist auf die Wurzel „Schoß" und bedeutet allgemein „Liebe" oder „Mitgefühl" (bei Mendelssohn mit „Huld" übersetzt). Vielleicht deutet es auf die Liebe, die eine Mutter für ihr ungeborenes Kind in ihrem Schoß empfindet. Das zweite Wort *Chanun* bedeutet „Gnade". Ohne allzu sehr ins theologische Detail zu gehen, kann man sagen, dass es bedeutet, „einem anderen großzügig geben", ohne im Gegenzug etwas zu erwarten – eine Art überbordende Güte. Beide Worte zusammen scheinen so etwas wie eine überfließende, ungebundene Liebe zu meinen. Dies ist die erste klare Beschreibung von Gottes Eigenschaften, die Mose offenbart werden.

Der nächste Ausdruck scheint dazuzugehören. Wörtlich bedeutet er „lange Nüstern"! Viele biblische Gefühlsbeschreibungen haben ihren Ursprung in physischen Merkmalen. Man meinte, dass die Nase Gefühle wie Zorn ausdrücke, daher sprach man auch von der „Hitze der Nase". Also bedeutet unser Satz etwa: „Es dauert lange, bis seine be-

benden Nasenflügel seinen Zorn andeuten!" Dies führt zu Übersetzungen wie „langmütig" oder einfach „geduldig". Gottes überströmende Liebe führt dazu, dass er grenzenlos geduldig mit den Menschen ist.

Der nächste Satz bringt eine neue Dimension ins Spiel. Er enthält die beiden Worte *Chessed veEmet*, und wieder kann man hören, wie die Vokalwiederholung die beiden Worte aneinanderknüpft. *Chessed* ist einer jener unübersetzbaren hebräischen Begriffe, die zu englischen Neuschöpfungen wie „lovingkindness" geführt haben und im Deutschen meist mit „Barmherzigkeit" übersetzt werden. Es handelt sich dabei um ein Wort, das zur Sprache des „Bundes" gehört. Nur zur Erinnerung: Der „Bund" gleicht einem Vertrag zwischen zwei Menschen, geht aber über ein rein gesetzliches Dokument hinaus, weil er Loyalität und Treue auf den Seiten derer einfordert, die ein Teil des Bündnisses sind (siehe Kapitel 2). Auch reicht er über ein Menschenleben hinaus. Als Jonathan, der Sohn König Sauls, begreift, dass nicht er, sondern eventuell sein Freund David seinem eigenen Vater nachfolgen und König werden wird, schließt er einen Bund mit ihm. Normalerweise ist die erste Amtshandlung eines neuen Königs, sich aller überlebenden Mitglieder der vorigen königlichen Familie als potentielle Bedrohung der eigenen Autorität zu entledigen. Jonathan nötigt David das Versprechen ab, dass er *Chessed* gegenüber seinen Kindern walten lässt und Loyalität und Treue zeigt, die über das Leben Jonathans hinausreichen. (1 Sam 20,14-15)

Das zweite Wort *Emet* beinhaltet eine Fülle wichtiger Bezüge. Es entstammt einer Wurzel, die jedem geläufig ist, der je einen jüdischen, christlichen oder muslimischen Gottesdienst besucht hat: „Amen". Die Wurzel signalisiert, dass etwas „fixiert", „fest", „verlässlich" ist. Wenn wir also am Ende eines Gottesdienstes oder nach einem Segen „Amen" sagen, bestätigen wir unser Einverständnis mit dem eben ausgedrückten Gedanken. Von derselben hebräischen Wurzel stammt das Wort *Emunah* ab, das sich als „Glaube" oder „Überzeugung", noch besser als „Vertrauen" übersetzen lässt. Interessanterweise kennt das Englische dieselbe Verbindung zwischen *Emunah* und *Emet*, nämlich „trust" (Vertrauen) und „truth" (Wahrheit). Vertrauen ist etwas, auf das man bauen kann.

Was geschieht also, wenn diese zwei Worte zusammenstehen? Es geht um die Vorstellung von absoluter Loyalität, einer Liebe, auf die Verlass ist, einer, die Menschen in einem Bund gegenseitigen Vertrauens bindet.

An dieser Stelle beginnen wir zu erkennen, wie subtil die biblische Formulierung ist. Die Liebe Gottes wird gesehen als gleichzeitig *Rachum weChanun*, überfließend, großzügig und grenzenlos, und *Chessed weEmet*, umschlossen von Loyalität und Treue zu einem Bund. Um es weiter zu verdeutlichen: Hier wird versucht, die schwierige Frage zu beantworten, wie ein Gott, der imstande ist, das gesamte Universum zu schaffen, sich sozusagen selbst beschränkt, um mit einem Teil seiner Schöpfung in einen beiderseits verpflichtenden Bund zu treten. Gott steht gleichzeitig innerhalb wie außerhalb des Bundes – Gottes Liebe ist grenzenlos und gleichzeitig aus freien Stücken eingeschränkt.

Was dieses Paradoxon bedeutet, wird nun näher erläutert. Wenn es einen Bund mit gegenseitiger Verpflichtung und Verantwortlichkeit gibt, muss es auch Grenzen geben, die nicht übertreten werden dürfen, Handlungen auf Seiten beider Partner, die einen Vertragsbruch bedeuten und Strafen nach sich ziehen. Daher verdeutlicht der weitere Text, wie sich diese *Chessed* über tausende Generationen fortsetzen kann: indem Gott nämlich alle möglichen Arten von Fehlverhalten entschuldigt, manche Handlungen aber ausnimmt – hier muss zwangsläufig eine Bestrafung des Missetäters folgen.

Die meisten Übersetzungen machen durch die Terminologie von „Sünde" und „Übertretung" eher undeutlich als deutlich, was Gott vergibt und was er nicht vergibt, deshalb ist es hilfreich, sich am hebräischen Text zu orientieren. Das erste Wort in der Liste, oben mit „Schuld" übersetzt, ist der Begriff *Awon*, der von einem Wort abgeleitet ist, das „krumm sein" meint, ein gewohnheitsmäßiges Fehlverhalten. Wir wissen, dass etwas falsch ist, können aber nicht anders. Der zweite Begriff (oben Missetat) *Pescha* bedeutet wörtlich „Rebellion" und ist der stärkste der drei Begriffe. Er besagt, dass man etwas genau deshalb tut, weil man weiß, dass es falsch ist! Der dritte Begriff *Chatta'ah* (oben Fehl) wird üblicherweise als „Sünde" bezeichnet. Eigentlich meint er „sein hochgestecktes Ziel nicht erreichen", von einem bestimmten Ziel „abweichen". Scheinbar geht es um das vergebliche Bemühen, dem zu entsprechen, was wir sein könnten, oder darum, dass man auf seiner Reise durch das Leben ein wenig vom Weg abirrt. In jedem Fall ist es ein Zustand, der durch die Entscheidung, auf den rechten Pfad zurückzukehren, korrigiert werden kann.

Schließlich kommen wir zu einem seltsamen Ausdruck, der betont, dass es für das Vergeben Gottes Grenzen gibt. Das hebräische Schlüsselwort ist *Nake*, „jemanden für unschuldig erklären". Seine Ursprünge sind vermutlich im gerichtlichen Kontext zu suchen, denn es bedeutet, jemanden in einem Prozess freisprechen, wenn sich die Anklage als unberechtigt erwiesen hat. Im biblischen Hebräisch wird ein Verb gelegentlich in leicht abgeänderter Form wiederholt, um einen Gedanken zu bekräftigen. Zur Beteuerung der Unschuld eines Menschen muss es wörtlich lauten: „unschuldig, er erklärt ihn für unschuldig". In unserem Fall wird diese Form zwar verwendet, aber beide Wörter werden durch das Wort „nicht" unterbrochen, um zu betonen, dass jemand, der schuldig und womöglich nicht bereit ist, diese Schuld anzuerkennen und etwas zu ändern, definitiv nicht von Gott freigesprochen wird. Doch gerade hier nehmen die Rabbinen einen seltsamen Eingriff vor. Sie schneiden den Satz nach dem ersten Wort *weNake* ab, nach der positiven Aussage, dass Gott jemanden für unschuldig erklärt, und lassen somit das Negative aus, das folgt. Während die Bibel eine Grenze bei Gottes Großzügigkeit zieht, weiten die Rabbinen sie in die Ewigkeit aus. So vervollständigt der letzte Satzteil – „und lässt jeden unschuldig sein" – die Liste der dreizehn Eigenschaften.

Damit haben die Rabbinen eine Art Präzendenzfall für etwas geschaffen, was eigentlich ein atemberaubendes Stück plastischer Chirurgie an einem heiligen Text ist. Dieser Abschnitt aus Exodus ist so bedeutsam, dass er in der ganzen Bibel immer wieder variiert wird. Mose hält diesen Satz prompt Gott vor, als im Anschluss an die Episode mit den Kundschaftern die Israeliten dazu verurteilt werden, vierzig Jahre in der Wüste zu wandern, bis diese Generation ausgestorben ist. Gott will sie gänzlich durch Nachkommen ersetzen, bis Mose Gott daran erinnert, dass er sich selbst als liebend und barmherzig beschreibt. Dabei zitiert Mose den größten Teil der Exoduspassage (Num 14,18). Ein Rabbiner bemerkte, dass Mose in der Wiederholung das Wort „Wahrheit" aus der Liste streicht, – denn wenn Gott in dieser Situation der Wahrheit den Vorzug gäbe, wäre er durchaus berechtigt, die Israeliten auf der Stelle fallen zu lassen!

Die verschiedenen Fassungen dieses Textes, die in der Bibel auftauchen, lassen fortan alle Schlussworte über die „Ahndung der Schuld der Väter" aus und wiederholen generell die ganze Liste der Eigenschaften, um Gott noch großzügiger und vergebender erscheinen zu lassen. Psalm 103 (8-10) spricht zum Beispiel fast emphatisch von Gottes Nachsicht:

Barmherzig und gnädig (Rachum weChanun) *ist Gott,,*
nachsichtig und unendlich liebevoll (Chessed).
Gott klagt nicht immerzu an
und hält am Zorn nicht fest.
Gott handelte nicht an uns, wie es unseren Verfehlungen entsprochen hätte,
und ging nicht nach unseren Verkehrungen mit uns um.

Das Resultat rabbinischer Überarbeitung des Exodustextes ist auch die folgende Fassung, die in der Synagoge während der Festtagsgottesdienste gesprochen wird und an Jom Kippur, dem Versöhnungstag, das zentrale Gebet ist. Es ist, als ob wir all unsere Hoffnungen auf Vergebung von Gott in dieses eine Gebet an diesem heiligsten aller Tage legten, ganz wie es einst Mose tat, um die Israeliten zu retten:

Der Ewige, der Ewige, Gott, barmherzig und gnädig, nachsichtig, von unendlicher Liebe und Treue, bewahrt Gnade bis in die tausendste Generation, vergebend Schuld, Missetat und Fehl und befreit.

Der gebrochene Bund

Für viele scheint es heute, nach der Shoa, völlig deplatziert, von einem gebrochenen Bund zu sprechen. Wo waren Liebe und Mitgefühl, die absolute Loyalität zum jüdischen Volk in der Zeit unserer größten Not? Wenn ein Bund beide Partner bindet, müssen beide ihren Verpflichtungen nachkommen. Wo also war Gott? Sicherlich genauso unumgänglich ist die Frage: Wo war der Mensch in jener Zeit? Wo war unsere westliche Zivilisation samt ihren Werten? Wo war unsere Menschlichkeit? Aber auch die theologische Frage bleibt, und verschiedene Anstrengungen sind von Juden unternommen worden, sie wenigstens zu untersuchen, wenn sie schon nicht beantwortet werden kann.

Da ist die Geschichte aus den Konzentrationslagern, wo eine Gruppe frommer Juden über Gott Gericht hält und ihn für schuldig befindet. Nachdem sie aber das Urteil gefällt haben, versammeln sie sich, um das Abendgebet zu sprechen.
Noch radikaler ist die Reaktion des jiddischen Dichters Jacob Glatstein (1896-1971):

Wir empfingen die Tora am Sinai,
Und in Lublin gaben wir sie zurück.
Die Toten preisen Gott nicht.
(...)
Und so gewiss wir alle zusammenstanden
Bei der Übergabe des Gesetzes,
So wahr starben wir alle in Lublin (...)[1]

Solche Sätze und auch die Art des oben beschriebenen Gerichts mögen schockierend erscheinen, aber sie gehören zu etwas, das tief in der jüdischen Tradition verankert ist: das Recht, Gott in die Pflicht zu nehmen für das, was in der Welt geschieht, und besonders für das, was dem jüdischen Volk geschieht. Dieses Recht geht zurück auf Abrahams Streit mit Gott über das Schicksal von Sodom und Gomorra (Gen 18) und findet sich im Buch Hiob und in den Bekenntnissen des Propheten Jeremia. (Jer 11,18-12,6; 15,10-21; 17,5-18; 20,7-18) Auch die Rabbinen hielten eine solches Handeln und Reden für legitim:

Rabbi Pinchas, der Priester, Sohn des Chama, lehrte: Mose richtete die Gebetsordnung für Israel ein, als er sprach: Der Ewige, dein Gott, ist Gott der Götter und Herr der Herrscher, der große Gott, der Mächtige und Furchtbare. (Dtn 10,17) „Groß" – Gott tat große Dinge in Ägypten. „Mächtig" – Gott ließ mächtige Dinge am Schilfmeer geschehen. „Furchtbar" – in den Tagen von Mose wurde das Stiftszelt errichtet, von dem gesagt wird: „Furchtbar bist du Gott, an deinem heiligen Ort." (Ps 68,36) Als aber der Prophet Jeremia betete, sprach er nur: „Großer, allmächtiger Gott" (Jer 32,18), aber nicht „furchtbarer Gott". Warum sprach Jeremia „allmächtiger Gott"? Weil, so erklärte er, Gott schwieg, obschon er seine Kinder in Ketten sah und seinen Tempel zerstört – also gehört es sich, Gott „mächtig" zu nennen. Aber Jeremia sagte nicht „furchtbarer Gott", weil

der Tempel zerstört wurde. Wo bleibt da die Furcht, wenn Feinde Gottes Haus betreten können, ohne Furcht zu empfinden?
Als Daniel betete, sprach er: „O ewiger, großer und furchtbarer Gott" (Dan 9,4), nicht aber „mächtiger Gott". Warum nicht? Weil sich Daniel fragte, wo denn Gottes Macht war, als die Kinder Gottes in Ketten gelegt wurden. Als nun die Männer der Großen Versammlung kamen, stellten sie die Weise, Gottes Größe nach alter Form zu loben, wieder her und sprachen: „Und nun, unser Gott, großer, mächtiger und furchtbarer Gott." (Neh 9,32) Warum? Weil, so erklärten sie, Gott über alles menschliche Lob erhaben ist.
Aber Rabbi Jakob ben Eleasar sprach: Was Jeremia und Daniel angeht, wussten sie, dass Gott die Wahrheit liebt, und also suchten sie nicht, ihm zu schmeicheln. (Midrasch Psalmen 19,2)

Der Theologe Emil Fackenheim vertrat den Standpunkt, dass wir nach der Shoa bestimmte biblische Texte mit gänzlich neuen Augen lesen müssten. Er zitierte Geschichten aus der Zeit, da Israel Ägypten verließ und vierzig Jahre lang in der Wüste wanderte. Darin lesen wir oft, wie sich die Kinder Israels bei Mose über ihre Lage beschwerten. Es fehlte ihnen an Nahrung und Wasser, und sie waren davon überzeugt, dass ihre Kinder in der Wüste des Todes sterben würden. Mose übermittelte ihre Beschwerde Gott, und manchmal wurden ihre Bedürfnisse erhört, manchmal aber zürnte Gott. Fackenheim vermutete, dass wir daran gewöhnt sind, Seite an Seite mit Mose und Gott in diesen Geschichten gegen das Volk zu stehen. Aber wir, die wir die Ermordung jüdischer Kinder in den nationalsozialistischen Konzentrationslagern erlebt haben, können diese Texte nicht länger mit Gleichmut lesen. Auch wir sind voll Sorge um Israels Kinder und müssen die Haltung von Mose und Gott in Frage stellen.
Bevor wir heute von Gottes Eigenschaften sprechen können, müssen wir den Glauben an Gott in der Zeit nach der Shoa grundsätzlich hinterfragen. Der orthodoxe Theologe Eliezer Berkowits schreibt:

Ich stehe in Ehrfurcht vor der Erinnerung an die Kedoschim *(Heiligen), die mit dem* Ani Maamin, *dem „Ich glaube", auf ihren Lippen in die Gaskammern gingen. Wie darf ich zweifeln, wenn sie nicht zweifelten? Ich glaube, weil sie glaubten. Und ich stehe in Ehrfurcht vor den* Kedoschim, *vor der Erinnerung an das unsagbare Leiden unschuldiger Men-*

schen, die ohne Glauben in die Gaskammern gingen, weil das, was ihnen auferlegt wurde, mehr war, als ein Mensch ertragen kann. (...)
Der Glaube ist heilig, aber ebenso sind Nichtglauben und religiöse Rebellion in den Konzentrationslagern heilig. Der Nichtglaube war nicht intellektuell, sondern zerbrochener, zerschmetterter, zerriebener Glaube. Millionenfach gemordeter Glaube ist heiliger Nichtglaube. Jene, die nicht dort waren und doch bereitwillig den Holocaust als den Willen Gottes akzeptieren, der nicht in Frage gestellt werden darf, schänden den heiligen Nichtglauben jener, deren Glaube ermordet wurde. Und jene, die nicht dort waren und dennoch mit Selbstsicherheit den Reihen der Nichtgläubigen beitreten, schänden den heiligen Glauben der Gläubigen.[2]

Er schließt: „Wir sind nicht Hiob und wagen zu sprechen und zu erwidern, als seien wir's. Wir sind nur Hiobs Brüder." Wie und an welchen Gott kann das jüdische Volk angesichts eines „zusammengebrochenen, zerschmetterten, zerriebenen Glaubens" heute glauben, zu wem sich in Zukunft bekennen?

Wider den Götzendienst

Dieser Frage haben sich einige wenige jüdische Theologen vorsichtig genähert, obwohl alle zugeben, dass keine Erklärung ganz schlüssig ist. Vielmehr hat das jüdische Volk als Ganzes entschieden, weiterzugehen, zu überleben, von vorn zu beginnen, als ob das ganze Thema bis auf bessere Zeiten zurückgestellt werden müsste. Tatsächlich hat hier ein außergewöhnlicher Rollenwechsel stattgefunden. Wenn Juden heute weiter an Gott glauben oder zumindest dem Judentum als Lebensweise treu bleiben, dann trotz allem, was geschehen ist. Eine solche Treue ist in ihrer Hartnäckigkeit fast absurd, obwohl kaum ein Jude darin einen Funken Heldenhaftigkeit erkennen würde. Juden haben Gottes Gerechtigkeit und Gottes scheinbare Abwesenheit während der Shoa angerufen. Der Tod von einer Million Kindern lässt sich nicht in den Kategorien von Sünde oder Verfehlung auf Seiten des jüdischen Volkes fassen, jenen klassischen Erklärungen, die in der Vergangenheit zur Ehre Gottes gegen uns verwandt wurden. Wenn der Bund gebrochen wurde, dann nicht durch uns, allen Behauptungen derer zum Trotz, die solche Sünden allzu bereitwillig den Häresien von Assimilation, Zionismus oder Reformjudentum zugeschrieben haben. Vielmehr wurde der Bund, wie die Rabbinen des Talmud und Midrasch es wohl ausdrücken würden, sozusagen von Gott gebrochen, *kiwjachol*, aus Gründen, die unerklärbar bleiben und die nur die Zeit vielleicht enthüllt. Also kann die Treue des jüdischen Volkes zu Gott nur fortbestehen, weil *Rachum weChanun* auch unsere Attribute sind, eine überbordende, grenzenlose Liebe, die die Beziehung weiterführt, wenngleich die gegenseitige Loyalität, das *Chessed weEmet*, „Liebe und Wahrheit", scheinbar nicht länger wirksam ist. Auch wenn dies eine radikale Theologie zu sein scheint, ist sie vielleicht nicht einmal radikal genug angesichts von Schrecken und Schmerz jenseits aller Vorstellung oder Heilung.

Wohin gehen wir also? Wie machen wir jetzt weiter? Es gibt einen Vers in Kohelet (3,11), der sagt: „Alles hat Gott schön gestaltet in seiner Zeit." Rabbi Tanchuma (Midrasch Psalmen 34,1) interpretierte den Satz so, dass Gott mehrere Welten geschaffen hatte, bevor er unsere schuf, dass er aber mit allen unzufrieden war und sie zerstörte. Abgesehen von der deprimierenden Erkenntnis, dass wir durchaus auf dem besten Weg sind, diese, unsere Welt auch ohne Gottes Hilfe zu zerstören, erinnert uns der Midrasch in dramatischer Weise daran, dass wir uns ständig in einer Umbruchsituation befinden. Ganze Kulturen und Zivilisationen kommen und gehen; beinahe über Nacht können jahrhundertealte religiöse Überzeugungen verschwinden; wissenschaftliche Theorien, die unser Denken verändert haben, werden wieder verworfen. Was im Großen geschieht, wiederholt sich im Kleinen in unserer individuellen Existenz. In unserem eigenen Körper sterben ständig Zellen ab und werden ersetzt, so dass wir mit der Zeit tatsächlich andere Menschen werden. Alles, was wir um uns herum sehen, hat seine Geschichte: sein Entstehen, Wachsen und Vergehen. Das mag uns nur theoretisch als wahr erscheinen, wenn wir unbeseelte Objekte betrachten wie Steine oder Metalle. Aber alle organische Materie in der Natur kann täglich in den Phasen ihrer Veränderung erlebt werden, und jeder, der Verantwortung für ein Gebäude trägt, weiß nur zu gut, wie schnell scheinbar feste, unveränderliche Materialien undicht werden, rosten, verrotten oder zu Staub werden können. Unser Leben steht unter dem Gesetz der „Entropie", einem wunderbaren Wort, das einfach bedeutet, dass alles irgendwann aus den Fugen gerät!

Alles verändert sich, nichts ist unveränderlich. Das ist die objektive Realität der Welt um uns herum und die brutale Wahrheit über unsere eigene begrenzte Lebenszeit auf der Erde, unsere Vergänglichkeit. Sie wird in den Texten der Bibel verdeutlicht, die wir in jüdischen Gedenkgottesdiensten sprechen: „Ein Mensch ist wie ein Grashalm, seine Lebenszeit wie eine Blume auf dem Feld. Weht ein Sturm darüber, vergeht sie und ist nicht mehr, und man kennt nicht einmal mehr ihren Ort."

Natürlich lässt sich nicht unbeschwert leben, wenn man sich diese Erkenntnis täglich vor Augen hält. Sie ist zu deprimierend oder beängstigend, sie würde alle Initiative oder Hoffnung zerstören. Auf viele Arten werden wir durch unsere Instinkte, Bedürfnisse und Energien, unsere Begeisterung, unsere Begierden und unsere Arbeitswut vor dieser Wahrheit geschützt – wir leben weiter, wir bauen und ringen, wir haben Kinder und sind kreativ. Wir suchen Strukturen, Formen und Institutionen zu errichten, die den Kräften der Veränderung widerstehen, die uns überleben werden und uns ein Leben jenseits unserer Zeit schenken – in Ziegeln und Stein oder in Nachkommen aus Fleisch und Blut. Wir fordern das Leben heraus und trotzen dem Tod, und wir sind voll der Wut oder des Entsetzens, wenn der Tod kommt, um uns zu holen.

Die andere Weise, in der wir gegen das Wissen um unseren eigenen Verfall und Tod kämpfen, zeigt sich in den Kräften, die wir in Gott hineinlegen oder in irgendein anderes Absolutes, das wir kreieren: den Staat, die Nation, das Volk. Wir mögen zwar begrenzt sein, sie aber sind ewig; indem wir uns an sie binden, spüren wir, dass etwas von ihrer Ewigkeit auf uns übergeht.

Das erklärt auch, warum wir so viel Energie in unsere religiösen Traditionen investieren und solche Angst vor Veränderung haben. In einer sich stets verändernden Welt erinnert uns die Tradition daran, dass manche Dinge offenbar außerhalb der Zeit stehen, dass etwas unveränderlich und sicher ist. Dieses Etwas ist „wahr" im Sinne des hebräischen Wortes *Emet*, das wir oben betrachtet haben: Es ist fest, verlässlich und vertrauenswürdig. Die Tradition sagt uns, dass das, was wir tun, auch von unseren Eltern und Großeltern und deren Vorfahren getan wurde. Sie geht zurück auf die *Tora MiSinai*, die Offenbarung der Tora, die uns am Sinai gegeben wurde, um das klassische rabbinische Wort für ein Gebot zu nehmen, dessen Ursprünge sich im

Dunkel der Vergangenheit verlieren. Sie ist geprüft und hat sich über alle Generationen bewährt. Sie widersteht der Zeit. Und wenn sie nicht ganz der Realität von heute entspricht, wenn Teile davon nicht ganz aufgehen, wenn wir ein wenig ungeduldig mit ihr werden und mühsam kämpfen müssen, um ein wenig von ihr zu begreifen und sie an unsere heutigen Bedürfnisse anzupassen – umso besser. Bestätigt das nicht nur, dass die Welt um uns herum mit ihren Unsicherheiten und Veränderungen eigentlich nur eine Illusion ist, dass unter all diesen Veränderungen noch immer Dinge liegen können, die sich nicht verändern, die heute noch so sind, wie sie waren, als sie unseren Vorfahren von Gott offenbart wurden? Ja, ist nicht die Tradition so wahr und ewig, wie der Gott, der sie gab?
Im selben Moment, in dem wir uns an die Sicht der Tradition klammern, wissen wir tief in unserem Inneren, dass es so einfach nicht ist. Der Glaube an die Macht der Tradition scheint parallel zum Tempo der Veränderung in der äußeren Welt zu wachsen. Tewje, der Milchmann aus dem Musical „Fiddler on the Roof" (dt. Anatevka), singt von „Tradition", als die Winde durch Anatevka zu fegen beginnen, als alte Gewissheiten nicht länger als gegeben hingenommen werden können. Ist die Tradition lebendig und wirklichkeitsnah, wird sie nicht als Tradition betrachtet – sie ist einfach das, was ist und immer war, die Art und Weise, wie wir Dinge tun und immer getan haben. Sie verlangt keine Infragestellung und keine Verteidigung. Wann immer aber Veränderungen zu groß werden, verliert die Tradition die Funktion eines instinktiven, tagtäglichen Verhaltens, einer natürlichen, unbefangenen Richtigkeit. Stattdessen gerät sie ins Abseits, und aus ihr erwächst eine neue Größe mit ganz eigenen Gesetzen und Forderungen. Anstatt als selbstverständlich zu gelten, erwartet sie nun Treue. Anstatt uns zu zeigen, wie wir leben können, wird sie selbst zum Brennpunkt der Aufmerksamkeit. Anstatt mit allen selbstverständlich geteilt zu werden, wird sie zum Mittel, das Maß an Treue oder „Authentizität" einiger weniger zu testen.
Und doch, weil Tradition Wirklichkeit ist und Veränderung dennoch unvermeidlich, muss es Wege geben, in denen sich beide Faktoren in unserem Leben vereinen. Ein Weg liegt in der Formulierung, die die *Amida* einleitet: „Unser Gott und Gott unserer Vorfahren". Wie eine Interpretation nahe legt, erbt ein jeder von uns den Gott unserer Vorfahren, aber ein jeder von uns muss Gott in sich selbst begegnen. Gott

muss in jeder Generation wiederentdeckt, aber gleichzeitig als der Gott vergangener Generationen erkannt werden, der sich in einer neuen Weise offenbart.

Im Leben eines jeden Juden, dem beide Dinge wichtig sind, besteht eine Spannung, welcher dieser Aspekte vorherrscht. Wir befinden uns heute in einer gespaltenen Realität, in der diejenigen, die ihre persönliche religiöse Erfüllung suchen, sie durchaus auch außerhalb der formellen jüdischen Welt finden können, während jene, die sich innerhalb der Tradition wissen, ihre persönliche Suche fast als eine Bedrohung der Tradition und der kollektiven Identität der Gemeinde empfinden. Selbst der traditionelle Weg, nämlich die Veränderung aufzunehmen, indem man sie behandelt, als ob sie im System bereits vorgesehen sei, funktioniert nicht wie früher. Wie wir gesehen haben, hat Gott am Sinai rabbinischer Lehre zufolge nicht nur die schriftliche, sondern auch die mündliche Tora offenbart, d. h. ganz gleich, welche neuen Gesetze als Antwort auf neue Situationen geschaffen werden – eigentlich wurden sie schon Mose offenbart. Es steht alles in der Tora. Unsere Aufgabe ist nicht, etwas Neues zu erfinden; wir müssen nur entdecken oder aufdecken, was bereits potenziell vorhanden ist. „Wende sie (die Worte der Tora) hin und wende sie her, denn alles ist darin enthalten." (Sprüche der Väter 5,26)

In der berühmten talmudischen Geschichte (b. Menachot 29b) besucht Mose die Akademie, an der der große Rabbi Akiwa lehrt, und versteht nicht, was dieser sagt. Ein Schüler fragt: „Woher bekommst du eine Gewähr für diese Lehre?" „Von Mose am Sinai", kommt Akiwas Antwort. Gott hat uns ein System gegeben, und die Inspiration des menschlichen Genies erlaubt es uns, Gottes Willen in sich verändernden Umständen neu zu entdecken.

Doch wie wir gesehen haben, besteht unser Problem heute darin, dass das System selbst zusammengebrochen ist, wenigstens im Bereich der *Halacha*, des jüdischen Gesetzes. Die meisten Juden leben außerhalb der *Halacha* oder schenken ihr wenig Beachtung, und die *Halacha* selbst befasst sich mit einem sehr begrenzten Bereich von Belangen. Die Art der Veränderung, der wir heute gegenüberstehen, ist so radikal, dass die Tradition keine Antwort bereithalten kann. Wir können uns nicht einmal mit der Weisheit trösten, dass nichts wirklich neu ist. Wir sehen die Tradition, sehen ihre Kraft und ihre Grenzen, und wir erkennen die veränderten Umstände unserer Welt. Unsere Aufgabe ist es, die Wahrheit dieser beiden Realitäten anzuerkennen und sie, so gut es geht, zusammenzuhalten. Wo Konflikte gelöst werden können, müssen wir es versuchen. Wo keine klare Entscheidung möglich ist, müssen wir lernen, mit Zweideutigkeiten zu leben, mit verschiedenen Möglichkeiten und unterschiedlichen Meinungen und Praktiken der Individuen und Gemeinden. Dies legt uns eine weitaus größere Verantwortung auf als früher. Wir müssen Wege finden, mit der einhergehenden Unsicherheit zu leben, Konflikte zu lösen, die unweigerlich entstehen, und die Toleranz und den gegenseitigen Respekt, die für das Überleben in dieser neuen Situation wesentlich sind, neu lernen.

Wenn aber das Judentum durch seine Tradition an seine Vergangenheit geheftet ist, so wird es durch seine messianischen Hoffnungen gleichzeitig auch immer wieder in die Zukunft katapultiert. Die Spannung zwischen beiden ist eine weitere Kraft, die das Judentum als Glaube aufregend und lebendig sein lässt. Auch wenn wir uns heute in einer Zeit des Heilens und der Genesung so gern aus der Vergangenheit Sicherheit und Unterstützung holen, brauchen wir dennoch Visionen und Hoffnungen, die unseren Geist beflügeln und unsere Phantasie herausfordern.

Welche Wege bringen uns in dieser Situation voran? Vielleicht ist wie so oft in der Vergangenheit im ersten Schritt wichtig, die Quellen des Götzendienstes von heute zu identifizieren. Wie die Rabbinen über Abraham sagen, begann das Judentum mit der Zerstörung der Götzen seiner Väter. Deshalb müssen auch wir mit rigoroser Klarheit auf die heutige jüdische Welt und die Götzen schauen, die wir uns erschaffen – materielle und spirituelle, die unserer Begegnung mit Gott entgegenstehen. Es scheint genügend von ihnen zu geben. Dies ist verständlich, wie es der Götzendienst immer ist, aber im höchsten Maße gefährlich. Zu den Götzen gehören unkritische Auffassungen von Volkszugehörigkeit, Nationalismus, die Verehrung heiliger Orte und heiliger Reliquien, Ideologien und Rituale – eben alles, was ein Ding vor den Menschen stellt, ein „Es" vor ein „Du".

Paradoxerweise findet ausgerechnet ein Jude, bei dem man nicht unbedingt einen Bezug zur jüdischen Tradition vermutet, die passenden Worte für den Tribut, den wir der Götzenanbetung entrichten und für die Herausforderung, die die religiöse Suche an uns stellt. In seiner Autobiographie „Zeitkurven – Ein Leben" schreibt der amerikanische Dramatiker Arthur Miller: „Ein Götze sagt den Menschen genau, was sie zu glauben haben; Gott bietet ihnen Wahlmöglichkeiten, die sie für sich selbst zu entscheiden haben. Der Unterschied ist alles andere als bedeutungslos. Vor einem Götzen bleiben die Menschen abhängige Kinder, vor Gott werden sie belastet und gleichzeitig befreit, um an den Entscheidungen des nicht endenden Schöpfungswerkes teilzuhaben."[3]

„Ein Volk, das allein wohnt"

Einer jener modernen Götzen ist der Glaube, dass wir als jüdisches Volk alles allein schaffen können und es auch sollten, sei es politisch oder spirituell. Dabei ist eines der größten Geschenke, die aus dem Machtverlust der Religion und dem Aufstieg der säkularen Welt und zivilen Gesellschaft hervorgehen, die Idee des Dialogs in allen seinen Formen – interkulturell oder interreligiös. Und die radikale Veränderung in der Haltung der Kirche gegenüber dem Judentum und ihr Wunsch nach Dialog ist einer der unerwarteten Nebeneffekte der Shoa.

Es ist eine oft erlebte Tatsache, dass Menschen, die den interreligiösen Dialog pflegen, sich besser untereinander verständigen können als mit jenen, die sie daheim zurückgelassen haben. Doch der wahre Wert des Dialogs beweist sich erst in dem Versuch, „jenen zu Hause" dabei zu helfen, ein wenig an der Erfahrung teilzuhaben und wenigstens seine Legitimität anzuerkennen. Als Juden sind wir nicht allein in unserer religiösen Suche, aber nur selten durften wir erleben, dass andere gemeinsam mit uns diese Reise wagen wollten. Auch wenn die Erfahrung zu neu ist, um ihr gänzlich zu trauen, eröffnet sie dennoch enorme Möglichkeiten, Respekt, Verständnis und Liebe zwischen den verschiedenen Glaubensrichtungen zu entwickeln.

Eine der zentralen Paradoxien des Dialogs ist, dass er uns auf unsere Tradition zurückverweist, uns anhält, sie neu zu entdecken, ihr Fragen zu stellen und uns an den Antworten zu erfreuen, die sie gibt. Daneben bringt der Dialog auch ein Maß an Selbstkritik mit sich, das wesentlich ist für unsere spirituelle Gesundheit als Glaubende und als Volk des Bundes. Er erinnert uns auch an eine Weisheit aus unserer eigenen mystischen Tradition: Unsere einzigartige Aufgabe als Juden hat nur Sinn vor dem Hintergrund der Menschheit als Ganzer und der Gesamtheit von Gottes Schöpfung. Deshalb ist es angemessen, dieses Buch mit einem Bild zu beschließen, das den Schriften eines zeitgenössischen jüdischen Mystikers entnommen ist, jenes Raw Kook, der erster Oberrabbiner Palästinas war, ein streng orthodoxer Jude, der auch in der Arbeit der atheistischen Pioniere, die das Land Israel aufbauten, die Hand und den Willen Gottes erblickte. Als Mystiker ging er über die Besonderheiten der Tradition hinaus, obwohl seine Anhänger allzu oft seine Mystik missbrauchten, um ein engstirnigeres Judentum und einen kurzsichtigen Nationalismus zu begründen. Seine Worte schildern eine visionäre Hoffnung auf eine jüdische Zukunft, eine, die mit der gesamten Menschheit geteilt wird. Denn das ist der wesentliche Sinn der jüdischen Berufung: ein „Königreich der Priester und eine heilige Nation" zu sein, ein Teil der Menschheit und doch getrennt von den anderen, so wie es jeder Mensch ist:

Da ist einer, und er singt das Lied seiner eigenen Seele, und in seiner Seele findet er alles, vollkommene geistige Zufriedenheit.
Und da ist einer, und er singt das Lied des Volkes. Denn er empfindet den Kreis seiner Seele nicht groß genug und geht also darüber hinaus, greift nach mächtigeren Höhen. Und er vereint sich selbst mit der Seele der Gemeinde Israels, singt ihre Lieder, leidet ihre Not und erfreut sich an ihrer Hoffnung.
Und da ist einer, und seine Seele hebt sich über die Grenzen Israels hinaus, um das Lied der Menschheit zu singen. Sein Geist weitet sich, um die Herrlichkeit des Menschenbildes und seiner Träume zu umfassen. (...)
Und da ist einer, und er hebt sich über diesen Grad hinaus, bis er eins wird mit aller Schöpfung und allen Geschöpfen und allen Welten. Und mit allen singt er ein Lied. (...)
Und da ist einer, und gemeinsam mit dem Bündel all dieser Lieder steigt er auf. Alle singen sie aus voller Kehle, jeder verleiht Bedeutung und Leben dem Anderen.
Und diese Vollkommenheit ist das Lied der Heiligkeit, das Lied Gottes, das Lied Israels. (...)

Literaturhinweise

E. Berkovits, Faith After the Holocaust. Bloch Publishing, New York 1975.
E. Borovitz, Renewing the Covenant. A Theology for the Post-modern Jew. The Jewish Publication Society, Philadelphia/New York/Jerusalem 1991.
E. Fackenheim, The Jewish Bible After the Holocaust. A Re-Reading. Manchester University Press, Manchester 1990.
A. H. Friedlander, Das Ende der Nacht. Jüdische und christliche Denker nach dem Holocaust. Chr. Kaiser/Gütersloher Velagshaus, Gütersloh 1995.
D. Hartmann, A Living Covenant. The Innovative Spirit in Traditional Judaism. The Free Press, New York 1998.

Anmerkungen und Literaturhinweise

Einleitung

1. Zu einer neuen Studie dieses Phänomens siehe Claudine Fabre-Vassas, The Singular Beast. Jews, Christians, and the Pig (Übersetzung: Carol Volk), Columbia 1997.

I Einer ist unser Gott im Himmel und auf Erden

1. Alle Übersetzungen von Bibelabschnitten lehnen sich an die des Autors oder entstammen: Die Tora. Die fünf Bücher Mose nach der Übersetzung von Moses Mendelssohn. Herausgegeben von Annette Böckler. Jüdische Verlagsanstalt Berlin, Berlin 2002.
2. A. Marmorstein, The Old Rabbinic Doctrine of God, Bd.1, The Names and Attributes of God, Jews' College Publications Nr.10, Oxford University Press, London 1927; Neuauflage Gregg International, Westmead 1969, S. 11-12.
3. Mehr zu diesem Thema siehe Kapitel 4.
4. Eine ausführlichere Diskussion hierzu siehe Kapitel 11.

Hinweis: Sämtliche Texte aus Seder ha-Tefillot am Ende des 1. und des 8. Kapitels und im gesamten Buch entstammen der Ausgabe Seder ha-Tefillot, Das jüdische Gebetbuch, Hebräisch-Deutsch. Band 1: Gebete für Schabbat, Wochentage und Pilgerfeste. Band 2: Gebete für die Hohen Feiertage. Hrsg. von Jonathan Magonet in Zusammenarbeit mit Walter Homolka. Aus dem Hebräischen von Annette Böckler. Gütersloher Verlagshaus, Gütersloh 1997. – Die „Gebete für Schabbat und Wochentage" sind seit 2001 in einer Paperbackausgabe in der Jüdischen Verlagsanstalt Berlin erhältlich (ISBN 3934658-24-5).

2 Zwei Tafeln bezeugen den Bund

1. Joseph L. Baron (Hg.), A Treasury of Jewish Quotations. South Brunswick, NJ, A. S. Barns's, New York und London. Thomas Yoseloff, 1965, zitiert dies als Ausspruch von William Norman Ewer, englischer Journalist 1885, aus: The Week-End Book, 1924, S. 117.
2. Dies wird von derselben Quelle als Ausspruch von L. Roth zitiert. In: Jewish Thought, 1954, S. 39.
3. Lionel Blue, To Heaven with Scribes and Pharisees. In Zusammenarbeit mit den Reform Synagogues of Great Britain, Darton, Longman & Todd, London 1975, S. 68.
4. ibid., S.73.
5. Jehuda Halevi, The Kusari. An Argument for the Faith of Israel. Aus dem Arabischen von Hartwig Hirschfeld (1905). Einleitung von Henry Slonimsky. Schocken Books, New York 1964, S. 226-277. (Deutsch: Jehuda Halevi, Der Kusari. Übersetzung ins Deutsche und Einleitung von D. Cassel. Morascha, Zürich 1990.)

3 Drei ist die Zahl uns'rer Väter

1. Michael Williams: Peut-on rendre les Juifs plus utiles et plus heureux en France? (Kann man die Juden Frankreichs produktiver und glücklicher machen?): The Abbé Grégoire revisited: 1787-1995, European Judaism, Bd. 29, Nr. 2 (Frühjahr 1996), S. 51-68, 65, 66.
2. Gunther W. Plaut, The Rise of Reform Judaism. A Sourcebook of its European Origins. New York 1963, S. 33-44.
3. ibid., S. 34.
4. Jacob Petuchowski, Prayerbook Reform in Europe. The Liturgy of European Liberal and Reform Judaism. New York 1968, S. 53.
5. Howard M. Sachar, The Course of Modern Jewish History. Weidenfeld & Nicholson, London 1958; überarbeitete Neuauflage, Vintage Books 1990, S. 148.

4 Vier ist die Zahl uns'rer Mütter

1. Blu Greenberg, Women and Judaism, in: Arthur A. Cohen und Paul Mendes-Flohr (Hg.), Contemporary Jewish Religious Thought. The Free Press, New York 1987, S. 1039-53. Der Artikel beschreibt diese Widersprüche auf eindrückliche Weise, besonders weil sie Einfluss auf das jüdische Gesetz haben.
2. Ellen M. Umansky und Dianne Ashton, Four Centuries of Jewish Women's Spirituality. A Sourcebook. Beacon Press, Boston 1992. Für weitere Beispiele solcher Gebete siehe Tracy Guren Klirs (Hg.), The Merit of our Mothers. A Bilingual Anthology of Jewish Women's Prayers. Hebrew Union College Press, Cincinnati1992.
3. Zur Diskussion dieser Frage siehe den Artikel von Rabbinerin Alexandra Wright, An Approach to Jewish Feminist Theology, in: Sybil Sheridan (Hg.): Hear Our Voice. Women Rabbis Tell Their Stories. SCM Press, London 1994, S. 152-61.
4. Seder ha-Tefillot. Das jüdische Gebetbuch, Bd. 1, a.a.O., S. 242-245.
5. E. M. Broner mit Naomi Nimrod, The Women's Haggadah. Harper, San Francisco 1994.
6. Henrietta Szold, Artikel "Beruriah", in: The Jewish Encyclopedia, Bd. 3. Funk & Wagnalls, London und New York 1916, S. 109-110.
7. Siehe David Biale, The Lust for Ascetism in the Hasidic Movement, in: Jonathan Magonet (Hg.): Jewish Explorations of Sexuality. Berghan Books, Oxford/Providence NJ 1995, S. 51-64.
8. Sondra Henry und Emily Taitz (Hg.), Written Out of History. Our Jewish Foremothers. Biblio Press, New York 1996, Seite nicht nummeriert.
9. Für eine Kurzbiographie und zur Diskussion rund um die Kontroverse wegen ihrer Ordination und die Stille um ihr Dasein siehe Elizabeth Sarah, Rabbi Regina Jonas 1902-1944. Missing Link in a Broken Chain, in: Sheridan (Hg.), Hear Our Voice, a.a.O., S. 1-9. Siehe auch: Elisa Klapheck (Hg.), Fräulein Rabbiner Jonas. Kann die Frau das rabbinische Amt bekleiden? Eine Streitschrift von Regina Jonas. Vorwort von Hermann Simon. Hentrich & Hentrich, 2. korr. Auflage 2000.
10. Barbara Borts, Einleitung, in: Sheridan (Hg.), Hear Our Voice, a.a.O., S. 150.

5 Fünf Bücher hat die Tora

1. Einleitung zu J. H. Hertz (Hg.), The Pentateuch and Haftorahs. Hebrew Text, English Translation and Commentary, London 1987, 2. Auflage (Erstausgabe 1936). (Deutsch: Pentateuch und Haftarot, 5 Bde, Übersetzung aus dem Englischen O. Lehmann (Gen, Lev) und H. Goslar (Ex, Num, Dtn), Berlin 1937/8, Nachdruck Zürich 1984.
2. W. Gunther Plaut (Hg.), Die Tora in jüdischer Auslegung. Hebr./Dt. Einleitung von Walter Homolka. Bearbeitet und autorisiert übersetzt von Annette Böckler. 5 Bde. Gütersloh, Gütersloher Verlagshaus 2004), S. XIX.
3. Meir Zlotowitz (Hg.), The Megillah, The Book of Ester. A New Translation with Commentary Anthologized from Talmudic, Midrashic and Rabbinic Sources, New York, ArtScroll Studios, New York 1976, S. X.
4. A. J. Unterman, Past in Present. The Jewish Way with Time, Manna. Journal of the Sternberg Centre for Judaism 6 (1985), S. 16-17.
5. Mekhilta de Rabbi Ishmael. Kritische Ausgabe auf Grundlage der Manuskripte und frühen Schriften mit Übersetzung ins Englische. Einleitung und Anmerkungen von Jacob Z. Lauterbach, Bd. 3, Jewish Publication Society of America, Philadelphia 1935, S. 186-96. (Deutsch: Mechiltha. Übersetzt von J. Winter und A. Wünsche. Leipzig 1909. Neudruck: Hildesheim 1990.)
6. Ich möchte besonders drei Bücher empfehlen: Claude Montefiore, The Rabbinic Anthology; Hayim Nahman Bialik/Yehoshua Hana Ravnitzky, The Book of Legends, Translation: William G. Braude, New York 1992 sowie Louis Ginzberg, The Legends of the Jews. Zu weiteren Details siehe die Literaturliste am Ende des Kapitels.
7. E. H. Plumptre (Hg.), Ecclesiastes. The Cambridge Bible for Schools and Colleges, Cambridge University Press, Cambridge 1890, S. 75f.
8. Abraham Joshua Heschel, Halakha and Aggadah, in: Fritz A. Rothschild (Hg.), Between God and Man. An Interpretation of Judaism. From the Writings of Abraham J. Heschel. The Free Press, New York 1959, S. 175.
9. Um mehr über diese Gestalten und die Entwicklung zu erfahren, siehe mein Buch: Wie ein Rabbiner seine Bibel liest. Gütersloher Verlagshaus, Gütersloh 2001 (2. Auflage). Für einen kurzen, aber detail-

lierten Überblick zur Entwicklung der jüdischen Bibelexegese bis heute sei auf meinen Aufsatz verwiesen: How Do Jews Interpret the Bible Today?, Journal for the Study of the Old Testament (JSOT), 66 (1955), S. 3-17.

10. Benedictus de Spinoza, Tractatus Theologico-Politicus, übersetzt aus dem Lateinischen von R. M. Elwes. Routledge, London und New York. Die angegebene Passage ist eine paraphrasierte Zusammenfassung von Materialien der Seiten 101-103.

6 Sechs Ordnungen hat die Mischna

1. Heinrich Graetz, History of the Jews, Bd. 2, Myers, London 1904, S 639. (Deutsch: H. Graetz, Volkstümliche Geschichte der Juden, 6 Bde., Berlin 1922. Nachdruck: Geschichte der Juden. Von den ältesten Zeiten bis zur Gegenwart, Berlin 1988.) Die Bibliographie am Ende dieses Kapitels bietet weitere Lektürehinweise zum historischen Hintergrund des Talmud und seine Bedeutung in der jüdischen Tradition und einen wunderbaren Exkurs (von Hyam Maccoby) über Schlagfertigkeit und Humor der Rabbinen.

2. Alexandra Wright, Serving the Jewish Community, in: Leo Baeck College at Forty, Anhang zum Jewish Chronicle, 8. November 1996.

7 Sieben Tage, am Ende der Schabbat

1. Solomon Goldman, The Book of Human Destiny. From Slavery to Freedom. Abelard-Schuman 1958, S. 676.

2. Mekhilta de-Rabbi Ishmael, a.a.O. (s. Kapitel 5), S. 186-96.

3. Erich Fromm, Meaning of the Sabbath in: Lily Edelman und Morris Adler (Hg.), Jewish Heritage Reader. A B'nai Brith Book. Tapinger Publishing, New York 1965, S. 138-41, 140f.

4. Das Gebetbuch Seder ha-Tefillot benennt diese »Götzen« folgendermaßen: (...) dass die Anbetung des Geldes von der Erde verschwinden wird und dass Vorurteile und Aberglaube ausgerottet werden.

9 Neun Monate bis zur Geburt

1. Jewish Chronicle, 4. Dezember 1990, S. 24.

10 Zehn Worte ließ Gott Israel hören

1. Joseph B. Soloveitchik, The Lonely Man of Faith. Tradition, Bd. 7, Nr. 2 (Sommer 1965), S. 5-67, 8.
2. Aus dem Artikel »Halakha«, in: Contemporary Jewish Religious Thought, The Free Press, New York 1987, S. 310. Zu Details siehe die weiterführende Literatur am Kapitelende.
3. Israel-Diaspora Relations: The »Who is a Jew?« Debate, jpr news (Sommer 1997), S. 4f.

11 Elf Sterne sah Josef im Traum

1. Zitiert in Nahum N. Glatzer (Hg.), Hammer on the Rock. A Short Midrash Reader. Schocken Books, New York 1948, Seite 21.
2. London Jewish News, 29. August 1997, S. 7.
3. Diese Frage wird von Joseph Dan, Inhaber des Gerschom-Scholem-Lehrstuhls für Kabbala an der Hebräischen Universität Jerusalem, in dem Aufsatz: In Quest of a Historical Definition of Mysticism, Studies in Spirituality 3 (1993) diskutiert.
4. Louis Jacobs, A Jewish Theology. Behrman House Publishers, New York 1973, S. 32f.

12 Zwölf Stämme gibt's in Israel

1. Philip José Farmer, Tarzan Alive. Granada Publishing, London (in Großbritannien erstmals publiziert bei Panther Books, 1974).
2. Emil Fackenheim, Jewish Faith and the Holocaust. Commentary. 1967. Zitiert in: Ds., God's Presence in History. Jewish Affirmations and Philosophical Reflections. New York University Press, New York 1970, Seite 84.
3. Dow Marmur, The Star of Return. Judaism after the Holocaust.

Greenwood Press, New York 1991, S. 44.
4. Moshe Greenberg, Theological Reflections – Land, People and the State, Immanuel, Bd. 22, Nr. 23 (1989), S. 25-34, 28.
5. ibid., S. 28f.
6. David Hartman, The Challenge to Judaism, Jerusalem Post (Jahr unbekannt).
7. Jacob Neusner, Israel – An Approach, Manna, Nr. 30 (Winter 1991), Theology Supplement, S. 2.
8. Daniel J. Elazar, Renewing the Zionist Vision, in: Moshe Davis (Hg.), Zionism in Transition. Arno Press, New York 1980, S. 285-300, 288.
9. ibid., S. 292-93.
10. ibid., S. 295-97.
11. Louis Jacobs, A Jewish Theology. Behrman House Publishers, New York 1973, S. 281ff.
12. Marc H. Ellis, Justice and the Palestinians, Manna, Nr. 30 (Winter 1991), theologischer Anhang, S. 3 (Datum unbekannt).
13. Zitiert von Moshe Greenberg, Theological Reflections, a.a.O., S. 31.
14. Daniel J. Elazar, Renewing the Zionist Vision, a.a.O., S. 298.
15. Irving Greenberg, For Whom the Shofar Blows. The Jerusalem Report, 12./19. September 1991, S. 60.
16. David Biale, The Real Issue Behind Who-Is-A-Jew, Tikkun, Bd. 4, Nr. 4 (Juli/August 1989), S. 82-86, 83f.

13 Dreizehn Eigenschaften hat Gott

1. In: Joseph Leftwich, An Anthology of Modern Yiddish Literature. Mouton, The Hague 1974. International PEN Books, S. 236.
2. Eliezer Berkovits, Approaching the Holocaust, Judaism, Nr. 85, Bd. 22, Nr. 1, S. 18-20.
3. Arthur Miller, Zeitkurven. Ein Leben. Fischer Taschenbuch Verlag, Frankfurt 1985.

Glossar

Aggada (hebr. „Erzählung"), nicht-gesetzliche, rabbinische Schriften, einschließlich Bibelkommentare, Parabeln, Anekdoten usw.
Aguna: Frau, deren Mann verschollen ist oder dessen Tod nicht bestätigt wurde, wodurch sie „gebunden" oder „angekettet" ist und nicht wieder heiraten kann.
Alija: (hebr. „aufsteigen"), (a) Begriff für den Aufruf zur Toralesung, (b) Begriff für das „Hinaufgehen" in das Land Israel, um dort zu siedeln.
Amida: (hebr. „stehen"), Terminus für das zentrale Gebet in der jüdischen Liturgie, das dreimal täglich rezitiert wird und auch als „Achtzehnbittengebet" (trotz der darin enthaltenen 19 Lobsprüche oder Bitten) bekannt ist.
Aschkenasim: Juden aus Nord-, Mittel- und Osteuropa und ihre Nachkommen.

BatChajil: (hebr. „Tochter der Stärke"), eine Gruppenzeremonie in orthodoxen Synagogen für zwölfjährige Mädchen, die Gebete und Lesungen enthält und mit der der Eintritt in das Erwachsenenalter des Mädchens begangen wird.
BarMizwa/BatMizwa. „Sohn" (ab dreizehn Jahren) oder „Tochter" (ab zwölf Jahren) „des Gebotes" – ab diesem Alter sind junge Menschen im Sinn des jüdischen Gesetzes für ihre Taten verantwortlich. Bei der BarMizwa/BatMitzwa-Zeremonie in der Synagoge werden sie feierlich aufgerufen, einen Abschnitt aus der Tora zu lesen.
Bet Din: (hebr. „Gerichtshof"), Rabbinatsgericht, das sich heute vor allem mit Statusfragen wie Konversionen, Adoptionen und Scheidungen beschäftigt.
Bet Knesset: (hebr. „Haus der Versammlung"), eine der hebräischen Bezeichnungen für eine Synagoge.
Bikkur Cholim (hebr. „Krankenbesuch"), Gebot, die Kranken zu besuchen.
Brit: Bund.
Brit Mila: (hebr. Bund der Beschneidung), Zeremonie, in der die Vorhaut eines Jungen entfernt wird, wenn er acht Tage alt ist, und um das Gebot in Gen 17,10 zu erfüllen.

Chanukka: (hebr. „Weihung"), Fest, mit dem die Wiedereinweihung des Tempels durch die Makkabäer 167 v. d. Z. in Jerusalem und das Überleben des jüdischen Glaubens gefeiert wird.
Chassid, pl. **Chassidim**, **Chassidismus**: (hebr. "die Frommen"), religiöse und gesellschaftliche Bewegung, die Ende des 18. Jh.s im unterdrückten Osteuropa als Ereuerungsbewegung entstand und sich rasch entwickelt hat. Heute ein Teil der Ultra-Orthodoxie.
Cherem: Bann zur Exkommunizierung.
Chumasch: (hebr. „fünf), der Pentateuch oder die fünf Bücher Mose.
Chuppa: Hochzeitsbaldachin.

Dhimmi: Rechtsbegriff, mit dem ein Schutzstatus von Juden und Christen in muslimischen Ländern bezeichnet wird.

Eschet Chajil: (hebr. „eine tüchtige Frau"), Abschnitt aus Spr 31,10-31, der am Schabbatabend traditionell von den Männern als Lob auf ihre Frauen gelesen wird.

Gemara: siehe **Talmud**.
Ger: Biblischer Begriff für „vorübergehend Ortsansässiger", später zur Bezeichnung eines Konvertiten zum Judentum verwendet, eines *Ger Zedek*, eines „gerechten Konvertiten".
Get: (hebr. „Scheidebrief"), Scheidungsdokument, das die religiöse Scheidung eines Paares bezeugt.

Haftara: (hebr. „Abschluss"), Lesung aus den Propheten, die der Toralesung am Schabbat und an Festtagen folgt.
Haggada: (hebr. „Erzählung"), Buch, das die Liturgie für den häuslichen Gottesdienst am Pessachabend enthält und vom Auszug aus Ägypten erzählt.
Halacha: (hebr. „Wandel"), das jüdische Gesetz, das sich auf die Bibel und die rabbinische Literatur gründet.
Haskala: (hebr. „Aufklärung"), hebräischer Begriff für eine Bewegung Ende des 18. Jahrhunderts, die zur Assimilation in die umgebende Kultur und vollständigen Emanzipation und Aufklärung aufrief.
Hawdala: (hebr. „Trennung"). Abschließender Gottesdienst am Schabbat, womit dieser Tag von den Arbeitstagen der Woche unterschieden wird.

Holocaust: siehe Shoa.

Jiddisch: Eine Sprache, abgeleitet vornehmlich vom Mittelhochdeutschen und Hebräischen, geschrieben in hebräischen Lettern. Sie übernahm Elemente aus den verschiedenen Ländern, in denen sie zur Lingua Franca für die jüdische Bevölkerung wurde – vornehmlich aus Osteuropa.

Jom Kippur: Versöhnungstag.

Kaddisch: (aramäisch: „heilig"), Gebet zum Lob Gottes, das zunehmend mit dem Totengedenken assoziiert wurde.

Kascher: Siehe **Kaschrut**.

Kaschrut: (hebr. „Eignung"), jüdische Speisegesetze.

Ketuba: Heiratsdokument

Kibbuz: Landwirtschaftliches Kollektiv in Israel, das nach sozialistischen Prinzipien geführt wird.

Kiddusch: (hebr. „Heiligung"), Segen über den Wein (Symbol der Freude) und Dankgebet, um den Beginn eines Festes oder Schabbat anzuzeigen.

Klezmer: (abgeleitet von hebr. *Klej Semer*, „Musikinstrumente"), Name eines musikalischen Volksmusikgenres, das in Osteuropa populär war und von reisenden Musikanten ausgeführt wurde. Gegenwärtig erfährt es eine Art Revival.

Knesset: Israels Parlament mit Sitz in Jerusalem.

Kol Nidre: (hebr. „Alle Gelübde"), aramäische Formel, mit der Eide annulliert werden und die zu Beginn des Abendgottesdienstes am Versöhnungstag gesprochen wird. Daher auch der Name des Gottesdienstes.

Konservatives Judentum: Nicht-orthodoxe religiöse Bewegung in Amerika, die versucht, die jüdische Tradition durch ein sich weiterentwickelndes jüdisches Gesetz zu bewahren.

Koscher: Siehe **Kaschrut**.

Ladino. Judenspanischer Dialekt, gesprochen von Sephardim.

Liberales Judentum: Ein Begriff, der ebenso die nicht-orthodoxe, aber „traditionelle" Bewegung im Deutschland der Vorkriegszeit bezeichnet wie die von Israel Mattuck, Lily Montagu und Claude Montefiore begründete, radikalere liberale (und progessive) Bewegung Großbritanniens und Deutschlands.

Machsor: Gebetbuch für die jüdischen Festtage.
Mamser: Kind, das aus einer verbotenen sexuellen Verbindung hervorgegangen ist. Traditionell darf es nur einen anderen Mamser heiraten. Dieses Konzept wurde von nicht-orthodoxen Bewegungen im Judentum abgeschafft.
Mazza, pl. **Mazzot**: Ungesäuertes Brot, gegessen während des Pessachfestes.
Mechiza: Paravent oder andere Form einer Trennwand, mit der in orthodoxen Synagogen die Abteilungen für Männer und Frauen voneinander abgetrennt werden.
Megilla, pl. **Megillot**: (hebr. „Rolle"), eine der Fünf „Rollen" (Hohelied, Ruth, Klagelieder, Prediger, Ester) im dritten Teil der Hebräischen Bibel, von denen jede einzelne an einem bestimmten Festtag gelesen wird.
Midrasch: (hebr. „Forschung"), Suche nach einer tieferen Bedeutung im Bibeltext jenseits des offensichtlichen Sinnes. Mal wird der Midrasch als Gesetz ausgedrückt (Halacha), mal als Mythos, Legende, Ethik, Parabel, Homilie usw. (Aggada)
Mikwe: Ritualbad.
Mila: Siehe **Brit**.
Minjan: Quorum von zehn Männern, die traditionell gebraucht werden, damit ein Gottesdienst stattfinden kann. Nicht-orthodoxe Bewegungen haben entweder die erforderliche Anzahl von zehn Personen abgeschafft oder auch Frauen mit eingeschlossen, um die Zahl zu erreichen.
Mischne Tora: Gesetzeskodifizierung der „mündlichen Lehre", die nach traditionellem Verständnis die „schriftliche Lehre" begleitet, die Mose von Gott am Berg Sinai empfing. Als gesonderter Gesetzeskodex gegen Ende des 2. Jahrhunderts d. Z. von Rabbi Jehuda HaNassi kompiliert.
Mizwa: (hebr. „Gebot" oder „Vorschrift"), gesetzliche oder gesellschaftliche Forderung, die den Juden obliegt. Davon abgeleitet in der allgemeineren Bedeutung von „gute Tat".
Mohel: Derjenige, der die rituelle Beschneidung vornimmt.
More Newuchim: (hebr. "Führer der Verirrten"), ein Buch, in Ägypten verfasst von Moses Maimonides (1135-1204), in dem er die Herausforderungen der philosophischen Ideen seiner Zeit mit traditionellem jüdischen Denken und Schriftauslegung zu vereinbaren suchte.

Orthodoxes Judentum: Begriff für postemanzipatorische Bewegungen, die jüdische Tradition, Ritus und Gesetz relativ unverändert zu bewahren suchten. Sie umfassen „moderne" oder „zentrale" Orthodoxie, fundamentalistische (ultraorthodoxe) und chassidische Gruppen.

Pentateuch: Die Fünf Bücher Mose. Sie eröffnen die Hebräische Bibel: Genesis (hebr. *Bereschit*, „Am Anfang"); Exodus (hebr. *Schemot*, „Namen"); Levitikus (hebr. *Wajikra*, „Und Er (Gott) rief"); Numeri (hebr. *Bamidbar*, „In der Wüste"); Deuteronomium (hebr. *Dewarim*, „Worte").
Pessach: (hebr. „vorübergehen"), Pessachfest, in Erinnerung an den Auszug aus Ägypten.
Progressives Judentum: Siehe **liberales Judentum**.
Purim: Fest zur Feier der wundersamen Errettung der Juden durch Königin Ester und Mordechai aus einem Mordkomplott Hamans, des Großwesirs von Achaschwerosch, König von Persien. Wiedergegeben im Buch Ester.

Rabbi/Raw/Rabbiner/Rebbe: („Mein Meister", „Mein Lehrer"), Titel für jüdische Gelehrte, später für die spirituellen Führer jüdischer Gemeinden.
Reformjudentum: Begriff, der die verschiedenen nicht-orthodoxen religiösen Bewegungen des Judentums auf dieser Welt seit dem 19. Jahrhundert zusammenfasst. Sie reichen von radikal (Amerikanische Reform) bis konservativ (Britische Reform).
Rekonstruktionistisches Judentum: Amerikanische Bewegung und Abspaltung von der Konservativen Bewegung, der gemäß das Judentum eine religiöse Zivilisation ist. Gegründet von Mordechai Kaplan.
Rosch Chodesch: (hebr. „Kopf des Monats"), Neumond.
Rosch HaSchana: (hebr. „Kopf des Jahres"), zweitägiges Fest, mit dem der Beginn des jüdischen Neujahr im Herbst begangen wird. Siehe auch **Schofar**.
Schabbat: (hebr. „Pause"), der Ruhetag, der am Freitagabend beginnt.
Schawuot: (hebr. „Wochen"), das Wochenfest, Feier der Offenbarung am Berg Sinai.
Schechina: Rabbinischer Terminus zur Beschreibung der greifbaren Gegenwart Gottes in der Welt.
Schma: (hebr. „Höre!"), einer der zentralen Teile im jüdischen Gebet,

mit dem die Einheit Gottes bekräftigt wird. Er enthält drei Abschnitte: Dtn 6,4-9; 11,13-21und Num 15,37-41. Mit dem ersten Abschnitt nimmt der Sprecher das „Joch des himmlischen Königreichs" auf sich; mit dem zweiten Abschnitt das „Joch der Gebote".
Schofar: (hebr. „Horn"), Widderhorn in biblischen Zeiten zur Warnung bei anrückender Gefahr geblasen. Eng verbunden mit dem Neujahrsfest, wo es die Schläfer „wachrütteln" soll, um sie zur Buße aufzurufen.
Schul: Jiddisch für Synagoge, wörtlich „Schule".
Seder: (hebr. „Ordnung"), Begriff für die „Gebetsordnung" der häuslichen Feier am Pessachabend.
Sephardim: Juden aus Spanien und Portugal und ihre Nachkommen.
Shoa: (hebr. „Zerstörung"), Begriff zur Beschreibung des Mordes an 6 Millionen Juden durch die Nationalsozialistens während des Zweiten Weltkriegs. Bekannt auch als Holocaust.
Siddur: (hebr. „Ordnung"), Begriff für das Gebetbuch, das für den täglichen und den Schabbat-Gottesdienst verwendet wird.
Simchat Tora (hebr. „Fest der Torafreude"), Fest, mit dem der jährliche Lesezyklus an wöchentlichen Toralesungen abgeschlossen wird.
Sofer: Schreiber, der dafür ausgebildet ist, rituelle hebräische Schriftstücke zu erstellen; z. B. die Torarolle, den Text für eine *Mesusa*, für *Tefillin* etc.
Sukkot: Laubhüttenfest. Das Fest erinnert an die Wanderung des Volkes Israel durch die Wüste. Wichtigstes Symbol des Fests ist der Bau einer *Sukka* (Laubhütte).
Synagoge: Traditionell das „Haus des Gebets, Haus des Studiums und Haus der Versammlung" einer jüdischen Gemeinde.

Tallit: (hebr. „Überwurf"), viereckiger Gebetsschal mit *Zizit*, der zu allen Morgengebeten getragen wird. Obgleich üblicherweise nur von Männern getragen, wenn auch nicht ausschließlich, tragen ihn zunehmend auch Frauen, besonders in den nicht-orthodoxen Bewegungen.
Talmud: (hebr. „Lehre"), rabbinischer Kommentar über die Mischna, wird auch Gemara genannt. Der Talmud behandelt religiöse und zivile Themen. Als Mischung aus Gesetzen, Bräuchen, Diskussionen, Geschichten wurde er zum Fundament von jüdischer Praxis und Studium in der ganzen Welt. Es gibt zwei Versionen des Talmud: der eine wurde in Palästina kompiliert (der Talmud Jeruschalmi oder Palästini-

sche Talmud) und ca. im 4. Jahrhundert d. Z. abgeschlossen wurde, der andere (der Talmud Bawli oder Babylonische Talmud) wurde um 500 n. d. Z. in Babylon abgeschlossen. Der Babylonische Talmud ist autoritativ.

Tefillin: (hebr. „Gebetskapseln“), Lederbehälter, die das *Schma* enthalten und die man gemäß Dtn 6,8 während des täglichen Morgengebets an Kopf und Arm trägt.

Tischa BeAw: Der neunte Tag im Monat Aw. Fasttag zur Erinnerung an die Zerstörung des ersten und zweiten Tempels in Jerusalem und anderer Tragödien in der jüdischen Geschichte.

Tora: (hebr. „Lehre“), die Schriftliche Tora besteht aus den Fünf Büchern Mose (dem Pentateuch). Von der mündlichen Gesetzeslehre, die Mose gemeinsam mit der schriftlichen Tora erhalten haben soll, heißt es, sie beinhalte die Gesamtheit der religiösen Tradition des Judentums.

Der Festkalender

Das jüdische Jahr ist lunisolar, d. h. die Monate werden nach dem Mondjahr berechnet, die Jahre nach der Sonne. Weil nach zwölf Monaten jeweils elf Tage übrig bleiben, wird siebenmal alle 19 Jahre ein zusätzlicher Monat eingefügt (ein zweiter *Adar*), um sicherzugehen, dass der jährliche Festtagszyklus sein ursprüngliches Verhältnis zu den Erntefesten beibehält.

Von den Pilgerfesten sind *Pessach* und *Sukkot* siebentägige Feste in der Bibel, bei denen der erste und letzte Tag als Ruhe- und Festtag gelten. *Schawuot* ist nur ein einziger Festtag. In der rabbinischen Zeit wurde jedes Fest wegen der Schwierigkeit, außerhalb des Landes Israel die genauen Daten der Feste zu bestimmen, in der Diaspora zwei Tage lang begangen: eine Praxis, die in orthodoxen Gemeinden noch immer beibehalten wird, nicht aber in liberalen und Reform-Gemeinden.

Tischri	September/Oktober	30 Tage
1	1. Neujahrstag	
2	2. Neujahrstag	
3	Zom Gedalja (Fasttag)	
10	Versöhnungstag	
15	1. Tag Sukkot	
16	2. Tag Sukkot	
17-21	Chol HaMoed (Zwischentage)	
21	Hoschana Rabba	
22	Schemini Azeret	
23	Simchat Torah	
Marcheschwan	Oktober/November	29 Tage
Kislew	November/Dezember	30 Tage
25	Chanukka	
Tewet	Dezember/Januar	29 Tage
10	Assara beTewet (Fasttag)	

Schewat	Januar/Februar	29 Tage
15	Tu BiSchwat (Neujahr der Bäume)	
Adar	Februar/März	29 Tage
13	Ta'anit Ester (Fasten Ester)	
14	Purim	
Nissan	März/April	30 Tage
14	Pessachabend (Der Seder-Abend)	
15	1. Tag Pessach	
16	2. Tag Pessach	
17-21	Chol HaMoed (Zwischentage)	
21	7. Tag Pessach	
22	8. Tag Pessach	
27	Jom HaShoah (Holocaust-Gedenktag)	
Ijjar	April/Mai	29 Tage
5	Israelischer Unabhängigkeitstag	
18	Lag BaOmer (33. Tag der Omerzeit)	
Siwan	Mai/Juni	30 Tage
6	1. Tag Schawuot	
7	2. Tag Schawuot	
Tammus	Juni/Juli	29 Tage
17	Schiw'a Assar beTammus (Fasttag)	
Aw	Juli/August	30 Tage
9	Tischa BeAw (Fasttag)	
Elul	August/September	29 Tage

Zeittafel

Vor der Zeitrechnung

13. Jahrhundert: Exodus aus Ägypten
13./12. Jahrhundert: Eroberung des Landes Kanaan
12./11. Jahrhundert: Zeit der Richter
um 1000: Ernennung Davids zum König
um 960: Salomo, Sohn Davids, wird Nachfolger auf dem Königsthron. Bau des Ersten Tempels in Jerusalem.
um 920: Nach Salomos Tod Teilung des Königreichs in ein Nordreich (Israel) und ein Südreich (Juda).
722: Zerstörung des Nordreichs durch die Assyrer und Deportation der Bevölkerung.
586: Zerstörung des Südreichs, Jerusalems und des Tempels durch Nebukadnezar. Massendeportation nach Babylon.
538: Rückkehr der Exilanten unter Cyrus
332: Alexander der Große erobert Palästina.
198: Antiochius III regiert über Juda.
167: Aufstand der Makkabäer
164: Wiedereinweihung des Tempels und Einrichtung des Chanukkafestes
63: Pompejus erobert Palästina.
um 20 v. d. Z. – 50 d. Z.: Der in Alexandria lebende Philosoph Philo versucht die griechische Philosophie mit dem Judentum zu vereinbaren.

Seit der Zeitrechnung

um 37-100: Flavius Josephus, Soldat und Historiker, verfasst in Rom eine Geschichte der Juden („Der jüdische Krieg", „Jüdische Altertümer").
50-135: Akiwa ben Joseph, herausragendster unter den Tannaim, den in der Mischna erwähnten Rabbinen, unterstützt den Bar Kochba Aufstand gegen Rom und stirbt als Märtyrer.

66-70: Der jüdische Aufstand gegen Rom. Zerstörung Jerusalems und des Tempels

73: Massada, Herodes‘ königliche Zitadelle, fällt an die Römer. Josephus zufolge begehen die 930 Verteidiger – Männer, Frauen und Kinder – Massenselbstmord.

um 70-85: Jochanan ben Sakkaj richtet eine Akademie in Jawne ein.

117-38: Herrschaft des Kaisers Hadrian

132-35: Bar Kochba Aufstand

um 200: Abschluss der Edition der Mischna von Jehuda Hanassi

219: Errichtung der babylonischen Akademien von Sura und Pumpeditha

321: Erste Zeugnisse von in Deutschland lebenden Juden, in der Gegend von Köln

um 425: Abschluss des Jerusalemer Talmud

6./7. Jahrhundert: Abschluss des Babylonischen Talmud

638: Eroberung Jerusalems durch die Muslime

7.-10. Jahrhundert: Die Chasaren, ein Turkstamm, errichten ein unabhängiges Königreich in den Wolga-Kaukasischen Regionen und nehmen das Judentum an.

711: Muslimische Eroberung Spaniens

9.-11. Jahrhundert: Zuwachs jüdischer Gemeinden im Rheinland

9.-12. Jahrhundert: Zuwachs jüdischer Gemeinden in Nordafrika und Spanien unter dem Islam.

882-942: Saadja Gaon ist Anführer im Kampf gegen die Karäer.

um 950-etwa 1028: Rabbejnu Gerschom (Meor HaGola, „Leuchte des Exils“)

1013-1103: Isaak ben Jakob Alfassi, Autor des „Sefer HaHalachot“, eines Talmudkompendiums.

1040-1105: Rabbi Salomo ben Isaak (Raschi), französischer Bibel- und Talmudkommentator

1066: Juden siedeln in England nach der normannischen Eroberung.

um 1075-1141: Jehuda Halevi, spanisch-hebräischer Dichter und Philosoph und Autor religiöser und weltlicher Dichtung. Sein philosophisches Hauptwerk ist der „Kusari“, der auf einen Disput zwischen einem Juden, einem Christen und einem Muslim vor dem König der Chasaren entsteht.

um 1085-etwa 1175: Rabbi Samuel ben Meir (Raschbam), französischer Bibel- und Talmudkommentator, Enkel Raschis

1089-1140: Rabbi Abraham Ibn Esra, führender spanischer Bibelkommentator und Philosoph

1096-1099: Zerstörung der jüdischen Gemeinden im Rheinland während des ersten Kreuzzugs.

1135-1204: Mose ben Maimon (Maimonides, Rambam), Philosoph, kodifiziert das jüdische Gesetz. Autor der „Mischneh Torah" und des „Führer der Verirrten".

1144: Erster Ritualmordprozess in Norwich

um 1159: Benjamin von Tudela reist von Spanien über Frankreich, Italien, Griechenland, die Türkei, die Ägäis, Zypern und Kleinasien nach Palästina und schildert in seinem Reisebericht jüdisches Leben und jüdische Gemeinden.

um 1160-etwa 1235: Rabbi David Kimchi (Radak), französischer Grammatiker und Bibelkommentator

um 1165-etwa 1230: Rabbi Eleasar ben Juda von Worms (Eleasar Rokeach), deutscher Talmudist, Kabbalist und Autor liturgischer Dichtung

1190: Massaker von York: 150 Juden, die vom Mob angegriffen werden, suchen Zuflucht in Clifford's Tower. Auf Rat von Rabbi Jom Tov von Joigny, des Gemeindevorstehers, verüben sie Massenselbstmord, um nicht der Menge in die Hände zu fallen.

1194-1270: Mose ben Nachman, Nachmanides (Ramban), spanischer Mystiker und Bibelkommentator

12.-13. Jahrhundert: Bewegung der Chassidej Aschkenas, eines pietistischen Kreises im Judentum des mittelalterlichen Deutschlands

1215: Das *Vierte Lateranische Konzil* befiehlt Juden, ein spezielles Kennzeichen zu tragen. Ab 1269 in Frankreich in Kraft.

1242: Infolge eines Disputes aus dem Jahr 1240 werden Talmud und andere jüdische Bücher in Paris öffentlich verbrannt.

1244: Kaiser Friedrich II gibt den Juden Österreichs besondere Privilegien, ein Modell, dem auch andernorts gefolgt wird.

1247: Päpstliche Bulle, die Ritualmordbeschuldigungen verdammt – die Beschuldigung, der zufolge Juden Christenblut zur Herstellung ihres ungesäuerten Pessachbrotes verwenden.

1249-1316: Rabbi Menachem ben Salomo Meiri von Perpignan, französischer Talmudist

1263: Eröffnung des Disputs in Barcelona

um 1270-etwa 1343: Jakob ben Ascher (Tur), spanischer Kommentator zum Talmud, Autor der „Arba'a Turim"

1288-1344: Rabbi Levi ben Gerschon (Gersonides; Ralbag), französischer Philosoph sowie Bibel- und Talmudkommentator

1290: Edikt zur Vertreibung aus England. Juden waren 1066 mit Wilhelm dem Eroberer in England eingewandert.

1293: Rabbi Meir von Rothenburg, die große Talmudautorität, stirbt im Gefängnis, nachdem er sich verbeten hat, dass für seine Freilassung ein exorbitantes Lösegeld gezahlt wurde.

Ende des 13. Jahrhunderts: Publikation des Sohar („Glanz"), eines der Hauptwerke jüdischer Mystik. Esoterischer Kommentar zur Tora, kompiliert und herausgegeben von Mose ben Schem Tow Leon, wenn auch traditionell Schimon bar Jochai, einem Gelehrten des 2. Jahrhunderts, zugeschrieben.

1305: Nach innerjüdischen Auseinandersetzungen über die Legitimität des Philosophiestudiums wird ein teilweiser Bann durch Solomon ben Abraham ibn Adret (Raschba) ausgesprochen.

1306: Verbannung der Juden aus Frankreich

1336: Der Eröffnungsabschnitt des Alenu-Gebets wird aufgrund angeblich antichristlichen Gedankenguts in Kastilien verboten.

1336: Erste „Judenschläger"-Massaker in Deutschland. Sie dauern drei Jahre an trotz der Protektion durch den Grafen von Nürnberg.

1348: Europaweite Massaker wegen des Schwarzen Todes nach Gerüchten, die Juden für die Pest verantwortlich machen. Eine Schutzbulle von Papst Clemens VI ist nutzlos.

1391: Aufstände gegen Juden in Spanien. Zwangskonversionen, Beginn des „Marranen"-Problems (getaufte Juden in Spanien und Portugal, die weiter dem Judentum anhingen). Sozial-religiöse Spannungen zwischen Alt- und Neuchristen.

1394: Endgültige Ausweisung der Juden aus Frankreich.

1413: Disput von Tortosa

1437-1508: Isaak ben Jehuda Abravanel, portugiesischer Bibelkommentator, Philosoph und Staatsmann

1438: Die erste *Mellah,* ein Bereich, in dem Juden leben sollten, wird in Fez und Marokko eingerichtet in Fez und Morokko. In muslimischen Ländern sind jüdische Viertel nie in solch einem schlechten Zustand wie ein Ghetto.

um 1470-etwa 1550: Obadja ben Jakob Sforno, italienischer Bibelkommentator und Philosoph, unterrichtet Johannes Reuchlin in der hebräischen Sprache. Reuchlin verteidigt später als christlicher Hebraist den Talmud.

1475: Druck des ersten hebräischen Buches abgeschlossen – eine Ausgabe des Raschi-Kommentars zum Pentateuch.

1481: Erstes Autodafé in Sevilla

1488-1575: Rabbi Joseph Karo, spanischer Talmudist und Mystiker, Autor des „Schulchan Aruch".

1492: Vertreibung der Juden aus Spanien:160 000 verlassen das Land.

1493: Vertreibung der Juden aus Sizilien

1497: Vertreibung der Juden aus Portugal und Zwangstaufen jüdischer Kinder

16. Jahrhundert: Aus Spanien vertriebene Juden siedeln im Osmanischen Reich und Holland.

1511-etwa 1578: Asarja Dei Rossi, bedeutendster Gelehrter in jüdischer Literatur in der Zeit der italienischen Renaissance. Sein Hauptwerk „Me'or Ejnaim" („Augenspiegel") umfasst eine revolutionäre Studie der Entwicklung der Bibel und der jüdischen Geschichte.

1516: Einrichtung des ersten Ghettos in Venedig

1522-70: Rabbi Mose ben Jakob Cordovero (Ramak), palästinischer Kabbalist, Autor des „Pardes Rimmonim".

um 1525-1609: Rabbi Jehuda Löw ben Bezalel (Maharal), böhmischer Rabbiner, Talmudist und Moralist, Legendärer Schöpfer des *Golem von Prag.*

1527: Vertreibung der Juden aus Florenz

um 1525-72: Rabbi Mose Isserles (Rema), polnischer Kommentator. Seine Glossen zu Joseph Karos „Schulchan Aruch", mit denen er aschkenasische Varianten zu Karos sephardischer Version der Halacha angibt, lässt diesen zum autoritativen jüdischen Gesetzeskodex werden.

1534-72: Isaak ben Salomo Lurja (Ari), palästinischer Kabbalist, der die Entwicklung der jüdischen Mystik zutiefst beeinflusst hat.

1542: Martin Luthers Schrift „Von den Juden und ihren Lügen" empfiehlt die Verbrennung jüdischer Synagogen und Schulen, die Konfiszierung ihrer heiligen Bücher und das Lehrverbot für Rabbiner.

1553: Der Talmud wird in Rom verbrannt.

1554: Die jüdische Synode in Ferrara etabliert eine jüdische Zensur von Druckwerken, um sicherzustellen, dass kein Material erscheint, das als antichristlich interpretiert werden kann – einer der Gründe, weswegen hebräische Literatur attackiert wird.

1555: Die Bulle „Cum nimis absurdum“ erneuert alle mittelalterlichen repressiven antijüdischen Gesetze: Jüdische Ärzte dürfen keine Christen behandeln. Juden werden zum Tragen des gelben Judenhuts und zum Leben in Ghettos gezwungen. Wenngleich um 1586 durch die Bulle „Christiana Pietas“ kurzzeitig abgemildert, bestätigt Papst Clemens VIII die schlimmsten Repressionen (Bulle „Caeca et obdurata“, „Blind und verstockt“).

1556: Protest des Sultans, Suleiman des Großen, gegen die Art und Weise, wie der Papst die Juden behandelt.

1564: Druck des Talmud wird erlaubt.

1577-84: Juden werden in Rom gezwungen, Kirchen zu besuchen, um sich Predigten zur Konversion anzuhören.

1580: Das Vier-Länder-Konzil (Provinzen in Polen) wird gebildet, ein autonomes jüdisches Organ, das den Juden in Polen über eine Zeit von fast zweihundert Jahren Selbstverwaltung zugesteht.

1604-57: Menasse ben Israel, holländischer Rabbiner marannischer Herkunft, Person des öffentlichen Lebens und Begründer der ersten hebräischen Druckerei in Amsterdam.

1626-76: Schabbetai Zwi, der falsche Messias, der 1666 in Konstantinopel zum Islam übertritt.

1632-77: Benedikt Spinoza, holländischer Philosoph, initiiert mit seinem Werk „Tractatus Theologico-Politicus“ einen modernen Bibelkommentar.

1648/49: Bogdan Chmelnitzkis Aufstand gegen die polnische Gesetzgebung in der Ukraine führt zu Massakern an 100 000 bis 300 000 Juden und zur Zerstörung von Hunderten jüdischer Gemeinden.

1654: Jakob ben Samson segelt als erster Jude von Holland nach New Amsterdam. Ihm folgt später eine Gruppe jüdischer Flüchtlinge aus Brasilien.

1655: Menasse ben Israel ersucht Oliver Cromwell, Juden in England wieder zuzulassen.

1656: Exkommunizierung von Benedikt Spinoza in Amsterdam.

1671: Juden dürfen in Brandenburg siedeln. Die wichtige jüdische Gemeinde zu Berlin entsteht.

1698-1738: Joseph Süß Oppenheimer (Jud Süß), deutsch-jüdischer

Financier, wird beschuldigt, Staatsgelder veruntreut zu haben und wird nicht zuletzt deshalb gehängt, weil er sich nicht taufen lässt. Seine Geschichte wird in Lion Feuchtwangers Roman „Jud Süß" erzählt

1700-60: Israel ben Elieser, Baal Schem Tow („Guter Meister des Namen (Gottes)"; Bescht), religiöser Führer aus Polen und Gründer der Bewegung des Chassidismus.

1704-72: Dow Bär von Meschirech, der Maggid, verantwortlich für die Verbreitung der chassidischen Bewegung.

1707-46: Rabbi Mose Chajm Luzzatto (Ramhal), italienischer Kabbalist und Autor ethischer Werke („Mesillat Jescharim" – „Der Pfad der Aufrechten"), hebräischer Dichtung und Versdramen. Gezwungen, Italien wegen seiner messianischen Ideen zu verlassen, lässt er sich in Amsterdam nieder und stirbt schließlich in Palästina.

1720-97: Elia ben Salomo Salman, der Wilnaer Gaon, litauischer Talmudist und Bibel-, Midrasch- und Soharkommentator. Führender Gegner der Chassidim.

1722: Eröffnung der aschkenasischen „Great Synagogue" am Duke's Place in London.

1729-86: Moses Mendelssohn, deutscher Philosoph. Mit Lessing befreundet, der ihn zum Vorbild des Helden seines Versdramas „Nathan der Weise" (1779) nimmt. Als Vertreter der Werte der Aufklärung ruft er Juden zum Erlernen der deutschen Sprache auf, verteidigt aber gleichzeitig das Judentum. Von 1780 bis 1783 veröffentlicht er eine deutsche Übersetzung der Bibel mit hebräischem Bibelkommentar (den „Biur").

um 1740-1810: Levi Jitzchak von Berditschew, polnischer chassidischer Meister, der dieser Bewegung zur Verbreitung und Etablierung verhilft.

1742: Vertreibung der Juden aus einem Großteil von Klein-Russland durch Kaiserin Elisabeth

1744-1812: Mayer Amschel Rothschild, Begründer der Bankendynastie der Rothschilds

1744/45: Vertreibung der Juden aus Prag durch Kaiserin Maria Theresia. Sie sollen drei Jahre später zurückkehren dürfen.

1757: Öffentliche Verbrennung des Talmud in Städten Polens und Russlands

1760: Errichtung des „British Board of Deputies", dem stellvertretenden Organ des Britischen Judentums

1764: Auflösung des „Vier-Länder-Konzils" durch die polnische Regierung, um die jüdische Autonomie zu beenden.

1768: „Hajdamaken", marodierende Banden von Bauern und Kosaken, massakrieren Juden in polnisch-ukrainischen Städten. In Uman werden Tausende in Synagogen ermordet, die niedergebrannt werden.

1772: 1.Teilung Polens

1772, 1781: Exkommunikationsbann in Wilna gegen die Chassidim – ausgesprochen von dern Gegnern, den Mitnagidim. Unter den Unterzeichnern der Wilna Gaon.

1772-1811: Rabbi Nachman von Bratzlaw, ukrainischer chassidischer Führer, Urgroßenkel des Baal Schem Tow. Seine Lehren sind in einer Serie von Geschichten enthalten. Er hinterlässt keinen Nachfolger.

1782: Das Toleranzedikt von Kaiser Joseph II hebt kirchliche und andere gesellschaftliche Restriktionen gegen Juden auf und öffnet ihnen das Tor in die umgebende Gesellschaft.

1784-1855: Sir Moses Montefiore, britischer Gemeindeleiter, tritt weltweit bei Regierungen für die Interessen jüdischer Gemeinden ein.

1787: Die Verfassung der Vereinigten Staaten von Amerika stellt die Juden den anderen Bürgern gleich.

1788: Schneur Salman von Ljady, Autor des Werkes „Tanja", Begründer der Chabad-Bewegung mit einer den Chassidismus betonenden Intellektualität. Der Name wird aus den ersten vier Buchstaben folgender Begriffe gebildet: Chochma (Weisheit), Binah (Verstand) und Da'at (Wissen).

1791: Juden, die nach ihrer Vertreibung 1394 aus Frankreich langsam wieder dorthin zurückkehren, erhalten die bürgerliche Gleichstellung. Eine langfristige Folge aus der Erklärung der Menschenrechte.

1791: Errichtung des Ansiedlungs-Rayon, eines Territoriums in den Grenzen des zaristischen Russlands, wo Juden siedeln durften. Eine Erlaubnis ist notwendig, um außerhalb dieser Grenzen zu leben.

1794-1886: Leopold Zunz, deutscher Historiker, einer der Gründer der Bewegung für die wissenschaftliche Erforschung der jüdischen Geschichte und des Judentums im 19. Jahrhundert.

um 1797-1856: Heinrich Heine, deutscher Dichter und Essayist, konvertiert 1825 zum Christentum, was er später bereut. Er arbeitet in Paris als Journalist und Dichter.

1800-65: Samuel David Luzzatto (Schadal), italienischer Gelehrter, Philosoph und Grammatiker, Bibelkommentator, ab 1829 Dozent am Rabbinerseminar von Padua.

1807: Napoleon beruft den „Sanhedrin“ ein, das aus Rabbinern und weltlichen Gemeindeleitern besteht. Der neunte Artikel liest sich so: „Der Jude muss sein Geburtsland oder das Land seiner Wahl als sein Vaterland anerkennen.“

1808-88: Samson Raphael Hirsch, deutscher Rabbiner, Bibelkommentator und Autor, führende Gestalt bei der Bildung der modernen Orthodoxie und im Kampf gegen die Reformbewegung.

1810-83: Israel Salanter, litauischer Gelehrter und Gründer der „Mussar“, einer ethischen Bewegung in Litauen und Russland.

1810: Eröffnung der ersten Reformsynagoge durch Israel Jacobson (1768-1828) an dessen Internat in Seesen.

1810-74: Abraham Geiger, deutscher Rabbiner und Gelehrter, Anführer des Reformjudentums. In Berlin verhilft er ab 1870 zur Gründung der Hochschule (Lehranstalt) für die Wissenschaft des Judentums, der Ausbildungsstätte für Liberale und Reformrabbiner.

1819: Gründung des Vereins für die Kultur und Wissenschaft der Juden in Berlin – Vorreiterin der Bewegung für die „Wissenschaft des Judentums“, die moderne wissenschaftliche Methoden in das Studium des Judentums einführte.

1819-1900: Isaak Mayer Wise, in Deutschland geborener Rabbiner, Pionier des Reformjudentums in Amerika und Gründer des Hebrew Union College (Reform-Rabbinerseminar, 1875).

1827: Russland beginnt mit der Rekrutierung jüdischer Kinder zwischen 12 und 25 Jahren in die Armee für einen fünfjährigen Militärdienst. Selbst jüngere Kinder werden zu diesem Zweck gekidnappt.

1840: Damaskus-Affäre. Juden werden beschuldigt, einen Missionsbruder ermordet zu haben. Nur die Intervention führender Persönlichkeiten unter den Juden Frankreichs und Englands verhindert ein Massaker und sichert die Freilassung der zu Unrecht Inhaftierten.

1842: Gründung der „West London Synagogue for British Jews“ (Reform)

1844: Ernennung Nathan Marcus Adlers (1803-91) zum britischen Oberrabbiner. Er unterstützt die Errichtung des „Jews' College“ um 1855 und der „United Synagogue“ (orthodox) um 1870.

1844-46: Synoden der Reformrabbiner in Braunschweig, Frankfurt und Breslau

1847-1915: Salomon Schechter, rabbinischer Gelehrter, der die Kairoer Geniza entdeckt. Er wird später Führer des konservativen Judentums in Amerika und wesentlicher Gründer des „Jewish Theological Seminary“ (konservatives Rabbinerseminar).

1851: Gründung der Monatsschrift für die Geschichte und die Wissenschaft des Judentums durch Zacharias Frankel (1801-75). Das Journal ist der wissenschaftlichen Untersuchung der jüdischen Geschichte gewidmet.

1854: Gründung des ersten modernen Rabbinerseminars, des Jüdisch-Theologischen Seminars in Breslau (konservativ).

1855: Gründung des „Jews' College“ in London (orthodoxes Rabbinerseminar)

1856-1927: Achad haAm (Ascher Ginsberg), ukrainischer hebräischer Essayist und Verfechter einer geistigen Dimension des Zionismus

1858-1922: Elieser Ben Jehuda (Perelmann), in Litauen geborener hebräischer Schriftsteller und Lexikograph. „Vater“ des Hebräischen als einer modernen gesprochenen Sprache und Herausgeber eines sechzehnbändigen allgemeinen hebräischen Wörterbuches.

1858-1938: Claude Montefiore, englischer Gelehrter und Theologe, Mitbegründer des liberalen Judentums in Großbritannien, Gründer des Jewish Quarterly Review, 1888.

1859-1917: Ludwig Lazarus Zamenhof, polnischer Linguist, Schöpfer des Esperanto

1860-1945: Henrietta Szold, amerikanische Zionistin, Gründerin von „Hadassah“, der amerikanischen Zionistischen Frauenbewegung.

1860: Gründung der „Alliance Israélite Universelle“ zur Hebung der rechtlichen Stellung der Juden und zur Unterstützung und Ausbildung rückständiger jüdischer Gemeinden und zum Schutz der Juden vor Angriffen und als Hilfe bei Katastrophen.

1865-1935: Abraham Isaak Kook, rabbinischer Gelehrter, Mystiker und Zionist, erster Oberrabbiner Palästinas.

1869-1904: Theodor Herzl, österreichischer Journalist und Schriftsteller, Gründer des politischen Zionismus.

1872: Gründung der Berliner „Hochschule (Lehranstalt) für die Wissenschaft des Judentums" (liberales Rabbinerseminar).

1872: Gründung des Rabbinerseminars für das Orthodoxe Judentum in Berlin durch Rabbiner Asriel Hildesheimer (1820-99).

1873-1956: Leo Baeck, deutscher Rabbiner, Theologe und religiöser Führer. In Berlin lehrte er Midrasch und Homiletik an der „Hochschule für die Wissenschaft des Judentums". Ab 1933 ist er Präsident des vertretenden Organs des Deutschen Judentums. Deportiert ins KZ Theresienstadt. Er überlebt den Krieg, lebte anschließend in Großbritannien und lehrte am Hebrew Union College in Cincinnati.

1875: Gründung des Hebrew Union College in Cincinnati (Reform-Rabbinerseminar)

1877: Gründung des Neolog Rabbinerseminars (konservativ) in Budapest

1878: Eine landwirtschaftliche Siedlung wird in Petach Tikwah eingerichtet. Erste jüdische Siedlung dieser Art im Land Israel nach fast zweitausend Jahren.

1878-1965: Martin Buber, in Wien geborener Philosoph, Bibelgelehrter und religiöser Denker, bekannt geworden durch seine Bücher zum Chassidismus und seine Philosophie des Dialogs. Er siedelte sich 1938 in Palästina an. Leidenschaftlicher Verfechter der jüdisch-arabischen Verständigung.

1897-1942: Janusz Korczak (Henryk Goldszmidt), polnischer Autor, Sozialarbeiter, Mediziner und Pionier in der Kindererziehung. Begleitet die Heimkinder, die unter seiner Obhut sind, ins Todeslager Treblinka, wo er ebenfalls stirbt.

1880: Gründung des ORT (Obschtschestwo Raspostranenja Trudasredi Jewrejew, „Gesellschaft des Handwerks, der Industrie und der Landwirtschaft unter Juden") in Russland – eine Organisation zur Förderung der beruflichen Ausbildung in Handwerk und Landwirtschaft unter Juden. Von 1920 ab wird die Welt-ORT zur internationalen Organisation. ORT-Schulen arbeiten heute in Afrika, Asien und Südamerika in Zusammenarbeit mit der örtlichen Regierung.

1881-1983: Mordecai Kaplan, amerikanischer Rabbiner und Gründer der „Reconstructionist"-Bewegung.

1881/82: Nach Pogromen in Russland beginnt eine Massenemigration besonders in Richtung Vereinigte Staaten.

1885: Nathaniel Mayer, erster Lord Rothschild, nimmt seinen Sitz im englischen Oberhaus ein.

1885: *Pittsburgh Platform*, ein Dokument, das die Position des radikaleren Lagers im amerikanischen Reformjudentum vertritt. Die *Columbus Platform* von 1937 repräsentiert eine Rückkehr zu einer traditionelleren Position. Die *San Francisco Platform* von 1976 führt diesen Trend weiter und legt dabei größere Betonung auf die jüdische Volksgemeinschaft nach dem Holocaust.

1886: Gründung des Jewish Theological Seminary, New York (konservatives Rabbinerseminar).

1886: Gründung der Yeshiva University, New York (orthodox).

1886-1929: Franz Rosenzweig, deutscher Philosoph, Bibelgelehrter, Erzieher und Theologe, richtet das Lehrhaus für Jüdische Studien in Frankfurt ein und übersetzt die Bibel ins Deutsche gemeinsam mit Martin Buber.

1894-1906: Dreyfus-Affäre: Ein französisch-jüdischer Generalstabsoffizier, Afred Dreyfus, wird zu Unrecht der Spionage beschuldigt. Dies führt zu einem massiven Anwachsen des Antisemitismus in Frankreich. Er wird schließlich freigelassen.

1897: Erster Zionistischer Kongress in Basel.

1897: Gründung des „Bund" in Wilna, einer jüdischen nichtzionistischen sozialistischen Partei und Gewerkschaft.

1905: Erste Publikation der „Protokolle der Weisen von Zion", ein antisemistisches Machwerk, das vorgibt, eine jüdische Verschwörung zur Erlangung der Weltherrschaft zu dokumentieren. Zuerst in Russland publiziert und von der „Times" als Fälschung entlarvt, ist es dennoch unzählige Male neugedruckt und zu antisemitischer Propaganda verwendet worden.

1914-18: Mehr als eine Million Juden kämpfen im Ersten Weltkrieg für die Interessen ihrer Länder. 140.000 sterben.

1917: Balfour Erklärung. Ein Brief des britischen Außenministers, in dem die Errichtung einer jüdischen nationalen Heimstatt in Palästina unterstützt wird.

1922: Die Liga der Nationen setzt Palästina unter britisches Mandat, bis die Briten sich am 15. Mai 1948 zurückziehen.

1926: Gründung der „World Union for Progressive Judaism" in London

1929-45: Anne Frank, holländisches Mädchen, dessen Tagebuch ihre Erfahrungen im Versteck in Amsterdam wiedergibt, bis sie von den Nationalsozialistens gefangengenommen und im KZ Bergen-Belsen ermordet wird.

1932: Jugend-Alijah: Eine Organisation zur Besiedlung und Ausbildung jüdischer Kinder in Palästina. Ins Leben gerufen von Recha Freyer in Berlin, später von Henrietta Szold geleitet.

1933: Hitler kommt in Deutschland an die Macht und lässt sofort antijüdische Sanktionen inkrafttreten.

1935: Die Nürnberger Gesetze berauben die Juden ihrer Bürgerrechte in Deutschland.

1935: Fräulein Rabbiner Regina Jonas (1902-44), erste Rabbinerin, in Berlin ordiniert, dient als Rabbinerin in Berlin, wird ins KZ Theresienstadt deportiert und stirbt in Auschwitz.

1938: Das Breslauer Rabbinerseminar wird geschlossen.

9.-10. November 1938: Kristallnacht: Jüdische Gemeinden werden in ganz Deutschland angegriffen und Synagogen und jüdische Geschäfte zerstört.

20. Januar 1942: Wannsee-Konferenz: Die nationalsozialistischen Führer planen die „Endlösung", die Ermordung der Juden unter ihrer Kontrolle.

1942: Die Berliner Hochschule für die Wissenschaft des Judentums wird geschlossen.

19. April 1943: Beginn des Warschauer Ghettoaufstandes

1945: Bei Ende des Zweiten Weltkriegs sind 6 Millionen Juden von den Nationalsozialisten in der Shoa ermordet – ein Drittel der jüdischen Gesamtbevölkerung weltweit.

29. November 1947: Die UNO votiert für die Teilung Palästinas zwischen Juden und Arabern.

14. Mai 1948: David Ben Gurion ruft die Gründung des Staates Israel aus. Dem folgt umgehend der Unabhängigkeitskrieg.

1955: Gründung der „Academy for Jewish Religion" in New York, ein pluralistisches Rabbinerseminar.

1956: Suezkrise

1956: Gründung des Leo Baeck College in London. Das Rabbinerseminar wird gegründet, um die europäische Nachfolge der „Hochschule für die Wissenschaft des Judentums“ (Berlin) anzutreten.

1965: Diplomatische Beziehungen zur Bundesrepublik Deutschland.

5. Juni 1967: Sechs-Tage-Krieg

1967: Gründung des „Reconstructionist Rabbinical College“ in Philadelphia

1969: Golda Meir wird Ministerpräsidentin in Israel.

6. Oktober 1973: Jom Kippur Krieg

1977: Menachem Begin wird Ministerpräsident in Israel.

1979: Friedensvertrag zwischen Israel und Ägypten

6. Juni 1982: Libanonkrieg

1984: Schimon Peres wird Ministerpräsident in Israel.

1987: Beginn der 1. Intifada, Ausbruch des palästinensischen Aufstands

1987: Nach Lockerung der Kontrolle über die Länder innerhalb der Sowjetunion werden jüdische Emigration, jüdische Erziehung und kulturelle Aktivitäten zugelassen. Beginn der Masseneinwanderung aus der Sowjetunion. Etwa 700.000 Juden verlassen bis 1998 die ehemalige Sowjetunion in Richtung Israel.

1991: Zweiter Golfkrieg

1992: Jitzchak Rabin wird Ministerpräsident in Israel.

1994: Premierminister Rabin und Jassir Arafat unterzeichnen im September in Washington das Gaza-Jericho-Abkommen.

4. November 1995: Ermordung von Premierminister Rabin bei einer Friedenskundgebung in Tel Aviv.

1996: Benjamin Netanjahu wird Ministerpräsident in Israel.

1997: Räumung von Hebron

1999: Ehud Barak wird Ministerpräsident.
Gründung des Abraham Geiger Kolleg in Berlin.

2000: Beginn erbitterter israelisch-palästinensischer Auseinandersetzungen in einer Spirale der Gewalt mit vielen Toten (2. Intifada)

2001: Ariel Scharon wird Ministerpräsident in Israel.